1789 KOEHLER & AMELANG 1806 · LEIPZIG ·

WALTER FELLMANN

HEINRICH GRAF BRÜHL

EIN LEBENS- UND ZEITBILD

KOEHLER & AMELANG
LEIPZIG

Fellmann, Walter:
Heinrich Graf Brühl:
e. Lebens- u. Zeitbild /
Walter Fellmann. – 2. Aufl. – Leipzig:
Koehler & Amelang, 1990. –
437 S.: 36 Abb.
ISBN 3-7338-0091-5

INHALT

ZUM GELEIT

Heinrich Graf Brühl, Minister* Augusts des Starken und Premierminister seines Sohnes und Nachfolgers Friedrich Augusts II., zählt zu den wohl bekanntesten Persönlichkeiten der sächsischen Geschichte – und zu den verrufensten. Sein Name ist ein Synonym für Korruption, Leichtlebigkeit, Verschwendungssucht.

Nun waren die Kurfürsten der »Augusteischen Zeit« eigentlich sehr wohl selbst imstande, das Geld des Landes auszugeben; dazu benötigten sie keinen Brühl als Gehilfen. Bereits O. E. Schmidt und A. v. Boroviczény warnen vor einer einseitigen Betrachtungsweise; das Arrangieren kostspieliger Festlichkeiten sei schließlich nicht Brühls ausschließliche Beschäftigung gewesen. Das Klischee aber bleibt: »Der gewissenlose Minister Brühl« schädigte »das Land durch seine Mißwirtschaft aufs äußerste« (Deutsche Geschichte, Bd. 1, S. 308).

Daß sich eine derart vereinfachende Wertung zu behaupten vermochte, hat verschiedene Gründe:

Erstens: Nach 1763 wurde ein Prozeß gegen Brühl angestrengt. Juristen befaßten sich als erste intensiv mit seinem Wirken, und zwar in der erklärten Absicht, ihm Verfehlungen nachzuweisen.

* Die Administration im Augusteischen Zeitalter kennt zwar den Cabinets-Minister und den Conferenz-Minister, aber keine Ministerien, nur Departements.

Zweitens: Der Anklage stand bei Sichtung des Nachlasses eine große Zahl von Mitarbeitern zur Verfügung. Geradezu dankbar bedient sich die spätere Forschung angesichts des vorhandenen Aktenberges der bereits aufbereiteten Materialien – und findet in ihnen eine Bestätigung der ohnehin vorgefaßten Meinung.

Drittens: Brühl die Verantwortung für Sachsens Niedergang anzulasten kam Preußen, dem siegreichen Rivalen, gelegen. Diese Version war genehmer als Preußens Handelskrieg, der Überfall auf Sachsen 1756 oder seine Ausplünderung während des Siebenjährigen Krieges. Und Preußen beherrschte lange die Geschichtsschreibung!

Viertens: In den Aussagen der Juristen und Historiker über Brühls Lebenswandel sahen die Literaten einen reizvollen Stoff. Aus der Feder von Rita Sonneck entstand zum Beispiel eine anspruchslose Unterhaltungslektüre, die in der Weimarer Republik sehr verbreitet war. Heute ist sie zum Glück vergessen. Der »Brühl«-Roman des Polen J. I. Kraszewski dagegen, 1874 erstmals erschienen, erfreut sich nach wie vor eines großen Leserkreises. Kein Autor hat bisher das Brühl-Bild eindrucksvoller zu prägen vermocht – aber das bei sehr freier Verwendung der Quellen.

Längst sind Dichtung und Wahrheit verschmolzen. Brühl hat sich bereichert, hat das Geld mit leichter Hand ausgegeben. Das ist durchaus nicht nur üble Nachrede, brachte er es doch auf mehr als fünf Millionen Taler Vermögen. Eine ungeheure Summe für einen Mann, der einst mit leeren Taschen von Weißenfels nach Dresden kam. Gleich einem Hirsebrei quillt aber unter der Feder von Literaten und Historikern später der Besitz. »Sein Vermögen schätzte man auf 100 Millionen« Taler, schreibt beispielsweise Lauterbach (S. 99), doch sei nur wenig davon vorhanden, »weil seine sprichwörtliche Leichtlebigkeit und die riesigen Ausgaben seiner Familie alles verschlangen«.

Als Quelle seines Reichtums wird das Staatssäckel angenommen. Überschlagen wir einmal nüchtern: Im Schnitt gehen während seiner Regierungszeit jährlich Steuern in Höhe von sechs Millionen Talern ein. Davon mußte er den kostspieligen landesherrlichen Hof finanzieren (174 000 Taler beansprucht 1756 allein die Kurfürstin), an die 30 000 Soldaten und Offiziere sowie etwa viereinhalbtausend Beamte besolden, die Baurechnungen begleichen (mehr als eine Million verschlingt schon die Hofkirche in Dresden), die Ausgaben sächsischer Missionen im Ausland bestreiten und die kurfürstlichen Sammlungen bereichern – und gleichzeitig wirtschaftet er in den 18 Jahren von 1738 bis 1756 (zuvor ist er für dergleichen Manipulationen noch nicht, danach nicht mehr mächtig genug) an die 100 Millionen Taler – Schenkungen lassen wir unbeachtet, Erträge und Schulden auch – in die eigene Tasche, das Steueraufkommen von fast 17 Jahren! Wenn er dazu imstande war, ist er ein Finanzgenie gewesen. Tatsächlich beläuft sich der nach seinem Ableben ermittelte Überschuß auf anderthalb Millionen Taler.

Überschlagen wir auch die Ausgaben, ohne zu beachten, daß er allenfalls 1756, auf dem Höhepunkt seiner Laufbahn, niemals jedoch bereits 1730 100 Millionen besessen haben kann. Rein rechnerisch hätte er von 1730 bis 1750 täglich 8 000 Taler ausgegeben; 7 000 Taler kostete das Fürstenbergsche Palais!

Der Phantasie sind bei diesen Kalkulationen keine Grenzen gesetzt. Der Rahmen für das Brühl-Bild ist längst zu klein. Da die Halb- und Unwahrheiten zuviel Platz einnehmen, paßt wenig mehr als der Lebemann hinein, und es verblaßt so manches, was der Beachtung durchaus wert ist.

In die Ära Brühl fällt eine neue Bauauffassung. Das Zeitalter des Barocks ist zu Ende; man baut leichter, beschwingter – im Stil des Rokoko, des »Sächsischen«, und Brühl sieht eine willkommene Chance, sich zu profilieren. In Knöffel findet er einen Baumeister, der zu den genialsten seiner Zeit zählt. Einige der besten Leistungen fallen jedoch – kaum erbracht – im Siebenjährigen Krieg gewaltsamer, meist mutwilliger Vernichtung anheim.

Und die soziale Basis des Rokoko ist schmal.

Der Bau des Zwingers wirkt für Brühl in doppelter Hinsicht nach. Noch sind die Kosten nicht gedeckt, es muß noch bezahlt werden, was schon internationale Geltung hat. Hinzu kommt: Was August der Starke sich unter der Residenz eines absolutistisch regierten Staates vorstellte, ging weit über den Zwinger hinaus. Begonnenes zu vollenden ist eine der wichtigsten Aufgaben Brühls. Daß er ein kreativer Stadtgestalter zu sein vermag, demonstriert er beim Wiederaufbau der abgebrannten Stadt Forst überzeugender als in Dresden, wo fehlende Baufreiheit, Geldmangel, Verdruß mit dem sich gegängelt fühlenden Rat und halb vollendete Arbeiten die Handlungsfreiheit einschränkten. Bemerkenswert sind vor allem seine Bauvorschriften. Mit dem monumentalsten Dresdener Bau seiner Zeit, der Kathedrale (der Hofkirche), hat Brühl wenig zu schaffen; die Kosten engen ihn nur bei Umsetzung eigner Vorhaben ein. August der Starke hat den Aufbau der Behörden verändert, über deren Struktur und Politik die Gelehrten einmal dickleibige Bücher schreiben werden. Daß er jedoch nicht einen einzigen neuen Ministerialbau hinterlassen hat, findet kaum Beachtung. Erst unter Brühl ziehen die Departements um.

Brühl muß oft »Nacharbeit« leisten, eine zu allen Zeiten wenig dankbare Aufgabe. Vieles, was er bauen läßt, wirkt relativ unbedeutend im Vergleich zum Zwinger, einem Jahrhundertbau.

Wie das Bauwesen erlebt auch die Galerie Alte Meister unter dem Direktorat von Brühl nicht die schlechteste Zeit, an Zugängen verglichen sogar die beste; weder zuvor noch danach sind die Bestände derart erweitert worden. Unter den Erwerbungen sind Stücke, die heute von Kunstliebhabern aus aller Welt bestaunt werden – das »Schokoladenmädchen« von Jean-Étienne Liotard, der »Zinsgroschen« von Tizian, die »Sixtinische Madonna« Raffaels ... Das persönliche Interesse des Kurfürsten an den Sammlungen erleichtert Brühl die Realisierung seiner Absicht, über den Erwerb von Kunstschätzen ganz im Sinne absolutistischer Politik den Ruhm des Dresdener Hofes zu mehren. Mit Errichtung des öffentlich zugänglichen Galeriegebäudes vollzieht er einen »epochalen Schritt ... zur Darbietung von Kunstwerken« (Barock in Dresden, S. 198). In der Kunstgeschichte ist ihm »ein bedeutsamer Platz als Auftraggeber, Anreger und Sammler zuzuerkennen« (ebda., S. 30).

Als Politiker scheitert Brühl. Liegt es wirklich nur an seiner »Gewissenlosigkeit«, an seiner »Mißwirtschaft«? Die Gründe wurzeln tiefer: Er scheitert an einem unerfüllbaren Auftrag.

Kurfürst Friedrich August II. findet bei Brühl, was ihm selbst abgeht: Ehrgeiz, Ideenreichtum, verbindliche Umgangsformen. Er traut sich selbst eine Fortsetzung der Politik Augusts des Starken nicht zu, dem Eiferer Brühl schon. Er macht ihn zum »Vizekönig«, wie es spöttisch heißt. Um den Staat im Stil eines »nur Gott und sonst niemandem« verantwortlichen Herrschers zu regieren, noch dazu als »Vize«, sind weder die inneren noch die äußeren Bedingungen gegeben. Brühl versteht sich aber durchaus als Vollstrecker des politischen Testamentes August des Starken, will das absolutistische Regime im Lande ausbauen, Sachsens europäische Position festigen. Es gibt eine Periode, in der er meint, sogar über August den Starken hinausgewachsen zu sein, doch gerade in diesem Punkt überschätzt er sich gewaltig. Allerdings ist er auch mit einer gewandelten historischen Situation konfrontiert. Die europäischen Mächte sind inzwischen gewichtiger geworden. Ihr Verhältnis zueinander steckt zwar voller Widersprüche, aber kein Staat wünscht ein Erstarken Sachsens, am wenigsten der nördliche Nachbar, das ökonomisch und militärisch mächtiger gewordene Preußen.

Brühls Stärke ist die Diplomatie. Die europäischen Mächte halten ihn für einen der bedeutendsten Diplomaten, und dem kann nur beigepflichtet werden. Er legt Weitblick an den Tag, rechnet sich früher als andere Koalitionen aus, die Wirklichkeit werden, und operiert geschickt mit Bündnissystemen. Friedrich II. von Preußen haßt ihn, spottet über seine vielen Perükken, aber warum bietet er ihm Ersatz für alle Güter und den Titel eines Fürsten an, falls er sich bereit erkläre, nach Preußen überzuwechseln?

Daß der Erfolg in der Außenpolitik maßgeblich abhängt von der Innenpolitik, ist eine Überlegung, die Brühl fremd ist. August der Starke hat sowohl auf Koalitionen als auf die Armee vertraut; Brühl vernachlässigt militärische Aspekte völlig, steht am Ende den preußischen Überraschungsangriffen geradezu hilflos gegenüber.

Daß es »unter der Regierung Brühl ... eine zielgerichtete Förderung von Handel und Gewerbe nicht gegeben« hat (Deutsche Geschichte, Bd. 3, S. 471), trifft sicher zu. Was seine eigenen Besitzungen angeht, hatte Brühl eine Konzeption. Die sächsische Wirtschaft aber versteht er allenfalls als eine Einnahmequelle, die aber seinen Vorstellungen noch keineswegs genügte. Daß August der Starke etwas mehr als vier Millionen Taler Schulden hinterließ, bedrückte Brühl einst; unter seiner Herrschaft aber klettern Sachsens Staatsschulden bis zum Ausbruch des Siebenjährigen Krieges auf 35 Millionen Taler. Die Verpachtung der Generalkonsumtionsakzise 1754/55 an Bolza, dann an Schimmelmann ist zwar nur eine Episode, denn mit den 1756 einfallenden Preußen finden sich neue »Pächter« ein, aber letztlich ist das Pachtsystem kaum etwas anderes denn eine Bankrotterklärung. Wenn Brühl scheitert, liegt dies auch in seiner Finanzpolitik begründet, aber keineswegs nur, nicht einmal in erster Linie.

Bei dem Versuch, nach 1763 das Staatswesen neu zu ordnen, halten sich die Kritiker an den Mann, der bislang die Regierungsgeschäfte besorgte: an Brühl. Nach Boroviczény wird dieser zum »Sündenbock«, wozu Preußen ihn ohnehin gemacht hat. Friedrich II. ließ seine Güter plündern, angeblich, um den »Schuldigen am Siebenjährigen Krieg zu bestrafen«. Die Männer des Retablissements legen einen ganz anderen Maßstab an als der Preußenkönig. Sie streben eine Erneuerung Sachsens an, und bei der unerläßlichen Auseinandersetzung mit dem bisherigen System sehen sie sich zwangsläufig mit Brühl konfrontiert. Sie sind auf eine Staatsreform aus; Brühl war zeit seines Lebens ein Gegner jeglicher Reformen. Daß sie ihn, der nie daran gedacht hat, die Schranken seiner Klasse zu durchbrechen, von bürgerlichen Aspekten her beurteilen, einen Prozeß gegen ihn jedoch abhängig machen von der Zustimmung des Landesherrn (beziehungsweise des Administrators), mündet in einen Knäuel von Widersprüchen. Die Überraschung ist perfekt, als sich herausstellt, daß eine Verurteilung Brühls gar nicht möglich ist – nicht nach den Gesetzen seiner Zeit. Die auf den ersten Blick so völlig absurde These Boroviczénys vom »Sündenbock« wird des Nachdenkens wert. Sie stimmt durchaus nicht uneingeschränkt, aber wenn Brühl verurteilt wird, ohne daß man das System verurteilt, dem er gedient hat, dann ist er tatsächlich, wie Walter May das ausdrückt, der »Sündenbock«!

Taucha, im Frühjahr 1989 *Walter Fellmann*

REISE IN DIE VERGANGENHEIT

Es ist Herbst geworden.

Am Nachmittag schon sind an diesem 18. Oktober 1763 im Tal der Saale die Landstraßen verwaist. Unentschlossen tritt ab und an ein Fuhrmann vor die Tür der Ausspanne, verwünscht den unermeßlich scheinenden Vorrat an Herbstnebel – und kehrt zurück in die Schankstube. Wenn sich dieses Grau-in-Grau erst mit den Schatten der Nacht verbündet, verlieren sich die Wege in einem Nichts.

Vielleicht ist den Fahrenden morgen das Glück hold! Vielleicht!

Ein Kutscher, aus Goslar kommend und nach Leipzig unterwegs, hat am Vorabend im Harz schon Schneeflocken tanzen sehen. Morgens freilich schlüpften die Berge rasch wieder aus dem etwas voreilig übergestreiften Winterkleid. Sie mag sich noch etwas gedulden, die Zeit der Muße und der Erbauung. Am Umbruch ist jetzt die Reihe, am Fallen, am Sterben.

Im Festsaal des Schlosses zu Merseburg haben sich die Deputierten von Sachsen-Weißenfels versammelt, Provinzadlige, Bürgermeister, Domherren, Geistliche, wohl an die 150. Um Sachsens neuem Kurfürsten, Friedrich Christian I., den Treueid zu leisten, sind sie hierher beordert. Viel Geduld wird ihnen abverlangt. Seit einer Stunde ist die Suite aus Dresden überfällig, aufgehalten durch den Nebel, und zweimal eine Viertelstunde kann noch vergehen, bevor sie eintrifft, wie ein junger Rittmeister, der dem Troß vorausgeeilt ist, zu berichten weiß. Und nicht der junge Kurfürst, sondern sein Beauftragter werde die Deputierten beehren.

Das stimmt verdrießlich. Manch einen gelüstet es da noch nach einem Becher Heurigen, der längst probiert – und verworfen ist. Die guten Weine haben sich halt verflüchtigt. Im gerade zu Ende gegangenen langen Kriege, dem Siebenjährigen, sind viele Soldaten unterwegs gewesen, durstig – und gut bewaffnet. Es fügt sich eines zum anderen: schlechter Wein zu schlechten Nachrichten. Daß der junge Kurfürst seiner eigenen Huldigungsfeier fernbleibt, erregt Unmut. Bei rechtem Blick betrachtet: Die Huldigung wird allen Kreisen abverlangt, und überall kann der Kurfürst nicht sein. Im entferntesten Winkel des Landes aber reagiert man empfindlich auf jede auch nur vermeintliche Vernachlässigung. Krank sei der Kurfürst, heißt es, angewiesen auf den Rollstuhl und auf fremde Hilfe. Was als Besänftigung der Gemüter gedacht ist, wirkt wie ein Wermutstropfen im Heurigen. »Als anno 1756 die Preußen eingefallen sind, trugen ihn seine kranken Füße bis nach München«, flüstert der Merseburger Bürgermeister seinem Weißenfelser Amtsbruder zu, und der Gutsherr von Breda meint nachdenklich: »Ein krankes Land, ein kranker Kurfürst ...«

Hier ist eben Merseburg, nicht Dresden.

Der Schloßherr, der lieber weghört, ist derweil ans Fenster getreten und lauscht, Ruhe heischend, in die Nacht. Nicht vergeblich. In der Ferne ist ein »He-a-Ho« zu vernehmen, der Warnruf eines Kutschers, der, Hindernisse gewärtig, vor seinen Pferden läuft und späten Passanten das Nahen eines Gefährtes ankündigt.

Kurzatmig, schwer auf seinen Stock gestützt, betritt

Heinrich von Brühl den Festsaal. Daß der Minister kommt, versöhnt die Deputierten. Wer hat da eben noch vom letzten Winkel gesprochen? Brühl ist nur mittelgroß, aber stattlich, wie immer korrekt gekleidet; er muß sich rasch noch in der Kutsche der Reisekleider entledigt haben. Er spricht sehr langsam, so als müsse er sich nach den Strapazen der Reise erst sammeln, doch wohlartikuliert. Jeder Satz verrät den erfahrenen Rhetoriker. Das »Wohl des Landes« erfordere nach diesem langen Kriege mehr denn je »Treue zum Hof« und »gute Beziehungen zu Polen«, sagt er. Als sei ihm der Anlaß der Feier nicht gegenwärtig, setzt er hinzu, er sei »dem Schicksal dankbar«, daß es ihn noch einmal »an die Stätte der Kindheit zu führen« wußte. »In Weißenfels«, unweit von Merseburg, habe sein »Lebensweg begonnen«. Seinem Vater, dem Weißenfelser Hofmarschall, verdanke er »die höfische Erziehung«, seinen Ahnen, die sich, aus dem Osten kommend, hier niederließen, »die Bindung an Polen«.

Dann überläßt er den Vertretern der Stände das Wort.

Was üblicherweise auf einer Huldigungsfeier beund geschworen wird, fehlt in Brühls Rede. Seine eigentliche Ansprache stehe noch aus, vermuten einige Deputierte, doch andere meinen, er habe eigentlich gesagt, was zu sagen sei: sich zu den Wettinern bekannt und mit der Reverenz vor Polen Friedrich Christians I. eben eingeleitete Bewerbung um die polnische Krone unterstützt; und die Deputierten teilhaben lassen an seiner Reise in die Vergangenheit, was einem alten Mann nicht verübelt werden solle.

Wäre Fritsch in Vertretung des Landesherrn erschienen, der Leipziger Buchhändlerssohn, der nun Minister ist, man wäre begierig gewesen zu erfahren, wie es in dem aus vielen Wunden blutenden Sachsen weitergehen solle, doch von Brühl, der jahrzehntelang die Regierungsgeschäfte besorgte, werden keine Pläne erwartet. Brühl ist schon Geschichte. Der alternde Minister und der junge Kurfürst harmonieren nicht, das zwitschern die Spatzen selbst von Merseburgs Dächern. Daß Brühl es auf der Huldigungsfeier vermieden hat, den Namen des neuen Kurfürsten auch nur auszusprechen, das gefällt, das liefert Gesprächsstoff für Monate. So sind alle recht zufrieden mit Brühls Auftreten.

In Merseburg weiß es noch niemand: Als Premierminister von Sachsen ist Brühl vor fünf Tagen zurückgetreten – um dem denkbaren förmlichen Sturz zuvorzukommen. Vorsitzender des Geheimen Rates ist er noch und Konferenzminister; auch diese Ämter wird er bald abgeben.

Die Ärzte haben ihm abgeraten von dieser Reise. Wer so unter Asthma leide wie er, der solle strapaziöse Ausflüge unterlassen, vor allem im nebelreichen Herbst. Und was wolle er eigentlich auf dieser Huldigungsfeier? Zu einer Festrede, wie sie bei solcher Gelegenheit erwartet werde, sei er wegen Kurzatmigkeit ohnehin außerstande.

Auch Heinecken, sein Intendant, wollte von dieser Fahrt nichts wissen. »Es bleibt am besten wie es ist«, meinte er, und, was für dritte schwer verständlich, Brühl verstand es sofort. Es stellt sich seit langem kein kurfürstlicher Bote mehr bei ihm ein, kein Gesandter; selbst die Bittsteller bleiben aus. Zweieinhalb Monate sind seit jenem Gartenfest vergangen, bei dem er sich zum letzten Mal bei Hof gezeigt hat. Niemand scheint ihn vermißt, seinen Rückzug in die private Sphäre auch nur bemerkt zu haben. Die Entsendung nach Merseburg, hat Heinecken gesagt, sei ein Eselstritt. Wenn der neue Kurfürst für den einst mächtigsten Mann des Landes keinen anderen Auftrag habe, so gebiete es der

Stolz, das Ansinnen zurückzuweisen. Brühl aber hat nicht eine Minute mit der Zusage gezögert.

Alles ist für ihn mit einem »zum letzten Mal« verbunden. Es ist seine letzte Reise, seine letzte Amtshandlung. Jeder weiß es, Brühl auch.

Nein, er ergreift auf der Huldigungsfeier nicht mehr das Wort. Vielleicht hatte er die Absicht; zu realisieren vermag er sie jedoch nicht. Er ringt nach Luft, ist außerstande, auch nur drei Sätze ohne Pause zu formulieren. Nach dem Essen zieht er sich möglichst unauffällig zurück.

Als der neue Tag erwacht, sind die Nebel verschwunden, zeigt sich der Herbst von der freundlichen Seite. Brühl ist von dem angenehmen Reisewetter sichtlich angetan. Ohne jene beängstigende Atemnot, die ihn gestern geplagt, genießt er, allein in seiner Kutsche, einer vierspännigen, die Fahrt durch das Land.

Vor 44 Jahren zog er in der gleichen Richtung, von der Saale nach Dresden, allerdings vorn beim Kutscher eines höfischen Kurierwagens, um das Geld für die Postkutsche zu sparen. Er ist Minister Augusts des Starken geworden und über dessen Tod hinaus geblieben. An die Seite eines willensschwachen Kurfürsten gestellt, sah er sich dazu berufen, das Reich Augusts des Starken zu erhalten. Dreißig Jahre später sieht er seine Erwartungen gescheitert. Arm ist Sachsen geworden, sehr arm; der Wettstreit mit Preußen ist verloren, die Krone Polens dahin (mag der neue Kurfürst sich auch um sie bewerben), Sachsen in der europäischen Politik an die Peripherie gedrängt. Ob ein anderer Minister imstande gewesen wäre, den Niedergang zu verhindern? Er jedenfalls hat es nicht vermocht. Und das allein wird für die Chronisten zählen.

Es ist eine Leere in Brühl. Noch von Warschau aus hat er selbst jene Männer berufen, die zu einer Erneuerung der Politik fähig sein könnten – Stammer, Gutschmid, Fritsch. Seine Verabschiedung grämt ihn, doch sie überrascht ihn keineswegs. Ideen sind in dieser Krisenzeit mehr denn je gefragt und Energie; ihm ist beides abhanden gekommen. Mißerfolge, Alter und Krankheit haben ihren Tribut verlangt.

Die Pferde wirbeln mit ihren Hufen frisches Herbstlaub auf. An den Bäumen rüttelt ein kräftiger Wind. Er wird erst ruhen, wenn auch das letzte Blatt sich von dem Zweig gelöst, der es im Sommer zu nähren wußte. In einigen Monaten wird neues Grün die Kronen schmücken.

Heinrich von Brühl bleiben noch zehn Tage.

MINISTER AUGUSTS DES STARKEN

Von Weißenfels nach Dresden

Brühls Merseburger Rede irritiert seine Biographen gehörig. Die Weißenfelser Deputierten verbreiten die Version, er sei in Weißenfels geboren. Hier habe »sein Lebensweg begonnen«, hat er gesagt, und sie fassen es wörtlich auf. Gerhardt übernimmt dies in seiner »Geschichte der Stadt Weißenfels«[1], und auf Gerhardt stützt sich Boroviczény[2]. Weißenfels' Archive, kommunale wie kirchliche, bleiben einen Beleg schuldig – verständlicherweise, denn Heinrich von Brühl ist einige Wegstunden von der Saalestadt entfernt geboren worden, in Gangloffsömmern, am 13. August 1700, als fünftes Kind des Gutsherrn Hans Moritz von Brühl. Als Kind schon nach Weißenfels übergesiedelt, kennt er Gangloffsömmern mehr vom Hörensagen denn aus eigenem Erleben.

Seine Beziehungen zu Gangloffsömmern gestalten sich zwiespältig. Beim Tode seines Vaters fallen auf sein Erbteil 13 000 Taler, eine geradezu märchenhafte Summe für einen jungen Mann, der den dürftigen Inhalt seiner Börse mit einem einzigen Blick zu überschauen vermag. Um den hoffnungslos verschuldeten väterlichen Besitz zu retten, läßt er sein Geld als Hypothek auf dem Gut stehen, das sein Bruder verwaltet. Elf

Jahre später fällt es – gegen Obligationen – an den Herzog von Weißenfels. Brühl läßt sich auf seinen Anteil die väterlichen Forderungen an den Weißenfelser Hof anrechnen und geht damit wegen dessen Zahlungsunfähigkeit leer aus. Heinrich von Brühl wird einmal berechnend sein, raffgierig und verschwenderisch; in seiner Jugend ist er das nicht. Er ist schon Minister und ein reicher Mann, als sich unvorhergesehen die Erbschaftsangelegenheiten klären. Die Weißenfelser Linie stirbt aus, Gangloffsömmern fällt an den Kurfürsten, und dieser überläßt Brühl 1746 unter Abrechnung des Erbteils das Gut als Geschenk. Es scheint ihn wenig zu berühren. Worum er als junger Mann hartnäkkig gerungen hat, bereit zu jedem persönlichen Opfer, das schätzt er wenig, als es ihm durch einen landesherrlichen Erlaß überschrieben wird. Gangloffsömmern gilt als schlechtverwalteter Besitz.

Seine Familiengeschichte arbeitet er selbst auf; das überläßt er nicht seinen Biographen. Er stellt das vernachlässigte Gutsarchiv regelrecht auf den Kopf, nur, um Einzelheiten über seine Vorfahren zu ermitteln.

Ihm liegt viel daran, seine polnische Abstammung nachzuweisen. Dies ist durchaus keine fixe Idee. Daß die Brühls ihren Ursprung in Livland sehen, weiß schon das zeitgenössische »Große vollständige Universal-Lexikon« zu vermelden. In Gangloffsömmern verliert sich jedoch 1497 die Spur. Brühl muß die Nachforschungen auf Livland ausdehnen, beflügelt durch die Hoffnung, daß polnische Papiere die polnischen Gerichte eher überzeugen als sächsische. Nur Polen kann ihm schließlich den polnischen Adel beglaubigen.

Es vergeht zwar viel Zeit, aber 1748 bescheinigt ihm das Tribunal von Petrikau,[3] daß 1464 ein Johannes Brühl, Succamerarius von Polen, »Princeps Nobilitatis«, das Gut Pakoslaw erworben und daß 1496 sein

Sohn Johannes zusammen mit seiner Frau Balice Banarowna, Erbin von Oswięcim, als Begleiter der Königstochter Barbara (sie heiratete Georg von Sachsen) Polen verlassen hat. Heinrich Brühl, schlußfolgert das Tribunal, sei demzufolge Pole und Angehöriger des polnischen Adels.

Fortan nennt er sich Brühl-Oswiecino.

Der Entscheidung des Petrikauer Tribunals wegen kommt es 1762 im polnischen Reichstag zu einem Skandal. Mangels besserer Argumente zücken die Abgeordneten den Degen. Es ist nicht des Gerichtes Beweisführung, die von den Oppositionellen in Frage gestellt wird, sondern die Schlußfolgerung, die man daraus gezogen hat. Sicher trifft es zu, daß niemandem sonst als dem Premierminister auf Grund so entfernter polnischer Vorfahren die Staatsangehörigkeit Polens und die Zugehörigkeit zum polnischen Adel bescheinigt worden wäre.

Als Pole jedenfalls kann Brühl in Polen Grundbesitz erwerben; als Ausländer wäre ihm dies versagt. Und als polnischer Adliger kann er Mitglied des Reichstages sein, der nach dem Prinzip der Einstimmigkeit verfährt. Ein Oswiecino vermag eine Entscheidung zu blockieren, ein Brühl nicht.

Er hat allen Grund, sich auch aus sächsischer Sicht der Genealogie anzunehmen. Daß die Familie seit 1497 Feudalrecht über Gangloffsömmern besitzt, eine Abfindung für den aus Polen Zugezogenen, genügte bislang als Adelsnachweis, aber die privilegierte Klasse wendet inzwischen alle möglichen Kniffe an, um sich gegen das allmählich erstarkende Bürgertum und den Neuadel abzuschirmen. Brühl muß nachrechnen. Er ist in der Kette der Brühls das achte Glied. Könnte er auch nur einen Ahnen weniger nachweisen, wäre er in der Ständeversammlung ohne Stimmrecht. So aber ist seine Zugehörigkeit zum sächsischen Altadel unbestreitbar.

Brühl hat eine gehörige Portion Familiensinn mitbekommen, was später einmal seiner Karriere zugute kommen wird. Zwei Jahre ist er alt, als seine Mutter stirbt, elf, als sein Vater, ein sehr der Familie zugewandter Mann, wieder heiratet. In den neun mutterlosen Jahren rücken die Geschwister eng zusammen, und sie haben dann das Glück, in ihrer Stiefmutter eine sehr mütterliche Frau zu finden. Heinrich von Brühl wird August den Starken einmal zu seinem Idol küren, doch nie dessen lockeres Verhältnis zu Frauen kopieren.

Im noch in Polen verfaßten Testament und in seiner letzten Rede, der Merseburger, preist Brühl geradezu überschwenglich seine höfische Erziehung. Es gehe nichts über den Pagenstand, meint er. Das ist die Sprache des erfolgreichen Karrieristen. Das väterliche Gut ist für ihn, den jüngsten Sohn, unerreichbar. (Daß es ihm schließlich zufällt, geschieht unvorhersehbar.) Was unternimmt ein junger Provinzadliger? Kaufmann wird ein Brühl nicht. Page kann er werden. Sein Vater, 1705 durch Herzog Johann Georg als Hofmarschall nach Weißenfels berufen, dem Herrscherhaus bis zur Selbstaufopferung ergeben, erzieht ihn zum Höfling.

Der Trennung von der Familie hat der Hofmarschall eine Trennung von Gangloffsömmern vorgezogen und sich in Weißenfels in der Nikolaistraße, am Fuße des Schlosses, ein Haus gekauft. Es stammt wie das Schloß aus dem Jahre 1660 und bedarf eines Umbaus. Die Rechnung über 7 704 Taler 1 Gr. datiert von 1709, doch der Einzug der Familie Brühl erfolgt, als die Arbeiten noch längst nicht zum Abschluß gekommen sind. Bei Rekonstruktion der Weißenfelser Innenstadt 1984 wird das Haus kostenaufwendig erhalten – weil die Brawes es 1738 beim Zwangsverkauf des Brühlschen Besitzes übernommen hatten. Johann Wilhelm von Brawe, der Sohn des neuen Besitzers, führte in der Dichtkunst den fünffüßigen Jambus ein, dessen sich Goethe und andere Klassiker später bedienten.

Sachsen-Weißenfels ist ein Sekundogenitur-, ein Teilfürstentum. Auch seinen drei jüngeren Söhnen stünde eine eigene Hofhaltung zu, hatte Kurfürst Johann Georg I. gemeint und 1656 testamentarisch jene Änderung der Landesstruktur verfügt, der Sachsen-Weißenfels seine Existenz verdankt. Was wichtig sei, die Außenpolitik zum Beispiel oder das Militärwesen, das sollte der Hauptlinie obliegen, die Nebenlinie aber außer dem eigenen Hof auch eine eigene Regierung haben, eine eigene Kammer usw. Das sorgt für eine »Belebung« der Landespolitik: Die Nebenlinie besitzt, wie kaum anders zu erwarten, nach ihrer Ansicht zu wenige, nach Auffassung der Hauptlinie zu viele Rechte. So gehören Streitigkeiten zwischen den Höfen zum Alltag, gewürzt durch persönliche Querelen.

Auf Schloß Weißenfels residiert seit 1712 Herzog Christian, der mit August dem Starken auf gespanntem Fuß lebt. Beider Händel sind Tagesgespräch. Der junge Gottsched, der sich etwas Geld verdient mit Texten für die Weißenfelser Tafelmusik, bekommt von Poley, dem Bibliothekar, den Wink, Reime auf »Sachsen« könne der (sächsische!) Herzog partout nicht ausstehen. Christian neidet August dem Starken die glanzvolle Hofhaltung, möchte ebenfalls im Stile eines großen Herrschers regieren – und versucht es, trotz leerer Kassen.

Brühls Vater, inzwischen zum Oberhofmarschall ernannt, ist »die Direktion unseres ganzen Schlosses und was dazu gehörig allenthalben und in allen Stücken übertragen ... mit 117 Personen«[4]. Unterstellt ist ihm auch der Hofstaat mit 32 Lakaien, elf Jägern, zehn

Kammerpagen, drei Konditoren und so fort. Nur mit der Kasse hat er nichts zu schaffen, wenigstens nicht direkt. Er ist in einer mißlichen Lage. Verantwortlich für den höfischen Betrieb mit nicht endenwollenden Lustbarkeiten, steht er ewig im Widerspruch zwischen dem, was der Herzog ihm abverlangt, und dem, was die Finanzen hergeben. Mit 2 000 Gulden Jahresgehalt und einem stattlichen Deputat ist er der bestbesoldete Beamte – auf dem Papier. Er bekommt zwar seine Hasen und Hirsche, doch selten Geld. Seine Ausgaben und damit seine Stellung als Oberhofmarschall bestreitet er aus den Einnahmen seines Gutes Gangloffsömmern, um das zu kümmern ihm keine Zeit bleibt. Unter diesen Vorzeichen ist ihm der Bankrott sicher.

Mit 13 Jahren kommt Heinrich von Brühl als Page an den Weißenfelser Hof. Die Berufung ist eine reine Formsache, denn alle Pagen unterstehen seinem Vater. Er wird sechster Page der Silberkammer. Ausgelastet wäre in der bescheidenen Weißenfelser Silberkammer nicht einmal ein Page.

Was der junge Brühl am Weißenfelser Hof über die Finanzpolitik eines Staates aufzunehmen vermag, wird Sachsen einmal wenig dienlich sein. Es ist ein Draufloswirtschaften bei scheinbarer Funktionstüchtigkeit der Administration. Schulden sind für den Herzog etwas, womit sich leben läßt. Das Finanzchaos ist schließlich so unglaublich, daß der Kaiser, an Mißstände eigentlich gewöhnt, 1727 eine Reichskommission einsetzt, um der Überflutung des Reichskammergerichts mit Klagen der Gläubiger Herzog Christians ein Ende zu setzen. Daß ein Herzogtum unter Zwangsverwaltung gestellt wird, für neun Jahre, wie sich zeigen wird, ist ein in der deutschen Geschichte unerhörter Vorgang.

Für Sachsens künftigen Premierminister kann es

keine schlechtere Schule geben als die Weißenfelser. Um als abschreckendes Beispiel wirken zu können, kommt der Zusammenbruch zu spät; Heinrich von Brühl weilt längst in Dresden, der Eindruck dieses Staatsbankrotts bleibt ihm erspart.

Zu einer kritischen Haltung dem Hof gegenüber wird er als Page nicht erzogen. Auch nicht im Elternhaus. Für seinen Vater, der einen großen Einfluß auf ihn ausübt, steht die Unfehlbarkeit des Herzogs außer Zweifel. Bei den Brühls läuft die Opposition ins Leere, deren geistiger Führer der Magister und Hofdiakonus Erdmann Neumeister ist, Verfasser des Pamphlets »Lobgedicht des sogenannten Bauerhundes oder Fürstlichen Leibhundes zu Weißenfels«. Held des Spottgedichtes ist Herzog Christians berühmt-berüchtigter »redender Leibhund«, eine Narretei, der 1714 auch Leibniz in Weißenfels Tribut zollen muß. Und zollt! Der Hund sei »das zweite Wunder Sachsens«, meint der große Philosoph zur unermeßlichen Freude des Herzogs. Neumeister freilich führt eine schärfere Klinge als Leibniz. Dem Lebenslauf des herzoglichen Hundes stellt er die gesellschaftlichen Verhältnisse als Beispiel gegenüber, und heraus kommt eine der bissigsten Satiren auf die Zustände in Weißenfels. Parasitäre Lebensweise des Herzogs und Kriechertum der Höflinge bekommen einen gehörigen Hieb ab. Wie kaum anders zu erwarten, spaltet diese Satire die Residenzstadt sofort in zwei Lager. Das aufgeschlossene Bürgertum amüsiert sich köstlich, ist aufnahmebereit für die Denkanstöße. Es finden sich Drucker und Verleger, die drei Auflagen der Schrift besorgen, und Käufer für wohl weit mehr Auflagen. Die Satire gefällt – bis an den Fuß des Schlosses hin. Im Schloß sähe man Autor, Drucker und Verleger ganz gern am Galgen, aber die Herzoginmutter Friederike Elisabeth warnt vor Repressalien.

Das fehle gerade noch, daß Neumeister zum Märtyrer gemacht werde! Die Brühls fühlen sich durch das Spottgedicht getroffen wie der Herzog selbst. Der halbwüchsige Heinrich von Brühl schlägt sich im ersten großen Streit um gesellschaftliche Mißstände, den er erlebt, wie der Vater auf die Seite des Hofes. Die Haltung der alten Herzogin versteht er nicht.

Friederike Elisabeth, eine geistig rege Frau, fühlt sich seit dem Tode ihres Mannes in Weißenfels unbehaglich. Sie opponiert auf ihre Weise gegen den eingerissenen Schlendrian und lebt wann immer möglich in Leipzig. Als Pagen nimmt sie Heinrich von Brühl mit, den dieser Ortswechsel in einen Zwiespalt versetzt. Es reizt ihn einerseits, der Enge von Weißenfels zu entrinnen. Leipzig, mit 20 000 Einwohnern Sachsens größte Stadt, ist ganz auf den Handel orientiert, weltoffen, so unkonventionell wie nur denkbar. Jeder verkehrt mit jedem, der Europäer mit dem Orientalen, der Deutsche mit dem Polen, der Lutheraner mit dem Juden, der Bürgerliche mit dem Adligen. Hier ist zu sehen, was die Produktion an Wertvollem und Schönem zu bieten vermag. Im Gewölbe von Auerbachs Hof stellt Böttger sein Porzellan aus, weißes, nicht mehr das rote Steinzeug, mit dem er 1710 erstmals zur Messe gekommen ist und so wenig Resonanz finden konnte. In Leipzig verspürt Brühl etwas von der ihm bislang unbekannten Welt des Handels, des Verkehrs, der Börse, der Wissenschaft. Daß er an der Universität studiert habe, ist Übertreibung; Literaturvorlesungen besucht er sporadisch, wenn er eben gerade in Leipzig und dienstfrei ist. Nicht mehr.

Brühl aber ist Höfling, und Leipzig hat keinen Hof.

Dieses geschäftige Treiben, diese Gerüche von Fellen und Pfeffer, dieses babylonische Sprachengewirr, dieses selbstbewußte Bürgertum, das alles hat dem

Adel nie zugesagt. Kein Kurfürst ist je auf den Gedanken gekommen, Leipzig zu seiner Residenz oder auch nur zu deren Ableger zu küren. Einziger sichtbarer Zeuge landesherrlicher Macht ist die Pleißenburg, dafür bekannt, in jedem Krieg rasch mit der weißen Fahne bei der Hand zu sein. Schlösser fehlen in der Stadt. Doch nur der Weißenfelser Page vermißt sie. Die tonangebende Kaufmannschaft findet, Kurfürst und Hof seien in Dresden gut aufgehoben. So besteht zwischen Stadt und Landesherrn wenigstens in einem Punkt Übereinstimmung.

Im zweiten Dezennium des 18. Jahrhunderts ist auf beiden Seiten die Erinnerung an den Bürgermeister Franz Conrad Romanus noch wach, der der Stadt vom Kurfürsten aufgezwungen wurde und der nun auf dem Königstein einer ungewissen Zukunft entgegensieht, aufgerieben zwischen landesherrlichen und kommunalen Interessen, aber auch der eigenmächtigen Spekulation mit städtischen Geldern überführt. August der Starke, immer in Geldnot, setzt in das reiche Leipzig große Erwartungen. Die Stadt aber meint, sie öffne ihr Portemonnaie viel zu oft. Sicherer Geleitwege halber ist sie auf den Landesherrn angewiesen, und so geht sie behutsam vor. Zahlungsbereit ist sie schon, nur versteht sie sich nicht als landesherrliche Melkkuh.

Zur Messe kommt August der Starke gern. Es scheint dann so, als ziehe der gesamte Hof für einige Tage in die Handelsmetropole. An die 400 Kutschen und 2 000 Pferde zählt der Troß. Der Anreisetag bringt dem Rat den ersten Verdruß: Die Straßen müssen für ihn freigehalten werden, darauf besteht August der Starke. Da nie genau bekannt ist, wann die landesherrliche Wagenkolonne eintrifft, liegen die Kaufleute mit ihren Frachtwagen stundenlang fest, vor allem am Muldenübergang bei Bennewitz, und sie beschweren sich beim Rat, nicht beim Kurfürsten. Es ist für die zur Messe ohnehin übervölkerte Stadt auch keineswegs leicht, den Hof unterzubringen. Und schließlich ist August der Starke nicht der Mann, der sich als Gast Zwängen unterwirft. Wenn er nach zehn Tagen wieder abreist und im Stadtsäckel nicht mehr als 30 000 Taler fehlen, zeigt sich der Kämmerer ganz zufrieden. Eines Tages denkt sich der Rat einen Plan aus: Er will sich durch eine einmalige Abfindung freikaufen von der Verpflichtung, den Hof während der Messe auszuhalten. August der Starke nimmt das Geld – und bleibt aus.

Nun finden Leipzigs Händler die Idee ihres Rates gar nicht mehr so gut, denn mit dem Kurfürsten bleiben auch viele benachbarte Fürsten und Grafen samt Bedienung weg, und damit gehen die Einnahmen zurück. Es ist schließlich der Umsatz, der interessiert, nicht die Quelle, aus der er sprudelt.

August der Starke denkt auch nach. Es ist durchaus nicht allein das Messevergnügen, das er vermißt, es fehlen ihm weit mehr die persönlichen Eindrücke vom Kaufgeschehen. Er hat sich immer recht gern das Warenangebot betrachtet, sich Neuerungen vorführen lassen, sich mit Händlern unterhalten. Das alles gab ihm mehr als die weitschweifigen Behördenberichte. Schließlich nimmt er die Messebesuche wieder auf.

Wenn August der Starke in Leipzig weilt, ist für Brühl die Welt in Ordnung. Da ist Leipzig quasi Residenz, da hat er, was er zwischen den Messen vermißt: das höfische Milieu. Die Herzogin, die er zu begleiten hat, weilt fast täglich in Apels Haus am Markt, wo der Kurfürst Quartier zu nehmen pflegt. Sie ist sehr vertraut mit ihm und empfiehlt ihm ihren Pagen Brühl für den Dresdener Hof. Man schreibt inzwischen das Jahr 1719, und die Zahlungsunfähigkeit des Weißenfelser

Hofes kündigt sich an. Die Herzogin hat keine Verwendung mehr für den Neunzehnjährigen. Vielleicht handelt sie auch auf Fürsprache des Weißenfelser Oberhofmarschalls, dem daran gelegen sein dürfte, den Sohn aus dem Zusammenbruch des Herrscherhauses herauszuhalten. August der Starke sagt sofort zu. Aus Gefälligkeit? Vielleicht. Eigentlich gehört es zu seinen politischen Gepflogenheiten, junge Leute aus den verschiedensten Gegenden des Kurfürstentums an den Hof zu ziehen, Adlige und auch Nichtadlige, eine Praxis, der sich auch Brühl einmal befleißigen wird.

Am 16. April 1719 tritt Heinrich von Brühl in Dresden seinen Dienst als Silberpage an. Die Einweisung nimmt Friesen vor, Hofmarschall wie der Vater.

Flemmings Erbe

Dirigierender Minister ist Flemming, ein beflissener Mann, der als umsichtig und unbequem gilt. Rund ein Vierteljahrhundert vermag er sich in seinem Amt zu behaupten. Trotz seiner langen Regierungszeit gibt es wenig, was ihm an Neuerungen zugeschrieben werden müßte. Sein Metier ist die Umsetzung der Ideen anderer. Auf seine Weise steuert er jedoch sehr viel zur Festigung der landesherrlichen Macht bei. Er erfüllt das, was August der Starke eingeführt hat, mit Leben.

Friedrich Wilhelm I. von Preußen, der im Januar 1728 Dresden besucht, durch den Brand in der Stadtkommandantur Quartier und Bagage verliert und mitten in der Nacht zu Flemming umzieht, äußert sich sehr respektvoll über seinen Gastgeber. August dem Starken behagt das wenig. Er sagt sehr reserviert: »Ja, der Flemming, mein fähigster und mein störrischster Minister.« Nachdenklich setzt er hinzu: »Die besten

Leute sind halt auch die unbequemsten; einen Dummkopf kann ich in den Hintern treten, und er küßt mir noch die Hand.« Damit ist das Thema für ihn erschöpft, obwohl es das Gesicht seines Gegenübers verrät: Der Preußenkönig möchte gern mehr über die Dresdener Interna erfahren.

Zu Friesen äußert August der Starke nach einer Besprechung mit Flemming: »Wir haben uns wieder mal prächtig verstanden; wir gingen in allen Punkten auseinander.« Im Nu spricht sich das herum; der Hof ist begeistert. Das ist hübsch formuliert, das gefällt. Den Kern trifft es jedoch nicht: In den Grundfragen stimmen der Kurfürst und sein Minister durchaus überein, selten freilich im Detail. Flemming ist nicht der Typ eines Befehlsempfängers, Berater will er sein, und August der Starke weiß nur allzugut, daß der respektlose Minister mehr wert ist als ein halbes Dutzend Ja-Sager.

Mit den Ständen hatte sich August der Starke schon lange vor Flemming gehörig angelegt. Er trat zum Katholizismus über, ohne sich um den Protest der Stände zu kümmern, er griff höchst eigenmächtig nach der polnischen Krone und ernannte – einem Staatsstreich vergleichbar – Fürstenberg, einen Nichtsachsen und Reichsfürsten, zum Statthalter von Sachsen. Nichts aber hat die Stände so erbost wie die Einführung der Generalkonsumtionsakzise, die dem Landesherrn zu einer Einnahmequelle verhilft, auf die sie ohne Einfluß sind. Wenn es ums Geld geht, hat August der Starke keine Skrupel. Er belangt Meißen, Zwickau und renommierte Adlige einfach wegen Steuerhinterziehung. Kein Landesherr vor ihm wagte je Ähnliches. Aber August der Starke will absolutistisch regieren, und Absolutismus und Stände vertragen sich wie Feuer und Wasser.

Den Ständen erscheinen die ökonomischen Vorteile,

die ihnen der Absolutismus verspricht, weniger sicher als ein gehöriger finanzieller Aderlaß. Sie sind gegen den Landesherrn und auch gegen den Adel.

Auf irgendwen muß sich jedoch auch ein absolutistisch regierender Kurfürst stützen. August der Starke setzt erst einmal auf die Administration; weiteres wird sich finden. Er schart Beamte um sich, die absolutistisch denken wie er. Dabei ist Nachhilfe vonnöten. Die Hälfte der Beamten, verfügt er, müsse aus Adligen bestehen, die andere könne sich aus Bürgerlichen rekrutieren. Das läßt aufhorchen, das bringt Gefolgsleute.

Die Stände beherrschen das Geheime Konsilium. August der Starke plagt sich nicht weiter mit ihm ab. Er löst es nicht auf, das wagt er nun doch nicht, er setzt es 1706 matt mit Schaffung des Geheimen Kabinetts. Personelle Verbindungen braucht er nicht zu fürchten. Die Stände übergehen bürgerliche Minister und lassen neuadlige am Ahnennachweis scheitern.

Nun sieht sich August der Starke nach Leuten um, die aus dem Geheimen Kabinett eine Zentralbehörde seiner Vorstellung schaffen können. Bei Flemming überlegt er lange, ob er ihn auf den Königstein schikken oder befördern soll; er befördert ihn, erst zum General, dann zum Generalfeldmarschall und 1712 zum Minister. Das Geheime Kabinett existiert also schon einige Jahre, als Flemming eintritt, doch zu einer absolutistischen Behörde wird es erst unter ihm. Er bringt das mit, was August der Starke verlangt: absolutistisches Denken. Trotzdem gilt er als konservativ. Mächtig soll der Landesherr sein, das ist seine Devise, nur nicht allzumächtig. Er sucht den Ausgleich mit den Ständen, und August der Starke, aus der Sturm-und-Drang-Phase heraus, findet das passabel.

Wie das Geheime Kabinett ist auch die Generalkonsumtionsakzise nicht erst unter Flemming entstanden, sondern bereits seit 1707 für Städte und Dörfer gültig. Er aber verleiht ihr Gewicht. Fünf Jahre ist er erst im Amt, als sie schon eine halbe Million Taler mehr einbringt als alle anderen Steuern zusammen.

Und Flemming hinterläßt seinem Nachfolger, wer immer das sein mag, außer einem arbeitsfähigen Geheimen Kabinett und einer zwar komplizierten, aber doch funktionstüchtigen Akziseverwaltung noch eine außenpolitische Doktrin: In der Diplomatie liege Sachsens Stärke, nur in der Diplomatie. Etwas anderes habe das Land nicht in die Waagschale europäischer Politik zu legen.

August dem Starken behagt Flemmings Militärpolitik nicht. Wie ein Generalfeldmarschall nur so wenig mit der Armee im Sinne haben könne, wirft er Flemming vor. Er sei doch zuerst Marschall und dann Minister geworden, denke aber zuerst als Minister und dann als Marschall. Flemming läßt sich nicht beirren. Bei seinem Amtsantritt 1712 entläßt er von 55 000 Soldaten 40 000. Er handelt aus Überzeugung. Die Auslosung jedes 13. Mannes, wie in Sachsen Usus, bleibt, nur beschränkt sich fortan die Aushebung auf einige wenige Jahrgänge. In den zwanziger Jahren bringt Flemming ein Heer von 30 000 Mann auf die Beine, gegen seine Überzeugung. Widerstrebend beugt er sich der landesherrlichen Weisung. Wenn Sachsen sich nicht ruinieren wolle, könne es sich allenfalls 20 000 Soldaten leisten, ist seine Weisung. Das seien zu wenig für eine wirksame Außenpolitik – 30 000 Mann aber auch. Preußen, Frankreich, Rußland, alle haben mehr Soldaten und bessere Waffen. Die preußischen Soldaten geben drei Schuß ab in der Zeit, die sächsische Soldaten für zwei Schuß benötigen. Die Suhler Gewehre taugen wenig, die Olbernhauer sind neu schon veraltet. Im 30 000-Mann-Heer sieht Flemming einen unnützen

Aufwand. Gemessen an seiner Wirtschaftskraft, habe Sachsen 10 000 Mann zuviel und für eine europäische Macht 50 000 zu wenig.

Nun neigt sich das dritte Jahrzehnt langsam dem Ende zu. Flemming kritisiert keine landesherrlichen Entscheidungen mehr; er liegt seit 1728 still in seiner Gruft. Mit der Regelung der Nachfolge läßt sich August der Starke Zeit. Er spielt mit dem Gedanken, Wackerbarth zum Generalfeldmarschall zu ernennen. Um wie Flemming gleichzeitig Minister zu sein, ist Wackerbarth schon zu alt. In dieses Amt gehört ein Jüngerer, damit die Kontinuität gewahrt bleibt. August der Starke sorgt sich manchmal seiner Gesundheit halber. Er fühlt sich ewig durstig. Ein geregeltes Leben wollen ihm die Leibärzte abverlangen. Nach außen kehrt er seine Trinkfestigkeit hervor, aber er ist unruhig. Er kommt sich wie ausgetrocknet vor und hat Beschwerden beim Laufen. Nur wechselt sein Zustand. Fühlt er sich unwohl, denkt er an einen Nachfolger für Flemming, geht es ihm gut, hält er den Schwebezustand für ideal. Solange Beamte mit einer Beförderung rechnen können, sind sie besonders dienstbeflissen. Die Außenpolitik liegt bei Manteuffel in guten Händen. Als dirigierenden Minister aber hat er ihn noch nie vorgesehen. Er schaut sich weiterhin um.

Das Zeithainer Lager oder So wird Karriere gemacht

Weit geöffnet sind die Tore der Magazine. Die Soldaten erhalten Schuhwerk, Lederzeug, Helme, Röcke, Hosen – alles ist neu. Die Kammer hat tief in die Kasse gegriffen (oder Schulden gemacht). Neue Monturen für 30 000 Mann! Angesichts so großer Noblesse wundern sich alle Militärs. So angestrengt sie auch nachdenken, es will ihnen nicht einfallen, wann es zum letzten Male neue Uniformen gegeben hat.

Die Soldaten der Dresdener Garnison sind als erste mit der neuen Kleidung bedacht worden, und der Auszug ins Herbstmanöver 1729 wird zum militärischen Spektakel, das die gedämpfte Erwartung auf das Feldlager in eitle Freude umschlagen läßt. Ein Umzug durch Dresden ist befohlen und eine Parade auf dem viel zu engen Schloßareal. August der Starke braucht Publikum; er will seine Soldaten bewundert sehen.

Ist es Neugier oder eine freundliche Geste gegenüber dem Landesherrn? Die kurfürstliche Familie, die Minister, die Räte, die Hofdamen, die ausländischen Gesandten, alle sind bei der Parade zugegen. Nur Maria Josepha, die Kurprinzessin, fehlt; sie leidet unter Kopfschmerzen, hat sie wissen lassen. Als im verwaisten Schloß musiziert wird, läßt Manteuffel durch einen Pagen sofort die riesigen Fenster des Konzertzimmers schließen, eine Fürsorge, die sich als überflüssig erweist. Vor dem Schloß siegt das Auge über das Ohr, triumphiert der Glanz der Uniformen über Bach. August der Starke reitet ausnahmsweise einen schweren Schimmel. Das Pferd soll zu den Uniformen passen. Er ist fasziniert von dem militärischen Schauspiel, wie der sich knapp hinter ihm haltende Wackerbarth, Stadtkommandant von Dresden, zufrieden registriert. Der alternde General weiß, was der Landesherr zu sehen wünscht. Die Artillerie in ihren unscheinbaren Uniformen ist wohlweislich ins Feldlager vorausgeschickt worden. Die Ulanen, die Vertreter der neuen Waffengattung, sind gut sichtbar am Flügel postiert, kein Geschütz, kein Pferdeleib verdeckt die Soldaten; das Weiß, Rot oder Blau der neuen Uniformen beherrscht völlig das Areal.

August der Starke schwört auf Weiß als Grundfarbe. Er will seine Soldaten »sehen«, während der Parade und in der Schlacht. Vergeblich hat Flemming sein »Grün« verteidigt, das er 1717 bei der Artillerie einführte (und das sich bis zum ersten Weltkrieg behaupten wird). Weiß, meinte Flemming, tauge nicht mal für die Parade, es sei denn, die Sonne scheine, und was ein Feldherr in der Schlacht zu sehen bekäme, wären ohnehin nur Rauchschwaden und Staubwolken. Aber August der Starke hatte alle Einwände in den Wind geschlagen. Es genüge ihm, die Artillerie in »Frösche« verwandelt zu sehen. Gelb könne dazwischen sein und Blau und Rot, doch die Grundfarbe habe Weiß zu sein.

Eindruck hinterläßt die farbenfrohe Pracht schon. August dem Starken, der diesen Anblick genießen will, kommt das Ende der Parade viel zu schnell. Einer jähen Eingebung folgend, jagt er den ausziehenden Regimentern hinterher, setzt sich an ihre Spitze und verharrt erst am Stadttor. Er läßt die Garnison an sich vorüberziehen, wendet sein Pferd erst, als das letzte Bataillon in der Ferne verschwunden ist. Er ist sehr zufrieden mit sich und der Armee.

Verdrossen dagegen ist Wackerbarth. Da ziehen sie nun dahin, die Soldaten, neu die Uniformen, doch ganz bestimmt nicht lange sauber, neues Schuhwerk, Garant für Blasen nach wenigen Meilen. Es steht zu befürchten, daß die Ausfälle größer sein werden als bei einem unerwarteten Scharmützel. Wer konnte aber auch ahnen, daß der Kurfürst den Regimentern das Geleit geben würde! Sie sollten nach der Parade rasch einen Abstecher in die Kasernen machen und die neuen, schönen Monturen eintauschen gegen ihre alten, unansehnlichen, doch bequemen. Irgendwo, tröstet sich Wackerbarth, wird der kommandierende General eine Rast einlegen und auf verschlungenen Pfaden die Fouragewagen nach Dresden schicken, um Uniformen und Schuhe zu holen. Jedenfalls hat er die Parade hinter sich; so bald wird es keine wieder geben.

Doch in dieser Beziehung täuscht er sich.

Wackerbarth ist ein kleiner, unscheinbarer Mann, 67 Jahre alt, ohne den scharfen Verstand und die spitze Zunge Flemmings, doch mit guter Aussicht, dessen Nachfolge als Marschall anzutreten. Es wird ihn dies wieder Sympathien kosten. Welches Amt auch immer ihm zufällt, stets erlebt er Abwehr. Mit 34 Jahren wird er 1696 Generalintendant, Chef des Militär- und Ziviloberbauamtes. Weder Ingenieur noch Architekt, aber Leiter des sächsischen Bauwesens! Page war er zuvor und Reisebegleiter Augusts des Starken. Eine Empfehlung sei weder das eine noch das andere, meinen die Bauleute. General en Chef geworden, überläßt er 1728 Jan de Bodt sein bisheriges Betätigungsfeld. Es gibt jedoch Architekten, und zwar die fähigsten, die seinen Weggang bedauern und die ungeachtet früherer Vorbehalte erklären, sein gesundes Urteilsvermögen werde ihnen fehlen. Ungehaltener noch als von den Bauleuten wird Wackerbarth von den Militärs aufgenommen, als 1718 seine Ernennung zum Stadtkommandanten von Dresden erfolgt. General Friesen (der einmal sein Nachfolger werden soll) witzelt ungeniert, den neuen Stadtkommandanten, der nie Soldat gewesen ist, könne jeder Rittmeister ersetzen, aber der Stadtkommandant keinen Rittmeister. Später wird man einmal der Meinung sein, die Dienstordnung, die Wackerbarth für die Kadettenschule erarbeitet habe, sei geradezu beispielhaft, und auch als Kommandeur der Grenadiere zu Fuß, einer 1729 aufgestellten sächsisch-polnischen Formation, politisch unter dem Einfluß der Frühaufklärer stehend, habe er sich Verdienste erworben. Das vermögen die wenigsten Höflinge zu begreifen, zumal sie sich an seiner Zugehörigkeit zur Warschauer Freimaurerloge stoßen. Sie lassen ihn gelten als Kämpen, der Augusts des Starken hochfliegende Pläne zu dämpfen vermag.

Wie sein General denkt auch August der Starke während des Rückrittes zum Schloß an die Parade. Er ringt mit sich. Schon 1727 hat er daran gedacht, eine große Truppenschau zu veranstalten, ein »Lager«. Neue Gewehre mit dreikantigem Bajonett wird Suhl bis Mai des kommenden Jahres ausliefern. Dann ist die Umrüstung der Armee eigentlich abgeschlossen. Was liegt näher, als sich im Manöver vom Ausbildungsstand des reorganisierten Heeres zu überzeugen? Augusts des Starken Absichten aber gehen weit darüber hinaus: Er möchte den Nachbarstaaten Sachsens militärische Macht demonstrieren. Flemming hatte gebremst. Man müsse der Kasse erst einmal eine Verschnaufpause gönnen, wenigstens bis 1733. Schließlich einigte sich das Kabinett auf 1731. Flemming ist tot, kann nicht mehr zu Behutsamkeit mahnen. August der Starke, noch ganz im Banne des Auszugs der Dresdener Garnison und von der Sorge erfüllt, die neuen Uniformen der Armee könnten in zwei Jahren doch schon arg mitgenommen sein, entschließt sich, alle Termine über den Haufen zu werfen.

»Wir richten unser Lager bereits im Juni aus!« ruft er Wackerbarth zu. Er hat sein Pferd zum Stehen gebracht und entwickelt wie im Fieber seinen Plan: »Wenigstens vier Wochen soll es dauern, und es soll alles sein wie in Unserer Residenz. Es ist Unser Wunsch, daß der Hof teilnimmt. Die Fürsten Europas und ihre Generäle werden zugegen sein.« Der Kurfürst verliert sich in Details, spricht von einem Manöverpalast, einer Opernaufführung, einer zünftigen Jagd, einem riesigen Feuerwerk ... Er entwickelt eine in Jahren gereifte

Konzeption. »Es soll ein Lager sein, von dem man in hundert Jahren noch spricht«, schließt er etwas pathetisch. »Laßt Euch etwas einfallen, Wackerbarth, Wir vertrauen Euch das Kommando an!«

Wackerbarth ist verdutzt. Soll dies der Preis sein für den »Marschall«? Zögernd wendet er ein: »Im Juni steht das Getreide auf dem Halm ...« Er denkt an die Bauern, denen die Zornadern schwellen werden, wenn sich zu dieser Jahreszeit 30 000 Soldaten auf ihren Feldern tummeln. Unwirsch winkt August der Starke ab: »Der Herbst ist neblig und trübe. Soll es den Fürsten und Hofdamen ins Zelt regnen?«

Der General begreift das Endgültige dieser Entscheidung. Es ängstigt ihn, daß er das Kommando haben soll. Ein Manöver? Nun ja, das gehört zum Alltag der Armee, aber was sollen die Truppen in vier langen Wochen bieten? Wie läßt sich beschaffen, was an Speisen und Getränken vonnöten? Das alles ginge noch an, würde nicht der Hof zugegen sein, der mehr will als ein Kriegsspiel. Für die Ausrichtung eines Lagers, von dem in hundert Jahren noch gesprochen wird, ist er schwerlich der rechte Mann.

August der Starke deutet Wackerbarths Schweigen richtig: »Für die Kurzweil laßt den Kammerjunker Brühl sorgen!«

Am Hofe gibt es an die 200 Kammerjunker und Kammerherren. Wackerbarth besagt der Name Brühl wenig. Friesen müßte eigentlich die Lustbarkeiten verantworten, doch er gilt als wenig einfallsreich. Mag dieser Brühl die Vergnüglichkeiten arrangieren. Um Rivalitäten aufkommen zu lassen, hat er eine viel zu unbedeutende Stellung inne. Wackerbarth weiß nur allzu gut, daß der Kurfürst gern neue Leute an den Hof bindet. Damit der alteingesessene Hofadel nicht zu übermütig werde, pflegt er zu sagen, und frischer Wind in die

Kontore wehe. Ob August der Starke vor Minuten noch auch nur einen Gedanken auf Brühl verschwendet, scheint dem General fraglich.

Hinter Brühl liegen 14 lange Pagen-Jahre, sechs in Weißenfels, acht in Dresden. Was immer er sich seit dem Wechsel in die Residenz ausgerechnet haben mag, nach einer steilen Karriere schaut es schwerlich aus. Die erste Hürde ist freilich genommen, er wird 1727 Kammerjunker. Dafür gibt es einen simplen Grund: Er ist 27 Jahre alt, ein Methusalem im Heer der halbwüchsigen Pagen. Das Geheimnis seiner Beförderung liegt im Alter. Als Kammerjunker ist er im Grunde auch nicht mehr jung genug. Seine Altersgefährten sind Rat, Kämmerer, Gesandte, Minister – wenn sie Verbindungen haben und Geld. Brühl hat weder das eine noch das andere. Bei Berufungen kann ein mittelloser Provinzadliger anstandslos übergangen werden; Brühl hat alle Aussicht, als Kammerjunker zu ergrauen.

Er führt ein unauffälliges Leben. Freundschaften zwischen Junkern siechen unter der Krankheit dahin, die Rivalität heißt. Sulkowski steht ihm nahe, der Vertraute des Kurprinzen, sonst niemand. In der Freizeit vertieft er seine Sprachkenntnisse. Er spricht ein auffallend gutes Französisch, beherrscht brauchbar Latein und kann etwas Polnisch, unzulänglich zwar, doch wer spricht am Dresdner Hof schon Polnisch. Er liest, was die Bibliothek zu bieten vermag. Eine umfassende Ausbildung hat er eigentlich nie erfahren. Mit der Geschichte der Wettiner befaßt er sich, mit Jurisprudenz, mit Kunst, Musik vor allem; Handel und Wirtschaft interessieren ihn herzlich wenig, Verwaltungslehre überhaupt nicht. Doch welche Ironie: Akten bilden die erste Stufe seiner Karriere.

Papiere langweilen August den Starken. Die kurzen

Schriftstücke sind ihm die liebsten, doch in ganz Sachsen scheint es auch nicht einen Beamten oder Bittsteller zu geben, der sich zu beschränken weiß. Flemming, der oft Gescholtene, wußte ihm alles vortrefflich aufzubereiten. Wenige Worte genügten meist zur Verständigung. Seit Flemmings Tod scheint der kurfürstliche Schreibtisch auf Akten aller Art jedoch eine ungeheure Anziehungskraft auszuüben. Die Minister, mit Beförderung rechnend, versorgen August den Starken reichlich mit Papieren, um die Berufung eines die Arbeit erleichternden »dirigierenden Ministers« zu beschleunigen.

Mitternacht ist vorüber. Vor Stunden erst ist August der Starke von einem Jagdausflug zurückgekehrt, gehobener Stimmung, doch die gute Laune verflüchtigt sich angesichts der Papiere, die sich auf seinem Schreibtisch häufen. Er sondert die wenig gewichtigen aus, betrachtet mißmutig den riesigen Berg und hat plötzlich eine Idee: Er drückt allen Sekretären, Kammerjunkern und Kammerherren, die sich zu so später Stunde noch im Hause aufhalten, eine Akte mit der Weisung in die Hand, ihm »in zehn Zeilen« mitzuteilen, was das Papier enthält.

Brühl gerät an einen Kammerbericht. Später wird es einmal heißen, er habe Carl Pauli, des Kurfürsten Sekretär, unter Alkohol gesetzt und sich bei Rückkehr Augusts des Starken in Erwartung eines Auftrages als »Springer« zur Verfügung gehalten, um durch Dienstbeflissenheit zu glänzen. Das Archiv schweigt sich darüber aus. Es weiß nichts von einer Beschwerde Paulis und nichts von einer Belobigung des Junkers zu berichten. Doch besagt das nichts; Intrigen werden selten aktenkundig. Pauli ist am Hofe als Trinker bekannt. Nur hieße es, August den Starken als zu simpel darzustellen, wollte man der Version vom »Springer« folgen. Brühl, der mit acht Zeilen als einziger unter dem Limit blieb, fällt zwar dem Kurfürsten auf, doch vorerst kritisch. August der Starke vermutet eine grobe Nachlässigkeit. Das traut er der Kammer denn doch nicht zu, daß sie ihm einen Bericht anbietet, dessen Substanz sich auf acht Zeilen reduzieren läßt, und das durch einen Kammerjunker, der wenig genug vom Kanzleibetrieb versteht. Er liest das Schriftstück mehrmals und muß widerstrebend einräumen, daß es der Junker rationell von allem Ballast befreit hat. Das verrät Talent. Offen bleibt, ob es sich nicht etwa um eine mit Hilfe anderer erzielte Leistung handelt.

Spätere Aufträge erledigt Brühl jedoch mit der gleichen Akkuratesse.

Ab 5. April 1729 gehen alle Kammerberichte und Bittschriften durch Brühls Hände. »Vortragender Kammerjunker« ist er geworden. Zum Vortrag freilich kommt er selten. August der Starke ist kein systematischer Arbeiter. Mit Akten beschäftigt er sich, wenn er in Stimmung ist oder es arg drängt, oft in der Nacht. Auf ein Exposé ist er aus und einen Vorschlag, wie entschieden werden soll, so wie Flemming das zu tun pflegte.

Merkwürdigerweise denkt August der Starke nie daran, Brühl zu seinem Sekretär zu ernennen. Die Verantwortung für die königlichen Schlösser und die königliche Garderobe will er ihm übertragen, obwohl völlig im dunkeln liegt, ob Brühl sich dafür ebenso eignet wie für die Aufarbeitung von Akten. Eine einzige Empfehlung bringt er mit: Er ist der Sohn des Weißenfelser Schloßverwalters, und in Weißenfels, das ist an allen Höfen bekannt, hat sich noch kein Gast gelangweilt. Mag also der Junker zeigen, was an väterlichem Blut in ihm fließt.

Brühl ist berauscht von dem Gedanken, mitzuwirken an einem »Lager«, das alles Frühere in den Schatten stellen soll. Er sieht sich in Zeithain um, studiert die Literatur, berät sich mit Künstlern, plant, verwirft, plant neu. Den phantasielosen Wackerbarth kalkuliert er kaum mehr ein, was sich aber bald als Fehler erweist. Selbst mit landesherrlichen Ordern in der Hinterhand öffnen sich einem Kammerjunker längst nicht alle Türen und Ohren. Pöppelmann erklärt ihm rundheraus, er gedenke Bleibendes zu schaffen und nicht seine Kraft mit einem provisorischen Lagerbau zu vergeuden. Wackerbarth, ein langsamer Denker, aber guter Menschenkenner, verfolgt Brühls Betriebsamkeit ungerührt. Höfische Belustigungen sind ihm fremd. Was soll er sich dem Verdacht aussetzen, den Junker zu gängeln? Brühl ist klug genug zu begreifen, daß er ohne den alten General ins Leere laufen wird, und arrangiert sich Anfang Dezember mit ihm. Stillschweigend akzeptiert er dessen uneingeschränkte Befehlsgewalt, und Wackerbarth wiederum läßt ihm freie Hand. Keine Weisung Augusts des Starken könnte die Verantwortlichkeiten besser abstecken als die Einsicht des Generals und des Kammerjunkers, die aufeinander angewiesen sind. Für ein reichliches halbes Jahr ist dieses ungleiche Paar aneinandergekettet. Dann könnte eigentlich jeder seiner Wege gehen, aber darauf ist keiner aus.

Je höher Wackerbarth steigt, desto isolierter fühlt er sich. Ins Lager von Zeithain wird er als Generalfeldmarschall gehen – er hat die Ernennung schon halb in der Tasche –, aber es ist einsam um ihn geworden. Neid und Mißgunst lassen den Freundeskreis schrumpfen. Distanzieren sich die einen von ihm, rückt er von anderen ab. Hoym ist ihm zu »preußisch«, Manteuffel zu intellektuell. Er beginnt, in Brühl »seinen jungen Mann« zu sehen.

Brühl ergeht es ähnlich. Den Sonderauftrag mißgönnen ihm alle, Oberhofmarschall, Oberkammerherr, Kammerjunker. Neben August dem Starken auch noch in Wackerbarth, dem zweitmächtigsten Manne Sachsens, einen Gönner zu finden wiegt schwer für ihn.

Vom 30. März 1730 an darf er sich »Kämmerer der königlichen Garderobe« nennen. Nie zuvor gab es in Sachsen eine solche Charge; sie ist eigens für ihn geschaffen worden. Möglicherweise ahnt er es, definitiv erfährt er es, als ihm nach Ernennung zum Minister die Akten in die Hand kommen: Wackerbarth hat das durchgesetzt, auf einen Erfolg des Lagers bauend.[5]

Prominentester Gast unter 47 Fürsten ist Friedrich Wilhelm I. von Preußen, der sich vom Kronprinzen und 150 Offizieren begleiten läßt. Für ihn marschieren eigentlich die 28 000 sächsischen Soldaten (und zwei Vertreter eines jeden polnischen Regiments) auf; 2 000 besorgen den Transport oder bewachen die Magazine. Er vor allem soll die neuen Uniformen bewundern und die Suhler Gewehre und sich davon überzeugen, daß es »lange Kerle« nicht nur in Preußen gibt. Kommandeur der Zwei-Meter-Männer, der Grandmusketiere, ist Sulkowski, eben Oberst geworden, dessen Auftreten Brühl zu begünstigen wußte. Sulkowski hat das Regiment auf eigene Kosten ausstaffiert; seine Musketiere tragen rote Röcke und gelbe Westen.

Die »Burg«, mit einem Tafelzelt in der Mitte, ist 700 Meter lang und 400 Meter breit. Die größeren Zelte sind durch überdachte Gänge miteinander verbunden. August der Starke wohnt etwas abseits im »Grünen Palais«, auch Manöverpalast genannt. All dies ist ein Werk Pöppelmanns. Brühls Wünschen konnte sich der weltbekannte Baumeister taub stellen, Wackerbarth gegenüber nicht. Die Arbeiten an der Moritzburg werden sich verzögern, klagt er, doch keine Ausflucht rettet ihn vor dem unliebsamen Auftrag. Als Baumaterial stehen nur Bretter zur Verfügung, und im Juli wird die ganze Herrlichkeit wieder verschwunden sein. Soviel der Zwinger-Architekt auch schon gebaut hat, ein Palast mit einer Lebensdauer von vier Wochen war nicht dabei. Er entscheidet sich für ein zweistöckiges Gebäude, um einen Mittelpunkt zu schaffen. Ans Manöverpalais grenzen eine vierstufige Terrasse, die 4 000 Personen Platz zur Beobachtung der militärischen Übungen bietet, und ein separates Opernhaus. Wenn die Kälte einzieht, werden die Bauern den Bau verheizen; sie erhalten ihn als Trost für die Manöverschäden.

Wer hätte gedacht, daß der betagte Pöppelmann ein so glänzender Improvisator sein könnte? Brühl! Den Architekten gewonnen zu haben bringt ihm ebensoviel Lob ein wie diesem der Lagerbau. Brühl verantwortet die Innenausstattung.[6] Er plündert die halbe Schatzkammer; getreu der landesherrlichen Weisung, es solle alles sein wie in Dresden, stellt er wertvollen Schmuck aus, seltene Gemälde, kostbare Leuchter, Rüstungen, Trophäen. Die Residenz ist ins Zeltlager umgezogen.

Die Hofjagd bedrückt Brühl. Er versteht sich nicht aufs Weidwerk, findet es abscheulich, aber für August den Starken wäre ein Lustlager ohne eine zünftige Jagd nicht denkbar. Warum er und nicht der Oberjägermeister sie ausrichten soll, begreift Brühl erst in Zeithain. Der Manöverlärm und wochenlange Anwesenheit von einigen Zehntausend Menschen werde das Wild in weitem Umkreis verscheuchen, meinen die Jäger. Nach Wermsdorf müsse man ausweichen oder nach Herzberg. Doch davon will August der Starke nichts wissen. Zwei Reitstunden ist er einzuräumen bereit, keinesfalls mehr. Brühl hält sich an die Order, des Mißerfolges sicher, entscheidet sich für Lichtensee. Das Glück ist auf seiner Seite. An die 1 000 Stück Wild kommen am 27. Juni zur Stecke, das beste Ergebnis seit

Jahren, und August der Starke schwimmt auf einer Woge der Glückseligkeit.

Eine Attraktion besonderer Art ist die Illumination, für jedermann zugänglich. Man schreibt den 24. Juni, Johanni, und viel Volk ist auf den Beinen. An die 20 000 Bauern der Umgebung dürften sich wohl eingefunden haben. Die Soldaten, die keiner Wache zugeteilt sind und nicht zu den 500 Angehörigen der sächsischen Marine zählen, haben frei. So könnte die Zahl der Zuschauer bei 50 000 liegen. Gebannt betrachten alle die 46 Meter hohe und 113 Meter breite Wand, die einen riesigen Palast vortäuscht. An die sechs Monate haben 200 Zimmerleute gebraucht, um diese Wand zu errichten und mit 6 000 Ellen Leinwand zu bespannen. Die Bemalung besorgten Dresdens berühmteste Künstler. Gegen 20.30 Uhr brennen 400 Zimmerleute aus 60 Kanonen und 48 Mörsern hinter dieser Kulisse das größte Feuerwerk ab, das Sachsen je erlebt hat. Auf der Elbe treiben derweil sechs Fregatten, neun Zweimaster und 30 kleine Schiffe, alle hell erleuchtet, flußabwärts; Hof und Gäste erleben das Feuerwerk von den Booten aus.

Beendet wird das Zeithainer Lager mit einem Mittagsmahl für 30 000 Personen. Der Adel erhält die Speisen auf Meißener Tafelgeschirr serviert, eine Idee Brühls. Die Furcht war groß, es könne Scherben geben, und August der Starke selbst mußte Brühl zu Hilfe kommen und dem Oberhofmarschall wie der Kammer die Bedenken austreiben. Eventuelle Verluste würden durch gesteigertes Renommee allemal aufgewogen, hatte er gemeint. Der Höhepunkt des Mahles ist der »Nachtisch«, den acht Pferde auf einem zehn Meter langen und 5,6 Meter breiten Wagen, speziell für diesen Zweck gefertigt, bis zur Tafel ziehen. Er wiegt etwa 40 Zentner, der Zeithainer »Lagerkuchen«, und ist 0,30 Meter hoch, 3,4 Meter breit und 8 Meter lang. Pöppelmann, dem als Oberlandbaumeister das Anschneiden obliegt, hält sich bereit. Er kann sich Zeit lassen.

Das Meisterwerk der Konditorkunst wird erst einmal gehörig bestaunt. Es gibt ein langes Rätselraten, wie der Teig wohl in den Ofen gelangt sei und was an Zutaten verwendet wurde. Doch darüber sind selbst die Dresdener Höflinge nicht informiert. Brühl aber schweigt sich aus. Er mußte an die hundert Bäcker heranziehen und eigens einen Ofen errichten lassen. Fast wäre das ganze Vorhaben noch an der Beschickung des Ofens gescheitert. Nur mit Hilfe von mehreren Pferden hatte sich der Teig in den Ofen ziehen lassen, und Pferde waren wiederum vonnöten, um den Kuchen unbeschadet aus dem Ofen zu bekommen. Verbacken wurden 1 000 Kilogramm Mehl, 100 Kilogramm Butter und neben vielen anderen Zutaten 3 600 Eier. Er ist eßbar, der Lagerkuchen, aber nicht zum Verzehr gedacht; jeder Gast soll ein Stück zur Erinnerung an das Zeithainer Lager mitnehmen.

Über das Schicksal dieses Nachtisches wird ausgiebig debattiert. Doch haben jene, die auf eine Kostprobe aus sind, das bessere Argument, nämlich die Sonne, die diese Herrlichkeit in Kürze in einen riesigen Brei verwandeln wird. So kann Pöppelmann schließlich seines Amtes walten.

August der Starke gibt noch 1730 in Leipzig ein Amtliches Kupferstichwerk in Auftrag.[7] Es wird eine monströse, 30 Pfund schwere bibliophile Arbeit, die mehr als 200 Blatt umfaßt und alles wiedergibt, was am Zeithainer Lager gewichtig erscheint, die Grundrisse der Pavillons wie der militärischen Operationen. Christian Felix Weiße, Sachsens Chronist, schreibt das Werk Adam Friedrich Zürner zu, was wohl auf einem Trugschluß beruht. Als Urheber kann keine Einzelperson angesehen werden. Wackerbarths Stab hat zugearbeitet und Pöppelmann. Von Zürners Handschrift ist nichts zu spüren. Das Amtliche Kupferstichwerk hat hohen wissenschaftlichen Wert, ist allerdings so unhandlich wie nur denkbar; und es kostet 200 000 Taler.

Für August den Starken erfüllt das Zeithainer Lager die unterschiedlichsten Funktionen, Lustbarkeiten sind dabei die Würze. Es ist ein Instrument der Diplomatie, eine Stätte der Verhandlungen mit Fürsten aus halb Europa, vor allem aber eine Demonstration von Sachsens Macht.[8]

Für Brühl ist das Zeithainer Lager ein »Lustlager«. Das ist so abwegig nicht. Schließlich ist er es, der die Gäste unterhalten soll. Um die Bauten kümmert sich Pöppelmann, und die »Ausrückung einer Compagnie um die andere, aus denen 2 Linien 4 Linien formiert werden, mit welchen lincks-, vor- und hinterwerts marchiret wird«, ist Wackerbarths Sache. Die militärpolitischen Überlegungen des Kurfürsten sind Brühl fremd und werden es bleiben. Am Ende registriert er: Preußen verfolgt interessiert die Entwicklung des sächsischen Militärwesens – und stellt 80 000 Mann unter Waffen! Was bedeutet dann schon das 30 000-Mann-Heer Sachsens?

In Zeithain stehen Tafel und Lustbarkeiten im Rufe des Originellen. Wackerbarth ist zu lebenserfahren, um sich zu verwundern. Als der Preußenkönig ihn fragt, wem all die netten Einfälle zu danken seien, verweist er auf Brühl, und Friedrich Wilhelm I., wenn auch entschlossen, den sächsischen Nachbarn nicht nachzuahmen, dekoriert Brühl, nur ihn, mit dem Adlerorden, Preußens höchster Auszeichnung. Erster Gratulant ist Friedrich, Kronprinz von Preußen, der später, als König, Brühl aus tiefstem Herzen hassen wird.

Vor Monaten noch ein unbekannter Kammerjunker, hat Brühl sich mit dem Zeithainer Lager am Dresdener

Hof und selbst bei den Monarchen der Nachbarländer einen Namen gemacht. Der preußische Adlerorden ist nur der Vorbote einer Serie von Auszeichnungen. Wie selbstverständlich hat er fortan die Verantwortung für alle höfischen Vergnügungen. August der Starke zeigt ihm Wohlwollen: Er ernennt ihn 1731 zum Chef des Steuerwesens, zum Geheimrat und Leiter des Departements Inneres, 1732 zum Vizesteuerdirektor und Inspektor sämtlicher Schlösser und noch im Januar 1733 zum Leiter des Kammerwesens, also zum Chef der Staatsgüter und des Bergwerkswesens. Das Zeithainer Lager wird zur Sprosse einer einzigartigen Karriere. Die Hälfte seines bisherigen Daseins hat Heinrich von Brühl als Page verbracht und dann als »betagter« Kammerjunker; mit 31 Jahren ist er einer der jüngsten Geheimräte und Minister. Vielleicht wird er die Nachfolge Flemmings antreten, wie viele vermuten. Er ist jung, energisch, arbeitsam, voller Ideen, dem Hof ergeben und mit absolutistischem Gedankengut ausgerüstet – all das weiß August der Starke zu schätzen.

Für Brühl sind mit dem Zeithainer Lager Erfahrungen verbunden, die maßgeblich sein weiteres Leben prägen. Durch geschickt aufgearbeitete Kammerberichte hat er sich mühsam zum »vortragenden Kammerjunker« emporgedient und einen Soldzuschlag von jährlich 600 Talern erhalten. Durch Mitwirkung an einem Lustlager, das ganze vier Wochen währt, wird er mit Orden, Ämtern und Geld überschüttet; 3 000 Taler bringt ihm allein der »Geheimrat« ein (ab 1733 sogar 5 000 Taler). Den Auftakt seines politischen Wirkens bildet eines der prunkvollsten Feste des Jahrhunderts; wie Politik gemacht wird, das meint er in Zeithain begriffen zu haben.

Und es wirkt noch etwas anderes nach: Im landesherrlichen Auftrag hat er in Zeithain höfische Vergnügungen auszurichten. Ideen hat er zu liefern, möglichst originelle; was die Umsetzung kostet, berührt ihn wenig, zur Sparsamkeit hält ihn keiner an. Auf diese Weise ist das Zeithainer Lager für den künftigen Staatsmann eine mindestens ebenso schlechte Schule wie der Weißenfelser Hof, an dem er aufgewachsen ist.

DRESDEN UND WARSCHAU

Balanceakt beim Herrscherwechsel

Seit anderthalb Jahren schon ist Brühl Minister, als die Silvesterglocken das Jahr 1733 einläuten. Manche halten ihn für entbehrlich, andere möchten ihn nicht missen.

In absehbarer Zeit sind Ämter zu verlieren oder zu gewinnen. Nach Aussage des Leibarztes Dr. Neid wird August der Starke keinen Frühling mehr erleben.[9] Dann dürfte kommen, was bei einem Herrscherwechsel üblich: Der neue Landesherr versichert feierlich, alles beim alten zu belassen, sämtliche Minister zu übernehmen – um schließlich dafür zu sorgen, daß nur wenige bleiben.

Vielleicht täuscht sich Dr. Neid? Er hat nicht mehr die souveräne Stellung von einst inne, macht sich möglicherweise wichtig. Schon einmal, 1726, geriet August der Starke in eine Krise. Brühl war damals noch Page, ohne direkte Informationsquelle. Der rasche Verfall des Kurfürsten war augenscheinlich: 1,76 Meter groß, normalerweise mit einem Körpergewicht von 234 Pfund, brachte er nur noch 130 Pfund auf die Waage. Die Diagnose stellte er sich selbst: Unfallfolgen. Mit seinen Blessuren prahlte er gern. An einer Hand fehlen ihm mehrere Finger, Andenken an den Versuch, einem

Bären die Faust in den Rachen zu stecken, am linken Daumen büßte er ein Glied ein, als die Flinte sprang; um über den Main schießen zu können, war sie doppelt geladen worden. Am Kopf sind die Spuren eines Streifschusses zu erkennen, eine Erinnerung an den Feldzug von 1689. – Aber sein linker Fuß! Die zweite Zehe zerquetschte er sich 1697 während des Karnevals beim Sturz vom Pferd; auf die große Zehe setzte er sich in Venedig bei einer mißglückten Kraftprobe eine Marmorplatte. August der Starke ist keinesfalls wehleidig, doch die Schmerzen im linken Fuß behindern ihn stark.

Die Ärzte lassen ihn in dem Glauben, es handele sich um Spätfolgen äußerer Verletzungen. Daß ein inneres Leiden vorliegt, wissen sie seit 1719, doch konnten sie die Zuckerkrankheit nicht exakt diagnostizieren; nur auf Reduzierung des starken Alkoholkonsums konnten sie immer wieder drängen.

Der Zusammenbruch erfolgte in Białystok. Mit eiternder Fußsohle lag August der Starke dort im Dezember 1726 fest. Sachsens Gesandter in Frankreich, Hoym, mußte nach Jean Louis le Petit, einen der berühmtesten Chirurgen Europas, schicken. Petit traf am 19. Januar 1727 in Białystok ein. Knapp drei Wochen zuvor, in der Neujahrsnacht, hatte einer seiner Schüler, der Leibbarbier J. F. Weiß, die schon schwarze zweite Zehe des linken Fußes amputiert – ohne den Kurfürsten noch dessen Leibärzte zu konsultieren. Es kam zum Krach. August der Starke, wieder zu sich gekommen, sah sich »wegen einer Bagatelle« verstümmelt und drohte dem Chirurgen mit dem Königstein. Auch die Leibärzte hielten die Operation für überflüssig. Petit aber urteilte nüchtern: Ohne den Eingriff läge der Patient in der Gruft.

Reichlich zwei Jahre später, 1729, korrigierte sich

der Kurfürst und sprach Weiß 12 000 Taler zu, zahlbar in Raten. (Bei 2 000 Talern ist es wohl geblieben.)

August der Starke erholte sich. Im Herbst 1729 erlegte er in Pillnitz an einem Tag 260 Hasen. Allerdings wurden ihm die Mümmelmänner vor die Flinte getrieben; er schoß auf einem Stuhl sitzend.

Während der Truppenschau in Zeithain 1730 schien er für Außenstehende wieder ganz der alte zu sein: Stundenlang stand er auf dem Balkon, ritt, jagte. Aber nur noch im Spiegel der Erinnerung vermochte er sich mit einem kühnen Satz aufs Pferd zu schwingen, ohne den Steigbügel zu berühren; eine sorgfältig einstudierte, ganz auf Effekt berechnete und ohne Publikum viel zu anstrengende Übung. Im Lager von Czerniachow, dem polnischen Zeithain, nahm er 1732 die Truppenparade im Rollstuhl sitzend ab. In die Kutsche wurde er von vier kräftigen Lakaien getragen.

Im Oktober 1732 kehrt er aus Polen zurück, energiegeladen. Die Neujahrsmesse in Leipzig will er keinesfalls versäumen, er spricht von einer Reise nach Karlsbad und vom bevorstehenden Karneval. Zur Überraschung aller fährt er am 10. Januar 1733 nach Polen. Die Suite besteht aus dreizehn Leibwächtern und vier Kutschen. Brühl wird der letzte Wagen zugewiesen. Im vorletzten haben die Sekretäre Platz genommen, im zweiten die Ärzte. August der Starke fährt allein. Nach wie vor ist er ein starker Trinker. Dr. Neid wollte dem Kurfürsten den Wein entziehen, doch dieser hatte sich dagegen verwahrt – man solle es endlich aufgeben, einen Alkoholgegner aus ihm machen zu wollen – und Neid in die »zweite Reihe« gestellt. Seither halten sich die Mediziner zurück.

Am 11. Januar ist Krossen erreicht, wo der preußische General von Grumbkow wartet. Brühl sieht über das nun folgende wilde Gelage geflissentlich hinweg.

Er hat in seiner kurzen Minister-Ära begriffen: Für August den Starken sind solche Schwelgereien ein Instrument der Politik. Auf seine Trinkfestigkeit bauend, lockt er dabei die Zechgenossen aus der Reserve, erfährt die Interna, die ihm sonst vorenthalten blieben, macht er die Verhandlungspartner gefügig. Aber Grumbkow, ebenfalls als trinkfester Mann bekannt, trägt bei dem Krossener »Duell« den Sieg davon. August der Starke läßt sich trösten: Es sei eben nicht ein Tag wie der andere.

Die Reise geht weiter.

Der Zusammenbruch erfolgt etwa acht Meilen vor Warschau. August der Starke wird bewußtlos, kommt wieder zu sich, fällt erneut in Ohnmacht. Am 16. Januar ist Polens Hauptstadt erreicht. So unauffällig wie möglich wird der geistig schon abwesende Landesherr ins Sächsische Palais gebracht.

Er stirbt am 1. Februar 1733.

Es ist gegen fünf Uhr in der Frühe. Über Warschau liegt noch das Dunkel der Nacht, aber bald wird der Tag anbrechen, der hellhörig ist. Polen ist ein Wahlkönigtum. Es läßt sich absehen, daß der alte Streit ausbricht, ob ein Pole oder ein Nichtpole den Thron besteigen soll. Und dabei werden die Nachbarstaaten ein Wort mitreden, Rußland, Österreich und auch Preußen.

Während der Page Marschall nach Dresden hetzt, um den Tod des Kurfürst-Königs zu vermelden, schirmt Brühl das Sterbezimmer sorgfältig ab. Vorerst soll kein Pole die Neuigkeit erfahren. In einem kleinen Kloster werden die Staatspapiere, der Schatz und das kostbare Mobiliar verborgen. Darüber gehen viele Stunden hin. Erst gegen 19 Uhr gibt Brühl das Ableben des Königs bekannt, ohne Angabe der Sterbestunde, um nicht nachträglich Interesse an den geschäftigen Umtrieben des Hofes im Verlaufe des Tages zu wecken.

Für den Fall seines Ablebens hat August der Starke verfügt: Das Herz des Kurfürsten ist in Dresden, der Leichnam des Königs in Krakau zu bestatten. Am 10. Februar wird die Leiche im Schloß zu Warschau öffentlich aufgebahrt und tags darauf nach Krakau überführt, wo die Trauerfeier stattfinden soll. Sie wird lange auf sich warten lassen, ein ganzes Jahr, doch das ahnt in dieser Stunde niemand.

Brühl löst inzwischen den sächsischen Hof in Warschau auf. Ein Verweilen könnte als Anmaßung oder Erpressung verstanden werden und die Königswahl belasten. Alle verfügbaren Wagen – es sind 134 – werden beladen und in zwei getrennt fahrenden Kolonnen nach Dresden dirigiert. Brühl sorgt sich der Registratur wegen. Wenn die Sekretäre recht haben, befinden sich im Nachlaß Pläne Augusts des Starken zur Aufteilung Polens. Sollten sie in die Hände der Polen gelangen, braucht Sachsens neuer Kurfürst sich nicht um Polens Krone zu bewerben. Brühl ist nie etwas von Teilungsplänen zu Ohren gekommen, aber schließlich ist er neu im Amt. Er neigt schon dazu, die Papiere verbrennen zu lassen, als er aus Dresden die Weisung erhält, sie ausnahmslos zu überführen. Die Wagen fahren unbehelligt durch halb Polen; niemand interessiert sich für den sächsischen Troß.

Während Brühl den Auszug des Hofes organisiert, bereitet er schon dessen Rückkehr vor. Er ist viel zu sehr Minister Augusts des Starken, um nicht auf Kontinuität der Politik bedacht zu sein. Es bedarf für ihn keines Anstoßes, um sich als Wahlwerber zu betätigen. Aber der Anstoß kommt, früher als erwartet. Briefe soll er zustellen. Sie sind unterschrieben vom neuen Kurfürsten und adressiert an den päpstlichen Nuntius in

Warschau Paolucci, an Großkanzler Ossolinski, Großmarschall Mniszek und an den Krakauer Bischof Lipski. Alle haben den gleichen Wortlaut:

»Die aufrichtige Freundschaft, die Ihr mir immer erwiesen habt ... läßt mich nicht zweifeln, daß, wenn der Allmächtige mir den Verlust eines so gnädigen Königs und geliebten Vaters bereitet, Ihr das ganze Ansehen Eures Amtes und Euren großen Einfluß im Königreich gebraucht, mir ebenso gute und aufrichtige Freunde, wie Ihr es seid, zu verschaffen, und Euch bei der Wahl eines neuen Königs zusammentut, damit die Wahl auf mich fällt ...«[10]

Der Auftrag bessert Brühls Laune. Er hat bislang mit seinem Schicksal gehadert, weil es ihn in Warschau festhält, ihm die Aufbahrung Augusts des Starken und die Auflösung des sächsischen Hofes abverlangt, während in Dresden – wie zu vermuten – personelle Entscheidungen fallen. Er wäre am liebsten spornstreichs nach Sachsen geeilt, um »dabeizusein«. Jetzt aber hat er alle Zeit der Welt. Mag in Dresden das Kabinett ohne ihn beraten; in Polen ist nur er, und nirgendwo braucht der neue Kurfürst so dringend jemanden wie in Warschau.

Die kurfürstlichen Briefe sind aufschlußreich – nicht des Inhalts, sondern des Datums wegen. Am 2. Februar wurden sie auf den Weg gebracht. Brühl ist oft genug zwischen Sachsen und Polen verkehrt. Er weiß, daß sein Bote mit der Todesnachricht unmöglich vor dem 3. Februar in Dresden eingetroffen sein kann. Die Briefe wurden abgesandt, als noch niemand etwas vom Ableben Augusts des Starken wissen konnte. Des neuen Kurfürsten Wünsche müssen eng um die polnische Krone kreisen, wenn er aus Furcht, den möglicherweise entscheidenden ersten Schritt zu verpassen, jegliche Pietät mißachtet und sich noch zu (angenommenen) Lebzeiten seines Vaters um Polens Krone bewirbt.

Lange studiert Brühl die kurfürstlichen Adressenlisten. Er hält es für einen schweren Fehler, daß Potocki, der Primas von Polen, kein Schreiben erhalten soll. In Polen wird ohne den Primas keine Politik gemacht, zumal dieser, aus Brühls Sicht erwartungsgemäß, auf Beschluß des Großen Rates vom 7. Februar die Regentschaft übernimmt. Potocki wird erfahren, daß Sachsens Kurfürst mit einigen Repräsentanten des Landes der Wahl wegen in Verbindung getreten ist, und sich übergangen fühlen.

Brühl steht sich gut mit Potocki. Er sucht ihn auf, läßt einen Auftrag durchblicken, den er gar nicht hat, und müht sich, den Eindruck zu erwecken, als sei Potocki nur deshalb nicht angeschrieben worden, weil eine mündliche Absprache mit ihm für wichtiger angesehen werde. Daß ein für die sächsische Innenpolitik zuständiger Minister für eine derartige Absprache eigentlich nicht der richtige Mann ist, scheint der Primas übersehen zu wollen. Er legt sich in keiner Weise fest, läßt Brühl aber wissen, daß er den Kronvokationsreichstag für den 27. April einberufen werde. Damit weiß Brühl mehr als jeder andere. Er reist sofort ab. Was nun zu tun bleibt, geschieht am besten von Dresden aus. Mehr als drei Wochen sind seit dem Tode Augusts des Starken vergangen, als Brühl am 22. Februar 1733 in Dresden eintrifft. Der Primas hat ihm einen Brief mitgegeben, in dem ihm bescheinigt wird, daß er »mit Eifer Polen gedient« habe und daß dafür »eine Belohnung« gerechtfertigt sei. Mag Potocki aus eigenem Antrieb gehandelt haben oder nicht, einem Kronanwärter muß der Wunsch des Primas und Regenten wie ein Befehl erscheinen. Potockis Schreiben ist für Brühl wertvoller als jede Ehrung, die er durch August den

Starken erfahren hat; August der Starke ist tot, der Primas aber lebt. Infolge des Herrscherwechsels ist Brühl eigentlich ohne jedes Amt. Als Emissär bei der Königswahl dürfte er dank seiner Verbindung zum Primas unentbehrlich sein. Alles andere wird sich finden.

Neugierig aber ist er, was ihn wohl in der Residenz erwartet.

Friedrich August II., Sachsens neuer Kurfürst, ist der Statur nach das Ebenbild seines Vaters – groß, korpulent, kraftstrotzend. Anders als diesem, der unvorhergesehen Landesherr geworden war, wurde ihm, dem einzigen legitimen Sohn Augusts des Starken, die Kurwürde quasi in die Wiege gelegt. Er konnte sich auf sein Amt vorbereiten, und das an der Seite eines profilierten Kurfürsten.

Ein guter Jäger ist er. Von der Jagd, namentlich der Reiher-Jagd, versteht er etwas, das bescheinigen ihm alle Jünger Nimrods gern. Er ist viel gereist, wie in Vorbereitung auf ein Herrscheramt üblich, und er hat Maria Josepha geheiratet, des Kaisers Tochter, ganz nach dem Willen des Vaters. Daß die Ehe geschlossen wurde, betrachtete August der Starke als dynastische Notwendigkeit; daß sie funktioniert, vermochte er nie zu begreifen. Maria Josepha ist eine kluge Frau, musisch begabt, doch unzugänglich und das Gegenteil weiblicher Schönheit, nach Augusts des Starken Empfinden nur zu ertragen, wenn sich Trost bei einer anderen Frau finden läßt. Intellektuelle, von der Natur vernachlässigte Frauen bereiteten ihm stets Unbehagen. Maria Josepha und Brühl stimmen in einem Punkt überein: Es hält keiner etwas vom anderen, aber um die eigenen Interessen wissend, akzeptieren sie sich gegenseitig. Maria Josepha empfände Heinrich von Brühl sogar ganz erträglich, wäre er weniger klug – oder ihr Gemahl klüger.

Trotz aller guten Voraussetzungen ist Friedrich August II. mit den Staatsgeschäften weniger vertraut als der jüngste Kanzlist. Kein Achtzehnjähriger könnte so ahnungslos sein wie er mit seinen 37 Jahren. Wackerbarth zeigt sich nachsichtig; ein Sohn Augusts des Starken habe es schwer, zu bestehen; immer werde er an seinem Vater gemessen. Darin steckt sicher ein Körnchen Wahrheit. Auch hat sich August der Starke nicht eben beeilt, seinen Nachfolger in die Staatsgeschäfte einzuweihen, sei es aus Furcht, die Macht mit jemandem teilen zu müssen, sei es aus Bequemlichkeit oder auch aus Überschätzung seiner eigenen Lebenserwartung.

Sachsens neuer Kurfürst hat seine Kindheit bei der Großmutter verlebt, stand später stark unter dem Einfluß seiner Mutter, der halb verbannten Christiane Eberhardine, und sah sich zunehmend von den Jesuiten umworben. Als Kurprinz hat er sich ganz wohl gefühlt. Wackerbarth aber meint, als Kurfürst werde Friedrich August II., unverbraucht wie er sei, Eifer an den Tag legen, sich mit Bravour in die Regierungsgeschäfte stürzen. Der Charakter des neuen Landesherrn steht jedoch jeglicher Aktivität entgegen. Er ist »steifen, zurückhaltenden Wesens, indolent und arbeitsscheu«, von »jener Gutmütigkeit, die mit Schwäche gepaart gemeiniglich nur Unheil stiftet«, und »selbst um die eheliche Treue gegen seine Gemahlin, die bigotte, unliebenswürdige und häßliche Maria Josepha zu verletzen« noch zu phlegmatisch, meint Sachsens Chronist Böttiger.[11]

An der Einstellung zu den Staatsgeschäften gemessen, sind Friedrich August II. und Brühl so grundverschieden wie nur denkbar. Was aus Brühl unter August dem Starken geworden wäre, bleibt Theorie. Dirigierender Minister, prophezeiten die einen, ein Häftling auf dem Königstein die anderen. Ein Brühl, wie die Geschichte ihn kennt, ist jedenfalls undenkbar ohne einen so unbedeutenden Kurfürsten wie Friedrich August II., der nur deshalb an die Macht gelangte, weil »die Reihe an ihm« war, und der, von Natur aus träge und entscheidungsunfähig, auf einen Minister angewiesen war, der für ihn die Regierungsgeschäfte besorgte. Dieser Minister hätte nicht unbedingt Brühl heißen müssen.

Am Hofe gibt es Leute genug, die in Sulkowski den neuen Mann sehen. Seit 22 Jahren schon steht der Pole im Dienste des nunmehrigen Kurfürsten, und das spricht für sich. Er ist ein ausgezeichneter Schütze und vorzüglicher Reiter, und das schätzt Friedrich August II. Brühl dagegen beteiligt sich an Jagden nur, wenn es die Hofetikette erfordert, und im Sattel vermag er sich allenfalls ordentlich zu halten, wenn er ein lammfrommes Pferd reitet.

Bei einer Bewerbung um die polnische Krone ist Sulkowski dank seiner Beziehungen zumindest ebenso wichtig wie der die Materie beherrschende Brühl, auf längere Sicht als Pole sogar weniger entbehrlich. Und der Kurfürst umgibt sich zudem ungern mit neuen Leuten.

All das ist Brühl durchaus vertraut. Was er bei seiner Rückkehr vorfindet, stimmt ihn trotzdem hoffnungsvoll. Wenige Stunden genügen, um zu begreifen, daß in drei langen Wochen seit dem Herrscherwechsel rein gar nichts geschehen ist. Selbst wenn man akzeptiert, daß wegen der noch nicht erfolgten Beisetzung Augusts des Starken gewisse Zwänge bestehen, bleibt eine Hilflosigkeit des Landesherrn unverkennbar, und ob Sulkowskis Treffsicherheit bei Ausübung des Weidwerks und seine Eskapaden zu Pferde ihn für ein Ministeramt prädestinieren, erscheint sehr fraglich. Für Brühl steht wohl doch mehr zu Buche als eine Empfehlung des Primas von Polen.

Augusts des Starken letztes Kabinett ist schwach wie kaum eines zuvor. Den Vorsitz hat Wackerbarth, der Dienstälteste, zuständig für militärische Belange, desinteressiert an allem, was nicht Armee heißt, schon kränkelnd. Als Intimus des verstorbenen Kurfürsten darf er Rücksichtnahme erwarten. Von den einst so mächtigen Ministern Manteuffel und Hoym hat sich August der Starke getrennt, bevor noch Brühls eigentliche Karriere begann. Manteuffel überschätzte sich: Er reichte nach einer Kontroverse den Abschied ein, überzeugt, zum Bleiben aufgefordert zu werden. August der Starke aber nahm den Rücktritt an, ohne zu zögern. Mit 12 000 Talern Pension lebt Manteuffel nun in Berlin. Hoym hat das schlechtere Los gezogen. Ausgerechnet August der Starke hat ihn wegen Ehebruchs angeklagt (der eigentliche Grund war der Verstoß gegen das Münzgesetz) und ihn 1731 auf dem Königstein festgesetzt. Hoym wird 1736 seine einzige Perspektive in einem selbstgedrehten Strick sehen, an dem er sich in seiner Zelle erhängt. Die neuen Minister sind derart blaß, daß selbst die Höflinge Mühe haben, sich der Namen zu erinnern. Als profiliertester Minister neben Wackerbarth gilt der junge Brühl, der Herrscher über die Finanzen.

August der Starke hat außer 4 137 847 Talern Schulden nur 670 968 Taler 7 Gr. und 2 Pfg. in der Kasse hinterlassen. 300 000 Taler sind schon auf halbem Wege nach Polen, und weit mehr als eine Million werden folgen müssen. Die Krone kostet Geld, viel Geld, und mag Friedrich August II. auch kein sonderlich heller Kopf sein, so begreift er doch, daß nicht sein vortrefflicher Jagdgenosse Sulkowski, sondern allenfalls der eingefuchste Brühl die Wahlgelder zu beschaffen vermag.

Gerade drei Tage ist Brühl in Dresden, als er mit dem Departement Domestic Affaires betraut wird; der »Geheimrat« folgt elf Tage darauf. Er war früher schon beides, Minister und Geheimrat, aber was zählt schon das Vergangene! Am 25. März 1733 überträgt ihm der Kurfürst »die Aufsicht über sämtliche Cassen ... ingleichen die Beobachtung der Cammer- und Bergwerkssachen, wie nicht weniger die Verpflichtung des Cammer- und Accis-Collegii, auch Berggemachs«, und zwei Tage später ergeht an alle Instanzen die landesherrliche Spezialorder, »daß dergleichen Brief-, Porto- und Estaffettengelder ... auf bloße von Unserem Wirklichen Geheimen Rath von Brühl als Minister von dem Departement der domestiquen Affairen unterzeichneten Cabinetts-Verordnungen in Zukunft jedesmal an die Interessenten gezahlt werden« sollen.[12] Damit sind Brühl die Staatsfinanzen völlig in die Hand gegeben. Die polnischen Angelegenheiten drücken eben den Kurfürsten arg.

Brühl besorgt das Geld für die Wahlen, verspätet und nur auf Raten, aber er besorgt es. Dabei geht er nicht sonderlich originell vor: Er nimmt Kredite auf. Hennicke, sein Vertrauter, hat gute Beziehungen zu polnischen wie sächsischen Banken, auch zum Leipziger Bankhaus Oertel, das zum Hauptgeldgeber wird. So beginnt Brühl seine zweite Amtszeit zwar mit Schulden, doch es erwachsen ihm wenigstens keine Gegner. Alle, die seine Mission kannten, haben sich auf drastische Steuererhöhungen eingestellt und fühlen sich erleichtert. An den Schuldendienst denkt niemand.

Nach wie vor ist völlig unklar, wie der Kurfürst sich sein Kabinett vorstellt. Zögert er der Königswahl halber? Das wäre nicht recht einzusehen. Es gibt Abberufungen: Günther verliert seinen »Hofrat«, Thioly seinen »Geheimen Kriegsrat«, Loß das »Kämmerer-Tractement«, Friesen die Aufsicht über das »Grüne Gewölbe und die Kabinette«, Brühl den »Oberkammerherrn«. Die Ämter von Loß, Friesen und Brühl fallen an Sulkowski. Mit einer Ausnahme handelt es sich um Pfründen, die mit Geld, doch nicht mit Einfluß verbunden sind.

Wichtig ist nur dieses eine: Da Sulkowski Friesens Nachfolge als Leiter der Kabinette antritt, sind ihm fast alle Hofbeamten unterstellt. Sulkowski, bislang Kammerjunker und Stallmeister des Kurprinzen, soll nicht gleich Minister werden. Das könnte all jene verdrießen, die die Beamtenleiter Stufe um Stufe zu erklimmen suchen. Für eine Einarbeitung in den Staatsdienst aber sind seine neuen Funktionen ungeeignet.

Fast fünf Monate sind seit dem Herrscherwechsel schon ins Land gegangen, als am 23. Juni 1733 das neue Kabinett berufen wird. Brühl, noch immer mit Beschaffung der Gelder für die Königswahl betraut und damit unentbehrlich, wird einer der Kabinettsminister und zuständig für innere Angelegenheiten. Ihm unterstehen alle Staatsbeamten, auch die der beiden anderen Departements. Das Militärwesen bleibt Wackerbarth, der als Dienstältester zugleich Vorsitzender der Ministerversammlung ist. Die Außenpolitik dagegen wird Wackerbarth entzogen. Ihm ist dieses Departement ohnehin nur des langen Schwebezustandes halber zugefallen, und mit einer Bestätigung hat er wohl nie gerechnet. Dem Kurfürsten ist etwas ganz Besonderes eingefallen: Er ernennt Brühl und Sulkowski zu gleichberechtigten Verantwortlichen für die auswärtige Politik. Damit will er seinen Vertrauten unterbringen. In den polnischen Angelegenheiten erscheint ihm ein Pole als besonders nützlich, doch da dieser in der Verwaltungspraxis unerfahren ist, soll Brühl, der Minister Augusts des Starken, ausgleichen. Es zeugt von des

Kurfürsten geringer Menschenkenntnis, daß er sich für diese merkwürdige Doppelbesetzung entscheidet. Was aus dem Departement kommt, muß jedenfalls zwei Unterschriften tragen, die von Sulkowski und von Brühl.

Die Kabinettsbildung ist erst zwei Tage alt, als am 25. Juni die erste Korrektur erfolgt: Auch das Departement Kriegswesen wird doppelt besetzt, Sulkowski erhält die gleichen Vollmachten wie Wackerbarth. Der Kurfürst erklärt seine Entscheidung damit, daß eine Entlastung des alternden Wackerbarth vonnöten sei. Dieser ist gesundheitlich tatsächlich nicht auf der Höhe, nur ist er das am 23. Juni ebensowenig gewesen wie am 25. Juni. Wahrscheinlich hat Sulkowski interveniert. Er ist den militärischen Belangen zugewandt, nicht den diplomatischen.

Die eigenartige Struktur des neuen Kabinetts reizt die ehemaligen Minister Augusts des Starken, die ohnehin keine Perspektive haben, zum Spott. Manteuffel, der in Berlin sitzt, witzelt ungeniert in Briefen an Brühl über die Entscheidung des Kurfürsten und will Wetten darüber abschließen, ob sich das Kabinett ein halbes Jahr oder nur sechs Monate halten wird.

Am 19. Oktober 1733 wird Sulkowski auch dem Departement Inneres als Co-Minister zugeteilt und am 2. November 1733 das Vortragsrecht auf Sulkowski und Brühl beschränkt. Die Struktur des Kabinetts wird also tatsächlich nach kurzer Zeit verändert, doch anders als Manteuffel vermutete, liegen diese Veränderungen ganz auf der Linie der Maßnahmen vom 23. Juni 1733.

Die Verlierer sind Brühl und Wackerbarth.

Brühl hat keine Entscheidungsfreiheit mehr. Was immer er auch in die Wege leitet, er ist auf die »zweite Unterschrift« angewiesen. Das Vortragsrecht hat er, weil er die Materie beherrscht und Sulkowski nicht, aber – so die kurfürstliche Weisung – er muß in jedem

Punkt Sulkowski informieren, der jedoch umgekehrt einer solchen Verpflichtung enthoben ist. Wackerbarth kann eigentlich nur noch den Hut nehmen. Was im Militärwesen anfällt, trägt der Co-Minister Sulkowski dem Kurfürsten vor, und was die Ministerversammlung vorbringt, hat Wackerbarth als Vorsitzender zu bestätigen, doch den Vortrag muß er den Ministern Brühl und Sulkowski überlassen. Zu einer Demission kann er sich trotz allem nicht entschließen, schon weil sie offenbar von ihm erwartet wird. Er fährt nach Polen und bleibt dort ohne sichtlichen Grund bis März 1734. Wenige Monate nach seiner Rückkehr stirbt er – als Marschall und Kabinettsminister.

Mit Wackerbarths Tod gibt es im Kabinett eine grundlegende Verschiebung. Sulkowski leitet das Kriegswesen allein und ist Co-Minister in den beiden anderen Departements. Da er zudem der Vertraute des Kurfürsten ist, herrscht er nahezu uneingeschränkt. Seine Sonderstellung wird schon mit der kurfürstlichen Order vom 8. Dezember 1733 deutlich: Er ist von der Vorbereitung eines Vortrages befreit, kann also die Arbeit anderen überlassen und braucht nicht an den Ministerberatungen teilzunehmen.

Der Nährboden für Hofklatsch ist reichlich gedüngt. Auf Kriegsfuß leben sie, Sulkowski und Brühl, heißt es, was jedoch übertrieben ist. Es gibt Zwistigkeiten, das ist richtig, und es wäre verblüffend, wenn sie ausblieben. Um ein derart merkwürdiges Kabinett arbeitsfähig zu halten, muß ein Landesherr schon erfahrener als Friedrich August II. sein. Er verspricht sich eine Förderung der Zusammenarbeit seiner Minister und zerstört sie in Wirklichkeit.

Sulkowski ist ein umgänglicher Mann, sehr klug, und weiß mit originellen Ideen zu überraschen. Gesandte wie Generäle verkehren gern mit ihm. Die Ministerwürde behagt ihm, doch der Ministeralltag langweilt ihn gehörig. So wie der Kurfürst es noch nicht vermocht hat, sich von seinem Kurprinzendasein zu lösen, denkt er an eine Fortsetzung seines Lebens als Kammerjunker, an Jagden, an Reisen. Er hält sich oft und lange in Polen auf, geht zur Rheinarmee, eilt an die türkische Front. Niemand will so recht begreifen, was ein Minister dauernd bei der Armee zu tun hat, zumal er nicht nur für das Kriegswesen verantwortlich zeichnet, sondern auch für die Außenpolitik – und die Innenpolitik, ist man geneigt hinzuzufügen, doch das ist keinem bekannt, das darf niemand wissen.

Offiziell ist Brühl zuständig für Sachsens Innenpolitik. Daß er es nur halb ist und dies auch noch zu verbergen hat, bringt mancherlei Schwierigkeiten für ihn mit sich. Er jagt oft genug der »zweiten Unterschrift« nach, muß mitunter monatelang warten, bis Sulkowski wieder einmal in Dresden weilt, erst ihm den Sachverhalt erläutern, dann dem Kurfürsten. All das widerstrebt Brühl. Er ist ein Minister, der die Geschäfte besorgt, er wird von vielen als dirigierender Minister angesehen, doch er hat keine rechte Entscheidungsbefugnis.

Als sich Prinzessin Maria Amalia am 2. Februar 1738 mit König Karl von Sardinien verlobt, richtet Sulkowski ein prächtiges Fest aus. Für Lustbarkeiten ist eigentlich Brühl zuständig. Vielleicht geht es Sulkowski nur darum, seine Schlüsselstellung am sächsischen Hof zu demonstrieren. Er sollte zum letztenmal Gelegenheit dazu bekommen haben. Drei Tage später stellen sich wiederum Gäste bei ihm ein, keine geladenen, auch keine Fürsten, Prinzen und Könige, sondern General Baudissin und Baron Loewendahl. Sie teilen ihm im Auftrag des Kurfürsten mit, daß er wegen »respektlosen Benehmens« all seiner Ämter enthoben sei, nie wieder dem Landesherrn unter die Augen treten dürfe und unter Beibehaltung seiner Titel als Kabinettsminister und General mit einer Pension von 6 000 Talern Sachsen zu verlassen habe, als Pole sich am besten nach Polen begäbe. Sulkowski hat sich von seinem Schrecken noch nicht erholt, als Wackerbarth-Salmour – Adoptivsohn Wackerbarths – erscheint und alle Staatspapiere beschlagnahmt. Den sächsischen Gesandten geht am 7. Februar 1738 die lapidare Mitteilung zu, Sulkowski sei entlassen und nunmehr Wackerbarth-Salmour für die Außenpolitik zuständig.[13]

Der Sturz Sulkowskis trifft alle überraschend. Das große Rätselraten um das »Warum« beginnt. »Respektloses Benehmen«? In der Gerüchteküche brodelt es. In beschwingter Laune, wollen Eingeweihte wissen, habe Sulkowski dem Kurfürsten geraten, Umschau nach einer Mätresse zu halten, damit das Leben mit des Kaisers Tochter erträglicher werde. Eine lockere Bemerkung traut jeder Sulkowski zu, daß er aber »wegen Verletzung des Familiensinns« Friedrich Augusts II. zu Fall gekommen sein soll, glaubt keiner.

In Petersburg, Paris und London wird von einem Scheitern seiner politischen Konzeption gesprochen. Nach dem Übertritt zum Katholizismus wurde August dem Starken Verrat am Glauben vorgeworfen; dann hätte er aber einen Glauben haben müssen! Bei Sulkowski liegen die Dinge ähnlich. Über eine politische Konzeption kann er nicht stolpern; er hat keine. In Dresden und Berlin wird die überzeugendere Nutznießer-Theorie verfochten. Wer profitiert von Sulkowskis Sturz? Brühl! Damit ist der Verursacher gefunden. Aber wie hat er seinen Rivalen zu Fall gebracht?

Nach Brühls Tod werden auch wegen dieser Angelegenheit die Akten gesichtet, Belastendes aber will sich nicht finden lassen. Wenn ein Intrigant an die Macht gelangt und darüber zu befinden hat, was der Nachwelt überliefert wird, muß ein Archiv wohl seine guten Dienste versagen. Ob es freilich als seriös gelten kann, allein aus der Nichtexistenz von Belegen auf einen »Beleg« zu schließen, sei dahingestellt. Brühl jedenfalls bleibt in dem Verdacht, alle verräterischen Spuren verwischt zu haben. Friedrich II. verbreitet eine besondere Version: Brühl habe in Wien Sulkowski einer antihabsburgischen Politik beschuldigt – und sich auf die Schrittmacherdienste Maria Theresias verlassen. Das ist völlig aus der Luft gegriffen. Wien hält Sulkowski keineswegs für einen Antihabsburger. Ohne eigentlich in der Pflicht zu sein, hat er erst 1736 im Krieg gegen die Türkei mit 8 000 Soldaten ausgeholfen, und so konnte Österreich am Timok zu einem – wenn auch teuer bezahlten – Erfolg gelangen. Für sein persönliches Engagement in dieser Sache erhielt Sulkowski aus der Wiener Hofkasse 12 000 Taler. (Diese Ausgabe hätte sich Maria Theresia sparen können.) Nach seinem Sturz überläßt sie ihm für ganze 200 000 Taler das Fürstentum Teschen.

Zumindest einer hält Brühl für unschuldig: Sulkowski selbst. Beide verkehren durchaus freundschaftlich miteinander. Sulkowski ist noch verbannt, als 1741 völlig überraschend, erst dreißigjährig, in Dresden seine Frau Maria, eine Cousine von Brühls Frau, stirbt. Er bittet Brühl, sich seiner acht Kinder anzunehmen, und dieser sagt sofort zu. Daß die Kinder Sulkowskis monatelang im Brühlschen Haushalt leben, spricht für normale verwandtschaftliche Beziehungen.

Was immer auch in Dresden und anderswo an Gerüchten kursiert: Brühl bleibt in Sachen Sulkowski zumindest inaktiv. Ihm ist einfach das Risiko zu groß. Um der »zweiten Unterschrift« zu entgehen, hatte er 1733 manches aus dem Außenministerium in das breitgefächerte, nur ihm unterstellte Departement für Inneres gezogen. Das endete mit Sulkowskis Ernennung zum Mit-Innenminister.

Aufgerieben werden Brühl und Sulkowski durch eine unmögliche Kabinettsstruktur. Da beide es wissen, hegen sie auch keinen persönlichen Groll gegeneinander. Manteuffel, der erfahrene Ex-Minister, versichert aus Berlin, er »würde an Schlagfluß sterben«, müßte er auch nur Zeuge der Dresdener Zustände sein[14]; es wundere ihn, daß Brühl nicht andere Gefilde aufsuche. Doch dieser ist ein kühler Rechner und läßt einfach die Zeit für sich arbeiten. Die zum Scheitern verurteilte Doppelbesetzung der Ministerposten sah der Kurfürst als Übergangslösung an. Brühl und Wakkerbarth sollten ihm nur in der Anfangsphase beistehen, bis Sulkowski, mit dem er eigentlich zu regieren gedachte, sich eingearbeitet hatte. Nach fünf Jahren muß er registrieren:

Erstens: Sulkowski herrscht zwar in allen drei Departements, aber ein Minister ist nicht aus ihm geworden.

Zweitens: In Sachsen ist die Erinnerung an den nichtsächsischen Statthalter Fürstenberg noch hellwach; als Pole stößt Sulkowski auf Vorbehalte.

Drittens: Sulkowski ist Katholik. Der Kurfürst hat schon 1733 nicht gewagt, dem protestantischen Sachsen einen katholischen Leiter des Departements für innere Angelegenheiten anzubieten. Aus diesem und keinem anderen Grund mußte Brühl nach außen uneingeschränkter Minister bleiben. Der Übertritt des Kurfürsten zum Katholizismus hatte schon Unmut genug erregt.

Sein eigener Minister will Friedrich August II. nicht sein – und damit sind die Würfel gefallen: Ohne Sulkowski kann er herrschen, aber ohne Brühl …? Dieser ist tatsächlich der Nutznießer aus Sulkowskis Sturz. Im Departement des Inneren regiert er nun allein, die vakant gewordene Leitung des Kriegswesens fällt ihm am 4. Januar 1738 zu, und die Verantwortung für die Außenpolitik übernimmt er interimsmäßig am 12. Mai 1738, da Wackerbarth-Salmour für zwei Jahre als Begleiter des Kurprinzen nach Italien geht (bei seiner Rückkehr 1740 tritt er offiziell ab). Von 1738 an leitet Brühl alle Departements. Als er am 10. Februar 1738 auch das Grüne Gewölbe und die Kabinette übernimmt, sind ihm Beamten- und Hofstaat unterstellt. Ihm allein obliegt das Vortragsrecht. Und er bekommt noch eine Sondervollmacht: Laut Order vom 17. Februar 1738 obliegen ihm die »Chatouillen-Gelder« und geheimen Ausgaben des Landesherrn; er hat alle Abrechnungen »ohne Beleg« vorzunehmen und über die Verwendung dieser Gelder »über den Tod des Landesherrn hinaus« zu schweigen. – Noch freut ihn dieser Vertrauensbeweis!

Die Zeit des Balancierens ist vorbei – die Ära Brühl beginnt.

Polen und die Königswahl

Auch in Polen sind Ämter zu vergeben, sogar eine Krone. Eine Dornenkrone, wie August der Starke auf dem Totenbett gesagt haben soll. Der neue Kurfürst könnte sie samt den Dornen lassen, wo sie ist, doch er will sie unbedingt besitzen. Unmittelbar nach dem Herrscherwechsel muß sich Oberst Unruh mit 10 000 Dukaten in der Tasche nach Polen begeben. Das Geld ist zur Begleichung der Schulden Augusts des Starken gedacht, um der Opposition den Wind aus den Segeln zu nehmen. Es stehen zwar auch Guthaben zu Buche, doch daran wagt der Kurfürst als Thronbewerber nicht zu erinnern. In den Wahlfonds sollen 1 376 000 Taler eingehen. Das Geld ist für die Mitglieder des Reichstages gedacht, damit sie bei der Abstimmung nicht vergessen, für den Wettiner zu plädieren. Diese Art der Wahlvorbereitung ist keine Erfindung Sachsens. Anderer Thronbewerber Beutel klingeln nicht minder verheißungsvoll.

Friedrich August II. überlegt lange, wen er als Wahlwerber nach Warschau schicken soll. Brühl muß die Kasse füllen und ist daher in Dresden unentbehrlich. Also Sulkowski, der als Pole vielleicht mehr in Polen auszurichten vermag als jeder andere – oder als Günstling der Wettiner Widerstand provoziert. Er ist zu dieser Zeit noch Kammerjunker, kein Verhandlungspartner für Polen, eine übereilte Ernennung zum Minister aus innenpolitischen Gründen wiederum nicht ratsam. Zudem ist Sulkowski ohne jegliche Erfahrung als Staatsmann. So fällt Wackerbarth-Salmour die Rolle des Wahlwerbers zu. Er ist der erfahrenste Diplomat Sachsens, und sein Adoptivvater hat in Polen einen guten Ruf. Damit sich auch alle Türen in Warschau für ihn öffnen, wird Wackerbarth-Salmour rasch zum Kabinettsminister berufen. Eines aber stört den Kurfürsten: Wackerbarth, mit dem er wenig im Sinne hat, den er in die Regierung übernehmen muß und doch nicht will, muß mit Ernennung seines Adoptivsohnes zum Wahlwerber zwangsläufig eine Aufwertung erfahren. Aber er sieht einen Ausweg: Er ernennt einen zweiten Wahlwerber, Baudissin, einen General mit Zukunft, der gleichfalls Kabinettsminister wird. So kommen nach dem Herrscherwechsel Monate vor der Bildung des Kabinetts schon zwei Männer zum Titel eines Kabinettsministers. Sie gehen allerdings für lange Zeit außer Landes. Wackerbarth, Sulkowski und Brühl, die maßgeblichen Leute, haben in dieser Phase der Regierungsbildung ihren Platz in Dresden.

Im Beutel der beiden Gesandten klimpern 300 000 Taler. Mehr hat Brühl in der Eile nicht aufzutreiben vermocht. Sie haben Briefe an 128 polnische Adlige und Bischöfe mit, inhaltlich ähnlich jenen vier, die Brühl am 2. Februar 1733 nach Warschau geschickt wurden. Und sie tragen das offizielle Bewerbungsschreiben des Kurfürsten um die polnische Krone in der Tasche, das sie am 24. April, sofort nach Ankunft, noch vor der Quartiernahme in Sulkowskis Palais, dem Regenten von Polen überreichen. Eile ist geboten! Bis zur Eröffnung des Kronvokationsreichstages, der den Wahlreichstag vorzubereiten hat, verbleiben drei Tage. Am Ende brauchen die 300 Adligen freilich vier Wochen, bevor sie sich am 23. Mai 1733 auf einen Beschluß einigen.

Der neue König muß Pole sein, heißt es als erstes. Das hat der Primas schon am 4. März in einem Rundschreiben verlangt, doch Friedrich August II. war deshalb nicht beunruhigt. Als Sohn des letzten polnischen Königs versteht er sich als Pole. Die Deputierten des Kronvokationsreichstages sehen das jedoch anders. Wenn er sich als Pole fühle, hätte er wenigstens Polnisch lernen sollen, heißt es. Es fallen böse Worte; von einer Geringschätzung der Polen ist die Rede. Eigentlich ist der Kurfürst nur zu phlegmatisch, Sprachen zu lernen. Aber er hat Glück. Da ohnehin am Warschauer Hof französisch gesprochen wird, verlangt der Kronvokationsreichstag vom Bewerber nicht ausdrücklich die Kenntnis der Landessprache.

Zweiter Grundsatz: Der Anwärter muß Katholik und mit einer Katholikin verheiratet sein. Beide Voraussetzungen sind beim Kurfürsten gegeben.

Aber: Wer sich um Polens Krone bewerben will, beschließen die Deputierten, darf außerhalb Polens weder über Truppen noch über Besitzungen verfügen!

Der Wahlreichstag wird aufgerufen, des Wettiners Bewerbung zu ignorieren und für Stanislaw Leszczynski zu stimmen, der schon Augusts des Starken Rivale gewesen ist. Ob der Wahlreichstag dieser Empfehlung entspricht? Es gibt zwei Parteien, die sächsische und die der Stanislawisten. Polen hat alle Aussicht, in zwei Lager zu zerfallen.

Wackerbarth-Salmour ist schockiert. Eigentlich liegen vier tatenlos verbrachte Wochen hinter ihm. Über den Stand der Verhandlungen ist er offiziell nie informiert worden, und dem, was ihm zu Ohren kam, schenkte er kaum Glauben; stets vermutete er hinter dem Klagelied der Vertreter der sächsischen Partei Geldforderungen. Wohl oder übel muß er am 24. Mai nach Dresden depeschieren, des Kurfürsten Antrag finde kein Wohlwollen, und das sei hauptsächlich ein Werk des Primas. Nach seiner Meinung können weder Geld noch Diplomatie helfen, sondern allenfalls der Einmarsch sächsischer Truppen.

Seine Botschaft adressiert der Wahlwerber an Sulkowski und Brühl, obwohl das Militärische seinem Adoptivvater obliegt. Brühl denkt nicht wie Wackerbarth-Salmour. Er setzt auf das, worauf er zeit seines Lebens setzen wird: auf die Diplomatie. Ein Einsatz von Truppen werde Polen zum Widerstand herausfordern und halb Europa gegen Sachsen aufbringen. Er gewinnt den Kurfürsten für sein Vorhaben. Wackerbarth-Salmour wird angehalten, gemäß alter Order und nicht anders zu verfahren.

Brühl, eigentlich nicht zuständig für die Außenpolitik, geht von einer nüchternen Überlegung aus: In Berlin haben 1732 Preußen, Rußland und Österreich den Bund der sogenannten drei schwarzen Adler geschlossen und vereinbart, im Falle einer neuen Königswahl in Polen gemeinsam vorzugehen; jede Veränderung in Polen würden sie als feindseligen Akt gegen den Bund auslegen. Für Sachsen, das Kontinuität in Polen wünscht, erscheint das günstig. Ein Erfolg, dessen ist Brühl sicher, hängt von der Haltung der Mächte weit eher ab als von Wahlgeldern.

Binnen weniger Wochen ist eine ganz andere Konstellation entstanden. Bis dato galt der nach Warschau entsandte Wackerbarth-Salmour als der maßgebliche Mann, Brühl als Gehilfe; jetzt hat der in der Residenz gebliebene Brühl bei der Königswahl die Fäden in der Hand.

Preußen nutzt die Gunst der Stunde in geradezu erpresserischer Weise: Mit einem Kredit in Höhe von einer Million Taler und mit der Überlassung Kurlands soll Sachsen Preußens Verzicht auf einen Einwand gegen die Bewerbung des Kurfürsten um Polens Krone bezahlen. Über Geld will Brühl sich nicht unterhalten (er hat keins), und Kurlands wegen stellt er sich taub. Ein Wettiner, der als König von Polen Kurland abtritt, kann sich Verstimmungen in Polen ausrechnen. Zudem wäre Rußland, das seit langem mit Kurland liebäugelt, aufgebracht, und Rußland ist Sachsen wichtiger als Preußen. Brühl läßt sich auf weitere Verhandlungen mit Preußen nicht ein. Eine seiner ersten Amtshandlungen in der Außenpolitik kühlt das Verhältnis zum nördlichen Nachbarn ab.

In Österreich läßt Brühl den begabten Gesandten Zech operieren. Das Habsburger Interesse an Polen ist vergleichsweise gering, aber daß Stanislaw Leszczynski französisches Geld in der Tasche hat und des französischen Königs Schwiegersohn ist, kann Habsburg nicht gleichgültig sein. Wien behauptet trotzdem, Österreich sei neutral. Schon hat Brühl den Ball wieder in der

Hand und kommt in Zugzwang. Was Österreich von Sachsen will, ist in Dresden hinlänglich bekannt. Karl VI. hat keinen Sohn. Er hat bereits 1713 Europa die Unteilbarkeit der österreichischen Erblande verkündet und die Staaten aufgefordert, seine älteste Tochter Maria Theresia als seine Nachfolgerin auf dem Kaiserthron zu akzeptieren. Rußland, Preußen, England, Spanien, Holland und sogar Frankreich haben diese Pragmatische Sanktion anerkannt, Sachsen nicht. Denn da der Kurfürst die älteste Tochter des verstorbenen Kaisers Josephs I. zur Gemahlin hat, könnte die Reichskrone durchaus einmal an Sachsen fallen. Das aber ist allenfalls ein Wechsel auf die Zukunft, ein ungewisser dazu. Vorerst drängt nur eines: die Königswahl. Ohne lange zu zögern, bietet also Brühl Österreich die Anerkennung der Pragmatischen Sanktion durch Sachsen an. Bei ihrer Eheschließung 1719 haben der Kurfürst und die Kurfürstin feierlich Verzicht auf das österreichische Erbe geleistet, wenn auch seinerzeit als Kurprinzenpaar. Wie sich die Staaten beim Tode des Kaisers tatsächlich verhalten würden, blieb ohnehin fraglich. Eine Mißachtung der Pragmatischen Sanktion durch andere Mächte würde Sachsen wieder Spielraum verschaffen.

So kommt am 16. Juni 1733 ein »Wahlbündnis« zwischen Österreich und Sachsen zustande. Wien verpflichtet sich, die Bewerbung des Kurfürsten um die polnische Krone zu unterstützen und 12 000 Soldaten auf eigene Kosten bereitzustellen, und Dresden tritt dem österreichisch-englischen Traktat vom 16. März 1731 bei, das die Nachfolge Maria Theresias anerkennt, und hält ein 6 000 Mann zählendes Hilfskorps bereit.

Brühl hat bei den Verhandlungen mit Österreich erreicht, was er bezweckte, aber Lehrgeld bezahlt. Die

Wiener Diplomaten haben seine Unerfahrenheit weidlich ausgenutzt. Er quittiert dies zwar erstaunt, doch keineswegs ungehalten. Was den dritten »Adler« angeht, Rußland, legt er Gleichgültigkeit an den Tag. Er weiß, daß Rußland keinen polnischen König wünscht, der abhängig von Frankreich ist. Inzwischen »Co-Außenminister« geworden, wird er von Sulkowski, Wakkerbarth und vom Kurfürsten zur Eile getrieben, doch kommt ihm zupasse, daß diesmal andere die »zweite« Unterschrift, nämlich seine, benötigen. Obwohl vor Ungeduld fiebernd, verdammt er sich selbst zur Untätigkeit. Es ist wie die Befreiung von einer schweren Last, als Löwenwolde, aus Petersburg kommend, Sachsen einen Vertrag mit einer Laufzeit von 18 Jahren anbietet. Wenn Friedrich August II. (als König von Polen) Kurland in ein freies Herzogtum umwandle und Rußland in seinem Bestand anerkenne, wolle Petersburg ihm zu dem polnischen Thron verhelfen, auch mit Waffengewalt. Brühls Rechnung ist aufgegangen: Rußland will keinesfalls in Polen einen König haben, der Leszczynski heißt, wagt aber nicht, durch eigenmächtiges Vorgehen Preußen und Österreich herauszufordern. Rußland ist ein schwacher polnischer König, wie es Sachsens Kurfürst zu werden verspricht, eben recht. So kommt am 1. September 1733 ein Vertrag zwischen Rußland und Sachsen zustande, der dem russischen Angebot entspricht.

Preußen ist in eine Abseitsstellung geraten. Einen Vertrag mit Sachsen hat es nicht, und mit Rußland und Österreich will es sich nicht anlegen. So bleibt ihm als Ausweg nur die Verkündung der strikten Neutralität in den polnischen Angelegenheiten. Was sie wert ist, wird sich zeigen.

Auf dem Wahlreichstag in Warschau geht es derweil turbulent zu. Die sächsische Partei nimmt nur an der

Eröffnungssitzung am 25. August 1733 teil und verläßt dann unter Führung des Fürsten Wisnowiecki demonstrativ die Beratung. Sie will es in diesem Gremium auf keine Abstimmung ankommen lassen. Angetreten ist sie eigentlich nur, damit keine Terminverlegung erfolgt. Einmal eröffnet, muß der Wahlreichstag innerhalb von sechs Wochen – also bis zum 5. Oktober – den König küren. Infolge Spaltung des Reichstages sieht es ganz nach einer Doppelwahl aus, der alles nur Denkbare folgen kann, wahrscheinlich ein Bürgerkrieg.

Am 8. September trifft Stanislaw Leszczynski in Warschau ein. Wackerbarth-Salmour und Baudissin, Sachsens Wahlwerber, begeben sich flugs in die abseits gelegene österreichische Gesandtschaft. Sie sind völlig verunsichert, ebenso wie Leszczynski, der vorsichtshalber inkognito reist. Daß er kommt, ist zwar bekannt, doch möchte er erst einmal die Stimmung erkunden, bevor er sich zu erkennen gibt. Seinem Kontrahenten gegenüber hat er den Vorteil, Pole zu sein, und so kann er mit Emotionen rechnen. Welchen Trumpf hat er noch? Geld bringt er mit, französisches, doch nur für die Magnaten. Und er hat Frankreich als »Schutzmacht« im Rücken, eine für viele zweifelhafte Empfehlung. Er hält kein Programm parat, keins für die Bauern, keins für die Bürger. Später wird er wortgewaltig als »Reformer« auftreten und Flugschriften verbreiten. Sein Programm strotzt vor konservativen Forderungen; die Struktur des Staates gedenkt er zu ändern, damit der feudale Machtapparat besser funktioniert. Daß der Pole Leszczynski den Fortschritt, der Sachse Friedrich August II. die Reaktion repräsentiert, ist barer Unsinn. Wenn für Polen ein Unterschied zwischen den Rivalen erkennbar wird, dann ist es der zwischen Rußland und Frankreich. Polens Bauern verhalten sich gleichgültig. Sie werden und fühlen sich nicht angesprochen. Das Bürgertum reagiert anders. Krakau und Posen halten zu Friedrich August II., Danzig und Warschau zu Leszczynski. Als seine Anwesenheit bekannt wird, kommt es in der Hauptstadt spontan zu Straßenversammlungen und Demonstrationen. Emotionsgeladen ist der Beifall. Ein Pole soll König werden, und Leszczynski ist Pole. Der Reichstag zögert denn auch nicht lange. Unter Ausnutzung der Stimmung in Warschau entscheidet sich die Majorität des Reichstages – in Abwesenheit der Minorität – für Leszczynski.

Auf dem uralten Wahlfeld Wola ruft Potocki am 12. September 1733 als Primas von Polen Stanislaw Leszczynski auf Lebenszeit zum König der Adelsrepublik Polen aus. Dem feierlichen Zeremoniell wohnen etwa 6 000 Edelleute bei. Aus ganz Polen sind sie gekommen, Zeuge der Krönung zu sein. Zum Abschluß der Feier läßt Potocki nach alter Sitte das Wahlzelt verbrennen, zum Zeichen dafür, daß es nicht mehr vonnöten, alles entschieden sei.

Nichts ist entschieden!

Auch die Minorität des Wahlreichstages, die sächsische Partei, hat ihre Gefolgsleute um sich geschart, in Praga, an die 3 000 nur, aber immerhin ... Die sächsischen Wahlwerber sind gut bei Kasse. An die 10 000 Dukaten lassen sie täglich springen, was reicht, um jene bei Laune zu halten, die in Praga kampieren. Am 13. September 1733 wird Polen aufgerufen, Stanislaw die Gefolgschaft zu verweigern, ein Appell, der nicht ohne Echo bleibt: Fürst Lubomirski wechselt ins sächsische Lager über. Ansonsten passiert in Praga wenig. Jeder rechnet mit einer Gegenwahl, doch die Führung läßt sich Zeit. Worauf wartet sie nur? Auf die russischen Truppen! Am 20. September erscheint deren Vorhut unter General Lascy vor Warschau. Ihm folgt ein Heer von 20 000 Mann.

In der Stadt herrscht helle Aufregung. Empörte Anhänger Stanislaws ziehen zum Sächsischen Palais, dessen schwache Besatzung unter Oberst Schlichting ohne viel Federlesens kapituliert und sich in den Schutz des päpstlichen Nuntius begibt. Das Palais wird geplündert. Zwei Tage später flieht Stanislaw nach Danzig, wo er mit Entsatz aus Frankreich rechnet. So heimlich, wie er Warschau betreten hat, verläßt er es. Es vergehen nach seiner Flucht noch sieben Tage, bevor die russischen Truppen tatsächlich die Weichsel überschreiten.

In Praga passiert noch immer nichts. Es gibt ein vortreffliches Essen, es gibt Wein, und es ist auszuhalten. Warschau soll erst zur Ruhe kommen, bevor die Würfel fallen. Am 5. Oktober 1733, am letztmöglichen Tag, stimmt die Minorität des Wahlreichstages im Schutze russischer Bajonette für Friedrich August II. als König von Polen. Gekürt wird er – in Abwesenheit – in Kamion bei Praga, auf dem rechtsseitigen Weichselufer, durch den Krakauer Bischof Lipski und Fürst Wisniowiecki in Anwesenheit von 20 Senatoren und etwa 4 000 Adligen. In Kamion ist 1573 mit Heinrich von Valois erstmals ein Ausländer zum König von Polen eingesetzt worden; in Kamion soll auch der letzte Ausländer zum König erhoben werden. Das freilich ahnt niemand. Selbst die drohende Gefahr eines Bürgerkrieges will niemand wahrhaben. Alles scheint geklärt zu sein: Stanislaw ist geflohen, bevor nur ein einziger Schuß gefallen ist, Warschau von russischen Truppen besetzt, der Wettiner gewählt. Überschwenglich feiert die sächsische Partei ihren Sieg. Die Stanislawisten freilich halten sich von Praga fern. Die Pacta Conventa unterschreiben in Abwesenheit des

Königs am 14. Oktober 1733 Wackerbarth-Salmour und General Baudissin.

Zu Ende ist das Rededuell; der Kanonendonner folgt.

Frankreich erklärt am 10. Oktober 1733 Österreich den Krieg. Es ist schon merkwürdig: die einzigen fremden Truppen in Polen sind russische! An Österreichern halten sich in Warschau ein paar Diplomaten und Händler auf. Auch Spanien und Sardinien, sogar die Türkei erklären Österreich den Krieg. Die Seemächte England und die Niederlande dagegen verkünden ganz offiziell im Haag dic Neutralität. Wenn die anderen erschöpft sind, wird man weitersehen. England steht seit 1731 im Bündnis mit Österreich, aber das ist wohl London gänzlich entfallen. Dafür trifft es 1734 ein Handelsabkommen mit Rußland, das den britischen Kaufleuten gute Geschäfte verspricht. England hat nicht die Absicht, sich an diesem Krieg zu beteiligen, es will an ihm verdienen. Preußen schweigt sich aus. Es erklärt weder den Krieg, noch verkündet es die Neutralität. Stanislaw aber klopft in Berlin nicht vergeblich an: Poniatowski, ein Gefolgsmann, darf mit 10 000 Soldaten durch preußisches Gebiet nach Sachsen ziehen! (Allerdings bekommt er das Heer am Ende nicht zusammen.) Es ist so, als hätten die europäischen Mächte nur auf die Doppelwahl in Polen gewartet, um unter der Flagge des polnischen Erbfolgekrieges alle möglichen Machtkämpfe auszutragen. Nicht nur an der Weichsel wird gefochten, sondern auch an der Donau und sogar im fernen Italien.

Sachsen wartet mit der Bekanntgabe seines militärischen Eingreifens in Polen bis zum 6. November 1733. Zu diesem Zeitpunkt steht aber der Herzog von Weißenfels schon seit sechs Tagen mit 11 000 Soldaten im Lande, und General Baudissin, dessen diplomatische

Mission zu Ende ist, folgt mit 7 000 Mann; das sind 18 000 Soldaten, exakt so viele, wie Polen einst August dem Starken zubilligte. Das Manifest erscheint durchaus nicht aus militärischen Gründen mit Verspätung. Es wäre längst veröffentlicht, doch nach Sulkowskis Meinung war das überflüssig: Ob der Kurfürst als König von Polen in Polen Truppen stationiere, gehe niemanden etwas an. Weder Zar noch Kaiser seien je auf den Gedanken gekommen, bei Verlegung von Truppen innerhalb ihres Machtbereiches andere Staaten zu verständigen. Wackerbarth und Brühl dagegen legen Rußlands und Österreichs wegen auf eine öffentliche Erklärung größten Wert. Rußland ist eben dabei, sich in Polen aus der Rolle eines Interventen hinüberzuretten in die eines verläßlichen Verbündeten, der einem bedrängten Partner zu Hilfe eilt; und das kann allenfalls glaubwürdig sein, wenn dieser zugegen ist.

Wien aber fordert ständig sächsische Soldaten an. Man habe den Kurfürsten in Polen unterstützt, bezahle dafür mit einem Krieg gegen Frankreich und andere Mächte, und es sei nur recht und billig, wenn Sachsen Beistand leiste. Daß der Konflikt mit Frankreich älteren Datums ist, wird an der Donau übersehen. Sulkowski neigt dazu, den Wünschen Österreichs zu entsprechen.

Brühl aber ist strikt dagegen, auch nur ein Regiment nach Italien zu schicken. Deshalb plädiert er für das Manifest. Jeder soll wissen, gerade in Österreich, daß Sachsens Armee in Polen unentbehrlich sei. In Westpolen! Das hat mit Österreich nichts zu tun, wohl aber mit Preußen. In wenigen Tagesmärschen muß die Armee wieder Sachsen erreichen können, damit Preußen keinen Versuchungen erliegt!

Zum Zentrum des sächsischen Aufmarsches wird Posen, neben Krakau die sachsenfreundlichste polnische

Stadt, nahe der Grenze gelegen und daher ein vortrefflicher Umschlagplatz für Waffen. Die russischen Truppen unter Lascy sind längst in ernste Nachschubsorgen verstrickt und benötigen Waffen. Sachsen liefert sie. Beide Seiten sprechen von einem bedeutenden Waffenhandel. Bei einer direkten Verbindung zwischen Sachsen und Polen könnten die Geschäfte einen noch größeren Umfang erreichen. Lascy hat wenig Aussicht, vor dem Frühjahr aus Rußland beliefert zu werden, und zahlt gut. Sicher verliert Sachsen in Polen eine Menge Geld, doch es nimmt auch ansehnliche Beträge ein.

Mit dem Gros seiner Verbände rückt Baudissin schließlich nach Krakau, wo er am 24. Dezember 1733 eintrifft. Die Vorhut unter General Diemar hat tags zuvor die unbedeutenden Kräfte der Stanislawisten von hier vertrieben. Der Herzog von Weißenfels ist auf Umwegen nach Tarnowitz nördlich von Bytom vorgerückt. Die Südschwenkung der sächsischen Truppen erfolgt aus politischen, nicht aus militärischen Überlegungen; Sachsens Kurfürsten drängt es, sich nun endlich die Krone Polens aufsetzen zu lassen. Da der Primas Stanislaw Leszczynski gekrönt hat, soll Krakaus Bischof Lipski die Zeremonie vornehmen.

Der Troß aus Dresden ist schon seit dem 9. Dezember 1733 unterwegs. Er läßt sich Zeit, weil ungewiß ist, ob Baudissin Krakau genommen hat. Die Scharmützel werden zu gewaltigen Schlachten aufgebauscht, bevor die Botschaft den Kurfürsten erreicht. Am 5. Januar 1734 trifft er in Tarnowitz ein, wo er tags darauf vor 25 Deputierten – mehr haben sich in der Eile nicht auftreiben lassen – und 800 Adligen den Eid auf die »Pacta Conventa« ablegt. Dann geht es weiter nach Krakau, betont langsam. Den Gästen soll Zeit gelassen werden, sich rechtzeitig einzufinden. Zunächst wird August der Starke am 16. Januar 1734 beigesetzt. Wegen des Streites um die polnische Krone und den Ausbruch des Bürgerkrieges ist der Trauerakt immer wieder verschoben worden. Tags darauf wird Friedrich August II. von Bischof Lipski als August III. offiziell zum König von Polen gekrönt. Diese Verknüpfung von Trauer- und Krönungsfeier ist ein trefflicher Schachzug. Alle Staaten, die im polnischen Erbfolgekrieg auf sächsischer Seite stehen oder sich neutral verhalten, sind durch Gesandte, der Kaiser sogar durch einen Sonderbotschafter vertreten. Niemand weiß so recht, ob sie zur Beisetzung Augusts des Starken oder zur Krönung Augusts III. erschienen sind oder aus beiden Anlässen. Umgeben vom Glorienschein europäischer Autoritäten, kann der König in Warschau einziehen, begleitet von 8 000 Personen, Sachsen wie Polen, wo der jüngere Pöppelmann eine Festlichkeit ausgerichtet hat, die den höfischen Vergnügungen des verstorbenen Königs in keiner Weise nachsteht.

Am 27. März 1734 trifft der Hof nach knapp vier Monaten Abwesenheit wieder in Dresden ein. Um das nördliche Polen hat er wohlweislich einen Bogen geschlagen.

Die Position des Wettiners ist nördlich der Linie Warschau–Posen schwach, am schwächsten in Danzig. Ökonomisch ist die Stadt der See zugewandt und den Seemächten. Sachsen rechnet sich wirtschaftlich mit Danzig weit mehr aus als Danzig umgekehrt mit Sachsen. Wie Friedrich August II. keine Scheu zeigte, sich um Polens Krone zu bewerben, noch bevor er Nachricht vom Ableben seines Vaters hatte, so genügte es auch der Hansestadt, von einem zu erwartenden Thronwechsel zu erfahren, um am 3. Februar 1733 eine Konvention mit Frankreich abzuschließen, in der Stanislaw Leszczynski die Krone und Danzig französische Waffenhilfe in Aussicht gestellt wurde. Als die Danziger die Konvention unterzeichneten, deren Erarbeitung zudem mit Sicherheit Wochen in Anspruch nahm, war ihnen vom Tod Augusts des Starken jedenfalls noch nichts bekannt. Daß eine Stadt ohne Wissen des Staates eine Vereinbarung mit einer fremden Macht zu treffen gewagt hat, ist bezeichnend.

Viele militärische Aktionen sind nach der Doppelwahl zu registrieren, an der Oberweichsel, in Thorn, in Krakau, doch die Entscheidung fällt in Danzig. Einschließlich der armierten Bürger soll Stanislaw Leszczynski hier über 30 000 Bewaffnete verfügen. Mag sein, er übertreibt, aber General Lascy, der im Februar 1734 mit seinen Truppen vor Danzig erscheint, nimmt die Verteidigungskraft der Stadt ernst. Vielleicht glaubt er nicht recht an die 30 000 Mann, doch er weiß, daß ihm nur 6 000 Soldaten zur Verfügung stehen, daß er über keine Artillerie gebietet und auch keine Schiffe hat, um die Seeseite abzuriegeln. Er macht das Naheliegende: Er schließt die Stadt vom Land her ein und hetzt einen Kurier nach Dresden mit der Bitte, sofort Soldaten und schwere Mörser zu schicken. Aber in Dresden ist niemand zugegen, der etwas zu entscheiden vermag. Der Hof ist noch nicht aus Polen zurück. Ob Preußen den Durchzug nach Danzig genehmigen würde? Das zumindest wird erkundet. Da Preußen den Stanislawisten das Durchmarschrecht eingeräumt hat, kann es nicht gut ablehnen. Es will die sächsischen Soldaten passieren lassen, wenn es nicht mehr als 1 800 sind. Die Antwort fällt nicht ganz so aus, wie erhofft, und kommt zudem recht spät. Zu spät, wie sich zeigen wird! Aber es stehen schließlich sächsische Truppen in Polen, wenn auch der Krönungsfeier halber in Südpolen. Als der Hof Polen wieder verlassen hat, setzt der Weißenfelser Herzog eine Entsatztruppe mit sechs Mörsern und 1 200 Bomben Richtung Ostsee in

Marsch. Das eigentlich recht schwache Kontingent – acht Bataillone und 21 Eskadronen – vereinigt sich am 25. Mai 1734 mit den russischen Verbänden, deren Kommando inzwischen Münnich übernommen hat. Zeit zum Verschnaufen nach dem langen Marsch quer durch Polen verbleibt nicht. Am 27. Mai 1734 landen in Danzig 2000 Franzosen unter General de Peyrusse ohne Kenntnis der neuen Lage. Sie sind darauf eingestellt, nur auf russische Truppen ohne Geschütze zu stoßen. Der Landungsversuch der Franzosen mißglückt, woran die paar Mörser der sächsischen Einheit einen größeren Anteil haben als die wenigen Bataillone. Für Stanislaw Leszczynski ist ein Anlaß gegeben, der Stadt den Rücken zu kehren; diesmal flieht er nach Preußen, noch am 27. Mai. Enttäuscht über seine Flucht und entmutigt durch Frankreichs Mitteilung, ein zweiter Entsatzversuch sei unmöglich, da die Armee vollauf in Italien zu tun habe, kapituliert Danzig am 9. Juli. Von den 49 führenden Stanislawisten unterwerfen sich nur Potocki, der Primas von Polen, und der Marquis Monti, seit 1730 französischer Gesandter in Polen, nicht. Beide verschwinden in den Kasematten von Thorn.

Am 30. Juli 1734 bekennt sich Danzig feierlich zum ungeliebten König aus dem Hause Wettin. Diesen Triumph läßt sich August III. nicht entgehen; er genießt ihn an Ort und Stelle.

Nun scheint sie endgültig vorbei zu sein, die Zeit des Doppelkönigtums. Zwar existieren zwei Männer, die sich König von Polen nennen, doch der eine, Stanislaw, hat nur den Titel, der andere, der Sachse, das Land. General Lascy ist mit 16000 Mann zur Unterstützung der Österreicher längst an den Rhein geeilt. Es verbleiben in Polen jedoch noch russische Truppen genug. August III. wird 30 Jahre die Krone innehaben und nicht einen Tag herrschen, an dem Polen ohne russische Streitkräfte ist. Ob ihm das sonderlich behagt, sei dahingestellt. Zunächst einigt er sich mit Petersburg über eine Art Demarkationslinie, die von Krakau über Petrikau bis an die Netze führt. Nordöstlich davon stehen die russischen, südwestlich die sächsischen Truppen.

Ob Stanislaw damit gerechnet hat? Rußland und Sachsen sind jedenfalls überrascht, als im November der Palatin von Lublin, Graf Tarlo, 10 000 Anhänger Stanislaws um sich zu scharen vermag und die Konföderation von Dziskow ausruft. In genauer Kenntnis seiner Kräfte stellt er sich keiner großen Schlacht. Es kommt im gesamten oberen Weichselgebiet zu zahlreichen Gefechten, die eine ernsthafte Belastung für den König darstellen. Erst nach vielen Monaten vermag Johann Adolph von Weißenfels Tarlo zu schlagen. Dieser unterwirft sich schließlich notgedrungen am 4. Mai 1736 als letzter namhafter Vertreter der Majorität des Wahlreichstages. Johann Adolph ist für seine Verdienste im Kampf gegen den rebellischen Palatin zum Feldmarschall und General en Chef ernannt worden. Anders als Potocki zieht Tarlo nicht in eine dunkle Zelle ein, er wird vielmehr Wojewode von Sandomir. Da mit dem Zerfall der Konföderation von Dziskow die offene Rebellion gegen seine Wahl aufhört, kann August III. mit seinen Gegnern gnädig verfahren.

Als Tarlo die Segel streicht, hat Stanislaw in Königsberg schon längst ganz offiziell seinen Rücktritt als König von Polen erklärt. Tarlo muß Kenntnis davon haben, daß Stanislaw aufgegeben hat, aber entweder glaubt er an einen Schachzug seines Favoriten, oder er wartet einfach auf ein günstiges Angebot des Wettiners. Jedenfalls steht er zwei Monate länger zur Wahl von Stanislaw als dieser selbst.

Stanislaw Leszczynski mußte in den Rücktritt einwilligen, weil Frankreich am 28. September 1735 im Frieden zu Wien August III. als König von Polen anerkannt und sich mit Österreich arrangiert hat. Als »Trostpflaster« erhält er das Herzogtum Lothringen zugesprochen. Der Herzog von Lothringen, Franz Stephan, Maria Theresias späterer Gemahl, wird mit Toscana abgefunden. Mit dem Wiener Frieden ist ein riesiger Landschacher verbunden. Österreich verliert Neapel und Sizilien an Spanien, gewinnt allerdings Parma und Piacenza.

Im Grunde sind so ziemlich alle Mächte unzufrieden. Frankreich sieht sich um die polnische Karte gebracht, Österreich meint, es habe die Hilfe für Sachsen teuer bezahlt. Preußen wiederum fühlt sich ins Abseits gedrängt. Gewonnen hat Rußland. Seine Truppen stehen in Polen, die der Partner des Berliner Abkommens nicht. Und Sachsens Kurfürst hat ebenfalls, was er will: Er ist König von Polen. Ohne Rußland wäre er es freilich nie geworden.

Was die Union Sachsens und Polens zu leisten vermag? Diese so naheliegende Frage sei zurückgestellt und die Aufmerksamkeit zunächst auf eine Veränderung in Brühls Privatleben gelenkt, die nur Wochen nach der Krönung des neuen Königs von Polen erfolgt: Brühl gründet eine Familie.

Brühls Ehe

Heinrich von Brühl ist fast 34 Jahre alt, als er heiratet.

Mit Frauen hat er nie viel im Sinn gehabt. Für die Garderobe einer Madame Schulze zahlte er gelegentlich 60 Taler, sonst ist nichts bekannt. Von seinem Geld haben eher seine Schneider profitiert als die Frauen.

Denkt jemand, der jahrelang so gar keine Eile an den Tag legte, in den Ehehafen zu gelangen, in einer Phase seines Lebens ans Heiraten, die besonders unruhig und unsicher ist, so läßt das alle möglichen Schlußfolgerungen zu. Um einen eigenen Hausstand zu gründen, fehlt es Brühl eigentlich an Geld. Als er Page war und mit wenigen Talern rechnen mußte, kam er aus; seit er ein ansehnliches Einkommen bezieht, sind seine Ansprüche den Einnahmen stets ein Stück voraus. Gutsbesitzer wollte er werden und Bauherr, aber sein Gut ist nicht bezahlt, so manche Baurechnung noch nicht beglichen. Als Familiensitz ist Groschwitz auch ungeeignet, da es im fernen Herzberg liegt. Mit Arbeit ist Brühl so reichlich eingedeckt, daß ihm kaum Zeit bleibt, die Hochzeit vorzubereiten. Ob er am Hof des neuen Kurfürsten wirklich eine Perspektive hat, ist ebenfalls ganz ungewiß. Zwar hat er begonnen, die Karriere-Leiter zu erklimmen; doch ob die Sprosse, die er erreicht hat, tragfähig ist, muß sich erst noch erweisen. Wenn er trotz all dieser Unsicherheiten gerade jetzt ans Heiraten denkt, muß er entweder – in seinem vierten Lebensjahrzehnt – seiner großen Liebe begegnet sein, oder er beabsichtigt, die Ehe vor den Karren seiner Karriere zu spannen. Dann allerdings hätte er sich eine andere Partnerin aussuchen müssen.

Seine Braut, Maria Anna Franziska (genannt Marianne) Gräfin Kolowrat-Krakowski, ist gerade 17 Jahre alt. Ihr Vater, Statthalter von Prag, starb vor 13 Jahren; ihre Mutter, eine geborene von Stein zu Jettingen, wurde nach dem Tode ihres Gemahls Hofdame bei der Kaiserin und später, 1730, Obersthofmeisterin der Kurfürstin Maria Josepha in Dresden.

Brühl lernt Marianne bei Sulkowski kennen, der mit ihrer Cousine verheiratet ist. Am Hof gilt sie als ein »anmutiges Geschöpf«, das zu einer »Schönheit reifen«

könnte. Daß die Natur es gut mit ihr gemeint hat, scheint in der Residenz das einzig Bemerkenswerte an dem jungen Mädchen aus der großen Schar der Hoffräulein zu sein.

Die Verlobung erfolgt im Herbst 1733, doch der Hof – interessiert an der Königswahl – scheint sich nicht sonderlich mit dem Heiratsplan eines Ministers zu beschäftigen. Manteuffel schickt aus Berlin ein freundliches Schreiben, und Wackerbarth, schon kränkelnd, sucht ihn eigens auf, seine Glückwünsche zu überbringen. Angetan von seiner Verlobung zeigt sich auch Maria Josepha. »Am Rest« klebt »die Hofetikette«, scherzt Brühl im Hause Sulkowski. Er ist beschwingter Stimmung. Selbst ein unerquicklicher Disput mit dem Grafen Römer verdrießt ihn nicht sonderlich. Er hat – da die Gründung eines eigenen Hausstandes erhöhte Ausgaben mit sich bringt – den Grafen um Stundung der eben fälligen Rate (1 000 Taler) für Gut Groschwitz gebeten. Römer aber lacht schallend: »Warum heiraten Exzellenz auch ein Hoffräulein!« Drei Tage später erhält der Graf das Geld. Brühl ist eine Lösung eingefallen: Er läßt sich von der Kammer einen Vorschuß geben mit der Begründung, er müsse den Kurfürsten zur Krönungsfeier nach Polen begleiten und sei monatelang fern von Sachsen.

Diese Reise nach Polen kommt ihm noch aus einem anderen persönlichen Grund sehr gelegen. Er ist protestantisch erzogen, und als Minister im protestantischen Sachsen gedenkt er bei diesem Glauben zu bleiben. Seine Braut, Katholikin, will ebenfalls die Konfession nicht wechseln aus Rücksicht gegen ihre Mutter, die Obersthofmeisterin der katholischen Maria Josepha. Brühl kalkuliert, daß es ihm in Sachsen, wo das kurfürstliche Ehepaar katholisch ist, kaum zum Nachteil gereichen werde, als Protestant eine Katholikin zur

Frau zu haben, im katholischen Polen aber eine Empfehlung sein könnte. Aber welcher Priester sanktioniert eine solche »Mischehe«?

Der Beichtvater des Kurfürsten läßt sich auf keinen Kompromiß ein: Soll er die Trauung vollziehen, müsse Brühl zum Katholizismus überwechseln. Brühl hat diese Antwort vorausgesehen, er wollte nur die katholische Partei am Hofe nicht übergehen. Nun hat er freie Hand. Er beabsichtigt nicht, sich von einem einfachen Pater trauen zu lassen. Vielmehr denkt er an einen Bischof, einen polnischen, da es in Sachsen keinen gibt – an Lipski, den Bischof von Krakau, mit dem er wegen der Krönungsmesse für August III. ohnehin verhandeln muß.

Lipski erklärt sich überraschend schnell bereit, die Ehe zu schließen, er verzichtet sogar auf die Belehrungen über die Grundsätze seiner Kirche. Er mag ahnen, daß eher die Braut den Glauben wechseln würde denn der Bräutigam, und stellt lediglich zwei Bedingungen. Die erste lautet: Die Trauung erfolgt nicht in Dresden! Brühl befürchtet, der Bischof sei auf Krakau aus, und schlägt rasch Moritzburg vor. Damit ist Lipski einverstanden. In Krakau hat er für August III. die Krönungsmesse zelebriert; die Trauung eines sächsischen Ministers kommt ihm gelegen, vor allem dann, wenn die Hochzeitsfeier »ausgleichend« in Sachsen stattfindet – und möglichst bald. Brühls Gedanken wandern in die gleiche Richtung. Er vermutet, der Bischof lehne Dresden nur ab, um den Patres der Residenz auszuweichen, die auf Rom direkt orientiert sind. Auf Lipskis zweite Bedingung ist Brühl vorbereitet: Die Kinder aus der zu schließenden Ehe sollen katholisch erzogen werden. Ohne diesen Kompromiß, erklärt Lipski, handele er sich den Verdruß seiner Kirche ein – in einen Zwiespalt gerate er ohnehin. Brühl winkt ab: Er sei bereit, eine entsprechende Verpflichtung zu unterschreiben. Am 17. April 1734 soll die Hochzeit stattfinden.

Wieder in Dresden, bleiben Brühl nur drei Wochen zur Vorbereitung dieses Festes. Anders als im Herbst reagiert er hellhörig auf die Stimmung am Hof: Er verspürt einen Meinungsumschwung. Seine Verlobung mit der Kolowrat-Krakowsky, die nicht zu den »guten Partien« gerechnet wird, hat den sächsischen Adel offenbar überrascht. Man hätte Brühl »mehr Verstand« zugetraut. Nun begegnet er zwei Versionen. Er sei durch Maria Josepha verkuppelt worden, meinen die einen. Sie sähe in ihm den kommenden Dirigenten der sächsischen Politik, und als Gatte der Tochter ihrer Obersthofmeisterin sei er von ihr beeinflußbar. Dieser Lesart werden viele Geschichtsschreiber einmal folgen. Die zweite Version basiert auf ähnlichen Vorstellungen, setzt nur die Akzente anders: Brühl sähe in der Kurfürstin die Hauptperson des landesherrlichen Paares und habe eigentlich die Schwiegermutter, »die täglich mit Maria Josepha umgeht«, geheiratet. Für die Höflinge ist eine Ehe, die auf Zuneigung basiert, fast unvorstellbar.

Die Hochzeit in der Moritzburg, dem neu erbauten Jagdschloß, findet am Hof Resonanz. Brühl braucht wenig hinzuzutun. Die Krönungsfeier für August III. von Polen ist in Krakau erfolgt und eigentlich am Dresdener Hof vorbeigegangen. Nun wird aber der Hof jenen Mann kennenlernen, der Sachsens Kurfürsten maßgeblich zum polnischen Thron verholfen hat: den Krakauer Bischof Lipski. Er ist für viele die Hauptperson, doch ist er da, um Brühl zu trauen, und damit fällt auch auf diesen ein Teil des Glanzes. Am Ende kommen beide auf ihre Kosten – Lipski und Brühl.

Nachdem man sich darüber einig war, daß die Brühlsche Ehe – wie so viele andere am Hofe geschlossene – auf Berechnung basiere, sind die Erwartungen festgelegt: Brühl wird ausbrechen, früher oder später. Sein Lebenswandel wird aufmerksam verfolgt – und verständnislos. In jeder Frau, mit der er Kontakt hat, wird eine Mätresse vermutet. So schickt er als Liebhaber der Musik einer italienischen Sängerin ein Präsent. Im Nu ist sie »mit ihm liiert«. Mit einer deutschen Schauspielerin hat er mehrere Besprechungen. Er sucht sie in ihrer Wohnung auf, am späten Vormittag, in aller Öffentlichkeit, bewaffnet mit einem riesigen Blumenstrauß. Schon lästern böse Zungen, sie sei seine Geliebte, und er unterläßt fernere Besuche und Blumengrüße. Tatsächlich hat er wohl mit beiden Künstlerinnen nur Kontakt als der am Hof Verantwortliche für Lustbarkeiten. Man glaubt nicht, daß er ohne Mätresse bleibt, daß er als Minister an dem für seine Mätressenwirtschaft in ganz Europa bekannten Dresdener Hof ein normales Eheleben führt. Bald kommen merkwürdige Gedanken auf. Brühl nehme Rücksicht auf den Landesherrn, der zu apathisch für amouröse Abenteuer sei. Was sein Verhältnis zu Frauen angeht, ist Friedrich August II. freilich nicht »seines Vaters Sohn«, des ewig von Skandalen umwitterten starken August. Doch muß man bedenken, daß er nicht nur unter dem Einfluß seines Vaters, sondern auch unter dem seiner Mutter gestanden hat, der auf Schloß Pretzsch/Elbe lebenden Eberhardine, verunsichert durch die – umstritten gebliebene – Version, sie sei keines natürlichen Todes gestorben. So mancher Höfling verstand das Leben Augusts des Starken als recht amüsant; Friedrich August II. dagegen erlebte die Ehe seiner Eltern als Tragödie, er ist schockiert und willens, sein eigenes Familienleben anders zu gestalten. Damit demonstriert er wenigstens in einem Punkt Eigenständigkeit. Ein Kurfürst, der die Mätressenwirtschaft haßt, und ein Minister, der Liebschaften zugeneigt ist, würden kaum harmonieren. Brühl aber hat Familiensinn. Er braucht sich nach dem Herrscherwechsel keinen Zwang anzulegen. Daß seine Einstellung zu Frauen und zur Ehe unter den neuen Bedingungen für seine Karriere von Nutzen ist, steht auf einem anderen Blatt.

Zwei Jahre ist er verheiratet, als die Tochter Maria geboren wird. Sie wird jung sterben, 36jährig, als Gemahlin des polnischen Kongreßmarschalls Mniszek. Im Laufe der Jahre vergrößert sich die Familie Brühl: Vier Söhne kommen hinzu, zuletzt noch eine Tochter, die aber nur acht Jahre alt wird. Als bei Ausbruch des Siebenjährigen Krieges die Familie zerrissen wird, ist der älteste Sohn 18, der jüngste 10 Jahre alt. Sie verbringen die Kriegsjahre in Straßburg, Wien, Warschau. Aloys, der älteste, stellt sich der österreichischen Armee zur Verfügung.

Brühls Gemahlin bleibt lange im Hintergrund. Eigentlich ist sie die Verwalterin der Besitzungen. Die meisten Ordern an die Administratoren stammen aus ihrer, nicht aus Brühls Feder. Als das Brühlsche Palais fertig ist, tritt sie mehr in Erscheinung. Jeden Samstag geben die Brühls einen Empfang, doch zwischendurch steht die Pforte den Besuchern ebenfalls offen. Poniatowski vermerkt in seinen »Memoiren des letzten Königs von Polen« (S. 56f.), Friedrich August II. halte den höfischen Betrieb allenfalls bis 21 Uhr aus; dann gehe er zu Bett. Man verabschiedete sich »und begab sich dann zur Gräfin Brühl«. (Zur »Gräfin«, schreibt Poniatowski, nicht zum Grafen oder zu den Brühls.) »Wer immer diese Frau gekannt hat, muß zugeben, ein erster Minister, ein Günstling, hätte keine andere finden können, die befähigter gewesen wäre, ihm Freunde zu schaffen oder zum mindesten den Neid und die Eifersucht zu verscheuchen, die ein Mann in ähnlicher Stellung und vor allem ein Graf Brühl fürchten mußte.«

Die Gräfin führt einen Haushalt, der an Aufwand kaum zu überbieten ist. Zu Brühls besten Zeiten verfügt sie über 36 000 Taler im Jahr, kann aber schlecht damit haushalten. Nur in einem Punkt unterscheidet sie sich von ihrem Gatten: Sie führt korrekt Buch, und ist ihre Schatulle auch oft leer, so weiß sie doch wenigstens, anders als er, wo das Geld geblieben ist.

SACHSEN UND POLEN

Wem gereichte die Union eigentlich zum Vorteil? Polen oder Sachsen? Oder Polen *und* Sachsen? Der Streit darum ist so alt wie die Union selbst. Der Herrscherwechsel hat die Diskussion nur belebt, und als die Argumente ausgehen, werden die Mörser zu Wahlhelfern. Daß die Majorität für Stanislaw und damit gegen die Union, die Minorität für den Kurfürsten und damit für die Union votiert, bringt nicht alle Zwischentöne zum Klingen. Es sind keineswegs alle Stanislawisten Gegner der Union, aber mit Stanislaw wäre sie erloschen; manchem Vertreter der Minorität sagt ein König zu, der selten im Lande ist, doch August III. bedeutet Fortbestand der Union. Und Sachsens Kurfürst? Sieht er in der Erlangung der Krone schon die Erfüllung seiner Wünsche? Momentan sicher! Es sind jedoch Erwartungen mit der Union verbunden, in Polen wie in Sachsen. Also geht es letztlich hier wie da um mehr als eine reine Personalunion.

Doch ist die Union nicht für Sachsen ein Faß ohne Boden? August der Starke soll in Polen 39 Millionen Taler verloren haben,[15] August III. bis 1736 acht Millionen[16]. Das entspricht Sachsens Einnahmen von fast 13 Jahren. Ob die Angaben stimmen, sei dahingestellt. Eines ist verwunderlich: Der Taler hat einen Ostdrall. Er wandert immer in die gleiche Richtung, immer von

Sachsen nach Polen. Rechnet Brühl nicht monatlich »mit 3687 Taler polnischen Revenuen«? Oder: Während des Siebenjährigen Krieges weilt der Hof, der sächsischen Einnahmen entblößt, in Warschau, ohne den gewohnten Luxus zu entbehren, imstande, den Hofstaat der in Dresden verbliebenen Königin und den Wiederaufbau zerstörter Besitzungen, der Brühlschen eingeschlossen, zu finanzieren. Nur dank der Subsidien befreundeter Höfe?

In Polen sind Vorbehalte gegenüber der Union meist emotional geprägt. Seit 1573 waren die Könige bis auf Ausnahmen Ausländer, und vielen scheint es, es stünde dem Lande nach Augusts des Starken Tod gut zu Gesicht, sich wieder einmal auf einen Polen zu besinnen. Jedenfalls ist es Militär, ausländisches, das die Union am Leben erhält, und das trägt ihr wenig Freunde ein.

Brückner wird einmal eine umfangreiche Geschichte Polens schreiben (Aleksander B., Dzieje kultury polskiej, Kraków 1931), ohne voreilige Schlüsse, ohne Kritik: Für ihn hat es eine sächsisch-polnische Union nie gegeben, er ignoriert sie einfach. Weshalb die Leser des (mehrbändigen) Werkes über die Geschichte Polens mit dieser Allianz langweilen? Andere Autoren attackieren sie heftig. Teilen wolle Sachsen die polnischen Lande, mit dem sächsischen Absolutismus bedenken, unter Ausnutzung der wirtschaftlichen Überlegenheit einfach ruinieren ... Auch diese Meinung überdauert die Jahrhunderte. Nach Konopczyński hat sich August der Starke darüber den Kopf zerbrochen, wie er Polen am besten unter die Nachbarstaaten aufteilen könne,[17] ganz wie es die von Droysen[18] geprägte preußische Geschichtsschreibung darstellt. Auf August III. fällt der Schatten solcher Verdächtigungen nicht; sie hätten ihm nur bescheinigt, was er nie an den Tag gelegt hat: Aktivität. Oft wird die Sachsenzeit in Polen sehr komplex und im Stile Sobieskis beurteilt: Sachsen habe gesorgt, Polen »immer mehr in den Abgrund des Verderbens« zu stoßen.[19]

Wieso kann sich dann aber die Union über zwei Generationen hinweg halten?

Sie hat zu ihrer Zeit Anhänger in Sachsen wie in Polen, und diejenigen, die sie nicht einfach ablehnen, haben Nachfolger – wie die Gegner der Union welche haben. In der sächsischen Geschichtsschreibung geht O. E. Schmidt als erster gegen die vorherrschende Meinung an, zaghaft zwar, doch anders als Brückner scheint es ihm wenigstens geboten, sich mit der Union zu befassen. In Polen ist es Askenazy, der es ähnlich sieht, doch deutlicher ausspricht.[20] Über mangelndes Echo braucht sich keiner von beiden zu beklagen. Als »Verirrte« gelten sie. Es geht viel Zeit ins Land, bevor sich auch andere »verirren«, etwa die Mitarbeiter des Gemeinschaftswerkes von polnischen und DDR-Historikern »Um die polnische Krone«. Es ist Ballast im Spiel, aus der jüngeren Geschichte inzwischen mehr als aus der älteren.

War nun August der Starke auf einen Landschacher aus? Polen verfällt tatsächlich der Teilung – 1772, 1793 und 1795. Die Akteure sind Preußen, Rußland und Österreich. Sie wollen besitzen, was ihnen nicht gehört, und da sie das Ganze für sich allein nicht haben können, einigen sie sich auf eine Teilung. Sie behaupten, nur getan zu haben, was Sachsen gewollt.

Warum aber sollte Sachsen aus der Hand geben, was es besitzt, gefährden, was es behaupten will? Ob Polen auch ohne Sachsen die Einheit zu wahren vermocht hätte, ist unbeweisbar, aber mit Sachsen als Unionspartner bleibt Polens Einheit unangetastet. Es verliert unter den beiden sächsischen Königen auch nicht einen Quadratkilometer seines Territoriums.

Zum Ballast gehört auch die Legende vom wirtschaftlichen Ruin Polens durch die sächsische Politik. Es ist merkwürdig: Da fließen viele Millionen Taler nach Polen, sehr zum Unwillen Sachsens, aber sie kommen offenbar nie dort an. Was immer auch aus dem Geld geworden ist, ob es die Magnaten verpraßt haben oder Waffen dafür gekauft wurden, es muß doch in den Wirtschaftskreislauf eingegangen sein! Im Siebenjährigen Krieg erleidet Polen manchen Schaden; die kriegführenden Mächte schicken wie selbstverständlich ihre Truppen durch das neutrale Land. Es steigen aber auch die Getreidepreise; die Magnaten verdienen an diesem Krieg, der Sachsen an den Rand der Katastrophe treibt. Was immer auch vom Anteil Sachsens an der Kriegsschuld gesagt werden mag, die treibende Kraft ist es keinesfalls. Als das Ende der Union kommt, unmittelbar nach Eintritt der Waffenruhe, befindet sich Polen eigentlich in einer besseren Situation als Sachsen. Poniatowskis Versuche der Neuordnung Polens werden durch eine oft geradezu genüßliche Ausmalung der üblen Lage des Landes während der Sachsenzeit künstlich belichtet, und vor diesem Hintergrund nehmen dann die kleinsten Fortschritte gewaltige Dimensionen an. Vergessen ist bald, daß Polen sich bei Bildung der Union nicht eben im Zustand der Blüte befunden hat.

Mit dem Abstand von mehr als zwei Jahrhunderten betrachtet, fällt an dieser Union vor allem eins auf: Sie ist frei von nationalistischen Tendenzen. Der polnische Offizier am Dresdener Hof ist eine Selbstverständlichkeit wie der sächsische Bergmann im polnischen Wieliczka oder der sächsische Architekt in Warschau.

Es ist eine Union, die auf gegenseitigem Vorteil basiert. Das soll nicht heißen, daß in ihrer Gründung die Erfüllung eines langgehegten Wunsches und ein mühsam erkämpfter Sieg beider Völker zu sehen wäre. Am Zustandekommen dieses Staatenbundes nahm der sächsische Textilarbeiter so wenig Anteil wie der polnische Bauer. Im Bund mit Polen wird Sachsen, viertgrößter deutscher Staat, gewichtiger, Polen, mit Sachsen liiert, in schwieriger Lage stabilisiert. Für die Koordinierung der Außenpolitik bieten sich objektiv die günstigeren Voraussetzungen.

Brühl versteht sich zuallererst als Diplomat, und als Diplomaten sieht ihn Europa. In die polnischen Angelegenheiten redet ihm auffallend oft das Geheime Kabinett hinein, aber er, der sich in jedem Jahr einige Monate in Polen aufhält, verfügt über die bessere Sachkenntnis, und für die etwa 400 sächsischen Beamten in Polen ist Brühl nahe, das Geheime Kabinett dagegen weit. Sosehr er es schätzt, für Sachsen *und* Polen sprechen zu können, er hütet sich, die polnische Diplomatie zu entmündigen. In rein polnischen Angelegenheiten entscheidet *sie* – mitunter gegen seinen Willen.

Leiter der polnischen Außenpolitik ist Kron-Großkanzler Andreas Stanislaw Załuski, ein talentierter und einflußreicher Politiker. Es handelt sich um eben jenen Załuski, der im Oktober 1734 als Deputierter der ehemaligen Parteigänger Leszczynskis nach Dresden kommt und einen Vergleich anbietet. Daß ausgerechnet ihm das Amt des Kanzlers zufällt, führt zu Kontroversen. Viele mißtrauen ihm, weil er die Front wechselte. Brühl gehört nicht zu ihnen. Załuski ist zutiefst enttäuscht von Leszczynski und von Frankreichs halbherziger Hilfe für Danzig, und da er Preußen für den gefährlichsten Gegner Polens hält, bleibt ihm wenig mehr, als sich außenpolitisch auf Sachsen zu orientieren. Diese Erwartung findet ihre uneingeschränkte Bestätigung. Das stellt aber keineswegs die Anhänger der sächsischen Partei in Polen zufrieden. Sie haben schon für die Union gefochten, als Załuski sie noch bekämpfte, und wollen einen der ihren als Kanzler haben. Aber wäre damit der alte Streit um die Thronfolge begraben? Mit Załuskis Berufung sollen die Stanislawisten gewonnen oder wenigstens beruhigt werden. Das gelingt auch weitgehend. Wer zu lange zögert mit der Anerkennung Augusts III., hat freilich wenig zu erwarten. Joseph Załuski, der erst 1742 aus der Emigration heimkehrt, muß sich 16 Jahre gedulden, bevor ihm ein Amt anvertraut wird, obwohl er des Kanzlers Bruder ist.

Brühls und Załuskis Auffassungen von der auswärtigen Politik der Union sind im wesentlichen analog. Daß die »schwarzen Adler« den Spielraum begrenzen und daß aus deren Rivalität Möglichkeiten erwachsen, sehen beide. Dabei verdient vor allem Beachtung, daß die Außenpolitik der Union keine Bedrohung für die Nachbarn darstellt, daß sie der aggressiven Züge entbehrt.

In der Außenpolitik wird die Union eine Realunion. Nur in der Außenpolitik? Das sei »die Frage, ob diese Feststellung … noch zu Recht bestehen kann«, meint Staszewski.[21] Neuere Forschungsergebnisse haben manches ans Tageslicht gebracht, was auf eine nachhaltigere Wirkung der Union schließen läßt, als bislang angenommen. So betrachten die Kräfte, die nach 1763 an einer Erneuerung Sachsens wie Polens wirken, zwar die Union fortan als entbehrlich, aber ideologisch zehren sie weitgehend von der gleichen Substanz.

Die Basis der Union ist schmal. Unterschiede in sozialökonomischer Entwicklung, Kultur, Sprache und Religion wiegen ebenso schwer wie das Fehlen einer gemeinsamen Grenze. Obwohl beide Länder das gleiche Staatsoberhaupt haben, bleiben sie souverän. Denkbar wäre eine Realunion auf militärischem Gebiet, doch stellt das schwache sächsische Kontingent in Polen kein Unionsheer dar und wird – unter Brühl – allein von Sachsen finanziert. Es gibt keine gemeinsame Währung und keinen einheitlichen Zoll.

Nach außen sieht sich Brühl im Widerspruch mit den europäischen Mächten, die ein Erstarken der Union keinesfalls wünschen, und im Innern – in Polen wie in Sachsen – mangelt es ihm an Rückhalt. Wie die Dinge liegen, kann er keinen Erfolg haben. Es bleibt seine fragwürdige Finanzpolitik. Staszewski möchte sie »unter den die Krise beeinflussenden Faktoren ... nur an letzter Stelle genannt« wissen.[22] Die ältere Geschichtsschreibung sah es anders: Brühls Finanzgebaren sei verantwortlich für die Krise. Daß er auf ungeteilte Zustimmung stoßen würde, mag Staszewski auch nicht erwartet haben, doch lassen die nüchternen Fakten kaum eine andere Beurteilung zu.

Von der herkömmlichen Betrachtungsweise weicht auch Maria Bogucka ab, derzufolge es an Anzeichen »für eine ... Überwindung des Verfalls und eine Wiedergeburt Polens« in der Sachsenzeit nicht gefehlt habe. Wie Staszewski sieht sie in Brühls Finanzpolitik keineswegs den Grund für den Mißerfolg, sondern weit eher in »der Trägheit und dem Unvermögen der herrschenden Kreise, die Krise zu begreifen«[23].

Seit die Generalkonsumtionsakzise in Sachsen zur wichtigsten Einnahmequelle des Staates geworden ist, haben die Stände ihren größten Trumpf verspielt: die Finanzgewalt. Anders verhält es sich in der Adelsrepublik Polen, die sich als Adelsdemokratie begreift. Wenn es gilt, einen König zu wählen, kommen die Schlachtschitzen zu Tausenden oder Zehntausenden aus allen Teilen des Landes herbei. Der erblichen Monarchie wird das Wahlkönigtum gern als Idealform der Adelsdemokratie gegenübergestellt, doch handelt es sich allenfalls um eine Magnatendemokratie.

Die katholische Kirche, die über ein Viertel des Bodens verfügt, ist zwar der größte Grundbesitzer, doch wird die Schlachta, die längst keine Einheit mehr darstellt, von den Magnaten beherrscht. Die Magnaten zusammen besitzen mehr Land als die Kirche, nur herrscht jeder Magnat für sich. Er hat ein eigenes Gut, eine (Privat-)Armee. Unzählige Schlachtschitzen treiben sich auf den Besitzungen der Magnaten als Höflinge oder Offiziere herum, völlig abhängig von den Magnaten, durch und durch korrupt. Auf der nächstniedrigeren Stufe steht die »szlachta zaganowa« (Zaganowa = Landfetzen). »Setzt sich ein Hund auf das Land eines Schlachtschitzen, so liegt sein Schwanz auf dem Land des Nachbarn«, heißt es. Was diese selbstwirtschaftenden Schlachtschitzen mehr besitzen als die Bauern, ist der Dünkel. Schließlich bleibt die »szlachta golota« (die »landlose« Schlachta; »golota«, umgangssprachlich im Sinne von »besitzlos«) zu nennen. Zu ihr gehören die Schlachtschitzen, die überhaupt nur den Dünkel haben, die ohne Land sind und ohne Amt, jederzeit käuflich. Und sie stellen etwa 40 Prozent der Privilegierten. Irgendwie sind alle Schichten der Schlachta abhängig von den Magnaten; es wird kein König gewählt, der ihnen mißfällt. Die großen Wahlversammlungen täuschen eine Adelsdemokratie vor, die es nicht gibt.

Da der König auf Lebenszeit gewählt wird, erscheint er als ein mächtiger Herrscher, abhängig von den Magnaten eigentlich nur bei der Wahl. Aber auf wen kann er sich stützen? Die Beamten, eingeschlossen die Minister, unterstehen nicht ihm, sondern dem Reichstag. Ein stehendes Heer gibt es nicht. Das Adelsaufgebot muß vom König und dem Reichstag gemeinsam gefordert werden. So bleibt dem König als Ausweg die Bildung einer Söldnertruppe, falls er die Mittel dazu besitzt. Krone und Staat haben seit 1590 schon getrennte Kassen. Der König nimmt ein, was die Krongüter abwerfen, der Bergbau, die Wälder und die vakant gewordenen Ämter. Für eine dynamische landesherrliche Politik ist so kein Raum.

Nun ist aber der Reichstag nicht gar so mächtig, wie es scheint. Der ersten Kammer, dem Senat, steht der König vor. Mitglieder sind die Minister, die Bischöfe, die 34 Wojewoden, die großen Hetmane und die Kastellane. Die zweite, die Landbotenkammer, leitet ein gewählter Marschall. Die Landboten sind Vertreter der Schlachta, ernannt auf den etwa 60 Landtagen (Sejmiki). Magnaten sind kaum unter ihnen anzutreffen. Sei es, daß ihnen die Sitzungen zu zeitaufwendig sind oder daß sie dem Wirken aus dem Hintergrund den Vorzug geben, eine Magnatenversammlung ist die Landbotenkammer jedenfalls nicht. Da die Magnaten jedoch die Landtage beherrschen, bestimmen sie, wer in den Reichstag einzieht. Im Grunde genommen sind die Landboten Vertreter der kleinen, politisch wie ökonomisch isolierten staatsähnlichen Gebilde, von denen es unvergleichlich mehr als im zersplitterten Heiligen Römischen Reich Deutscher Nation gegeben hat, und geradezu bornierte Gegner jeder Zentralgewalt.

Über Krieg und Frieden entscheidet der Reichstag, ebenso über das Militärwesen und die Staatsfinanzen. So oder ähnlich verhält es sich auch mit den Rechten vergleichbarer Institutionen anderer Länder. Eines aber hat nur Polens Reichstag: das Prinzip der Einstimmigkeit.

Als Polen und Litauen 1569 die Konföderation vereinbarten mit zwei Regierungen, einer polnischen und einer litauischen, aber nur einem Reichstag, wollten einige Magnaten jedem Landboten das Recht des freien Protestes (Liberum veto) eingeräumt wissen, weil sonst »die dumme Mehrheit der klugen Minderheit ihren Willen diktieren« werde. Dieses Argument fand tatsächlich Gehör. Was immer den Antragstellern vorgeschwebt haben mag, sie machten nie von diesem merkwürdigen Protestrecht Gebrauch. Es genügte ihnen offenbar, anhand des Liberum veto die Vollkommenheit der Adelsdemokratie zu preisen. Die Konföderation konnte sich schon auf die Hundertjahrfeier vorbereiten, als 1652 im Reichstag zum ersten Male das »nie pozwalam« (»Ich erlaube es nicht«) eines Landboten erklang. Es war also doch nicht in Vergessenheit geraten, dieses Liberum veto, und fortan schien es, als wolle man all die verpaßten Gelegenheiten nachholen. Von den 55 Reichstagen zwischen 1652 und 1764 sind 48 »gerissen« worden; ganze sieben kamen zu einer ordentlichen Beschlußfassung. Weil irgendein Landbote jederzeit Protest einlegen konnte, ohne ihn begründen zu müssen – ein »nie pozwalam« war ausreichend –, flog ein Reichstag nach dem anderen auf. Der ewig mit der Zentralgewalt im Streit liegende Partikularismus hatte seine Methode gefunden. Selbst wenn hinter irgendeinem Veto eine Banalität stand, profitierte er, da die Zentralgewalt eine Schwächung erfuhr.

Friedrich Engels wird einmal in der »polnischen Verfassung« das »beste Mittel zum Ruin Polens« sehen.[24] Verwunderlich ist nur eines: Wie vermag dieses Staatswesen jahrhundertelang zu existieren? Nur Polen können sich das erklären. »Polen«, sagen sie, »bestehe durch seine Unordnung«. Dies wird zum geflügelten Wort, über das man sich, bei allen Sorgen um das Land, amüsiert – vorausgesetzt, ein Pole gebraucht es.

Unter August III. werden von 14 Reichstagen 13 »gerissen«. Die Rzeczpospolita, die litauisch-polnische Konföderation, hat einen Punkt erreicht, der kaum tiefer liegen kann. Polen besitzt einen gekrönten König ohne Macht und einige hundert ungekrönte Könige mit Macht. Ob eine Maßnahme, die in Warschau als unerläßlich angesehen wird, eine Umsetzung in den Wojewodschaften erfährt, ist ungewisser als ein Gewinn im Glücksspiel. Der Reichstag hat die Finanzhoheit, nimmt sie aber nicht wahr. Das allein reicht aus, die Zentralgewalt zu lähmen. Brühl, der für August III. die Geschäfte wahrnimmt, improvisiert, nicht einmal ungeschickt, aber er ist total überfordert und scheitert. Aber es bleibt die Frage nach der Verantwortung. Wer sich selbst um die Krone bewirbt wie August III. 1733, als der Niedergang der Adelsrepublik längst allgemeiner Gesprächsgegenstand geworden ist, bürdet sich mit der königlichen Würde eine ganz besondere Verantwortung für Polen auf – und für Sachsen, das durch die Union gewinnen wie verlieren kann. Was wird getan, um Polens Ruin zu verhindern?

August der Starke unternimmt den ernsthaften Versuch, dem polnischen Adel die »Goldenen Freiheiten« zu nehmen und das Königtum zu festigen. Keiner seiner Vorgänger hat dies riskiert, kein Franzose, kein Pole. Der Erfolg bleibt ihm versagt, aber im Urteil der Geschichte verdient er Anerkennung für das Wagnis. Daß August der Starke Polen das sächsische Staatswesen aufzwingen wollte, wie der polnische Adel gern behauptet, trifft nicht zu. Ihm haben die Verhältnisse in Sachsen nie so gefallen, um mit dem Gedanken zu spielen, sie auf Polen zu übertragen. Er versuchte die politischen und wirtschaftlichen Strukturen in Sachsen wie in Polen zu ändern, um die Unionsstaaten einander näher zu bringen. Als brauchbarste Methode erschien ihm der Staatsstreich. Staszewski bekennt sich dazu,[25] und das berechtigterweise. Andere Historiker scheinen eine Scheu vor der Verwendung eines so anrüchigen Begriffs zu haben und geben der wortreichen Umschreibung den Vorzug.

Polens politische Landschaft gedachte August der Starke grundlegend zu wandeln durch Einführung der erblichen Monarchie, die Kontrolle der gesamten Innen- und Außenpolitik durch den Senat (den der König leitet) und die Umwandlung des Reichstages in ein beratendes Organ. Als junger König nennt er stets diese drei Forderungen in der gleichen Reihenfolge; im Alter spricht er nur noch von der erblichen Monarchie.

Die Schlachta setzt den Absichten Augusts des Starken verständlicherweise Widerstand entgegen. Sie bildet 1715 die Konföderation von Tarnograd und eröffnet damit einen langwierigen Kampf, der den König als Verlierer sieht. Und etwas anderes geschieht: In Wien kommt 1719 zwischen Österreich und England ein Vertrag zustande, der die Unabhängigkeit Polens fixiert. Er ist sehr allgemein gehalten, aber der polnische Reichstag hätte ihm eigentlich begeistert zustimmen müssen. Das ist auch der Fall, nur verweigert er die Ratifizierung: Rußland hat einen Landboten gefunden, der das Liberum veto einlegt. So einfach ist es, auch von außen her in Polen zu intervenieren. Im Potsdamer Vertrag versichern sich 1720 Rußland und Preußen gegenseitig, jegliche Veränderung der polnischen Staatsstruktur zu verhindern; wie an anderer Stelle schon erwähnt, arrangiert sich 1732 in diesem Sinne auch Österreich mit Preußen und Rußland. Alle drei sind von den inneren Schwierigkeiten der Rzeczpospolita angetan, und nichts wünschen sie weniger als ein innerlich gefestigtes Polen und eine stabile sächsisch-polnische Union.

Und die »schwarzen Adler« sind es, die August III. auf den Thron verhelfen, die Mächte, die jede Korrektur des Staatsaufbaus als »feindseligen Akt begreifen«. De facto steht Polen unter ihrem Protektorat. Die äußeren Bedingungen für eine Reform sind seit August dem Starken nicht etwa günstiger, sondern schwieriger geworden.

Weitaus übersichtlicher sind die inneren Verhältnisse. Wer auf Veränderungen aus ist, braucht im Inneren des Landes eine Basis. Für August den Starken hat sie sich als zu schwach erwiesen. Daß sein Vorstoß mißglückt ist, versetzte die Reformgegner in einen Freudenrausch und entmutigte so manche Befürworter. Dort zu beginnen, wo August der Starke aufgehört hat, ist unmöglich, zumal die Verschärfung der Krise es ohnehin verbietet.

Ein Knäuel von Widersprüchen ist charakteristisch. Bei noch relativ geringem, bald jedoch explosionsartigem Bevölkerungszuwachs bleibt das Produktionsvolumen erschreckend niedrig. Im Vergleich zu England erreichen die Erträge der Landwirtschaft ein Vierundzwanzigstel, im Vergleich zu Holland ein Achtundvierzigstel. Die besseren Böden in Westeuropa und die milderen Winter sind keine Erklärung für die frappierende Diskrepanz bei den Erträgen. England und Holland sind Polen um eine ganze Epoche voraus.

Die polnischen Bauern sind bis 1768 Leibeigene, auf Leben und Tod dem Großgrundbesitzer ausgeliefert. Eigentum an Land im juristischen Sinne können sie nicht erwerben. Zinsbauern dürfen sie allenfalls werden, aber die Magnaten erhöhen ständig die Fronleistungen, und so weichen die Bauern auf immer kleinere, weniger belastete Höfe aus, bis sie wieder vor dem Nichts stehen. In Westeuropa sind die Bauern unter ähnlichen Bedingungen in die Städte geflüchtet; dem polnischen Bauern ist die Stadtflucht verwehrt, da (bis auf Ausnahmen) die Städte den Magnaten gehören und keine Bauern aufnehmen dürfen. In ihrer Bedrängnis erheben sich die Bauern, spontan, ohne Führung, ohne an mehr als an die Region zu denken, in der sie leben. Auf den meisten Besitzungen der Magnaten ist die bürgerkriegsähnliche Situation eine Dauererscheinung. Von der Zentralgewalt fühlen sich die Bauern nicht angesprochen, und sie werden auch nicht angesprochen.

Das Bürgertum, dem an einem starken König gelegen sein müßte, ist noch keine selbständig wirkende Kraft, es ist wenig selbstbewußt. Die gewinnbringenden Getreidegeschäfte besorgen die Magnaten selbst. Ökonomisch von einiger Bedeutung ist das Bürgertum nur in wenigen Städten wie in Krakau und Danzig; hier legt es auch eine gewisse Eigenständigkeit an den Tag. Im allgemeinen sind die Bürger rückwärts orientiert. Wer Geld hat, kauft sich ein Gut, erwirbt damit den Adelstitel und ist zufrieden, zu den Privilegierten zu zählen.

Die »Regierungspartei« wird durch die Czartoryski repräsentiert, »Familie« genannt, später auch »nationale Partei« oder einfach »Partei«. Prominentester Vertreter ist eigentlich gar kein Czartoryski, sondern Stanislaw Poniatowski, der in die Familie eingeheiratet hat. Er gibt 1740 die »Briefe eines polnischen Landedelmannes an einen seiner Freunde aus einer anderen Landschaft« heraus, ein Programm zur Umgestaltung des Staatswesens. Ohne Opfer des Adels werde es dabei nicht abgehen können, meint er, und trägt sich in die Bürgerliste der Stadt Danzig ein. Der liberal gesinnte Adel ist begeistert, aber in einem Bürgerbuch möchte keiner stehen; die Steuerfreiheit erlischt damit. Man freut sich, einen »Helden« zu haben, und zehrt weidlich von seinem Ruhm. Poniatowski resigniert und setzt fortan mehr auf die Hilfe Rußlands als auf die

Vernunft des Adels. Er lebt nicht mehr, als sein Sohn König von Polen wird. Die »Familie« könnte eigentlich zufrieden sein, daß nun einer der Ihren auf dem Thron sitzt, aber er ist gar zu sehr mit dem Zarenhaus liiert, und die »Familie« ist auf eine polnische Politik mit russischer Hilfe aus, nicht auf eine russische Politik, die ein Pole besorgt.

Erbitterte Gegner der »Familie« sind die »Potocki«, die Großen der Großgrundbesitzer. Tarlo gehört dazu, auch Lubomirski. Die Potocki verstehen sich als die »Verteidiger des altpolnischen Wesens« und haben im abhängigen Kleinadel eine breite Basis. Nach außen hin treten sie für eine starke Zentralgewalt ein (um der Bauernbewegung begegnen zu können), aber bornierter noch als die Czartoryski halten sie an den Goldenen Freiheiten des Adels fest. Wie ein stabiles Königtum und die Goldenen Freiheiten miteinander harmonieren sollen, bleibt ihr Geheimnis. Auch die Potocki setzen letztlich aufs Ausland, nur nicht auf das nahe Rußland, sondern auf das ferne Frankreich. Dies ist eigentlich der einzige Unterschied zwischen beiden Parteien.

Es ist eine eigenartige Situation: Jeder wünscht ein reinigendes Gewitter, aber keiner möchte dabei naß werden.

Immerhin existieren mit Brühl und Załuski Männer, die an einer Sammlung der inneren Kräfte arbeiten. Sie sind bemüht, die Czartoryski und Potocki 1746 auf ein gemeinsames Reformprogramm festzulegen. Wer welchen Anteil daran hat, ist schwer erkennbar. Der Sachse Brühl tritt bewußt hinter dem Polen Załuski zurück, um den Verhandlungen nicht den Charakter innenpolitischer Angelegenheiten zu nehmen. Wenn in dem Vorschlag von Manufakturgründungen und Drosselung des Geldabflusses durch Importbeschränkungen die Rede ist, verrät dies eher die Handschrift Załuskis als Brühls, doch in der Hauptfrage, der Arbeitsfähigkeit des Reichstages, decken sich beider Vorstellungen. Die Forderungen bleiben allgemein, um nicht vor Verhandlungsbeginn schon Streit zu entfachen, aber da die Macht des Kronschatzmeisters eingeengt und ein kollektives Finanzorgan geschaffen werden soll, ist die Absicht erkennbar: Verzicht des Adels auf das Liberum veto in finanziellen Dingen. Von einer generellen Abkehr von den Goldenen Freiheiten ist nirgendwo die Rede, weil Brühl wie Załuski das offenbar als unreal einschätzen. Sie scheitern aber trotz ihrer Zurückhaltung. Es erweist sich als unmöglich, die Czartoryski und die Potocki auch nur an einen Tisch zu bringen. Załuski geht als Bischof und Nachfolger Lipskis nach Krakau; er mag die Verantwortung für den Staat nicht länger tragen. Sein Nachfolger ist J. Małachowski, ein blasser Politiker, der sich scheut, auch nur die Nähe der Reformer zu suchen.

Es sind gar nicht so wenige, die Załuskis Entscheidung und den weiteren Gang der Dinge bedauern. Der Sachse Brühl gehört zu ihnen und auch der Pole Konarski. Beider Schlußfolgerungen fallen jedoch sehr verschieden aus. Stanisław Konarski, Publizist und Pädagoge, sieht sich in seiner Auffassung bestätigt, daß jene Leute erst herangezogen werden müssen, die eine Reformpolitik zu tragen vermögen. Er unterhält seit 1740 ein Collegium Nobilium, das sich anders als die in Mode gekommenen Piaristen-Schulen intensiv mit staatsrechtlichen und philosophischen Fragen befaßt. Konarski, der die Volumina Legum, die »Denkmäler der Reichstagsgesetzgebung«, herausgibt, zählt nach 1763 zu den entschiedensten Gegnern des Liberum veto, und die besten Stützen sind seine ehemaligen Schüler. Brühl, ohnehin nicht der Mann, der im Stil eines August des Starken einen Staatsstreich riskiert, sucht sich nach Załuskis Weggang »über Wasser zu halten«, was ihm dank der Rivalität der Mächte gelingt. Der Kreis um Konarski bleibt ihm fremd.

Für die Wirtschaft, besonders den Handel, ist die Union vielversprechend. Polen hat die Rohstoffe, die Sachsen sucht, vor allem Wolle und Felle; Sachsen wiederum kann Polen dringend benötigte Fertigwaren liefern wie Textilien, Tafelzeug, Metallwaren, Gewehre, Meißner Porzellan usf. Man treibt von alters her Handel miteinander, kennt die Märkte wie die Händler, und wer je gekauft oder verkauft hat, weiß das zu schätzen. Gewiß, der Handel ist unabhängig von Unionsbildungen, doch daß man den gleichen Landesherrn hat – mag er sich hier Kurfürst und dort König nennen – verspricht Fortfall der Zölle, Erleichterungen der Wechselgeschäfte, Austausch von Faktoreien, die Einrichtung einer Schnellpost und anderes mehr. Merkurs Jünger sind beiderseits voller Erwartungen.

Załuski setzt große Hoffnungen auf Handelskompagnien nach dem Vorbild der Hanse. Das belebt zumindest die Diskussion über die Zukunft Polens, in die, nicht ohne Vorbehalte, die »Neuen Ökonomischen und Wissenschaftlichen Nachrichten« eingreifen, herausgegeben von Lorenz Mitzler de Koloff, einem in Polen lebenden Sachsen. Brühl hält sich zurück.

Umschlagplatz für die in Leipzig hochgeschätzten russischen Rauchwaren ist das polnische Pförten (Brody). Schon 1573 schickte der Leipziger Kaufmann Cramer von Claußbruch seine Einkäufer nach Moskau. Umgekehrt hat der russische Kaufmann noch nicht den Weg nach Leipzig gefunden. Das geschieht erst 1770. Auf Anforderung gibt Lynar, der Gesandte Sachsens in Petersburg, am 12. April 1735 eine Schilderung über Rußlands Exporte, seine Münzen und Zölle. Brühl, der sich eben in Warschau aufhält, setzt am 29. April 1735 eine »Commerziendeputation« in Sachsen ein. Die sächsischen Missionen sollen »mit der zur Besorgung des Kommerzienwesens in Dresden eigens wiederhergestellten Deputation [unter August dem Starken existierte bereits ein Kommerzienkollegium] fleißig correspondieren«. Entsprechende Ordern gehen an Loss nach London, an Schönberg nach Regensburg, an Zech nach Wien, an Plessen nach Kopenhagen, an Utheroth nach Stockholm, an Ponickau nach Berlin, an Lith nach Hamburg, an Teinbeil nach Frankfurt am Main, an Walther nach Breslau, an Wast nach Danzig und an Lynar nach Petersburg.[26]

Zunächst soll die Deputation »eine möglichst vollkommene Zusammenstellung von den in jedem einzelnen Orte befindlichen und unterschiedlichen Manufakturen und Kommerzien« erarbeiten. Früher als andere erkennt Brühl den Wert der Statistik. Tatsächlich liefert die Deputation die erste brauchbare Wirtschaftsstatistik Sachsens – aber erst 15 Jahre nach ihrer Gründung. Um sich an Ort und Stelle von Vorhandenem zu überzeugen, fehlt es an Geld, denn Brühl gesteht der Deputation nur einen jährlichen Zuschuß in Höhe von 800 Talern zu (ab 1751 2 400 Taler). Kompetenzschwierigkeiten sind jedoch das Haupthindernis. Brühl könnte diese als verantwortlicher Minister leicht aus der Welt schaffen, versäumt es jedoch. Noch 1751 verharrt die Landesregierung auf dem Standpunkt, »Beförderung der Kommerzien und Manufakturen« sei »das vornehmste Stück einer wohleingerichteten Polizei«(!). Das Geheime Konsilium hat 1751 keine größeren Sorgen, als sich darüber zu ereifern, daß das Siegel der Deputation viel zu groß sei. Nach Brühls Tod wird die Deputation reorganisiert, ihre Existenzberechtigung also anerkannt. Sie existiert bis 1831, länger als jede andere von Brühl geschaffene Institution.

Am wichtigsten sind wohl der Deputation Verbindungen zur Leipziger Messe. Brühl setzt es durch, daß wenigstens zwei Leipziger dieser Institution angehören; lange Zeit sind es die Kammerräte Richter und Raabe. Letzterer unterhält nahe Torgau eine Seidenmanufaktur, die eine Maschine mit 600facher Produktionssteigerung gegenüber der Handzwirnerei einführt; sie wird jedoch 1756 von Preußen beschlagnahmt. Mitglieder der Deputation besuchen regelmäßig die Messe. Sie liefern »Messeberichte«, vornehmlich aus der Feder des Freiherrn von Hagen stammend. Über den Handel innerhalb der Union wissen sie wenig Ermutigendes auszusagen.

Bevor es zur Bildung der Union kam, florierte der sächsisch-polnische Handel, und er floriert wieder nach ihrem Erlöschen. In der Zeit der Union überwiegen hier wie da Klagen, die Kriegsjahre ausgenommen. Da meinen die Leipziger, sie hätten ohne diesen Handel »gar nicht ... bestehen können«.[27]

Im Jahre 1750 bringt es die Leipziger Messe auf 6 296 Meßfremde; 68 von ihnen stammen aus Polen. Vier Jahre später kommen nur 39 der 6 736 Gäste aus Polen. In der polnischen Herberge sind alle möglichen Sprachen zu vernehmen, nur kaum mehr die polnische. Faktoreien? Wechselstuben? Wer braucht sie?

Der Abwärtstrend im sächsisch-polnischen Handel zur Zeit der Union ist aus der inneren Schwäche beider Länder allein nicht zu erklären. Zwar stagniert der Kommerz zeitweilig, doch beide treiben schließlich Handel – nur kaum mehr miteinander, und das ist hauptsächlich die Folge der preußischen Politik. Nachbarn sind Sachsen und Polen nun einmal nicht. An ihrer schmalsten Stelle, bei Grünberg–Krossen, ist die Landbrücke 50 Kilometer breit. Brühl will sie in die Hand bekommen, durch Gebietsaustausch oder Geld.

Österreich sagt nein, Preußen auch. Mit Schlesien fällt 1740 die »Brücke« in preußische Hände. Wien hat den Transit stets pfleglich behandelt, schon um keinen Händler auf die preußische Route über Frankfurt (Oder) abzudrängen. Preußen, einmal im Besitz Schlesiens, kontrolliert die Oder, die Danziger Straße, die Posener, die Niedere, die Hohe Straße. Es ist wie eine Barriere im Ost-West-Handel, zum Kassieren wie geschaffen, meint Friedrich II. In Händlern, zumal fremden, vermag er ohnehin kaum mehr zu sehen als Lieferanten von Kriegsgeldern. Zunächst privilegiert er jedoch 1742 die Breslauer Messe, deren Preise und Angebote »noch besser ... als ... auf einer anderen berühmten Messe« sein sollen. Die Landesbehörde in Dresden ist entrüstet, will zum Boykott der Breslauer Messe aufrufen, doch Leipzig sträubt sich (es nimmt die schlesische Konkurrenz nicht ernst). Die polnischen Kaufleute schlagen einen Bogen um Breslau und kommen wie eh und je nach Leipzig, zu der Messe, die ihnen, anders als der künstlich ins Leben gerufene schlesische Markt, die Begegnung mit den westeuropäischen Kaufleuten garantiert. Da der Handel sein Angebot nicht akzeptiert, besinnt sich Friedrich II. aufs Reglementieren und Kommandieren. Die Zollschraube ist für ihn die einfachste Lösung. Wer partout nach Leipzig will, muß zahlen: Zwei Prozent beträgt anfangs der Durchgangszoll, schon mehr, als Österreich in der Regel verlangt hat; von 1748 an sind es zehn Prozent, und da die Durchfuhr noch immer nicht zum Erliegen kommt, verlangt Preußen schließlich 30 Prozent. Doch damit nicht genug: Viele Erzeugnisse, und wie kaum anders zu erwarten die gefragtesten, dürfen die Grenze nach Sachsen nicht mehr passieren. Der polnische Kaufmann soll seine Waren in Preußen absetzen und dort einkaufen! So wird die sächsisch-polnische Union wirtschaftlich gewaltsam gesprengt.

Es gibt bald kein Loch mehr in der preußischen Barriere. Wer bereit ist, 30 Prozent Zoll zu zahlen, bleibt in Leipzig kaum konkurrenzfähig. Zudem ist auf Grund der preußischen Ein- und Ausfuhrverbote der Handel für beide Seiten nicht mehr zugkräftig. Nun läßt sich freilich das preußische Gebiet umgehen. Über Bielitz–Olmütz–Prag–Marienberg, die sogenannte Gebirgische Straße, kann der polnische Kaufmann ebenfalls nach Leipzig gelangen (oder der sächsische nach Polen). Auch über die Route Ostsee–Lübeck–Harz kann Preußen ausgewichen werden. Was dabei an Zöllen gespart wird, verschlingen jedoch die erhöhten Transportkosten. Ein solcher Umweg lohnt sich nur bei Erzeugnissen, die Preußen gar nicht passieren läßt.

Daß die polnischen Messegeschäfte in Leipzig sinken, kann nach Lage der Dinge kaum verwundern, vielmehr ist erstaunlich, daß der Handel nicht gänzlich zum Erliegen kommt.

Was dem Kaufmann in den vierziger und fünfziger Jahren die Union bedeutet, läßt sich schwer sagen: vermutlich wenig. Wer da über Lübeck oder Olmütz gen Sachsen zieht, dürfte kaum einen Gedanken darauf verschwenden, daß die Reise ins andere Unionsland führt. Bei derart anormalen Bedingungen sind Sachsen und Polen außerstande, der Union wirtschaftliche Vorteile abzugewinnen. Das Hindernis Preußen erweist sich als unüberwindbar.

Verschiedene Handelserschwernisse haben jedoch mit Preußen nichts zu schaffen. Manches kollidiert einfach mit einer vernünftigen Unionspolitik, wobei keiner dem anderen etwas vorzuwerfen hat.

Seit 1727 schon zahlen die Breslauer Händler für den Handelsweg nach Rußland in Polen einen Transitzoll von symbolischer Bedeutung. Was dem österreichischen Kaufmann recht ist, ist aber dem sächsischen noch längst nicht billig, mag der König auch ein Wettiner sein. Brühl bemüht sich, für den sächsischen Kaufmann eine Gleichstellung durchzusetzen, sieht sich dazu aber außerstande. Die Verhandlungen 1750 enden mit einem regelrechten Krach, doch der Sieger heißt nicht Brühl, sondern Theodor Wessel, bis zur Auflösung der Union Kronschatzmeister. Wessel weiß, daß Brühl 1748 in Gemeinschaft mit Załuski das Finanzwesen neu ordnen und den Kronschatzmeister entmachten wollte; das erschwert die Verhandlungen zusätzlich.

Polen wiederum hat Grund, sich über Sachsens Judenpolitik zu beklagen. Daß in Sachsen seit 1543 kein Jude seinen Wohnsitz haben darf, stößt auf Unverständnis selbst bei jenen, die gar nicht umziehen wollen. Auch der Handel wird Juden nicht eben leicht gemacht. Sie unterliegen in Leipzig einer besonderen Paßkontrolle, müssen ein »Schutzgeld« zahlen, haben bei Strafe von 20 Talern ein diskriminierendes »gelbes Flecklein« zu tragen, dürfen kein Gewölbe zur Straße hin mieten, an bestimmten Wochentagen beziehungsweise unmittelbar vor oder nach der Messe keinen Handel treiben usw. In Polen leben an die 900 000 Juden, und der polnische Kaufmann, der Leipzig aufsucht, ist in der Regel Jude. Warum soll er die Beschwernisse einer umständlichen und weiten Reise auf sich nehmen, um in Leipzig schlechter behandelt zu werden als im nahen Breslau?

Die Commerziendeputation räumt 1747 offen ein, daß die »polnischen Juden im hiesigen Lande unterwegs und selbst hier in Leipzig ... mit hohem Leibzoll belegt und also gehandhabt worden, daß dieselben anders nicht tractirt werden können, wenn sie wirklich dem Messcommercio schädlich wären« und daher lieber nach Frankfurt oder Breslau gingen, wo die »Polen, sowohl Juden als Christen ... vollkommen gleich tractirt« werden.[28] Leider ist die Commerziendeputation von geringem Einfluß.

Brühl sucht den Ausgleich. Er stellt von 1747 an großzügig Freipässe aus, deren Inhaber ganz oder teilweise von Zahlung der Sonderzölle befreit sind. Der Leipziger Rat opponiert. Er rechne jährlich mit 7 500 Talern Extraeinnahmen, und die Landesbehörde, die in der Regel etwa 50 Prozent der Sonderzölle in Anspruch nehme, schneide sich ins eigene Fleisch. Brühl denkt mehr an die Umsätze als an den Zoll. Mit seinen halbherzigen Maßnahmen aber erreicht er wenig. Frühjahrs- und Herbstmesse zusammen registrieren 1752 nur neun polnische Meßjuden; aus Preußen finden sich immerhin 114 ein. Leipzigs unvernünftige Judenpolitik ist nicht alleiniger Grund für den Rückgang des sächsisch-polnischen Handels, belastet aber die Politik der Union.

Sachsen verfügt schon über ein leistungsfähiges graphisches Gewerbe. Vor allem in Leipzig und Dresden ist der Buchdruck zu Bedeutung gelangt. Beim Notendruck hat Leipzig sogar Weltgeltung, seit 1754 die 1719 gegründete Firma Breitkopf statt des Kupferstichs bewegliche Typen eingeführt hat. Das geistige Klima ist aufgeschlossener als in manchem anderen Staat, wenn auch nicht ohne Einschränkung. Der Satiriker Liscow, jahrelang Brühls Sekretär, bekommt die Grenzen zu spüren und zieht sich schließlich auf sein Eilenburger Gut zurück. Er ist glücklicher dran als Watzdorf, der in den Kasematten des Königsteins landet. Dennoch gilt Sachsen keineswegs unberechtigterweise als weltoffen. In Dresden können 1749 die Werke Voltaires in acht Bänden gedruckt und verbreitet werden. Gottsched kann schreiben und lehren. Auf der Leiziger Messe ist so manche politische Schrift zu haben, die in den Nachbarstaaten der Zensur zum Opfer gefallen ist.

Wie nun verhält es sich mit den kulturellen Verbindungen? Polen datiert die Periode der Aufklärung lange Zeit von 1764 an, bis dann eine Rückdatierung auf das beginnende 18. Jahrhundert erfolgt, schließlich auf etwa 1740, was bedeutet, daß die Anfänge der Aufklärung in die Zeit der Union fallen und nicht allein das französische Vorbild wirkt. Staszewski meint, zunächst habe der Einfluß der deutschen Frühaufklärung gewirkt, und erst in ihrer vollen Blüteperiode wurde »an die Ideologie der französischen Aufklärer« angeknüpft.[29] Das wirft auf die Union ein neues Licht: Sie öffnet Polen das Tor nach dem Westen.

Sachsen bietet Studienmöglichkeiten. In Polen gibt es nur eine einzige Hochschule von Bedeutung, in Krakau, doch sie erhält keine staatlichen Zuschüsse, und so leben die Medizinprofessoren von ihrer Praxis, die Juristen von ihrem Anwaltsbüro; für die Studenten bleibt wenig Zeit. In ganz Krakau gibt es nicht einen Professor von internationalem Ruf. Für einen jungen Polen, der studieren will, liegt es daher nahe, nach Leipzig zu gehen, wo an der Universität etwa ein Drittel der Studenten Ausländer sind, jeder Dritte davon Slawe, das heißt bis auf Ausnahmen Pole. So haben von Toruńs Ratsherren der Sachsenzeit 21 der 47 Akademiker ihr Studium in Leipzig absolviert.[30] Die Leipziger Universität stellt sich auf die Polen ein. Sie ruft ein spezielles »Kollegium für evangelische polnische Theologie« ins Leben. Vor Bildung der Union ist eine solche Studienrichtung nie angeboten worden, und sie existiert auch an keiner anderen deutschen Universität. Man darf daher annehmen, daß bei der Schaffung dieses Kollegiums die Union im Hintergrund steht.

Gleiches gilt für das Studium der polnischen Sprache. Als der Pole Adam Michael Trotz sein Jurastudium in Leipzig abgeschlossen hat, wird er von Seiner Magnifizenz persönlich gebeten, als Lektor für polnische Sprache an der Universität zu bleiben. Vielleicht liegt ein Wink der Landesbehörde vor. Michael Trotz erwartet in Polen eine hochdotierte Stellung, aber er bleibt, und fortan ist Leipzig die einzige deutsche Universität, an der ein fest angestellter Muttersprachler Polnisch unterrichtet.

Man kann in Leipzig auch polnische Geschichte studieren, doch ist bei den Historikern die Spezialisierung wenig ausgeprägt. Eigentlich sind alle Professoren, nicht nur die Historiker, verpflichtet, sich mit Polen zu befassen. Daß die günstigen objektiven Voraussetzungen unzulänglich genutzt werden, findet keine plausible Erklärung. Von den profilierten Professoren will niemand die Gunst der Stunde nutzen und sich auf Polen spezialisieren. Als Brühl bei Gottsched darüber klagt, meint dieser, es spreche halt keiner polnisch. Am Ende verdankt die Leipziger Schule ihren guten Ruf eher dem Umstand, daß andere Universitäten die Geschichte Polens gänzlich vernachlässigen.

In den polnischen Alltag der Union greifen die Hochschullehrer oft und heftig ein. Von allen Professoren engagiert sich Gottsched für Polen und die Union am meisten, und das unbeirrt über Jahrzehnte hinweg. Besonders herausgefordert sieht er sich in den fünfziger Jahren, als der Verleger Mencke seine überragende Stellung im sächsisch-polnischen Geistesleben innehat.

Mencke, der die meistgelesene deutsche Zeitung herausgibt, die Leipziger »Neuen Zeitungen von gelehrten Sachen«, beschäftigt den wohl fähigsten polnischen Publizisten seiner Zeit, Janocki, als Auslandskorrespondenten mit Sitz in Warschau. Der Einsatz ständiger Korrespondenten ist ungewöhnlich, und Mencke würde in Polen kaum einen anwerben, wenn Polen nicht Unionsstaat wäre. Jährlich veröffentlichen die »Neuen Zeitungen« etwa 40 Berichte Janockis, Kurzmeldungen nicht berücksichtigt. Janocki ist Absolvent der Leipziger Universität, beherrscht perfekt die deutsche Sprache und erweist sich als gut informierter Kenner der Verhältnisse in Polen. Was andere deutsche Zeitungen über Polen drucken, ist fast ausschließlich den »Neuen Zeitungen« entnommen und entstammt damit der Feder Janockis. Dank Mencke und seinem Korrespondenten ist Leipzig das Informationszentrum über Polen. Das wird als Selbstverständlichkeit verstanden, bis völlig überraschend das Informationsnetz reißt. Mit Rücksicht auf seine Karriere tritt Janocki zum Katholizismus über. Das stört zwar Mencke, doch nimmt er es hin. Janocki äußert sich aber in seinem Buch »Kritische Briefe an vertraute Freunde« ziemlich respektlos über das deutsche Dichteridol Klopstock. Empörte Leser schreiben Mencke, sie würden sein Blatt erst wieder in die Hand nehmen, wenn »der Pole« seine Mitarbeit eingestellt habe. Mencke, der auch zu Klopstocks Verehrern zählt und Janockis Kritik als unbillig empfindet, gibt nach und schreibt an Janocki, er wolle vorläufig keine Berichte aus Polen mehr drukken, »bis Gras gewachsen ist« über die »Verletzung deutscher Mentalität«. Janocki wartet stillschweigend einige Wochen – bis in Dresden ein neues Buch von ihm erschienen ist – und wechselt 1751 zur »Schlesischen Zeitung« über, mit der er mehr als einen Streit haben wird. Sosehr sich Mencke auch bemüht, einen gleichwertigen Korrespondenten kann er in Polen nicht finden. Von heute auf morgen verlieren so die »Neuen Zeitungen« ihre souveräne Stellung in den polnischen Angelegenheiten.

Es ist Gottsched, der ab 1756 mit dem »Neuesten

aus der anmuthigen Gelehrsamkeit« Leipzigs Ruf als Informationsmittler zu retten sucht. Sein Anliegen deckt sich mit dem Menckes, seine Methode aber ist eine andere. Er ist kein Journalist. Statt eines Korrespondenten zieht er alle möglichen Leute zur Mitarbeit heran – Professoren, Beamte, Bibliothekare, Literaten –, die sich in den Details besser auskennen als Janocki, dessen Überblick aber nicht haben. (Sie liefern außerdem ziemlich trockene Hofberichte.) Auch hat Gottscheds Publikationsorgan einen anderen Leserkreis als die »Neuen Zeitungen« und längst nicht deren Massenwirksamkeit. Eines aber erreicht Gottsched: Wer sich über Polen informieren will, hält sich wieder an Leipzig.

In Polen ist Gottsched gut bekannt. Als Załuski auf der Suche nach einer Druckerei ist, bittet er wie selbstverständlich Gottsched um Rat, und dieser setzt sich ebenso selbstverständlich für das Anliegen ein. Das Geschäft zerschlägt sich am Ende, weil der Drucker höhere Preise als erwartet fordert.

Nun ist Załuski eigentlich nicht der Mann, der viel drucken läßt; er sammelt eher Gedrucktes. Seit 1748 ist seine Bibliothek der Öffentlichkeit zugänglich. Ihm kommt Sachsens führende Stellung im Buchschaffen gelegen, denn er hat einen Plan, den sehr viel später für das deutsche Schrifttum die Deutsche Bücherei zu Leipzig realisieren wird: Er arbeitet an einer »Bibliotheca Polonica« und will alles sammeln, was von polnischen Autoren geschrieben, in Polen gedruckt und im Ausland über Polen publiziert wird. Die »Neuen Zeitungen« mit ihrer hohen Auflage erscheinen ihm besonders geeignet, seine Vorstellungen der Öffentlichkeit zu unterbreiten, und mit Menckes Unterstützung ruft er alle Autoren auf, ihm ein Belegexemplar zur Verfügung zu stellen. Noch etwas verbindet Załuski mit

Leipzig: Er ist am Leipziger Meßkatalog interessiert, den er als Muster für die Erfassung der Schriften betrachtet.

Wichtigster sächsischer Partner Załuskis aber ist Bünau, der über die an seltenen Werken reichste Privatbibliothek verfügt und den Bestand nach streng wissenschaftlichen Gesichtspunkten geordnet hat, ein wesentliches Verdienst Winckelmanns, der jahrelang Bünaus Bibliothekar ist. Auf Einladung Załuskis fährt Bünau nach Warschau, um seinen Gastgeber zu beraten. Załuski würdigt später Bünau als den eigentlichen Schöpfer seines fürs internationale Bibliothekswesen beispielgebenden Kataloges. Die Hauptarbeit leistet eigentlich Cantzler, und dieser ist nicht Bünaus, sondern Brühls Bibliothekar, aber Bünaus Bibliotheksaufbau dient als Muster. Details sind schwer rekonstruierbar, da Załuskis Bücherei – mit 300 000 Bänden nach Wien und Wolfenbüttel die drittgrößte in Mitteleuropa – die Zeiten nicht überdauert. Sie wird 1763 nach Rußland verschleppt, wo sie den Grundstock für die kaiserliche Bibliothek in Petersburg bildet. Zu den ersten Maßnahmen Sowjetrußlands gehörte die Rückgabe der Załuski-Bibliothek an Polen, wo sie 1944 bei der Zerstörung Warschaus der Vernichtung anheimfiel.

Die Sachsenzeit, die manchen so gar nicht erwähnenswert erscheint, wirkt in Polen lange nach. Eines der interessantesten Kapitel ist der Aufbau der Exekutive unter Polens neuem König Poniatowski. Er ruft 1773 den »Großen Rat« ins Leben, die erste Zentralregierung. Wie in Sachsen üblich, besteht er aus Departements mit verantwortlichen Ministern. Poniatowski übernimmt, kopiert aber nicht. So richtet er ein Unterrichtsministerium ein, das Sachsen nicht besitzt (Polen ist überhaupt der erste Staat, der ein solches Ministerium hat). Übernehmen ohne zu kopieren, lautet auch

Poniatowskis Motto bei der längst fälligen Umgestaltung des Finanzwesens. Die Finanzreform ist eng mit dem Namen Sadogórski verbunden, und nur einige wenige wissen, daß sich hinter diesem Namen Brühls früherer Mitarbeiter Gartenberg verbirgt.

Nach Auflösung der Union bleiben viele Sachsen in Polen. So übernimmt Poniatowski komplett das Bauamt. Johann Friedrich Knöbel, der langjährige Direktor, kehrt allerdings bereits 1765 nach Dresden zurück, aber die anderen bleiben, wie Georg Möser, dem die Ausbildung polnischer Architekten übertragen wird. So schwierig sich die Verhältnisse in Polen auch allgemein gestalten, für das Bauwesen sind sie denkbar günstig, ein Grund dafür, daß viele Sachsen erst nach Auflösung der Union nach Polen gehen, um in dieser Branche zu arbeiten. Dazu zählen Christian Kamsetzer, der Hofbaumeister Poniatowskis wird, Johann Gottlieb Schütz, der Militärbaumeister, und Johann Christian Schuch, der mit dem Łazienki-Park in Ujazdów als Gartenarchitekt Bleibendes schafft. Was die sächsischen Architekten nach 1763 in Polen leisten, darf keinesfalls als bloße Fortsetzung verstanden werden.

Das in den Jahren der Union Gebaute gehört zur sächsischen Baukunst in Polen, wie Hentschel sehr überzeugend darzulegen vermag, ist ein »dorthin verpflanzter Zweig der sächsischen Baukunst«[31]. Die Sachsenzeit ist mit Prunkbauten verbunden; sie bleiben als steinerne Zeugen einstiger staatlicher Verflechtungen. Nach 1763 wird der Wohnungsbau forciert. Als der sächsische Hof auszieht, ist Warschau mit 30 000 Einwohnern »ein elendes Provinznest« (Boguslawski). 1790 ist es eine Großstadt, in der 120 000 Menschen leben. So nimmt es nicht wunder, wenn die Stadterweiterung an erster Stelle steht, und trotz ewiger finanzieller Kalamitäten gelingt mehr als in den meisten anderen

Metropolen Europas. Und es sind polnische Baumeister, die dieser Periode ihren Stempel aufdrücken, vor allem Kubicki und Zawadski. An ihrer Seite stehen Italiener (Merlini), Franzosen (Coustou) – und Sachsen. Daß auch diese Anteil haben an dem Baugeschehen, ist etwas Selbstverständliches, von der Union Beeinflußtes.

Polens erste Verfassung datiert von 1791, und sie enthält eine aufschlußreiche Klausel: Nach Poniatowskis Tod soll die Krone wieder an Kursachsen fallen. Was auch dabei eine Rolle gespielt haben mag: Die Zeit der Union ist nicht vergessen, und man kann es wagen, im Grundgesetz dem Land einen weiteren, einen dritten König sächsischer Herkunft in Aussicht zu stellen.

BAUTEN UND SAMMLUNGEN

Das sächsische Rokoko

Es wird viel gebaut in den Jahren vor dem langen Krieg – in Dresden, heißt es dann und wann verstimmt. Leipzig zum Beispiel bringt es tatsächlich auf nicht einen einzigen öffentlichen Bau von Bedeutung.

Das Gohliser Schlößchen macht von sich reden, doch ist es ein Bürgerbau. Daß sich nur in Dresden etwas bewege, stimmt zwar keineswegs, aber in Dresden bewegt sich mehr als anderswo.

Eigentlich ist das Bauwesen in einer unglücklichen Lage. Als Maßstab gilt weithin der Zwinger, ein Jahrhundertbau. Was nach dem Zwinger entsteht, wirkt klein, unbedeutend. Mit dem Zwinger ist Dresden aber nur anziehender, keineswegs bewohnbarer geworden. Eigentlich stört er die Harmonie des Stadtbildes, denn unter August dem Starken wird der Blick zwar nicht nur auf den Zwinger, wohl aber mehr auf bestimmte Objekte und weniger aufs Ganze gerichtet. Mit Sachsens neuer Stellung in Europa gerät ohnehin einiges in der Residenz aus den Fugen. Die Behörden vergrößern sich, doch August der Starke hinterläßt keinen einzigen vernünftigen Ministerialbau. Und wo sollen eigentlich die neuen Beamten wohnen, wo die Gesandten, die von anderen Ländern nach Dresden beordert werden? Dresden hat 1727 etwa 17 000 Einwohner, 1763 schon 63 200. Außer Beamten und Diplomaten ziehen Handwerker zu, Maler, Schauspieler, Bildhauer etc., im ungünstigsten Jahr immerhin noch 500. Dresden hat sich zu einer der Metropolen Europas entwickelt – mit viel zu kleinem Zuschnitt.

Unter Friedrich August II. ist Brühl der eigentliche Bauherr. Als Minister kann er zwar nur Regisseur sein, doch er legt Weitsicht an den Tag. Wohlweislich klammern seine Kritiker diese Rolle im Bauwesen gern aus.

In die Struktur der Instanzen greift er nur einmal ein: Er verselbständigt 1744 das Militärbauamt, dem alle Festungs- und Kasernenbauten obliegen – und inoffiziell auch die Privatbauten der Generäle. Für die Bauten des Hofes ist das Oberlandbauamt (nunmehr Oberzivilbauamt) zuständig, dessen Leitung Knöffel hat (ab 1752 Schwarze, ab 1766 Exner). Die Aufsicht über alle nichthöfischen Bauten im Lande, mit Ausnahme der Leipziger und Dresdener, kommt der Akzisebaudirektion zu, deren Chef Naumann ist, der Erbauer des Wermsdorfer Jagdschlosses. Dessen Nachfolger wird Carl Friedrich Pöppelmann, der wie viele Architekten an einem Augenleiden erkrankt ist, das er sich beim Zeichnen unter ungünstigen Lichtverhältnissen zugezogen hat, und der sich viel in Frankreich und Polen aufhält, so daß Knöffel ihn oft vertreten muß. Nach Pöppelmanns und Knöffels Tod wird Samuel Locke Direktor der Akzisebaudirektion, die viele Bauten zu betreuen hat, jedoch selten bedeutende.

Obwohl Sachsen eigentlich keinen Mangel an Beamten hat, sind die drei Bauämter schlecht besetzt. In den Besoldungslisten Sachsens stehen im Jahre 1746 immerhin 4 948 Personen, manche infolge Ämterhäufung wiederholt, doch davon gehören 2 137 zum Hofstaat. Es gibt fast so viele Beamte in Bedienstetenfunktionen wie in den Behörden. Das Obermilitärbauamt zählt 13 Mitarbeiter; dagegen gibt es am Hofe 24 Kaplane und 497 Beamte im Oberhofmarschallamt. Knöffels Oberzivilbauamt muß mit 58 Mitarbeitern auskommen; der Kurprinz (vom Kurfürsten nicht zu reden) hat 143 Bedienstete, die Kurprinzessin 42. Besser als Knöffel ist sogar der Oberjägermeister dran, dem 221 Beamte unterstellt sind, davon 48 allein für die Parforcejagd. Es gibt also am Dresdener Hof fast viermal soviel Jäger wie Beamte des Oberzivilbauamtes.

Die Akzisebaudirektion hat vier Mitarbeiter, die als Baumeister geführt werden; sie ist Teil der Steuerbehörde, und das erschwert die exakte Aufschlüsselung der Personallisten. Aber die so wichtige Steuerbehörde hat auch nur 165 Beamte – und damit noch elf mehr als die Landesregierung. Vor dem Hintergrund des aufgeblähten Hofstaates heben sich die Leistungen der wenigen Architekten und Ingenieure geradezu wohltuend ab.

Da Brühl schon unter August dem Starken Minister war, gerät durch den Regierungswechsel nichts ins Stocken. Noch 1733 erfolgen zwei Regelungen, an denen er schon früher gearbeitet haben muß. Beide sind erst nach dem Tode Augusts des Starken realisierbar. So werden alle Bauarbeiter vom Militärdienst befreit. Damit sind die Generäle ganz und gar nicht einverstanden, denn sie wollen der Armee zumindest die Zimmerleute erhalten, weil sonst eine Schwächung der Artillerie erfolge. Wackerbarth aber gibt dem Druck Brühls nach. Gewichtiger noch ist die neue kurfürstliche Bauordnung, in der es heißt: »Wir wollen, daß künftighin bei allen neu auszuführenden Palais und anderen Bauten sowohl auf den davon zu hoffenden Nutzen und Gemächlichkeit, daneben aber, was die Struktur betrifft, dahin gesehen werde, daß an allen Stücken und

1 *Heinrich Graf von Brühl (1700–1763).*
Stich von Lorenzo Zucchi nach einem Gemälde
von Louis de Silvestre (1675–1760)

2 *Ansicht der Stadt*
und des Schlosses Weißenfels an der Saale.
Heinrich von Brühl verlebte dort seine Kindheit;
im herzoglichen Schloß diente er als Silberpage.
Radierung von Christian Gottlob Hammer
nach Anton Balzer (1771–1807)

3 *Schloß Groschwitz bei Herzberg,*
Brühls liebster Besitz,
1732–1738 von Johann Christoph Knöffel erbaut.
Zeichnung des Baumeisters Samuel Locke

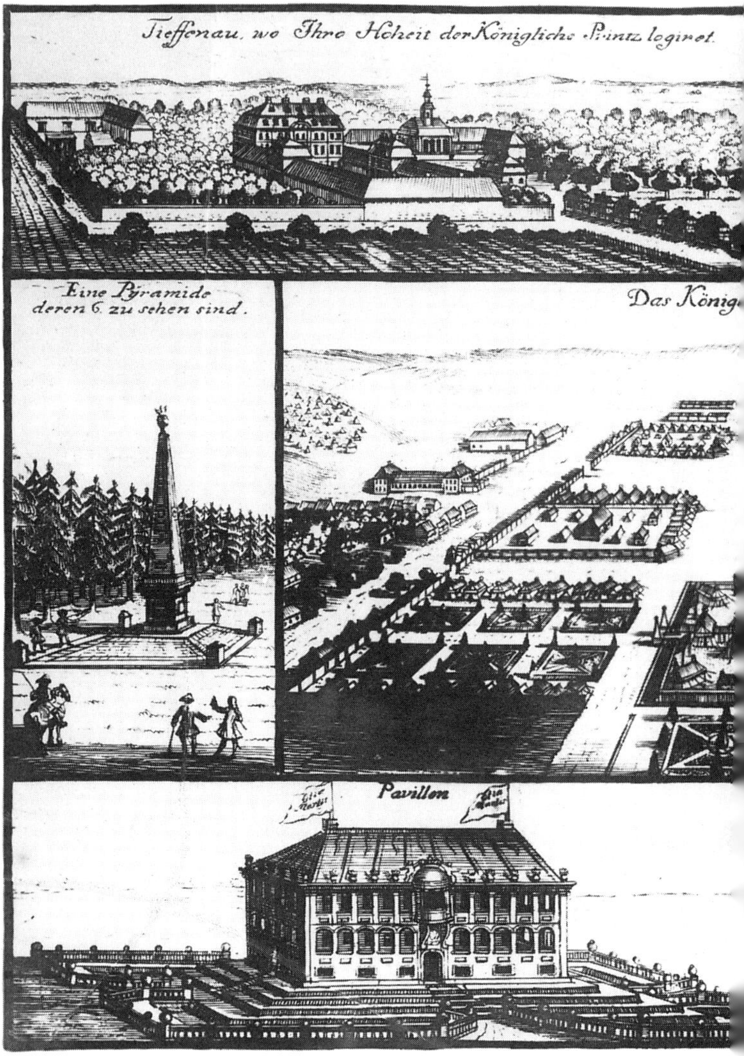
Tieffenau, wo Ihro Hoheit der Königliche Printz logiret.
Eine Pyramide deren 6. zu sehen sind.
Das König
Pavillon

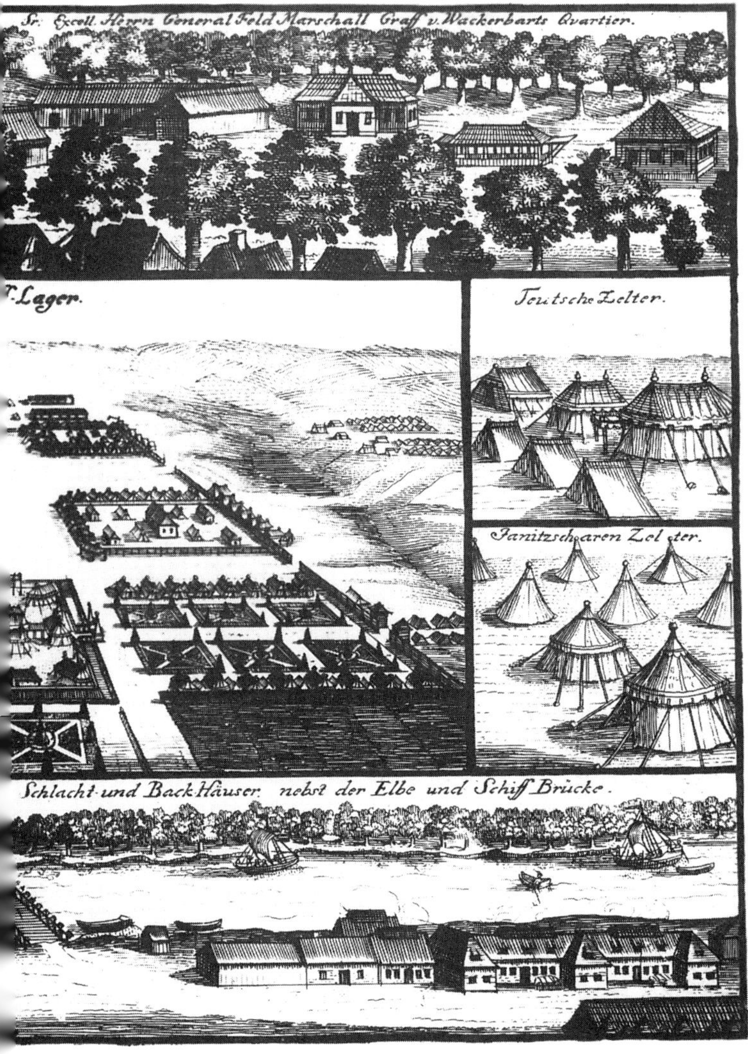

4 *Das berühmte Zeithainer Lager Augusts des Starken, 1730, bei dem Brühl die „Lustbarkeiten" organisierte. Brühl legte hier den Grundstein für seine Karriere am Dresdner Hof. Kupferstich*

5 *Friedrich August II. (1696–1763),*
seit 1733 Kurfürst von Sachsen
und (als August III.) König von Polen.
Er liebte die Jagd und die Kunst;
die Staatsgeschäfte überließ er weitgehend Brühl.
Gemälde von Louis de Silvestre, 1743

6 *Maria Josepha (1699–1757),*
seit 1719 Gemahlin Friedrich Augusts II.,
eine intelligente und musische,
aber wenig anziehende Frau.
Zu Brühl stand sie in einem gespannten Verhältnis.
Pastell von Rosalba Carriera (1675–1757)

7 Heinrich Graf von Brühl.
Gemälde von Marcello Bacciarelli (1731–1818)

8 *Maria Anna Franziska (genannt Marianne) von Kolowrat-Krakowski (1717–1762), seit 1734 die Gemahlin Heinrich von Brühls. Gemälde von Adám de Mányoki (?)*

9 *Aloys Friedrich Graf von Brühl (1738–1793), Heinrich von Brühls ältester Sohn. Gemälde*

10 *Hans Moritz Graf von Brühl (1746–1811),*
dritter Sohn Heinrich von Brühls.
Er trat später als General-Chaussee-Intendant
in preußische Dienste.
Gemälde von Anton Graff, 1796

11 *Brühls Sommersitz in Dresden-Friedrichstadt, 1728 entstanden. Trotz Veränderungen durch den späteren Besitzer Marcolini verrät die schlichte Lisenenarchitektur noch die Handschrift Johann Christoph Knöffels. Tuschzeichnung, um 1800*

12 *Der Neptunbrunnen im Garten des Marcolinipalais, die schönste Brunnenarchitektur Dresdens*

13 *Gartensaal, Bibliothek und Brühlsches Palais um 1747, vom rechten Elbufer her gesehen. Gemälde von Bernardo Bellotto (1720–1780) Ausschnitt*

14 *Das Brühlsche Palais in Dresden,*
Sachsens „kleine Residenz“, anläßlich des Empfangs
für das sizilianische Königspaar 1738
festlich illuminiert.
Johann Christoph Knöffel baute daran von 1737
bis zu seinem Tode 1752, Brühl bezog das Palais 1740.
Stich von Christian Philipp Lindemann, 1738

15 *Der Festsaal im Brühlschen Palais*
diente dem Premierminister zu Repräsentationszwecken.
Zum Neujahrsempfang der Diplomaten 1747
fanden sich hier 160 Personen ein.
Nach Abbruch 1900 ins Kunstgewerbemuseum überführt,
dort 1945 zerstört.

16 *Das berühmte Brühlsche Belvedere in Dresden, vom rechten Elbufer aus gesehen. Das Alterswerk des Baumeisters Knöffel wurde 1759 auf Befehl des preußischen Königs Friedrich II. zerstört. Gemälde von Bernardo Bellotto, 1751/1753, Ausschnitt*

17 *Das Altstädter Rathaus in Dresden,*
1741–1745 erbaut nach einem Entwurf
von Johann Christoph Knöffel

18 *Schloß Nischwitz bei Wurzen, erbaut 1745–1756*
nach den Plänen Johann Christoph Knöffels;
am 20. Januar 1758 von preußischen Truppen zerstört.
Das wiederaufgebaute Schloß (heute Pflegeheim) ist ein
schönes Zeugnis des sächsischen Rokoko.

19 *Brühls Schreibtisch im Schloß Pförten um 1750, darauf drei Teile des berühmten Schwanenservices, das nach Entwürfen Johann Joachim Kändlers 1737–1741 in der Meißener Porzellanmanufaktur für Brühl hergestellt wurde.*

20 *Terrine aus dem Schwanenservice.*
Zu dem Service gehörten 2 200 Teile.
Bezugspunkt bei der Wahl der Motive war das Wasser;
„Brühl" heißt soviel wie „Sumpf".

21 *Maria Theresia (1717–1780), Erzherzogin von Österreich,*
Königin von Ungarn und Böhmen.
Gemälde von Martin von Mytens (?)

22 *Friedrich II. (1712–1786), seit 1740 König von Preußen. Gemälde von Johann Georg Ziesenis (1716–1776), zum Bestand des Schlosses Sanssouci gehörend*

23 *Christoph August Graf von Wackerbarth (1662–1734), sächsischer Minister und Feldmarschall. Er begünstigte Brühls Karriere von Anfang an. Kupferstich*

24 *Joseph Anton Gabaleon*
Graf von Wackerbarth-Salmour (1685–1761),
Oberhofmeister des Kurprinzen Friedrich Christian.
Kupferstich

25 *Karl Heinrich von Heine(c)ken (1706–1791),*
Brühls Sekretär und Intendant;
er machte sich um den Aufbau des Kupferstichkabinetts
in Dresden sehr verdient.
Kupferstich von Gabriel de Saint-Aubin, 1770

26 *Johann Christian Graf von Hennicke (1692–1752),*
Konferenzminister und Vizedirektor des Kammerkollegiums.
Kupferstich von Johann Christoph Sysang (1703–1757)

27 *Thomas Freiherr von Fritsch (1700–1775),*
Leiter der Landesrevisionskommission.
Er unterzeichnete 1763 auf Schloß Hubertusburg
für Sachsen den Vertrag,
der den Siebenjährigen Krieg beendete.
Kupferstich von C. H. Hartmann
nach Anton Graff (1736–1813)

28 *„Prospect des Churfürstl. Sächs. Jagd und Lust Schlosses Hubertusburg" in Wermsdorf. Die Hubertusburg, das schönste Werk Joh. Christoph Knöffels, wurde 1743–1751 erbaut. Sie kostete 1,2 Millionen Taler. Kupferstich von Friedrich Gottlob Schlitterlau (um 1700–1782)*

29 *Friedrich Christian (1722–1763),*
ältester Sohn Friedrich Augusts II.,
1763 Kurfürst von Sachsen.
Gemälde von Anton Raphael Mengs, 1750

30 *Franz Xaver (1730–1806), jüngerer Sohn Friedrich Augusts II., Herzog von Sachsen, 1763–1768 Administrator.*
Kupferstich

31, 32 *Am 3. November 1763 wurde Heinrich von Brühl, seinem Wunsch entsprechend, in der Stadtkirche von Forst in der Lausitz beigesetzt.*

33 *Die Hauptkirche St. Nicolai in Forst.*
Foto vor 1945

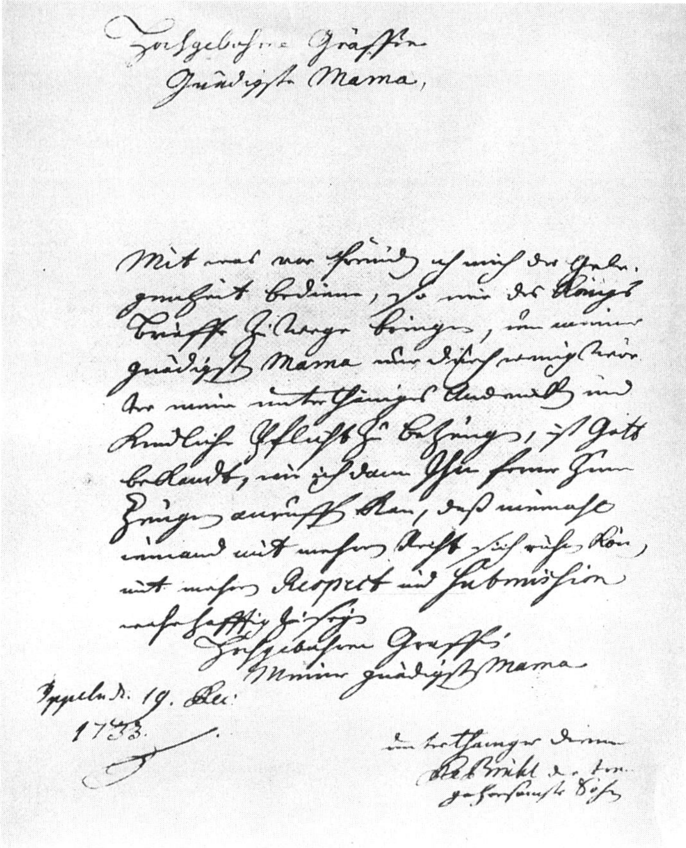

34 *Eigenhändiger Brief Heinrich von Brühls an die Gräfin Kolowrat-Krakowski*

Theilen des Gebäudes etwas nobles, dabei aber an Schmuck und Zierarten nichts überflüssiges ... sich eingerichtet finde ... Wir glauben, daß ... leicht zwei bis drei Theile von dem Schnitzwerke und der Bildhauerarbeit, wie solches bis dahin hier und da gebraucht worden, wegbleiben könne ...«[32] Das ist weder die Handschrift Augusts des Starken noch Pöppelmanns.

In der Bauordnung von 1733 mag tatsächlich ein abgrenzendes Moment erhalten sein, wie viele meinen: Es solle eben nicht jeder so bauen, wie der Hof baut oder gebaut hat! Aber wer vermag das überhaupt? Um zur landesherrlichen Unterschrift zu kommen, mag das Argument von der »Abgrenzung« taugen, doch ansonsten besagt es wenig. Es muß anders gebaut werden als bislang! Und mit der neuen Bauordnung wird die zeitgemäße Bauauffassung gesellschaftsfähig.

Eigentlich fügt sich so eines zum anderen.

Bereits 1732 werden die Arbeiten am Zwinger eingestellt – die 50 000 Taler, die der Bau jährlich verschlinge, seien nicht mehr aufzubringen. Angesichts des Stilwandels hat aber auch das Interesse an dem gewaltigen Barockbau nachgelassen. August dem Starken bleibt es erspart, sich auf den neuen Geschmack einstellen zu müssen, Pöppelmann, der ihn um nur drei Jahre überlebt, ebenfalls. Ans Bauen denkt der Zwingerarchitekt nach der Entscheidung von 1732 ohnehin immer seltener. Um ein würdiges Begräbnis sorgt er sich und um sein Vermögen. Den atlasweißen Sarg, auf den er soviel Wert legt, bekommt er, und bestattet wird er in der Dunkelheit, im Scheine Hunderter von Fakkeln, wie er sich ausbedungen. Und sein Vermögen? Seine sechs Kinder wissen damit nichts Besseres anzufangen, als es den Notaren und Gerichten zu überlassen: In einem der widerlichsten Erbschaftsprozesse des Jahrhunderts streiten sie sich so lange, bis die Gerichte des Hofes haben, was der Hof dem Architekten einst gezahlt.

Als die Zeit des Barocks zu Ende geht und die Erkenntnis sich durchsetzt, daß zwar schön, aber auch zweckmäßig und bezahlbar gebaut werden muß, treten August der Starke und seine Baumeister ab.

Die junge Architektengeneration nutzt die Gunst der Stunde. In einer für Umbruchzeiten charakteristischen drastischen Sprache distanziert sich Krubsacius mit »Betrachtungen über den Geschmack der Alten in der Baukunst« (1745) und »Ursprung, Wachstum und Verfall der Verzierungen in den schönen Künsten« (1759) vom Barock und von Pöppelmann. Er ist kein Verfechter einer spartanischen Architektur, aber er will nicht »für die Straße« bauen; im Hause wohne man, nicht draußen! Verzieren solle man ein Bauwerk »gar nicht oder so wenig wie möglich«; tauge es etwas, bedürfe es keines Schmuckes, tauge es nichts, sei Schmuck purer Hohn. Das hört man in den Bürgerhäusern gern.

Der überragende Praktiker ist Knöffel, Sproß einer alten Dresdener Maurerfamilie. Er überläßt anderen das Bücherschreiben und hält sich aus den Disputen um alte und neue Bauauffassungen heraus. Das liegt mit daran, daß er dem Lebensalter nach keineswegs zu den Jungen zählt. Er ist unter Pöppelmann zum Baumeister gereift und hat selbst viele Barockbauten mitgestaltet. Wenn er den Barock auch als nicht mehr zeitgemäß versteht, bewundert er ihn und seine Architekten doch. Sein erstes größeres Werk, die Ritterakademie, von Pöppelmanns Stil weit entfernt, erregt bei vielen Anstoß. Einigen wenigen aber gefällt der Mut zum Neuen! Zu ihnen gehört Wackerbarth, der ihm 1728 auch den Bau des Gouvernementshauses anvertraut, mit dem der Durchbruch glückt.

Für den Barock in Dresden steht der Name Pöppelmann. Knöffel unterliegt als Ehemann von Pöppelmanns Enkeltochter auch familiären Zwängen. Mit der Hochzeit hat er allerdings warten müssen, bis der Zwinger-Architekt unter der Erde lag, da dieser einer Heirat wohl kaum zugestimmt hätte – nicht, weil Knöffel einen anderen Baustil vertritt, sondern weil er bereits 52 Jahre zählt, seine Auserwählte dagegen erst 19 Jahre alt ist.

Brühl muß sich vorwerfen lassen, das Karriereprinzip auf den Kopf gestellt zu haben. Longuelune, der fähige französische Architekt, der noch nie so recht zum Zuge kam, weil allzuoft gerade bei seinen Projekten das Geld ausging, kann sich freuen über die vielen Sympathiebeweise; Emotion steht aber hier gegen Vernunft. Als Leiter des Oberlandbauamtes ist Longuelune völlig ungeeignet. Deutsch spricht er nicht, obwohl er seit 23 Jahren in Dresden lebt. Ohne Dolmetscher kann er mit keinem Maurer verhandeln. Und er ist ein Mann von 72 Jahren! Merkwürdigerweise übersehen das jene, die Brühl einer Entscheidung wegen verurteilen, die eigentlich Wackerbarth schon 1725 vorbereitet hat. Drei Tage vor Niederlegung seines Amtes als Intendant ernennt er Knöffel zum dritten Oberlandbaumeister. Da es in Sachsen stets nur zwei Oberlandbaumeister gegeben hat, konnte das nur heißen: Der Nachfolger Pöppelmanns ist gefunden! Brühl brauchte zwar Wakkerbarths Willen nicht unbedingt zu respektieren, aber schließlich ist Knöffel der fähigste Baumeister, jung genug, um im Oberlandbauamt die Kontinuität zu wahren, und Repräsentant der neuen Bauauffassung. Die Widersacher haben eigentlich nur ein Argument: Knöffel ist es, der auch Brühls Privatbauten entwirft.

Wie Brühl verfällt am Ende auch Knöffel der Ächtung. Er ist der »ehrgeizige und mißgünstige Nebenbuhler Longuelunes«[33]. Meyers Neues Lexikon – in

Leipzig, also in Sachsen, verlegt – hat in 18 Bänden kein auch noch so kurzes Stichwort für Knöffel übrig. Der Gedanke, daß Knöffel für und unter Brühl gebaut hat, verbreitet augenscheinlich Unbehagen.[34] Von dem, was er geschaffen hat, ist zudem wenig geblieben: Was den Siebenjährigen Krieg überdauert, geht meist im Bombenhagel des zweiten Weltkrieges unter.

Longuelunes Kunst, die Lisene zur Geltung zu bringen, jenen aus der Mauer heraustretenden Wandstreifen, der eigentlich keine bautechnische Funktion erfüllt, bewundert Knöffel. Mit dem französischen Rokoko hat das sächsische aber am Ende wenig gemein. Es ist ein weitgehend eigenständiger Stil, bürgerliche Auffassungen andeutend.[35]

Brühls Privatbauten

Brühl läßt ein Palais in Dresden bauen, ein Palais in Warschau, einen Herrensitz in Nischwitz bei Wurzen (Nachtquartier während der Messereisen), ein Schloß in Pförten (Station bei Fahrten nach Polen) ... Seine Vorhaben sind durchdacht. Eines baut er nicht, auch bedacht: ein Jagdschloß. In Pförten unterhält er eine Fasanerie, ebenso in der Nähe von Warschau, und das den Gästen zuliebe. Mehr mag niemand von ihm erwarten.

Von Ende der dreißiger Jahre an hat er es leicht. Was immer er baut, er baut es als leitender Minister – als Chef der Hofbeamten, zu denen auch etwa vierzig besoldete Maler und Kupferstecher gehören, als Chef der Exekutive und damit der Architekten, als Chef der Finanzen und damit als Verantwortlicher für die Staatsaufträge, als Chef der Lustbarkeiten und dadurch mit Aussicht auf Zuschüsse des Hofes. An Brühls Privatbauten wirkt jeder gern mit, sei es auch nur in Erwartung lohnenderer Aufträge.

Aus Sicht der Architekten ist er ein angenehmer Bauherr. Ins Baugeschehen greift er ein einziges Mal ein, in Pförten, und das bekommt dem Schloß nicht. Fortan läßt er seinem Baumeister freie Hand. Ihn interessiert das Ergebnis, nicht der Weg dahin. Für Details mangelt es ihm an Zeit, an Sachkenntnis und – er gesteht es freimütig – an Interesse. An seinen Bauten hat er kein anderes Verdienst als das des Bauherrn. Um die künstlerische Gestaltung bemüht sich Heinecken, sein Intendant. Die Ausstattung der Räume überläßt er seiner Frau, die dafür Sinn hat. Seine späten Bauten zumindest zählen zu den geschmackvollsten. Gewiß, die Gräfin ist keine Frau, die sich in Geldangelegenheiten Zwang anlegt, trotzdem ist das kurfürstliche Jagdschloß Hubertusburg viel kostspieliger als jeder Bau Brühls ausgestattet, keineswegs aber so geschmackvoll eingerichtet. Winckelmann wundert sich in seinem 1755 erschienenen Buch »Gedanken über die Nachahmung der griechischen Werke in der Malerei und Bildhauerkunst«, was in der Hubertusburg an Geschmacklosigkeiten für viel Geld zusammengetragen worden ist. (Das Buch ist dem Kurfürsten gewidmet.)

Brühls dritte Stütze ist Knöffel, der Architekt. Als Brühl 1731 für Schloß Groschwitz einen Architekten sucht, begabt und nicht zu teuer, rät ihm Wackerbarth, sich an Knöffel zu halten.

Groschwitz bei Herzberg soll jährlich 1 400 Taler abwerfen und 30 000 Taler wert sein. Brühl ist noch Kammerherr, als ihm zu Ohren kommt, der hoffnungslos verschuldete Graf Römer müsse das Gut verkaufen. Eigentlich ist es reine Renommiersucht, die Brühls Interesse anstachelt. Er will wie andere Kammerherren ein Gut haben, das Glanz und eine sichere Einnahmequelle verspricht. Viel näher als die Einnahmen liegen allerdings zunächst die Ausgaben. Wer so lange wie Brühl nur Page gewesen und mit einer Erbschaft bedacht ist, die sich allenfalls auf dem Papier gut ausnimmt, kann kein Geld für einen so großen und teuren Besitz aufbringen. Wenn er zehn Prozent der Kaufsumme auf den Tisch lege, 3 000 Taler, komme er an keinem Hund mehr vorbei, vertraut er seinem Gefährten Sulkowski an, der ihm dringend abrät, sich das Gut aufzubürden. Brühl aber schlägt alle Bedenken in den Wind und kauft im Mai 1731 Groschwitz. Die 20 335 Taler Schulden Römers übernimmt er mit Zustimmung der Gläubiger! Sie haben davon gehört, der Weißenfelser Herzog wolle ihn mit Straupitz belehnen, um endlich mit den Erben seines Hofmarschalls ins reine zu kommen, und Straupitz ist ihnen Sicherheit genug. Römer, mit 3 000 Talern nicht zufrieden, bedingt sich eine Leibrente von 1 000 Talern pro Jahr aus. Da er ein alter, kranker Mann ist und selbst dann kein Überpreis zustande kommt, wenn er noch sieben Jahre lebt, ist Brühl einverstanden. Seine Rechnung geht allerdings nicht auf: Römer, ewig kränkelnd, bringt es dennoch auf 14 weitere Jahre. So zahlt Brühl für Groschwitz fast ein Viertel mehr, als der angenommene Wert ausmacht; das Gut wirft außerdem weitaus weniger ab als offeriert. Brühls erstes Geschäft ist zugleich sein schlechtestes. Er kann das Gut nur deshalb halten, weil er inzwischen Minister wird. Einen säumigen Kammerherrn hätten die Gläubiger gehörig zur Ader gelassen, doch mit einem Minister üben sie Nachsicht. Da ihn niemand ernsthaft bedrängt, kann sich Brühl Schloß und Garten von Knöffel umbauen lassen. Die Arbeiten ziehen sich aus finanziellen Gründen von 1732 bis 1738 hin, und der Umbau fällt relativ bescheiden aus. Wenn hier ein Kleinod entsteht, ist dies namentlich Knöffels geschickten Händen zu danken. Groschwitz wird Brühls liebster Besitz, vielleicht der Schwierigkeiten halber, die er zu meistern hatte.

Mit dem Umbau von Groschwitz hat Brühl in Knöffel seinen Architekten gefunden. Beide sind eigentlich ganz zufrieden, Brühl mit Knöffels Leistungen und Knöffel, der im Umgang mit Geld ziemlich sorglos ist, mit dem Nebenverdienst.

Von Brühls Privatbauten, fast ausnahmslos von Knöffel errichtet, vermochte Schloß Nischwitz bei Wurzen in etwa seine Ursprünglichkeit zu wahren. Es ist ein rar gewordenes Zeugnis des sächsischen Rokoko.

Brühl bezahlt im Januar 1744 für das Gut 75 000 Taler an eine Gräfin Yarmouth, die eigentlich Walmoden heißt, Mätresse Georgs II. von England ist und die Nischwitzer Flur nie betreten hat. Die Lage des Gutes vor den Toren Leipzigs sagt Brühl zu, die Mischung von Herrensitz und Gutsbetrieb nicht. Er möchte Schloß und Gut trennen. Um dem Streubesitz ein Ende zu setzen, schlägt er der Gemeinde einen Feldaustausch vor. Er meint, es sei für die hier weit verbreitete Schafzucht ein Vorteil, wenn jeder über eine geschlossene Weidefläche verfüge, und es bleibt ihm unverständlich, warum die Gemeinde alles strikt ablehnt. In Nischwitz ist die Kluft zwischen Bauern und Gutsherr besonders tief. Brühl ist innerhalb von 35 Jahren schon der vierte Gutsbesitzer. Das Schloß wurde 1713/21 gebaut, 1726 brannte es zusammen mit dem Gut ab, und es verstrichen drei oder vier Jahre angestrengter Arbeit, bevor Schloß und Gut wiederhergestellt waren. 1740 ist außerdem eine neue Schäferei gebaut worden. So hatten die Nischwitzer Bauern über Jahrzehnte viele Hand- und Gespanndienste zu leisten, so daß ihnen kaum Zeit blieb, sich um die eigene Wirtschaft zu kümmern. Zu den trüben Erfahrungen vergangener

Jahre gesellen sich düstere Erwartungen. Brühl, ein Minister, wird auch bauen, kostspieliger noch als seine Vorgänger, damit Arbeitskräfte benötigen und das Gut auspressen wie eine Zitrone.

Brühl ist Beamter mit Grundbesitz, nicht Grundbesitzer mit einem Amt und als Gutsherr nicht besser und nicht schlechter als andere auch. Seine Nischwitzer Einnahmen belaufen sich 1745 auf 4000 Taler, 1756 auf 4050 Taler; zwischenzeitlich liegen sie darunter, 1753 mit 1701 Talern sogar erheblich, vielleicht einer Mißernte wegen. Daß das Gut unter Brühl nicht mehr einbringt als unter dem Vorgänger, kann viele Ursachen haben. Die Rechnungsbücher lassen aber keinen Versuch erkennen, den Bauern die Lasten baulicher Maßnahmen aufzubürden. Brühl verlangt nur in Ausnahmefällen Gespanndienste; mit Bauern zu bauen ist ihm einfach zu langwierig.

Weil das Schloß separat stehen soll, errichtet Brühl einen neuen Gutskomplex außerhalb des Dorfes, nahe der Schäferei. Schloß Nischwitz (1745/50) ist eher ein Neu- denn ein Umbau. Verschiedene Grundmauern aber werden belassen, und Knöffel unterliegt damit Zwängen. Geradezu typisch für seine Bauauffassung ist die dreigeschossige Hoffront mit vorgezogenen Seitenflügeln und einer schlichten Fassade, schlichter jedenfalls als in der französischen Architektur. Die Gegenseite des Schlosses ist zweigeschossig. (Schloß Nischwitz ist seit 1950 Pflegeheim und nicht zugänglich.)

An der Innenausstattung des Schlosses sind wenige Künstler beteiligt. Brühl greift bei all seinen Bauten möglichst auf die gleichen, bewährten Kräfte zurück, und da er gerade viel baut, engt das seine Wahl ein. Die künstlerische Beratung hat Louis Gurlitt. Den Festsaal und den Vorraum malt Stefano Torelli aus, der Maler der Hofkirche und der Hubertusburg, den Gartensaal der noch junge Johann Benjamin Müller. Die Figuren sind von Coudray, »unserem besten Bildhauer«, wie Winckelmann sagt, die Schnitzereien besorgt Joseph Deibel, die Stuckarbeiten Giuseppe Bossi. Auch Gottfried Knöfler ist beteiligt; er liefert einige Vasen, gestaltet die Kaskade und wirkt an der Ausstattung des Festsaales mit.

Anhand der wenigen Belege und mit Hilfe komplizierter Vergleiche errechnete Walter May 115 000 Taler Baukosten.[36] Die Einnahmen des Gutes sind nachweisbar: 38 420 Taler von 1744 bis 1756. Gedeckt sind die Ausgaben also nur zu einem Drittel; zwei Drittel fließen aus anderen Quellen.

Brühl baut auch in Pförten ein Schloß (wo er baut, entsteht immer ein Schloß oder ein prächtiges Palais). Zusätzlich aber baut er hier wirtschaftliche Einrichtungen, und das aus zwei Gründen: Er stellt sich Pförten als große Werkstatt vor, als Lieferant dessen, was auf seinen Besitzungen an Manufakturwaren benötigt wird, und er kann sich als Minister nicht dem Zwang entziehen, bei der von der Regierung immer wieder geforderten Bildung von Manufakturen mit gutem Beispiel vorangehen zu müssen.

Er kauft das Lehngut Pförten 1740 für 160 000 Taler, erwirbt in den folgenden zwei Jahren zur Abrundung seines Besitzes vier angrenzende Güter und Anfang 1746 für 80 000 Taler die etwa 1 500 Einwohner zählende Mediatstadt Forst. Das Amt verlegt er sofort von Forst nach Pförten, und der Sitz des Amtes gibt seiner Herrschaft den Namen. Die Ausdehnung der Ländereien ist gewaltig. Brühl behauptet, er benötige mit der Kutsche von Grenze zu Grenze zwei Stunden. Es liegen allerdings ausgedehnte Waldungen dazwischen, die nicht ihm, sondern dem Kurfürsten gehören. Immerhin: Die eigentliche Herrschaft Pförten zählt sechs

Amts- und 22 adlige Dörfer; die Herrschaft Forst schließt die gleichnamige Stadt und 23 Dörfer ein. Pförten macht ihn zum größten Grundbesitzer Sachsens nach dem Kurfürsten.

Pförten liegt auf dem Wege von Dresden nach Warschau und damit sehr verkehrsgünstig. Daß Brühl die Reiseroute Dresden–Pförten–Warschau eingeführt hat, ist unrichtig: Initiator war August der Starke. Seit Brühl im Besitz von Pförten ist, benutzt er bei Reisen nach Polen selten einen anderen Weg. Die Höflinge folgen dem Beispiel des Ministers, und so, wie der Hof fährt, fährt auch die Schnellpost, die zweimal wöchentlich zwischen den Unionsländern verkehrt. Pförten ist Zwischenstation für Polen-Reisende. Damit entsteht ein Bedarf an Lebensmitteln und gewerblichen Erzeugnissen. Auch öffnet der Verkehrsstrom den Markt nach Osten wie nach Westen.

An die Errichtung einer Seidenfabrik denkt Brühl, doch der Ausbruch des Krieges läßt dieses Vorhaben scheitern. Aber eine Plantage mit Maulbeerbäumen legt er an. Wegen der schwierigen Finanzlage des Landes hat er als Minister den Import von Seide gedrosselt und 1754 das kurfürstliche »Mandat wegen Anlegung der Plantage von Maulbeer-Bäumen« veranlaßt. Eingeführt hat Daniel Kraft diese Nutzpflanze schon 1670, aber nur der Leipziger Rat baut sie an, am Halleschen Tor, sowie der Schreiber Löschborn nahe Grimma. Ohne staatlichen Druck und ein Beispiel, wie Brühl es zu schaffen sucht, scheint es nicht abzugehen. Die Gutsbesitzer stellen sich taub. Was der Versuch in Pförten bewirkt, läßt sich schwer sagen. Nach dem Krieg bringt es Sachsen auf 70 000 Maulbeerbäume. Doch die meisten erfrieren im strengen Winter 1784, und danach verspürt niemand mehr Lust, eine Pflanze anzubauen, die zwar nützlich ist, aber ein anderes Klima verlangt.

Als Tuchproduzent ist Brühl erfolgreicher. Unter Regie des Meisters Ebig, der aus Torgau kommt, wo die modernste Zwirnerei zu Hause ist, stellen gleich zwei Manufakturen Tuche her. Eine hat ihren Sitz in Pförten, die andere in dem durch die Verlegung des Amtes frei gewordenen Schloß in Forst. Die lokalen Bedingungen sind für dieses Gewerbe denkbar günstig, denn im Zuge der Gegenreformation sind aus dem Schlesischen viele Tuchmacher in die Gegend von Forst ausgewichen. In der Stadt gibt es 59 selbständige Meister, und mancher Geselle, dem der Zunftzwang die Perspektive nimmt, weicht in die Manufaktur aus. Auch an ungelernten Arbeitskräften herrscht kein Mangel. Die Löhne in den Manufakturen sind sehr niedrig, aber immer noch günstiger als in der Landwirtschaft. Meister Ebigs Lohn beträgt bei freiem Logis und Deputat monatlich 12 Taler, der eines Großknechts auf einem Gut bei Kost und Logis jährlich 10 Taler. Die Tuche aus den Brühlschen Manufakturen gehören zur Billigware und erfreuen sich keines sonderlich guten Rufes. Der Minister stattet damit nur seine Bediensteten aus; er selbst bevorzugt Pariser Tuche.

Der Marktanteil der Pförtener Manufakturen ist unbedeutend, sie versorgen vornehmlich die verzweigten Brühlschen Besitzungen. Die benötigten Tapeten liefert die Leinwandfabrik, die Schlösser samt Schlüssel die Spezialschlosserei, die Parkettfußböden die Kunsttischlerei, das Eisen der Hammer (bei Altenhammer), das Bauholz die Sägemühle, die Bausteine die Ziegelei. Außer den beiden Tuchmanufakturen arbeitet eigentlich nur die Seifensiederei wirklich für den Markt. Sie existiert aber nur kurze Zeit. Im Krieg zerstört, wird sie nicht wieder aufgebaut. Über die Druckerei ist nur wenig zu erfahren. Was Brühl zu drucken hat, läßt er in Pförten drucken. Dazu gehört ein Buch aus seiner Feder. Die Druckerei bringt 1740 auch ein Andachtsbuch heraus, eine Übersetzung aus dem Französischen, das als bibliophile Kostbarkeit gilt.

Das Schloß zu Pförten, an die 70 Jahre alt, baut Knöffel 1741/48 um. Der Mitteltrakt wird dreigeschossig, und die Seitenflügel stehen ähnlich wie in Nischwitz vor. Zum Eingangstor führt eine breite Freitreppe, über der sich ein von Atlanten getragener Balkon erhebt. Als besonders reizvoll gilt das Mansardendach. Unter Knöffels Leitung entstehen 1748/50 auch die Nebengebäude, die Kavaliershäuser. Acht Jahre nach Vollendung des Umbaus setzen am 5. September 1758 preußische Truppen den roten Hahn auf Schloß Pförten. Das ist eigentlich das Ende des Knöffelbaus. Bei den folgenden Rekonstruktionsmaßnahmen mangelt es den Bauherren an Geld und den Architekten an einer glücklichen Hand. Am schlimmsten ergeht es Schloß Pförten in den sechziger Jahren des 19. Jahrhunderts, als das schöne Mansardendach durch ein flaches Zinkdach ersetzt wird. Damit ist die Einheit der Architektur gründlich zerstört, und Pförten ist zu einem der vielen stillosen Herrensitze herabgesunken. Wertvoll ist nur noch eines in Pförten: das Schwanenservice aus Meißen, das im Keller verstaubt.

Den zweiten Weltkrieg überdauert Schloß Pförten, die Nachkriegswirren aber nicht. Es brennt 1945 mit Ausnahme der Kavaliershäuser aus. Das Schwanenservice wird aus der Ruine geborgen und in Unkenntnis seines Wertes in des Wortes ureigenster Bedeutung für ein Butterbrot an ausländische Kaufleute verhökert. Ab und an tauchen Einzelteile auf Auktionen auf, vor allem in London und Wien, und die Regierung der Volksrepublik Polen sucht zu erwerben, was erwerbbar ist, selbst bei Akzeptierung horrender Preise. Das Prachtservice, zu dem wie sonst nicht üblich auch

Leuchter gehören, Fruchtschalen, Aufsätze und Tisch-Springbrunnen, besteht aus 2200 Teilen,[37] und bei Wahl der Motive ist Wasser in Anlehnung an die Bedeutung des Namens Brühl (Sumpf) der Bezugspunkt – Wasservögel, Schilf etc. Leider numeriert die Meißner Porzellanmanufaktur ihre Produkte erst ab 1749. Das Schwanenservice hat sie 1737 bis 1741 ausgeliefert – keineswegs die einzige Arbeit aus dieser Zeit, wie oft genug behauptet wird (das hieße denn doch ihre Kapazität unterschätzen), die weltbekannten Apostelfiguren für den Kurfürsten, umfangreiches Tafelgeschirr für Podewils, Münnich, Goetzendorf und andere stammen ebenfalls aus diesen Jahren, doch um den wichtigsten Auftrag handelt es sich schon. Die meisten Entwürfe liefert J. J. Kaendler; etwa 100 Teile gehen auf Vorlagen von J. F. Eberlein zurück. Auch andere Künstler sind beteiligt. 2200 Teile heißt nicht 2200 Entwürfe – die Suppenteller beispielsweise sind alle nach einem Entwurf gefertigt. Brühl zahlt für das Service keinen einzigen Taler. Es fällt ihm zu, weil er die Repräsentationspflichten des Kurfürsten wahrnimmt, zu dessen »persönlichem« Besitz die Porzellanmanufaktur gehört. Da Brühl Leiter der Manufaktur ist, kann er sich als Entgelt ohnehin für Privatzwecke anfertigen lassen, was immer er sich wünscht. Über den geschlossensten Teil des Schwanenservices verfügen die Dresdener Sammlungen, der Brühls Erben im 19. Jahrhundert einige wertvolle Stücke als Dauerleihgabe überlassen hatten, die dank Auslagerung bei der Zerstörung Dresdens vor der Vernichtung bewahrt blieben.

Die bedeutendsten Bauten Brühls sind seine Dresdener, von denen wenigstens sein Sommersitz in Friedrichstadt die Zeiten überdauerte (heute Bezirkskrankenhaus). Nach Brühls Tod wird es nach dem neuen Besitzer Marcolini-Palais genannt. Marcolini läßt die

Seitenflügel um eine weitere Etage aufstocken; auch die folgenden Besitzer ändern manches, doch die einfache Lisenenarchitektur der auffallend langen Front spricht für Knöffel als Baumeister. Die Arbeiten setzen 1736 ein und kommen erst 1753 zum Abschluß. Das läßt schon Schwierigkeiten vermuten. Den Kern des Areals bildet das 1735 von Brühl gekaufte Grundstück des Prinzen von Württemberg. Das Schloß ist ihm zu klein, doch da es erst seit 1728 steht, soll es erhalten bleiben. Aus Platznot hilft sich Knöffel, so gut er kann. Unerwartet bietet sich 1742 für Brühl die Möglichkeit, zwei der benachbarten Anwesen zu erwerben. Nun hat Knöffel den benötigten Raum, sieht sich aber durch das inzwischen Gebaute behindert.

Der riesige Neptunbrunnen, 40 Meter breit, mit drei übereinander angeordneten Becken, obenauf Poseidon, ist eine Arbeit Mattiellis, 1741/44 gefertigt nach einem Entwurf Longuelunes und trotz des Barockstils klassisch einfach. Von allen Brunnenkonzeptionen Brühls (und Dresdens) ist der Neptunbrunnen der wertvollste.

Wie sein Sommersitz entsteht auch Brühls Palais in Etappen, und das aus dem gleichen Grunde: Er erwirbt immer wieder Nachbargrundstücke. Zunächst fallen ihm 1737 durch kurfürstliche Schenkung beziehungsweise Kauf drei Grundstücke in der Augustusstraße zu, sehr kleine und zudem verwinkelte. Der Grundriß ist derart unregelmäßig, daß selbst ein Knöffel seine liebe Not hat, unter Verwendung alter Bausubstanz ein einheitlich wirkendes Palais zu schaffen. Brühl zieht 1740 ein. Er hat aber inzwischen weiteres Areal erworben, und Knöffel muß anbauen. Als 1743/44 neues Gelände an Brühl fällt, gehen die Arbeiten weiter; ihr Ende erlebt Knöffel nicht mehr. Auf 23 Achsen kommt das Palais schließlich.

Der Standort ist unglücklich. Das Palais wirkt eingepfercht und bleibt ohne Ausstrahlungskraft. Flemmings Palais, mit weniger Aufwand gebaut, aber günstiger gelegen, finden die Dresdener schön, aber Brühls Palais ...? (Im Jahre 1900 fällt es der Spitzhacke zum Opfer.)

Von Brühls berühmtem Garten bekommen die Dresdener wenig zu sehen. Brühl läßt es sich 20 000 Taler kosten, um sich durch einen schmiedeeisernen Zaun abzuschirmen. Erst 1814 wird der Garten für die Öffentlichkeit freigegeben.

Alle Bauten im Garten oder zum Garten hin stammen von Knöffel – Belvedere, Gartensaal, Galerie, Stallgebäude, Bibliothek.

Brühl führt ein großes Haus. Sein Sitz ist nach Friedrichs II. Meinung Sachsens »kleine Residenz«, und das ist keinesfalls abwegig. Als Leiter der Lustbarkeiten richtet er in seinem Palais manches Fest aus, so am 17. Juni 1747 die Doppelverlobung der Kinder des Landesherrn, der selbst Familienfeiern nur allzu gern seinem Minister überläßt. Für die staatliche Repräsentation gilt dies vorrangig. So gibt Brühl am 1. September 1746 ein Essen für den bayerischen Kurfürsten, was eigentlich Aufgabe Friedrich Augusts II. wäre. Anders muß der Empfang für ausländische Diplomaten am 11. Januar 1747 betrachtet werden; schließlich ist Brühl Premierminister. Zu diesem Empfang erscheinen 160 Personen. Wer auf die Teilnahme an einer Jagd aus ist, geht nicht zu Brühl, aber wer außerhalb der Audienzen einen Minister sprechen will oder einen Gesandten oder den Landesherrn, folgt gern einer Einladung in die Augustusstraße, wo er mit hoher Wahrscheinlichkeit trifft, wen zu treffen er wünscht.

Der »Hofstaat« Brühls ist auf zahlreiche Gäste eingestellt. Nach den Rechnungslisten zu urteilen, beschäftigt Brühl unter Einschluß des Sommersitzes 85 Personen. So stehen allein drei Köche in seinem Sold, sechs Musiker und elf Reitknechte. Das Mittagessen wird an sieben verschiedenen Tafeln eingenommen – die Kinder essen gesondert, ebenso die Kammerdiener, die Köche, die Lakaien usw.

Mit den Repräsentationspflichten überläßt der Kurfürst seinem Minister auch die entsprechenden Mittel, ohne die Brühls Besitz weniger attraktiv wäre.

Brühl, der schon 1739 und 1742 Areal des militärisch bedeutungslos gewordenen Festungsgeländes erhalten hat, bekommt 1748 vom Kurfürsten »zu nicht minder besonderer Zier seines eigenen Palais als zugleich hiesiger Stadt formierten Gartens« auch die nordöstliche Bastion geschenkt. Das wird der Raum für sein Belvedere! Es ist schon das zweite an dieser bevorzugten Stelle mit Blick auf den Strom. Durch Unachtsamkeit beim Umgang mit dem in den Kasematten lagernden Pulver fliegt 1747 bei einem Laborversuch das 1590 von Nosseni errichtete kurfürstliche Lusthaus in die Luft. Das neue Belvedere, das Brühlsche, ist Knöffels Alterswerk und bei seinem Tode noch nicht vollendet. Torelli und Georg Friedrich Müller, die Maler, Deibel, der Schnitzer, Coudray, der Schöpfer der Kaskade, haben bis 1755 zu tun.

Vier Jahre später wird der Bau von preußischen Soldaten zerstört.

Berühmt ist Brühls Gemäldegalerie, gebaut von Knöffel, eingerichtet von Heinecken. Die Länge beträgt 87,5 Meter und die Breite 11,5 Meter. Bilder werden der Lichtverhältnisse wegen nur an der Südseite aufgehängt; an der Nordseite befinden sich Spiegel. Heinekken arbeitet den Bestand wissenschaftlich auf und gibt 1754 einen Katalog heraus. Neun Jahre später zählt die Galerie 844 Gemälde. Dazu gehören »Die Abbildung eines alten Mannes« von Rembrandt, »Der Weltweise«

von Bol, »Eine Landschaft« von Rubens sowie 21 Stadtansichten Canalettos. Die Einkäufer des Kurfürsten sind auch die Einkäufer Brühls. Canaletto, seit 1747 Hofmaler, hat laut Vertrag dem Kurfürsten jeden Monat ein Bild zu malen. Dafür erhält er 175 Taler. Zur Aufbesserung seines Entgelts darf er für Brühl, der eigentlich den Staat repräsentiert, Repliken herstellen, die jedoch kleiner sein müssen als das Original. Brühl verspricht Canaletto je Replik 200 Taler – bei Originalgröße. Das kommt erst viel später ans Tageslicht. Wer hat schon das Augenmaß, um bei an getrennten Plätzen gezeigten Bildern Übereinstimmung oder Differenzen in der Größe feststellen zu können? Und wer mißt schon nach? Es scheint, als habe Canaletto sein Versprechen besser als Brühl gehalten. Er verlangt von Brühls Erben 4200 Taler, exakt den Preis für die 21 Repliken (13 Dresdener, 8 Pirnaer Ansichten). Die Erben akzeptieren die Forderung und geben die noch vorhandenen Repliken – die meisten sind inzwischen von der russischen Zarin Katharina aufgekauft worden – zurück. Einige tauchen nach 1945 auf einer Londoner Auktion wieder auf.

Die Gemäldegalerie mag Brühls ausgeprägtem Repräsentationsbedürfnis entsprechen, die Bibliothek dagegen mehr individuellen Interessen. Sie ist mit 62000 Bänden nach den Universalbibliotheken von Leipzig und Wittenberg die größte. Brühls wichtigster Einkäufer ist Le Leu in Paris. Seine Agenten sitzen auch in Spanien, England und Italien. Die meisten Bücher aber kauft er auf der Leipziger Messe. Er ist Sammler und Leser und gestattet jedem Interessenten die Benutzung seiner Bibliothek. Knöffel muß das zweistöckige Gebäude eigens so bauen, daß es auch von der Terrassengasse aus erreichbar ist.

Vielleicht eifert Brühl Załuski nach. Seine Bibliothekare, zunächst J. Chr. Rost, später Chr. G. Heyne, geben 1750/56 einen vierbändigen Bestandskatalog heraus. Damit wird die wissenschaftliche Nutzung erst möglich. Heyne spricht 1756 von einem »regen Zuspruch«.

Weilt Brühl in Warschau, wohnt er wie der König im Sächsischen Palais, wo ihm ein ganzer Flügel zur Verfügung steht. Es hat eine besondere Bewandtnis mit diesem Gebäude. Die Adelsrepublik stellt ihren Königen ein weit repräsentativeres Schloß zur Verfügung. Der König bekommt es mit der Krone – und verliert es mit der Krone. August dem Starken war das Gebäude zu »republikanisch«; er ist 1724 umgezogen ins »Sächsische Palais«. Er kaufte es von Bielinski, und es wird unter beiden Wettinern immer wieder umgebaut. Pöppelmann (Vater und Sohn), Longuelune, Naumann, Knöffel, Deibel, Jauch – wer als Architekt in Sachsen einen Namen hat, baut am Sächsischen Palais. Keinem ist das Projekt seines Vorgängers gut genug. Am Ende nimmt sich das Ergebnis des Aufwandes bescheiden aus, vielleicht eben deshalb, weil ein halbes Dutzend Entwürfe realisiert worden sind. Da es sächsischer Besitz ist, verbleibt es nach dem Tode Augusts III. Sachsen. Schließlich wird es 1802 verkauft – an Preußen.

Das Nachbargebäude gehört dem Fürsten Sanguszko. Er soll es August dem Starken geschenkt haben, nur wäre es dann bei dessen Tode nicht an Sanguszko zurückgefallen. Es mag so etwas wie ein Nutzungsvertrag bestanden haben, mehr nicht. Brühl kauft 1750 das Sanguszko-Palais. Er will nicht dauernd Untermieter des Königs sein, aber in dessen Nähe bleiben. Das nunmehrige Brühlsche Palais ist nach Gurlitt[38] ein Knöffel-Bau und gilt als Zentrum der Diplomatie. Beides ist zweifelhaft.

Das Gebäude ist 1641 entstanden und in einem miserablen Zustand. Brühl baut gerade in Dresden emsig und sieht sich außerstande, Geld nach Polen zu transferieren. Seine wichtigste polnische Einnahmequelle war zwischen 1736 und 1742 der für jährlich 93 500 Taler gemeinsam mit Sulkowski und Mosczynski gepachtete Salzbergbau in Wieliczka und Bochnia. Die Mitpächter haben schon vor 1739 aufgegeben. Dann gibt auch Brühl die Pacht ab. Da der Salzhandel staatliches Monopol sei, gerate er als Minister immer wieder in eine mißliche Lage, nennt er als Grund. Wahrscheinlicher ist, daß ihn die 100 000 Taler reizen, die der Staat bei vorzeitiger Aufgabe der Pacht ausgesetzt hat. Mit diesem Geld kauft er 1742 von Potocki die Starostei Warschau, 1746 ein Gartengrundstück in Nowy Swiat, einen Garten bei Lazienski, das Schlößchen Piaseczno und die Herrschaft Wole, 1748 das Schloß Młociny und in den fünfziger Jahren Słupno und das Sanguszko-Palais. Damit hat er sich verausgabt. Als 1758 der Umbau seines Warschauer Palastes beginnt, ist Knöffel längst tot. Leitender Architekt wird Knöbel; die Ähnlichkeit des Namens scheint Gurlitt verwirrt zu haben. Das Projekt geht durch viele Hände. Jauch untersucht das Gebäude und findet verfault, was verfaulen kann. Er ist eigentlich Militärbaumeister, und sein vorgelegtes Projekt mißfällt Brühl. Carl Friedrich Pöppelmann, den er vom Zeithainer Lager her kennt und der ihm Nowy Swiat baut, stirbt 1750. So zieht er Deybel heran, doch dieser stirbt 1752 ebenfalls. Knöbel, seit 1754 Direktor des Warschauer Bauamtes, übernimmt schließlich die Ausführung. Die Fassade erinnert tatsächlich an einen Knöffel-Bau, aber Knöffel ist stets ein entschiedener Gegner von Säulen gewesen, so daß der Umbau schon deshalb sein Werk nicht sein kann. (Möglicherweise gehen die Säulen auf Krubsacius zurück, der sich 1759 in Warschau aufhält.) Knöbels eigentliche Leistung ist die Gestaltung des vom Grundriß her unmöglichen Vorhofes. Beeindruckend ist auch die Einfahrt. Die Figuren auf den Pfeilern der schmiedeeisernen Tore gelten als die herausragende Leistung des Rokoko in Warschau. Sie stammen vermutlich von Coudray, der sich in Polen aufhält und wiederholt für Brühl arbeitet. Daß sie während des Krieges von Sachsen nach Polen gebracht worden sind, ist wenig wahrscheinlich.

Das Palais, 1761 vollendet, wird von Brühl nie bezogen und kann so kein Zentrum der Diplomatie gewesen sein. Brühl schreibt am 18. Juli 1755 an Heinecken, er habe das Sanguszko-Palais für seinen Sohn Aloys bestimmt, der sich im Jahr zuvor mit einer Potocki-Tochter verlobt hat. Es ist zwar ein Brühl, der das Palais bewohnt, aber nicht der Minister. Beim Einmarsch der russischen Truppen 1763 muß Aloys Brühl, Starost von Warschau, das Palais dem Gesandten des Zaren überlassen und verkauft es 1775 an den Fürsten Poninski, der es 1786 dem polnischen Staat übereignet. Während des Aufstandes 1794 wird es gestürmt. Im zweiten Weltkrieg ist Brühls ehemaliges Palais Sitz des faschistischen »Gouverneurs« von Warschau. Es überdauert die Kampfhandlungen, wird aber am 12. Dezember 1944 auf allerhöchsten Befehl von den Deutschen gesprengt.

Die Bauten des Hofes

Anders als sein Vater baut Friedrich August II. wenig. Er läßt den Goldenen Reiter errichten, das Denkmal Augusts des Starken, eine Gemeinschaftsarbeit von Longuelune (Sockelentwurf), Vinache (Projekt) und dem Augsburger Kanonenschmied Wiedemann (Kupferarbeiten). Er baut weiterhin die Hubertusburg sowie die katholische Hofkirche (Kathedrale).

Die Hubertusburg bei Wermsdorf kostet 1,2 Millionen Taler, vielleicht auch mehr, und ist reine Geldverschwendung. In sieben von neun Jahren werden jedenfalls 922 215 Taler ausgegeben, für die restlichen Baujahre mangelt es an Belegen. Erst anderthalb Jahrzehnte zuvor wurde unter Leitung Naumanns für den Kurprinzen ein Jagdschloß auf der Wermsdorfer Flur gebaut. Dem Kurprinzen genügte das Jagdschloß, dem Kurfürsten steht es nicht mehr an. So muß der Neubau umgebaut werden.

Knöffel, jetzt 1. Oberlandbaumeister, muß den Einfall des Landesherrn umsetzen. Aus persönlichen Gründen behagt ihm das ohnehin nicht. Er war noch 3. Oberlandbaumeister, ohne sonderliche Verantwortung, als er 1735 einwilligte, die ausgebrannte Heidecksburg in Rudolstadt wiederaufzubauen. Nun hat er sich mit zwei Großprojekten gleichzeitig zu befassen. Da er im Solde des Kurfürsten steht, muß er der Hubertusburg den Vorzug geben. Daß ihn in Rudolstadt Unannehmlichkeiten erwarten, kann er sich ausrechnen. Der Schwarzburger Fürst setzt ihm 1743 den Stuhl vor die Tür, wirft alle bereits eingereichten Pläne, das Ergebnis monatelanger Arbeit, einfach in den Kamin und baut die Heidecksburg ohne Knöffel. Es soll der Zorn sein, der diesen zu einer ganz besonderen Leistung in Wermsdorf anspornt, behaupten seine Freunde. Wie dem auch sei: Die 1743/51 gebaute Hubertusburg, ein Jagdschloß im Stile eines Residenzschlosses, wird Knöffels schönster Bau, sein eigentliches Lebenswerk. Und es überdauert. Die Ausstattung dagegen, für die Mattielli, Torelli, de Silvestre, Grone und Oeser, die prominentesten Künstler des Landes, verantworten, fällt im Siebenjährigen

Krieg den Beilschlägen preußischer Soldaten zum Opfer.

Die Kathedrale baut der Kurfürst heimlich, so lange ein solches Projekt überhaupt verheimlicht werden kann. Selbst Knöffel, der Leiter des sächsischen Bauwesens, ist zunächst ahnungslos. Sulkowski muß 1736 nach Warschau fahren und den italienischen Architekten Chiaveri nach Dresden holen – ein einheimischer Architekt könnte schwatzen. Der Kurfürst, seit 1719 katholisch, verheiratet mit einer Katholikin und König des katholischen Polens, ist darauf bedacht, sich ein Denkmal zu setzen. Die Minister, im Gegensatz zu den Baumeistern eingeweiht, haben Bedenken. Im protestantischen Sachsen eine katholische Kirche? Und für andere Vorhaben mangelt es an Geld! Wortführer der Opposition ist Friesen, der als Stadtkommandant durch Schleifung einiger Befestigungsanlagen Baufreiheit schaffen soll. Er stellt sich taub. Die ersten Bauarbeiter, vorwiegend Freiberger Bergleute, sind schon seit fünf Wochen in der Stadt, und Friesen hat noch keinen Finger gerührt. Erzürnt weist ihn der Kurfürst am 22. Oktober 1738 schriftlich an, »die vorkommenden Hindernisse allen Ernstes« zu beseitigen. Dem fügt sich Friesen.

Es ist ein aufwendiger Bau. Im Dezember 1738 sind 780 Soldaten eingesetzt, 130 Gefangene, 333 Maurer, 109 Zimmerleute und 390 Handlanger, 1 650 Personen insgesamt. Sechs Groschen täglich erhält ein Maurer, drei Groschen ein Handlanger; der Soldat muß sich gar mit zweieinhalb Groschen Soldzuschlag begnügen. Die Lohnkosten sind es also nicht, die den Bau so teuer machen. Der Grundstein wird am 28. Juli 1739 gegen 5 Uhr in der Frühe in aller Stille gelegt. Das Bauziel ist noch immer nur einigen wenigen Personen bekannt. Chiaveri, der kein Wort deutsch spricht, stellt

Placidie und Zucchi, Landsleute, als Bauleiter ein. Auch viele Bauhelfer sind Italiener. Sie beziehen das »Italienische Dörfchen«. Ein »ansässiger« Italiener, Mattielli, fertigt nach Zeichnungen eines ebenfalls »ansässigen« Italieners die 78 Statuen. Es scheint ein italienischer Bau zu werden, aber zehn Jahre nach der Grundsteinlegung verläßt Chiaveri erbost Dresden, weil der Kurfürst mehr an die Hubertusburg als an die Kathedrale denke. Nun müssen sächsische Bauleute, erst Sebastian Wetzel, dann Knöffel das Werk zu Ende bringen. Eigentlich halbfertig – der Turm hat erst zwei Geschosse – weiht der päpstliche Nuntius am 29. Juni 1751 die Kathedrale. Sie ist mit einer Grundfläche von 4 800 Quadratmeter Sachsens größte Kirche und der letzte Bau im Stile des Barocks, sein Schwanengesang.

Aus Geldmangel werden wesentliche Teile der Innenausstattung sehr spät in Auftrag gegeben, nach dem Bruch mit Chiaveri vornehmlich an deutsche Künstler. Silbermann liefert 1754 die Orgel. Es ist seine letzte und mit 20 000 Talern seine teuerste. Raphael Mengs stellt 1766 das Hauptaltarbild fertig. Aus Augsburg stammen das 4,2 Meter hohe Kreuz – es kostet 36 000 Taler – und die sechs Leuchter, jeder 2,1 Meter hoch und 8 000 Taler wert. Auslagerung bewahrt diese Kostbarkeiten im Siebenjährigen Krieg und im zweiten Weltkrieg vor der Vernichtung. Die Glocke, die für 46 360 Taler von der Gießerei Weinhold geliefert wird, liegt bis 1807 im Zeughaus; es ist den Katholiken Sachsens untersagt, eine Glocke zu läuten.

Die Kathedrale kostet etwa eine Million Taler. Die ersten 50 000 Taler weist der Kurfürst am 18. September 1738 aus dem »zu Unserer freien Verfügung bestimmten Fonds« für »einen gewissen Bau in Unserer Residenz allhier nahe der Vestung« an. Brühl hat mit dieser eigenartigen Order nichts zu schaffen; in Verbindung mit anderen kurfürstlichen Auszahlungen »für einen gewissen Bau« oder »Behuf« wird er aber als Premierminister einmal schwer belastet werden.

Fürs höfische Bauen ist zunächst einmal die undankbare Nacharbeit charakteristisch. Unter August dem Starken ist manches begonnen und unvollendet geblieben, das Japanische Palais etwa oder das Blockhaus, die Wache.

Unter jenen Bauten des Hofes, die Brühl direkt beeinflußt, stehen die Ministerialbauten vornan, das Theater und die (an anderer Stelle ausführlicher behandelte) Galerie. Brühl ist Beamter, denkt als Beamter, handelt als Beamter. Er plädiert bereits als Minister Augusts des Starken für einen Ministerialbau, doch vergeblich. Nach Umbildung der Regierung kann Brühl seinen alten Plan realisieren: Er läßt ein Kollegienhaus errichten. Das Jahr 1736 wird für den Beamtenstand ein Jahr des Umzugs. Das Geheime Kriegskollegium, das Kammerkollegium, die Landesregierung und das Appellationsgericht (eben ständiger Gerichtshof geworden) erhalten den Neubau zugewiesen; das alte Kanzleihaus wird Sitz des Generalakzisekollegiums. Im weitesten Sinne ist auch dies »Nacharbeit«. Nach all den Umstrukturierungen unter August dem Starken ist für den Beamtenstand endlich auch das Pendant zum kommunalen Rathaus da, das Kollegienhaus. Hier zeigt sich Brühls praktischer Verstand. Es hat ihn stets verdrossen, daß August der Starke bei Schaffung aller möglichen Behörden sich nicht kümmerte, wo eigentlich das Schreibpult der neuen Räte und Sekretäre stehen sollte.

Mit dem Theater verhält es sich anders. Obgleich ein Freund dieses Genres, besonders der Musik, versteht Brühl das Theater wie August der Starke als Instrumentarium der Politik, als Teil staatlicher Repräsentation. Er stülpt nichts um, er verfeinert.

Die Oper beherrschen Johann Adolph Hasse, den August der Starke 1731 als Hofkapellmeister nach Dresden geholt hat, und seine Frau Faustina, die gefeiertste Sängerin der Zeit. Brühl rüttelt nicht an Hasses Allmacht, die gleichbedeutend ist mit einer einseitigen Festlegung auf die italienische Oper und auf italienische Sänger wie Amorevoli, Montialli, Puttini oder Theresia Albuzzi und Catharina Pilajo, aber er begünstigt das deutsche Theater, indem er 1741 den profilierten Schauspieler Johann Christoph Kirsch an den Hof zieht. Sein Privattheater vertraut er Leppert an, dem einstigen Hofmann Augusts des Starken. Er läßt ab 1748 auch Caroline Neuber auftreten, freilich nur in der Vorstadt. So wird das Sprechtheater deutsch, und das Musiktheater bleibt italienisch. Das Renommierfeld aber ist die Oper!

Brühl, dem das Theaterwesen direkt untersteht, arrangiert Vorstellungen, die 30 000 Taler verschlingen. Für seine Renommiersucht spricht die Aufführung von »Ezio« mit etwa 500 Darstellern; sogar Tiere werden auf die Bühne gebracht – darunter 102 Pferde und acht Dromedare. Servandoni, der legendäre Dekorateur, wird eigens nach Dresden geholt. Dabei ist »Ezio« nicht die teuerste Aufführung; die Vorstellung einer Naumann-Oper am 1. Februar 1769 verschlingt 50 000 Taler! Regie führen hierbei allerdings die »sparsamen« Nachfolger Brühls.

Mit Brühls Hang zum Gigantischen auf der Bühne sind bauliche Konsequenzen verbunden. Die Oper, erst 1718/19 von Pöppelmann errichtet, erlebt von 1734 bis zum Ausbruch des Krieges einen Umbau nach dem anderen. Die Vergrößerung der Bühne zieht zwangsläufig die Vergrößerung der Tribüne nach sich, wenn die Proportionen einigermaßen gewahrt sein sollen. Kurzum: Das Opernhaus bringt es unter Brühl auf 4 000 Zuschauerplätze. Damit ist es als höfisches Theater unauslastbar.

1746 führt Brühl den Verkauf von Theaterkarten ein. Vielleicht geschieht es, weil ein halbleeres Haus die Wirkung verfehlt, vielleicht sind es simple kommerzielle Überlegungen, aber wer Lust und Geld hat, kann in Dresden die Oper besuchen. Ein guter Platz kostet vier Taler (Rangloge), ein Platz im hinteren Parkett acht Groschen. Selbst in der billigsten Karte steckt der Lohn eines Maurers von mehr als einem Arbeitstag. Volkstümlich sind die Preise also nicht, und nur für das begüterte Bürgertum öffnen sich die Pforten. Trotzdem ist der Kartenverkauf für ein höfisches Theater ungewöhnlich. Allerdings hat Dresden einschließlich der Privattheater zehn Bühnen! Und nur für *ein* Theater können Karten gekauft werden, wobei ein höfisches Theaterprogramm geboten wird, kein bürgerliches.

Das Kleine Opernhaus im Zwinger, ein Holzbau, brennt am 29. Januar 1748 nach einer Vorstellung aus. Das Publikum ist bereits außer Haus, und niemand kommt zu Schaden. Brühl läßt trotzdem die Große Oper sofort schließen. Im Falle einer ähnlichen Katastrophe wären die Folgen in einem so riesigen Theater unübersehbar. Fest steht nach dem Brand in der Kleinen Oper, die, zwei Jahre alt, quasi als Neubau der Vernichtung anheimfällt, daß die Theaterbauten nicht sicher sind. Vor Wiedereröffnung der Großen Oper werden erst einmal Fluchtwege angelegt, Notausgänge. Während der Vorstellungen sind fortan etwa hundert Milizionäre zugegen, die sich auf die Brandbekämpfung verstehen.

Ohne Notausgang wird kein Theater mehr errichtet. Nun ist Brühls Zeit nicht die der großen Theaterbauten. Von seinen beiden Privatbühnen abgesehen, ist eigentlich nur das von Schwarze projektierte und 1754/55 gebaute Morettische (Alte) Theater im Italienischen Dörfchen zu erwähnen. Die abgebrannte Kleine Oper im Zwinger gehörte Mingotti, nicht dem Hof. Brühl hat als Leiter des höfischen Theaterwesens keine Veranlassung, sich zu engagieren. Als Mingotti Interesse am Wiederaufbau bekundet, sechs Jahre nach dem Brand, stimmt Brühl dem Vorhaben zu, nicht aber dem gewünschten Standort, dem ursprünglichen. Mingotti muß sich einen Bauplatz außerhalb des Zwingers suchen.

Stadtgestaltung und Bürgerbauten

Daß das Bauwesen systematisch in die Stadtgestaltung eingreift, ist für Sachsen noch ungewohnt. Eine Herausforderung geht dabei von den wiederholten Bränden in kleinen Städten und Marktflecken aus. Wilsdruff brennt ab, Großenhain, Forst. Es ist längst an der Zeit, diesen Teufelskreislauf – Bau, Brand, Wiederaufbau, Brand – zu durchbrechen.

Das Akzisebaudirektorium kann den geschädigten Städten durch einen »verlorenen Zuschuß« finanziell etwas helfen. Mit 100 000 Talern pro Jahr sprießen die Mittel des Direktoriums freilich nicht gerade üppig. Dieses Geld stammt aus den Einnahmen der Generalkonsumtionsakzise; der Kurfürst schöpft für seine Privatschatulle aus der gleichen Quelle 300 000 Taler.

Das Akzisebaudirektorium prüft, ob und wie einer brandgeschädigten Stadt geholfen werden kann, berät sie bei der Geldanlage und kontrolliert die zweckgebundene Verwendung der bereitgestellten Mittel. Es sind ihr damit Möglichkeiten gegeben, ins kommunale

Baugeschehen einzugreifen. Unter Brühl geschieht das sehr rigoros, besonders in Forst.

Forst wird am 12. Juli 1748 bei einem verheerenden Brand fast völlig vernichtet. Von den Flammen verschont bleiben nur 18 Bürgerhäuser, die Pfarrei, das Kornhaus und das Schloß. Für den Wiederaufbau sind drei Faktoren gewichtig: Es liegt Totalschaden vor, das heißt, es muß Straße um Straße gebaut werden; der Staat schießt 95 000 Taler zu, nicht viel, doch ist das fast der Jahresetat der Akzisebaudirektion; es gibt nur einen Grundherrn, Brühl, der noch dazu Premierminister ist, so daß des Ersatzbaulandes halber nicht mit mehreren Großagrariern verhandelt werden muß. Von Warschau aus konzipiert Brühl den Wiederaufbau, an dem er ein persönliches Interesse hat. Den Bebauungsplan erarbeitet kein Geringerer als Knöffel – Pöppelmann d. J. weilt wieder einmal außer Landes.

Knöffel muß schnell bauen, mit wenig Geld und weitsichtig. Ob er mit Brühls sehr detaillierten Weisungen restlos konform geht? Die übersichtliche Gestaltung dürfte seine uneingeschränkte Zustimmung finden, die Uniformierung des Stadtbildes, auf die Brühls Konzeption letztlich hinausläuft, möglicherweise nicht. Der Eingriff ins Stadtbild ist radikal – und heftig umstritten.

Knöffel legt die neuen Straßen als gerade verlaufende Fluchtlinien an. Den Platz dazu weiß er sich auf Grund der Brühlschen Vollmacht zu verschaffen. Er läßt die beiden innerstädtischen Friedhöfe einebnen, um Baufreiheit zu erlangen, und spricht aus dem gleichen Grund für 17 Häuser ein Wiederaufbauverbot aus. Eine solche Beschränkung der Standortwahl ist ungewöhnlich; eingestürzte oder abgebrannte Häuser sind bislang des Bauplatzes halber in der Regel an gleicher Stelle wiederaufgebaut worden. Da Brühl als

Grundherr Ersatzbauland zur Verfügung stellt – es gehört ihm ohnehin alles –, ist in Forst mehr als herkömmlicher Wiederaufbau möglich.

Holz wird der Brandgefahr wegen nur begrenzt zugelassen. Mauern, Schornsteine und Dächer müssen aus Stein beziehungsweise Ziegel sein. Vorsichtshalber läßt Knöffel nach maximal acht Häusern eine Brandmauer ziehen. Das ist ebenso vernünftig wie die gerade Straßenführung.

Umstritten bleibt der Anpassungszwang. Am Markt sind die Häuser zweigeschossig, in den Gassen eingeschossig. Die Traufe wird zur Straße gesetzt, die Firste sind innerhalb der Straße gleich hoch, die Fenster gleich groß. Abweichungen sind nur in der Hausbreite möglich, und damit geht die Reglementierung denn doch zu weit.

In Forst zeigt sich Knöffel einmal ganz anders: als Stadtgestalter. Er handelt nur in Vertretung des jungen Pöppelmann und ist an eine sehr strenge Konzeption Brühls gebunden, doch er setzt Maßstäbe für kommende Generationen. Zufrieden wie sein Baumeister ist Brühl; weder in Dresden noch in Warschau oder Pförten, sondern in der 1752 geweihten Stadtkirche von Forst will er einst beigesetzt sein.

Forst kommen viele Dresdener Erfahrungen zugute. In Dresden läßt sich die Stadtgestaltung schwer an. Die Stadt ist viel weiträumiger und durch attraktive Gebäude verwöhnt. Von 1737 an tauchen in der Hauptstraße unscheinbare Zweckbauten auf: Wasserhäuser. Altendresden oder Neustadt, wie es seit 1732 heißt, erfreut sich einer im deutschsprachigen Raum beispielhaften Wasserversorgung. Von den Fremden nehmen wenige diese Wasserhäuser auch nur zur Kenntnis. Es gibt Sehenswerteres in der Elbestadt.

Eines strebte August der Starke schon an: einen

freien Blick auf die Dominanten. Hinterlassen hat er weit mehr Ideen als Taten. Was nicht im Geldmangel steckengeblieben ist, rieb sich im baulichen Alltag auf, in der fehlenden Baufreiheit. Nur in Neustadt, 1685 abgebrannt, bietet sich Raum. Klengel entwickelte einen weitsichtig angelegten Aufbauplan, der aber den vorhandenen Baugrund mehr als den Kassenbestand berücksichtigte. Großzügig soll die Straßenführung sein, meint Klengel, und jene schnurgerade, gepflasterte Straße, einem Wunsch Augusts des Starken folgend Königstraße genannt, ist mit einer Breite von 33 Metern tatsächlich großzügig gestaltet. Die Hauptarbeit fällt in die vierziger Jahre – Schwarze arbeitet im Auftrag Brühls 1745 für die Straßenführung eigens einen Generalplan aus. Breit sollen die Straßen sein, gerade und begrünt – wie die Königstraße. Aber was geschieht dort, wo Altbausubstanz im Wege steht? Das berührt nicht nur den Straßenbau.

Eine neue Bauordnung erscheint unerläßlich. Sie wird 1736 erlassen, erregt zwar den Unmut manches Bauherrn, aber auf lange Sicht wirkt sie sich positiv aus.

Wer bauen will, hat einen Grundriß vorzulegen, einen Kostenanschlag – und einen Lageplan, aus dem die Bebauung in der Nachbarschaft ersichtlich ist.

Unerwünscht ist alles, was eine Gasse einengt, ein Erker etwa oder ein nach außen gebogenes Fenstergitter. Nun sind gerade Erker sehr beliebt, zu beliebt, um ein direktes Bauverbot aussprechen zu können. Es wird abgeraten von ihnen, weil sie »die Gebäude beschweren und baufällig machen, auch den Nachbarn hinderlich sind«. Alte Häuser mit und neue ohne Erker stehen also vorab einträchtig in den Gassen nebeneinander.

Gerade verlaufen die wenigsten Straßen. Der Wahrung des »freien Blickes« wegen ist die Haushöhe vorgeschrieben: maximal 15,91 Meter (von Fuß umgerechnet). Aber kein First darf höher oder niedriger als der des Nachbarhauses sein. Wer aus der Ferne auf Dresden schaut, soll ungehindert die Dominanten betrachten können. Bei einem einzigen Privatbau dieser Zeit, dem Chiaveris (1742), ist freilich eine überdurchschnittliche Höhe geradezu erwünscht, um ein Gegenstück zum Japanischen Palais auf der anderen Stromseite zu haben. Die Dominanten stehen zur Elbe hin, die als verbindendes Element wirken soll. Mit dem Chiaveri-(Max-)Palais wird die Anordnung nur komplettiert. Auf diese Sonderregelung kann sich kein anderer Bauherr berufen.

Aus Gründen der Sicherheit und des einheitlichen Stadtbildes wegen darf nur mit Steinen gebaut werden, wobei die Verwendung von Sandstein höfischen Bauten vorbehalten ist. Der Putz muß hell sein, dunkler und bunter Putz sind ausdrücklich verboten. »Um der Stadt auch äußerlich eine gute Empfehlung für's Auge zu geben«, müssen einer Spezialorder von 1746 zufolge auch die Altbauten nach diesen Kriterien neu verputzt werden.

Sei es durch Order oder die Kraft des Wortes, Architekten und Bauherren einigen sich irgendwie. Nur die Dachkonstruktion droht zum Ärgernis zu werden. Das beliebte Satteldach widerspricht völlig den Prinzipien einer einheitlichen und modernen Stadtgestaltung, doch es gibt Dresdener genug, die eher auf einen Neubau verzichten denn auf ihr Satteldach. Die Schwierigkeiten, die sich bei der Errichtung neuer Bürgerhäuser ergeben, lassen die Unmöglichkeit einer Umrüstung der Altbauten ahnen. Knöffel ist dafür, das Satteldach generell zu verbieten, aber Brühl mag davon nichts wissen. Wenn er als Minister eine solche Order erwirke, gelte diese für ganz Sachsen, doch es sei unsinnig, auch die Dörfer zu zwingen, vom Satteldach abzugehen. Vergeblich hält Knöffel dagegen, es gäbe schon Anordnungen genug, deren Geltungsbereich sich auf Dresden beschränke. Die Wahrheit ist, daß Brühl sich nicht mit dem Rat anlegen will, der ohnehin darüber klagt, weniger Freiheiten zu haben als der Leipziger oder Zwickauer, und den Unmut der Bürger bei einer so unpopulären Entscheidung fürchtet. Er sähe es gern, wenn der Bürgermeister die Sache in die Hand nähme, der aber möchte sich auch nicht mit der Bürgerschaft anlegen. So bleibt alles in einer unerträglichen Schwebe, bis Knöffel unverhofft Unterstützung erfährt. Der junge Pöppelmann hat sich monatelang in Paris aufgehalten und bringt die Nachricht mit, das Satteldach sei in Frankreich längst aus der Mode, das Mansarddach sei das Neueste. Und siehe da: Nach Art der Franzosen wollen die Dresdener bauen!

Es sind einige hundert Bürgerhäuser, die vor dem Krieg entstehen. Samuel Locke, der eigentlich im Staatsdienst steht, verantwortet zwischen 1740 und 1752 allein für 104 Bürgerhäuser, also acht bis neun pro Jahr.

Errichtet werden auch Zweckbauten des Rates. Nach der Attraktivität stehen an erster Stelle die städtischen Repräsentationsgebäude. Es hat den Rat seit langem empfindlich gestört, daß er über kein repräsentatives Rathaus verfügt. Seit die Stadt aus allen Fugen platzt, wird dies als unerträglich empfunden, zumal sich der Hof den Zwinger geleistet hat. Den Entwurf für das Altstädter Rathaus legt 1740 Knöffel vor, der eigentlich Hofbaumeister ist; doch darin liegt der Vorteil Dresdens, auf die besten Architekten, die des Hofes, zurückgreifen zu können. Das am 1. Juli 1745 eingeweihte Rathaus stellt eine abgerundete architektonische Leistung dar. Die Fassade ist wohl die schönste aller Knöffelbauten. Am 28. April 1750 wird bereits mit dem Bau eines zweiten Rathauses begonnen, des Neustädter. Der Entwurf stammt von Ratsbaumeister Berger, Knöffel ist Gutachter.

Planung und Leitung des dritten Ratsbaus, der Frauenkirche, liegen in den Händen von George Bähr, aber Brühl muß mehrmals eingreifen. Bereits 1732 ist das Geld ausgegangen, August der Starke stellte nur 3 000 Taler bereit. Mehr hatte er für den Bürgerbau nicht übrig. Unter Brühl klopft der Rat erneut an und erhält diesmal 28 000 Taler. Damit ist ihm schon weit eher geholfen. Es hat nur eine besondere Bewandtnis mit diesem Geld: Es ist eine Kollekte für Salzburger, die aus religiösen Gründen emigriert sind. Sachsen aber hat sie inzwischen abgeschoben, vor allem nach Preußen. Geblieben ist das Geld; Brühl meint, was in Sachsen aufgebracht worden sei, das bleibe auch in Sachsen. So erhält die Frauenkirche das Geld!

Bähr hat 1727 den Rat für seinen Plan gewonnen, den Bau mit einer mächtigen steinernen Kuppel zu krönen. Knöffel, dem die Aufsicht über den Bau der Frauenkirche zufällt, stellt Risse in den Pfeilern fest und besteht darauf, daß aus Sicherheitsgründen die Kuppel abgetragen werde. Auch Chiaveri ist für eine sofortige Einstellung aller Arbeiten an der Kuppel und Abbruch. Davon aber will der Rat nichts wissen. Er beschwert sich bei Brühl, der zu schlichten sucht, eine verkleinerte Kuppel vorschlägt. Das lehnen beide Parteien ab. Der Streit hat 1738 den Höhepunkt erreicht, als Bähr stirbt. Vom Gerüst habe er sich Knöffels wegen gestürzt, heißt es. In Wirklichkeit ist der Zweiundsiebzigjährige einer Tuberkulose erlegen. Aber Knöffel ist fortan Anfeindungen ausgesetzt, und ob die vom Rat bestellte Gutachterkommission sich nun von der allgemeinen Stimmung in der Stadt beeinflussen ließ oder nicht: Sie plädiert für die Kuppel, wenn auch mit dem schwachen Argument, Bähr habe stets solide gebaut, und was die Risse angehe, möge Knöffel doch einen einzigen Monumentalbau nennen, der keine aufweise. So kommt die Frauenkirche 1743 doch noch zu ihrer steinernen Kuppel, wenn sie auch nicht ganz Bährs Vorstellungen entspricht. Während des preußischen Bombardements im Siebenjährigen Krieg werden die Bauten der Umgebung zerstört – die Kuppel der Frauenkirche widersteht dem Beschuß. Sie stürzt erst in den Flammen des zweiten Weltkrieges in sich zusammen.

Wer in Schloßbauten den Maßstab für die Baupolitik sieht, kommt nicht auf seine Kosten. Brühl läßt kein Schloß bauen, aber er fördert die Errichtung von Dresdens Rathäusern, und für das Stadtbild der Residenz wird in seiner Amtszeit mehr getan als sonst im 18. Jahrhundert.

Der Glanz der Madonna

Brühl lernt Francesco Algarotti am 6. Februar 1742 an der Marschalltafel kennen. Eigentlich hat er sich den berühmten Gelehrten anders vorgestellt – älter, eleganter, selbstbewußter. Algarotti ist Anfang Dreißig. Seine Kleidung ist gepflegt, doch abgetragen, die weiße Perücke steht in einem merkwürdigen Kontrast zu seinem dunklen Teint.

Bünau führt Algarotti am Hofe ein, ganz zwanglos, die Etikette einfach ignorierend. Das ist bei einem Algarotti, der in Paris, London, Petersburg und Berlin gelebt hat, auf vertrautem Fuß steht mit Voltaire, William Pitt d. J., Woronzow und Friedrich II., möglich. Als Genie wird er angesehen, in einem Atemzug mit Voltaire und Leibniz genannt. Sein »Newtonianismo per le donne«, übersetzt in fast alle europäischen Sprachen, weist ihn als überragenden Philosophen aus, »Congresses von Cythera« als weisen Dichter, »Seggi sopra de belle arti« als glänzenden Kenner der Kunst. Er illustriert seine Bücher selbst und überzeugt auch als Maler. Seine Vielseitigkeit ist verblüffend.

Vorgestellt wird er von Bünau als Dichter, das ist unverfänglich. Gewiß, Algarotti schreibt – allen bleibt es rätselhaft, wann er die Zeit dazu findet –, und er schreibt vortrefflich, aber er versteht sich keineswegs als Literat. Er ist ein politisch engagierter Mann, neben Voltaire der bedeutendste Vertreter des aufgeklärten Absolutismus. Der tote Voltaire wird dem toten Algarotti einmal völlig den Ruhm streitig machen, den zu Lebzeiten zu teilen er nur allzugern bereit ist. Für Generationen wird sich der aufgeklärte Absolutismus fast ausschließlich auf Voltaire berufen.

Manteuffel hat Brühl 1740 aus Berlin geschrieben, Algarotti sei »ein gefährlicher Mensch, ... der sehr viel weiß und vorzüglich spricht, der frei ist in seinen Anschauungen«. Brühl ist neugierig auf den Gast, der sich jedoch auffallend zurückhält, sosehr Wackerbarth-Salmour und Bünau sich auch um ihn bemühen. Als Algarotti unter einem Vorwand vorzeitig die Marschalltafel verläßt, fürchtet Brühl, es geschehe dies aus Unmut, und, bemüht um einen Ausgleich, meint er bei der Verabschiedung: »Falls Ihr die Gemäldegalerie besichtigen wollt, lieber Graf ... Mein Sekretär, Herr Heinecken, steht Euch jederzeit zur Verfügung.« Ein Maler, sagt sich Brühl, wird den Besuch der Galerie zu schätzen wissen. Algarotti dankt zwar höflich für die Einladung, läßt aber offen, ob er sie anzunehmen gedenkt.

Algarotti ist in einer Krise. Er kommt aus Italien, von einer diplomatischen Mission, über die er schweigen muß und über die er nur allzugern schweigt. Der König von Piemont-Sardinien hat sich nicht zu einem Angriff auf Österreich überreden lassen, wie der auf Entlastung bedachte Preußenkönig erhofft. Dieser gibt seinem Gesandten die Schuld am Mißerfolg und schreibt ihm bitterböse Briefe. Sie sind es, die Algarotti dazu verleitet haben, auf Einladung Bünaus Station in Dresden zu machen. Er zeigt keine Eile, nach Berlin zu kommen, wo Vorwürfe seiner harren. Die zu erwartenden Unannehmlichkeiten allein aber sind es keineswegs, die ihn zu einer Rast verleiten. Seit zwei Jahren ist er nun schon in Berlin der »Mittelpunkt eines Musenhofes«, wie Voltaire anerkennend meint, aber es ist wenig genug, was er bislang auszurichten vermochte. Seinen Reformvorschlägen gegenüber stellt sich der König taub. Er überschüttet Algarotti zwar mit Liebenswürdigkeiten, die aber »niemals begleitet sind auch von einem Sou«. Der Titel eines preußischen Grafen, den Friedrich II. ihm verlieh, ist Ersatz fürs Honorar, Schmuck für die Visitenkarte, doch auf eine derartige Empfehlung ist ein Algarotti nirgendwo angewiesen.

Was hält ihn eigentlich noch in Preußen?

Auf Anraten Bünaus bietet Kurprinz Friedrich Christian ihm an, als Antiquar in Dresden zu bleiben. Algarotti sagt zu. Die Stellung ist eigentlich viel zu untergeordnet, um ihn reizen zu können. Daß der Kurprinz zur Aufklärung tendiert, weiß er, aber in Preußen gesammelte Erfahrungen lassen Vorsicht geboten erscheinen. König geworden, verabschiedete sich Friedrich II. von so manchem Ideal, auf das er in der Kronprinzenzeit geschworen. Und Friedrich Christian wird noch lange warten müssen, bevor ihm die Würde eines Kurfürsten zufällt. Aber in Dresden ist Brühl! Er ist ein Minister, der de facto das Land regiert, und nach seiner Geisteshaltung ein idealer Partner, wie es Algarotti scheint.

Das erstrebte Beispiel eines aufgeklärten Absolutismus im Staatswesen muß nicht unbedingt in Preußen, es kann ebensogut in Sachsen geschaffen werden. Friedrich II. verspricht ihm »viel Freiheit«, wenn er nach Berlin zurückkehre. Algarotti aber bleibt in Dresden.

Im Oktober 1742 überreicht er in der Hubertusburg dem Kurfürsten »Progetto per ridurre a compimento il regio musso di Dresda«, eine Denkschrift über die Kunstsammlungen. Von Brühls Angebot Gebrauch machend, hat er sich in der Galerie umgesehen. Die Unterbringung der Gemälde mißfällt ihm; er rät zum Bau eines großen Museums. Nicht entgangen sind ihm auch die Lücken in der recht willkürlich zusammengetragenen Sammlung. Durch Aufkäufe vor allem in Italien seien sie relativ leicht zu schließen. Einiges könnte auch in Auftrag gegeben werden, an Canaletto, Casanova, Torelli ... Der Kurfürst, leicht für die Sammlungen zu begeistern, möchte Algarottis Vorschläge realisiert sehen, alle drei. Der einzige, der dies vermag, ist Brühl, und ehe sich dieser recht versieht, hat er das Papier des Italieners als Order in der Hand. Algarotti mag den Weg seiner Denkschrift vorausgesehen haben, handelt vielleicht gar im Einverständnis mit Brühl. Es ist viel Geld vonnöten, und es läßt sich leichter beschaffen, wenn der Kurfürst selbst der Auftraggeber ist.

Ein Museumsbau bei gleichzeitiger Erweiterung der Sammlungen erscheint Brühl aus finanziellen Gründen noch unrealisierbar. Der Pariser Hof habe auch kein Museum, ebensowenig der Petersburger, tröstet er sich und andere. Aber Algarottis Gedanke, System in die Sammlungen zu bringen, paßt in seine Pläne.

Als 1722 das alte Stallgebäude umgebaut wurde, waren 284 Gemälde unterzubringen, jetzt, zwei Jahrzehnte später, verfügt die Galerie über 1 938 Gemälde (weitere 2 710 gibt es in den kurfürstlichen Schlössern).

Einer der rührigsten Einkäufer ist Brühl selbst. Seine wichtigste Quelle ist die Leipziger Messe, wo er allein 1741/42 den Ankauf von 715 Gemälden besorgt, darunter einigen von Bedeutung.

Im Vorjahr, 1741, hat Johann Gottfried Riedel die Wallensteinsche Sammlung in Dux erworben. Diese 268 Gemälde entsprechen allein nach Anzahl wie Wert dem Bestand der Galerie von 1722. Eben ist Riedel, von Prag kommend, in Dresden eingetroffen, mit 84 Gemälden, von denen einige aus der kaiserlichen Galerie stammen. Riedel kommt Brühls Vorstellungen von einem Einkäufer am nächsten, aber er ist Inspektor der Galerie und sollte sich eher um die Betreuung der Sammlung als um deren Mehrung kümmern. Brühl hat die Gesandten Sachsens beauftragt, sich nach Gemälden umzusehen, den Diplomaten aber fehlt der Kennerblick und der kommerzielle Sinn, von dem die Agenten, die Brühl in allen möglichen Ländern angeworben hat, zuviel besitzen. Sie sind Krämer, verdienen ihr Geld mit der Kunst.

Algarotti als Einkäufer? Dieser Gedanke hat für Brühl etwas Bestechendes. Wo niemand sonst Zutritt hat, für den weltbekannten Gelehrten dürften sich die Türen öffnen. Als Maler und Kunstkenner ist er zudem mit dem Metier besser vertraut als jeder Agent, und er hat die Dresdener Bestände analysiert, weiß, was fehlt. So zögert Brühl denn auch nicht lange.

Der Tod des in Dresden lebenden Dichters Stefano Pallavicini liefert unerwartet einen Vorwand für Algarottis erste Einkaufsreise nach Italien. Wohlweislich ist offiziell von Bilderkauf keine Rede. Das könnte Quellen zum Versiegen bringen, bevor sie zu sprudeln beginnen, oder die Preise in die Höhe treiben. Algarotti wird in Venedig die Werke Pallavicinis herausgeben und das Vorwort schreiben. Auch kann die Öffentlichkeit wissen, daß er sich die im Besitz der Familie Pallavicini befindlichen Gemälde anschauen wird. Streng geheim ist dagegen die Einkaufsliste, die der kurfürstlichen Order vom 16. Februar 1743 beiliegt. Als Honorar hat Algarotti 1 000 Dukaten in der Tasche und dazu kurfürstliche Kreditbriefe für Banken in Rom, Venedig und Florenz. Sollte eine adlige Familie den wirtschaftlichen Ruin nur durch den Verkauf von Gemälden aufhalten können und Eile geboten sein, kann er nach eigenem Ermessen verfahren, andernfalls hat er die Meinung Brühls (!) einzuholen.

Runde 13 Monate ist Algarotti unterwegs. Hier hält ihn Krieg auf, da eine Quarantäne für Durchreisende, dort Zank im trauten Familienkreis. Aber er hat als Einkäufer eine glückliche Hand. Schon in Wien kann er für die Dresdener Galerie die »Hochzeit zu Cana« von Andreas Pozzo, einem Meister des Spätbarocks, sicherstellen. Er kauft nicht sofort, überläßt Brühl die Entscheidung. Brühl stimmt zu. Als Algarotti einen antiken »Adoranten« entdeckt, ersucht er Brühl am 10. April 1743 wiederum um Einverständnis – und erhält eine Absage. Die Bronzefigur wird noch einen weiten Weg zurücklegen. Friedrich II. kauft sie schließlich für 10 000 Taler aus der Sammlung des Prinzen Eugen. Der Kauf würde ihm nur halb so viel Freude machen, wüßte er nicht, daß Brühl es längst bereut, nicht auf Algarotti gehört zu haben, und das nur, um die Fäden in der Hand zu behalten. Die Figur wäre für etwa 2 000 Taler zu haben gewesen. Fortan verläßt sich Brühl auf Algarotti. Er fährt gut damit, wie sich am 13. Juni 1743 zeigt, als dieser seinen ersten größeren Einkauf selbständig tätigt: Für nur 300 Dukaten bringt er den »Raub der Europa« von Veronese in sächsischen Besitz, für nur 30 Zechinen die »Auferweckung des Lazarus« von Bassano (das Gemälde, in der Hubertusburg eingelagert, wird später durch preußische Truppen vernichtet). Und Algarotti kauft die Sagredo-Sammlung, zu der Vecchios »Drei Schwestern« gehören und die Bilder Tiepolos, darunter »Antonius und Kleopatra« (Kriegsverlust der Hubertusburg). Am 4. Oktober 1743 schreibt er Brühl, er habe für 3 000 Dukaten 20 Gemälde erworben, von denen zehn als bedeutend anzusehen seien.

Am meisten aber freut sich Algarotti über den Erwerb von Holbeins »Madonna«. Dies ist das einzige Bild eines deutschen Künstlers, das der auf die italienische Malerei orientierte Einkäufer ersteht. In Dresden erhält das Gemälde einen Ehrenplatz.

Aber das Bild ist eine Kopie! Da die Dresdener Sammlungen nur Originale ausstellen, muß es später in aller Stille weichen. Daß Algarotti, der beste Kunstkenner seiner Zeit, und nach ihm Generationen von Malern, Kunstwissenschaftlern und -kritikern einer Täuschung zum Opfer fallen (das Original befindet sich in Darmstadt), spricht für die meisterhafte Ausführung der Kopie.

Es bleibt Algarottis einziger Fehlgriff.

Zwischen seiner ersten und zweiten Italienreise liegen nur zwei Monate. Ereignisreiche. Die Abrechnung wird von Brühl anstandslos akzeptiert. Algarotti hat zur Bereicherung der Galerie mehr beigetragen als jeder andere Agent, billig eingekauft, ein bescheidenes Honorar verlangt und nichts auf eigene Rechnung verkauft. Ihm bereitet es Vergnügen, die Galerie zu ergänzen und nach seinen Vorstellungen zu gestalten. Er ist für Brühl der ideale Einkäufer, und er soll es bleiben! Das schwebt jedoch Algarotti nicht vor. Ihm ist daran gelegen, als Surintendant in Dresden zu wirken, der Galerie ein Profil nach seiner Vorstellung zu geben. Brühl aber, Generaldirektor der Galerie, abgehalten durch andere Verpflichtungen, will keinesfalls in den Schatten eines weltberühmten Surintendanten geraten. Ein Algarotti, der unterwegs ist und die Sammlungen bereichert, ist ihm weit genehmer als ein Algarotti, der in der Galerie das Zepter schwingt. Der Italiener kann alles haben – nur kein Amt.

Am 21. Mai 1744 wird Algarotti vom Kurfürsten zum Geheimen Kriegsrat ernannt. Zwar ist er ungehalten, doch nimmt er an. Brühl gegenüber meint er empört, es sei lächerlich, einen Künstler zum Kriegsrat zu ernennen. Das vermag Brühl nicht zu begreifen. Titel sei Titel, hält er entgegen, und der des Geheimen Kriegsrates mehr als der eines Surintendanten. Algarotti aber ist anderer Auffassung. Als Geheimer Kriegsrat stelle er im Kunstleben rein gar nichts dar, als Surintendant könne er den gesamten Einkauf steuern. Und einmal am Zuge, äußert er ungeschminkt seine Meinung über die Einkaufspraktiken. Graf Villio, Sachsens Gesandter in Venedig, sei skrupellos, und Bonaventure Ricci kaufe im Namen Sachsens ein, die Galerie erhielte jedoch nur die wertlosesten seiner Erwerbungen. Brühl weiß längst um Algarottis Groll auf andere Einkäufer, verspürt jedoch keine Neigung, ihm ein Einkaufsmonopol zu überlassen, nicht nur der damit verbundenen Macht halber, sondern auch zur Vermeidung von Einseitigkeit, die daraus zwangsläufig für die Sammlung erwachsen würde. Zanetti in Venedig und Mariette in Paris sind auch ihm genehmere Einkäufer als Villio, dessen Methoden keineswegs die feinsten sind, oder Ricci, um dessen Geschäfte auf eigene Rechnung er weiß. Beiden sind jedoch viele wertvolle Gemälde zu verdanken, Ricci 230 Stück, unter anderem »Der trunkene Herkules« von Peter Paul Rubens. Der Zorn trübt Algarottis Gerechtigkeitssinn. Daß er von den Praktiken der anderen Agenten wenig angetan ist, läßt sich verstehen. Er liebt bei allen Geschäften die vornehme Zurückhaltung; der Gebrauch des Ellbogens wäre für einen Algarotti auch das Ende der Karriere. Brühl findet, der hemdsärmelige Villio, der verschlagene Ricci und der elegante Algarotti ergänzen sich vortrefflich. Würde er Algarotti zum Stareinkäufer mit einigen abhängigen Gehilfen ernennen, die Galerie könnte nie jene Erweiterung erfahren, die ihm vorschwebt.

Brühl und Algarotti sind in ihrem Streben nach Vorrecht so verwandte Charaktere, daß eine Zusammenarbeit auf Dauer nahezu ausgeschlossen erscheint. Bei der ersten Differenz ist eine gewisse Interessenübereinstimmung noch existent. Brühl möchte Algarotti keinesfalls verlieren und stellt ihm in zwei bis drei Jahren den Titel »Kammerherr« in Aussicht. Das besänftigt Algarotti. Kein anderer Agent ist »Kammerherr«. So reist er wieder in Sachen Bilder nach Italien, nicht sonderlich zufrieden, doch erwartungsvoll gestimmt. Der »Kammerherr« könnte Sprungbrett sein für einen Platz in der Galerie oder ihm eine Sonderstellung als Einkäufer sichern.

Algarotti kauft viel, Bilder von Pittoni, Zuccarelli, Piazetta, Tiepolo, fast ausnahmslos großformatige, die aus Platzgründen in der Hubertusburg eingelagert werden – und im Siebenjährigen Krieg preußischen Soldaten als Brennmaterial dienen. »Das Schokoladenmädchen«, 1745 von Jean-Etienne Liotard gemalt, ist ein kleines Bild, verbleibt daher in Dresden und entgeht so dem Schicksal der anderen Erwerbungen. In der Gunst der Besucher wird es dereinst mit vornan stehen.

»Das Schokoladenmädchen« ist Algarottis letzter bedeutender Einkauf. Der Galerie von Modena wegen entzweit er sich mit Brühl. Für 100 000 Zechinen ist die Galerie mit 100 Bildern preisgünstig zu haben. Zur

Sammlung gehören »Der heilige Hieronymus« von Rubens, »Die Madonna mit der Familie Cuccini« von Veronese, »Der Zinsgroschen« von Tizian und das »Opfer Abrahams« von Sarto. Dresden kann in den Besitz der größten Sammlung italienischer Maler nördlich der Alpen kommen. Brühl zögert denn auch nicht lange, ernennt aber Ricci und nicht den ebenfalls in Italien weilenden Algarotti zum Unterhändler. Seine Rechnung ist denkbar einfach: Ricci ist mit Geld abzufinden, Algarotti aber auf ein Amt aus. Algarotti, der fest mit dem Auftrag gerechnet hat, fühlt sich übergangen und schreibt am 23. April 1746 erbost an Brühl: »Mich belohnt man, als hätte ich nur eine Kleinigkeit besorgt und meinen Auftrag schlecht erfüllt. Man gibt mir einen unerwünschten Titel, und statt der Erfüllung aller mir von Ew. Exzellenz gemachten Versprechungen (Kammerherr, W. F.) sehe ich mich jetzt auch noch der Gunst des Königs beraubt, deren ich mich früher als einfacher Ausländer erfreute … Doch alles ist nichts gegen das, was ich erfahren mußte, als Seine Majestät sich zur Erwerbung der Galerie von Modena entschloß. Gab es eine Aufgabe, die meiner würdig war, so war es diese. Aber, Monseigneur, gerade diesen Auftrag gibt man jenem Menschen, den ich nicht nennen mag! Das war der tödlichste Schlag, der mich treffen konnte, öffentlich zeigt man meinen Feinden, daß Achilles ein Thersites sei. Nach drei Jahren der Arbeit, der Sorgen und Aufregungen reicht man mir bittere Galle anstelle von Ambrosia.«[39]

Und zum ersten Male spricht Algarotti von Geld. An die 9 000 Dukaten habe er durch geschickte Handlungstaktik dem Hof erspart, und seine Sammlung, 6 000 Dukaten wert, will er der Dresdener Galerie überlassen. Aber: zehn Prozent von diesen 15 000 Dukaten, also 1 500, rechne er sich als jährliche Pension aus. Es ist dies quasi eine Kündigung der Beziehungen bei Bekundung des Willens, in Dresden zu bleiben.

Da Sachsen gerade einen Krieg verloren habe und eine Million Taler an Preußen zahlen müsse, lehnt Brühl ab. Er läßt auch nicht erkennen, daß ihm an einem Vergleich gelegen sei. Algarottis Ansprüche auf einen bestimmten Auftrag betrachtet er als eine Anmaßung, die hinzunehmen er keinesfalls bereit ist. Die Kontributionen sind ihm eine willkommene Ausrede. Größere Bildeinkäufe können erst wieder getätigt werden, wenn Sachsen mit Preußen ins reine gekommen ist. Außerdem herrscht an Einkäufern kein Mangel. In den letzten Jahren hat Brühl ohnehin ein engmaschiges Agentennetz aufgebaut, nicht nur in Italien. Seine Einkäufer in Amsterdam und Den Haag haben an die 200 Gemälde gekauft, darunter Brouwers »Bauernsäufer«, seine Pariser Einkäufer gleich zwei Sammlungen, darunter die des Prinzen Carignan. So reitet Algarotti seine Attacke zum denkbar ungünstigsten Zeitpunkt. Nur sehr zögernd, offenbar immer noch mit einem Entgegenkommen Brühls rechnend, löst sich Algarotti von Dresden. Zu Beginn des Jahres 1747 geht er nach Berlin zurück, und Friedrich II. räumt ihm ein, was Brühl ihm verweigert hat: eine jährliche Pension von 3 000 Talern, den Titel eines Kammerherrn und als Draufgabe den Orden Pour le mérite. Wo Algarotti sich Verdienste erworben hat, in Sachsen, geht er leer aus, wo er, zumindest in den letzten Jahren, nichts geleistet hat, in Preußen, findet er materielle und ideelle Ehrungen. So profitiert wenigstens einer aus dem gespannten preußisch-sächsischen Verhältnis. Für Friedrich II. ist Algarotti längst nicht mehr vom gleichen Interesse wie 1743, aber je schmählicher der Italiener in Sachsen behandelt wurde, desto freundlichere Aufnahme in Preußen war ihm gewiß.

Bülow, der sächsische Gesandte in Berlin, zeigt sich keineswegs überrascht, als ihm Algarotti gemeldet wird. Von den Unstimmigkeiten zwischen Brühl und Algarotti weiß er, und er verwünscht seine undankbare Aufgabe, vermittelnd eingreifen zu müssen. Seine Sympathien liegen in dieser Sache bei dem Italiener. Es kommt anders, als er erwartet: Algarotti gibt in aller Form das kurfürstliche Ernennungsschreiben zum »Geheimen Kriegsrat« zurück. Das ist Bülow noch nicht widerfahren, und er kann sich auch nicht erinnern, von ähnlichem je gehört zu haben. Algarotti bleibt ganz ein Mann von Welt und bedankt sich ausnehmend höflich für die »Dresdener Zeit«. Bülow gibt beides nach Dresden weiter, das Ernennungsschreiben und den Dank. Brühl schreibt Algarotti nicht minder höflich, »der König sei erfreut über die Dankbarkeit (Algarottis, W. F.) für die Zeit, während welcher er an seinem Hof Asyl gefunden habe.«[40] Das verärgert Algarotti restlos, und erbost erwidert er, irgendwo Asyl zu suchen, habe er noch nie nötig gehabt. Damit ist der Schlußpunkt unter die Beziehungen Brühls zu seinem wichtigsten Einkäufer gesetzt.

Nach Algarottis Weggang ist die große Zeit der Galerieerweiterung eigentlich vorbei. Aus der kaiserlichen Galerie zu Prag werden 1748/49 für 50 000 Taler noch 69 Gemälde übernommen. Aber 1754 glückt der Kauf aller Käufe, der Erwerb von Raffaels 1516 gemalter »Sixtinischer Madonna«, so genannt, weil auch Papst Sixtus II. auf dem Bild dargestellt ist. Giovannini ist der Unterhändler. Das Gemälde (2,65 mal 1,96 Meter) gehört der Kirche San Sisto des Klosters Piacenza. Infolge Kriegsschäden und Mißernten kämpfen die Mönche ums Überleben, und so ist das Bild für 12 000 Zechinen feil. (Es kommt einmal die Zeit, wo es keinen Preis mehr hat, weil es unbezahlbar ist, wo selbst die

Versicherungen keine Summe einzusetzen bereit sind.) Der Papst, um Genehmigung des Verkaufs ersucht, verlangt eine Kopie für das Kloster. So verzögert sich die Übernahme des Gemäldes, und die Kosten belaufen sich einschließlich Zoll und Gebühren für die Kopie auf 20 000 Zechinen. Die »Sixtinische Madonna« aber trägt mehr als jedes andere Gemälde zum Weltruhm der Dresdener Galerie bei.

Das kostbare Gemälde trifft in einem beklagenswerten Zustand ein. »Die Kraft der Farben ist zum Teil ausgewittert«, registriert Winckelmann besorgt. Die »Sixtinische Madonna« wird 72 Jahre warten müssen, bevor sich ein Restaurator ihrer annimmt. Brühl sind nur zwei der versäumten Jahre anzulasten: Der Ausbruch des Siebenjährigen Krieges und die Auslagerung der Sammlungen auf den Königstein lassen erst einmal keine Restaurationsarbeiten zu.

Wegen der Auslagerung muß zwangsläufig jedes Bild in die Hand genommen und verpackt werden. Was die Einkäufer geschickt haben, ist aus Zeit- und Platznot oft nur nach Größe geordnet magaziniert worden. Johann Anton Riedel, der Galerieinspektor, ist entsetzt. »Überall sei der Holzwurm, ... die Leinwand ausgewittert«, bei auf Holz gemalten Bildern infolge der Temperaturschwankungen (die alte Galerie ist ohne Heizung) mitunter ein »Stockfleck am anderen«. Die nachlässige Behandlung der angehäuften Kunstschätze stimmt nachdenklich.

Brühl muß sich auch den Vorwurf gefallen lassen, er vernachlässige alles, was nicht Galerie heiße. Das trifft so generell formuliert nicht zu, auf das Kupferstichkabinett vor allem keinesfalls. Die Porzellansammlung dagegen ist tatsächlich kaum mehr als ein Magazin, und gerade die Zeit des Rokokos weist im Bestand empfindliche Lücken auf; mit einigen besonders wertvollen Stücken hat Brühl den Ankauf von Gemälden bezahlt. Alle anderen Sammlungen erleben durchaus einen Aufschwung, mitunter begünstigt durch die Umstände. So wird die Gewehrgalerie um die Weißenfelser Bestände erweitert, als die herzogliche Linie ausstirbt. Für die Antikensammlung lassen sich 1736 aus dem Nachlaß des Prinzen Eugen die drei Herkulanerinnen erwerben, und das Münzkabinett wird systematisch erweitert um die sächsischen und polnischen Münzen. Eine Bereicherung erfährt auch die Uhrensammlung. Doch Schwerpunkt bleibt die Galerie.

Zu Aufkäufen gesellen sich Aufträge. Als die Wettiner und Habsburger Fürsten sich 1737 in Neuhaus/Böhmen zu einem Familientreffen einfinden, muß Louis de Silvestre die Begegnung auf einem Gemälde festhalten, einem möglichst großen; es mißt 4,97 mal 6,74 Meter und ist für eine Galerie denkbar ungeeignet. (Das Bild verbrennt am 13. Februar 1945 beim Bombenangriff auf Dresden; seiner Größe halber war es nicht ausgelagert worden.) Als einer der produktivsten Künstler gilt Canaletto, seit 1747 Hofmaler, zu Ruhm gelangt vor allem durch seine Stadtansichten von Dresden und Warschau.

Im Augusteischen Zeitalter werden der Galerie etwa 4 000 Gemälde zugeführt, die meisten unter Brühl. Die Erweiterung des Bestandes verschlingt 1 996 000 Taler,[41] aufgebracht von Sachsens Bevölkerung. Nach Brühls Tod verstreichen 90 Jahre, bevor wieder ein nennenswerter Einkauf getätigt wird. Zwei Jahrzehnte darauf kommt jener große Bestand hinzu, der Messinas »Hl. Sebastian« und Mantegnas »Hl. Familie« enthält; die Mittel stammen aus den nach 1871 auf Sachsen entfallenden Anteil französischer Kontributionszahlungen. Brühls Erwerbungen gehen weder direkt noch indirekt auf eine Kriegsbeute zurück.

In der Galerie sieht Brühl eine Möglichkeit, Sachsens Geltung in Europa zu steigern. Das eigentlich ist die Triebfeder seines Handelns, der persönliche Neigungen entgegenkommen.[42] Besitz allein kann ihm unter diesen Vorzeichen nicht genügen; er braucht ein Publikum. Zwar hat er 1742 Algarottis Vorschlag, ein Museum zu bauen, zurückgewiesen, aus finanziellen Gründen, aber 1744 läßt er die Galerie royale errichten, ohne daß die Mittel reicher fließen. Er vollzieht »einen epochalen Schritt« mit Schaffung »eines autonomen Gebäudes zur Darbietung von Kunstwerken«[43]. Nach Überwindung vieler Bedenken im Hinblick auf die Sicherheit der Gemälde gibt er 1746 die Galerie royale für Besucher frei, sich auf August den Starken berufend, der 1728 bereits für eine derartige Regelung plädierte. An jedem Rundgang unter Führung des Galerie-Inspektors dürfen sich maximal sechs Personen beteiligen. Eintrittsgeld wird nicht erhoben, nur ein »Tranckgeld« erwartet. Winckelmann ist begeistert, bedankt sich ausdrücklich in einem Schreiben an den Kurfürsten namens der »Künstler und Liebhaber der Kunst«. Riedel spricht von einem »regen Zuspruch«, Heinecken 1753 im Vorwort zum Galeriewerk von einer »öffentlichen Bildungsanstalt«.

In den späteren Auseinandersetzungen um seine Politik verblassen Brühls Verdienste um die Sammlungen. Spät erst wird ihm ausdrücklich »in der Kunstgeschichte ... ein bedeutsamer Platz« zuerkannt.[44]

UM DIE GROSSE ALLIANZ

Schlesien wird preußisch

Brühl hält sich gerade in Warschau auf, als ihn Ende Oktober 1740 die Nachricht vom Tode Kaiser Karls VI. erreicht. Einige Monate zuvor ist Friedrich Wilhelm I. von Preußen gestorben.

Was wird der Tod des Kaisers nach sich ziehen? Bevor Brühl dies zu bedenken vermag, erfährt er vom Ableben der russischen Zarin Anna; sie hat Karl VI. nur um acht Tage überlebt. Innerhalb eines Jahres ist in drei Ländern der Thron frei geworden – in eben jenen, auf die sich Sachsens Außenpolitik konzentriert. In Wien und in Petersburg ist die Thronfolge umstritten, es ist ungewiß, wem die Krone zufallen wird; in Preußen ist Friedrich II. König, der 1731 geäußert hat: »Ich schreite von Land zu Land, von Eroberung zu Eroberung und nehme mir wie Alexander stets neue Welten zu erobern vor.«[45]

Am 4. November 1740 verkündet Sachsen die Teil-Mobilmachung. Bislang konnten die Mächte Mitteleuropas als annähernd gleichstark angesehen werden. Verleitet der Wirrwarr in Österreich und Rußland den einen oder anderen Staat, sich auf Kosten eines Nachbarn zu bereichern, könnte Sachsen infolge seiner geographischen Lage ohne eigenes Zutun Tummelplatz fremder Streitkräfte werden. Vorsicht ist geboten! Preußen hat die Truppen ebenfalls in Alarmbereitschaft versetzt. Aber Woche um Woche verstreicht, ohne daß etwas Aufregendes passiert. Was Brühl regelmäßig zugeht, sind – Rechnungen. Baudissin gibt für 20 000 Mann binnen sechs Wochen außerplanmäßig 200 000 Taler aus. »Veränderter Umstände« wegen hebt Sachsen auf Betreiben Brühls am 15. Dezember 1740 die Teil-Mobilmachung wieder auf.

Am 16. Dezember 1740 rücken preußische Truppen in Schlesien ein. Nun haben sich die »Umstände« tatsächlich verändert.

Militärs wie Diplomaten ist ein folgenschwerer Irrtum unterlaufen. Friedrich II. hat aus der Mobilmachung kein Geheimnis gemacht. Jülich wolle er sich holen und Berg, hat er gesagt. Preußens Ansprüche auf beide Regionen sind hinlänglich bekannt. Daß die Gefahr dort am geringsten ist, wo das Kriegshorn am lautesten erschallt, haben eigentlich schon die römischen Feldzüge gelehrt. Ein Feldzug Preußens gen Westen sei zu dieser Jahreszeit denkbar, haben Sachsens Militärs gemeint, ein Ost-Feldzug ausgeschlossen. Aber Preußens Truppen ziehen ostwärts! Das könne Preußen nicht wagen, einfach in einer fremden Provinz einzufallen, sagten sich die Diplomaten. Wie wolle Friedrich II. die Besetzung Schlesiens begründen?

Dieses Rätsel löst er!

Am Tage des Überfalls erklärt er in einer Proklamation, der Einmarsch seiner Truppen »erfolge aus Anlaß der von mehreren Seiten (!) auf die Succession der österreichischen Lande erhobenen Ansprüche ..., damit diese nicht von anderen eigenmächtig und gewaltsam in Besitz genommen werden«[46]. Die Proklamation läßt offen, ob die Besetzung Schlesiens vorübergehend sein soll und ob Österreich im Einvernehmen sei. Aber:

Hätte Wien um Beistand gebeten, würde Friedrich II. dies kundgetan haben! Merkwürdigerweise zögern die europäischen Höfe. Halten sie ein österreichisch-preußisches Arrangement für denkbar? Preußen verschaffen die wenigen Tage der Unsicherheit einen gewaltigen Vorsprung.

Wien erfährt erst am 18. Dezember von den Vorgängen in Schlesien, fast gleichzeitig durch einen Kurier namens Brownes und den preußischen Gesandten Gotter. Letzterer hebt alles auf, was in der gerade zwei Tage alten Erklärung seines Königs steht: Österreich solle auf Schlesien verzichten! Preußen werde dafür als Gegenleistung bei der Kaiserwahl für einen Habsburger stimmen. Der arme Kandidat: Wenn er allen Stimmberechtigten gibt, was sie wollen, ist das Land aufgeteilt, bevor er es hat. Wien lehnt ab! Friedrich II. überrascht das keineswegs. Während Wien debattiert und protestiert, erreichen seine Truppen am 1. Januar 1741 Breslau. Mit 27 000 Mann ist er in Schlesien eingerückt, einer Provinz, die als verschlafen gilt, in der seit Menschengedenken kein Schuß gefallen ist. Üblicherweise stehen hier 1 600 österreichische Soldaten; vorsichtshalber hat Wien das Kontingent auf 7 000 Mann erhöht; 6 000 sind in Neiße stationiert. Den preußischen Verbänden machen die Witterungsverhältnisse mehr zu schaffen als die schwache österreichische Garnison. Sie wird einfach umgangen. Gelassen wartet Friedrich II. ab, wie sich die Dinge entwickeln – und richtet sich häuslich in Schlesien ein.

An die Stelle der österreichischen Verwaltung tritt Zug um Zug die preußische. Das schließt ein, daß die Steuergelder nunmehr nach Berlin statt nach Wien gehen. Schlesien bringt jährlich 3,6 Millionen Taler auf, was für Preußen einem Zuwachs des Steueraufkommens um 50 Prozent gleichkommt. Diese Summe deckt die Kriegskosten und ist gleichzeitig ein Rückhalt für weitere militärische Unternehmungen. Österreich hat alle Aussicht, einen preußischen Krieg gegen Österreich selbst zu finanzieren. Hinzu kommt, daß die Schlesier im wehrfähigen Alter fortan preußische Uniformen tragen. Die zehn Gebote der 1,1 Millionen Schlesier seien um drei erweitert worden, predigt ein Breslauer Pfarrer von der Kanzel herab:[47] Du sollst nicht räsonieren, Du sollst Steuer zahlen, Du sollst die Ausreißer von der Armee anhalten! Daß Friedrich II. die Eroberung Schlesiens von langer Hand vorbereitet hat und Thronwirren in Österreich und Rußland nur als willkommenen Anlaß betrachtet, begreifen die überrumpelten Staaten erst allmählich. Algarotti könnte Preußens systematisches Vorgehen sogar schriftlich belegen. Ihm hatte Friedrich II. geschrieben: »Alles ist vorbereitet, es handelt sich nur um die Ausführung der Entwürfe, die sich seit langem in meinem Kopf bewegt haben.«[48]

Wegen der allgemeinen Entrüstung der europäischen Mächte über den preußischen Willkürakt stellt sich Friedrich II. in seiner Argumentation um. Die Proklamation vom 16. Dezember 1740 wird nicht mehr erwähnt. Am meisten ist Österreich überrascht, als es erfährt, Schlesien sei urpreußischer Besitz. Friedrich II. hat in den Archiven forschen lassen und einen – wenn auch sehr entfernten – Ahnen entdeckt, der Lehnsherr von Jägerndorf war. Vor hundert Jahren! Eine Zierde des Hauses ist er nicht gewesen. Als politischer Hasardeur in Reichsacht gelegt, verlor er sein Lehnsgut an Österreich. Das freilich ignoriert Preußens König. Zu Jägerndorf schlägt er noch Brieg und Liegnitz. Es gibt einen Erbteilungsvertrag, »erst« 233 Jahre alt und längst vergessen, der ihm sehr gelegen kommt. Und Jägerndorf, Brieg und Liegnitz sind seiner Lesart zufolge Schlesien.

Für die Politik ist eigentlich das Schlimmste zu befürchten, wenn die Staaten sich berechtigt glauben, gewaltsam eine Grenze zu korrigieren, nur weil dieses oder jenes Territorium einst ihnen gehört hat. Ein Anhaltspunkt findet sich schon, man muß nur lange genug in der Chronik blättern. Obwohl sich eine derartige Praxis gegen jeden wenden kann, halten sich die europäischen Höfe bei Preußens fragwürdigem »historischen Argument« nicht auf. Friedrich II. hat es nicht erfunden, und er ist nicht der letzte, der sich seiner bedient.

Obwohl Schlesien nicht zu Sachsen gehört hat, sieht sich Dresden durch den preußischen Handstreich an einer empfindlichen Stelle getroffen. Daß Friedrich II. ein Handelsmonopol zu schaffen gedenkt, ist nicht mehr zu übersehen. Kaum auf den Thron gelangt, hat er Sachsen in Magdeburg mit einem Durchgangszoll bedacht, der quasi eine Kündigung des 1728 abgeschlossenen Vertrages über den freien Handel bedeutet. Im Besitz von Schlesien, kontrolliert er auch Sachsens Osthandel. Schlesien selbst ist für Sachsen ein schwer zu ersetzender Rohstofflieferant. Mehr noch: Jetzt wird sich Preußen diese Rohstoffe sichern und selbst verarbeiten; damit geht es den sächsischen Manufakturen als Absatzgebiet verloren. Betroffen wie der Kaufmann ist der Hof, der dauernd zwischen Dresden und Warschau pendelt und auf die schlesische Straße angewiesen ist. Zu den wirtschaftlichen und politischen Aspekten gesellen sich die militärischen: Mit Schlesien verfügt Preußen über mehr Geld und mehr Soldaten, und das könnte es zu einer gewaltsamen Annektion anderer Gebiete ermutigen.

Brühl ist entschlossen, die preußischen Absichten zu durchkreuzen.

Europa wird von nun an mehr Kriegs- als Friedensjahre erleben. Daß einzig und allein Preußen dafür verantwortlich sei, wäre eine zu einfache Deutung, aber vom Raub Schlesiens geht eine Signalwirkung aus. Friedrich II. läßt verlauten, man brauche seine Ansprüche auf Schlesien nur zu akzeptieren, und es gäbe keinen Krieg. Dann setzt er die Akzente anders. Brühl, der Ränkeschmied, trage die Schuld. Es werden sich Chronisten finden, auch sächsische, die dem bereitwillig folgen. Brühl war es, »welcher Sachsen nicht nur in den österreichischen Erbfolgekrieg verwickelte, sondern dem Lande auch durch seine unheilvolle Politik im zweiten schlesischen Krieg ungeheuren Schaden brachte und endlich den für unser Vaterland so verhängnisvollen siebenjährigen Krieg vorzugsweise herbeiführte«, wird es heißen.[49] Die Staaten, allen voran Preußen, sind damit tadelsfrei – die Monarchen auch; Brühl ist schuld, und Brühl ist nur Minister.

Brühls Waffe ist die Diplomatie, und sie macht Friedrich II. mehr zu schaffen als die Klinge mancher Feldherren. Brühl ist die Seele einer antipreußischen Koalition.

Neben Österreich, das Schlesien zurückgewinnen will, drängt vor allem Georg II. von England, der sich um Hannover sorgt, auf eine Allianz. Wo sich beraten? Georg II. ist gegen Wien. Sofort meldet sich Sachsen zu Wort: Dresden wäre doch ein geeigneter Konferenzort! Der Vorschlag wird gebilligt. Am 16. Februar 1741 kommen die Vertreter Österreichs, Englands, Hollands, Rußlands und Sachsens in der Elbmetropole zusammen. Als Gastgeber leitet Brühl die Beratungen. Man kommt überein, Preußen die Beute wieder abzujagen. Hauptakteur soll das betroffene Österreich sein;

England will 12 000 Mann aufbieten, Rußland sogar 30 000. Theoretisch hat Preußen damit keine Chance; es kann nicht gleichzeitig Ostpreußen, Brandenburg und Schlesien verteidigen. Nicht der Gerechtigkeitssinn, sondern die Furcht vor einem Erstarken Preußens führt die Mächte zusammen.

Eines nur mißfällt Brühl: daß keine Vereinbarung darüber zu erreichen ist, was nach dem Kriege kommen soll. Er lädt den englischen Gesandten Villiers für den 25. Februar 1741 zu einem Essen in sein Palais ein. Der Gesandte preist Brühls Tafel, teilt aber nicht dessen Absichten, daß über die Zukunft gesprochen werden müsse. Man werde sich nur streiten, sagt er, und das sei gemeinsamen militärischen Aktionen abträglich.

Brühl disponiert um. Österreich, so seine Überlegung, sei am meisten auf Sachsen angewiesen. Tatsächlich erreicht er am 11. April 1741 ein bemerkenswertes Abkommen mit Wien. Es geht weit über die Bestimmungen der Dresdener Allianz hinaus. Neu ist, daß Sachsen die Kampfhandlungen nicht zu eröffnen braucht; Brühl legt Wert darauf, Preußens Truppen nicht nach Sachsen zu lenken. Neu ist, daß Österreich die Kriegskosten übernimmt – 12 Millionen Reichstaler, bei auf acht Jahre verteilten Zahlungen. Neu ist, daß Sachsen nach einem Sieg über Preußen Krossen zufällt und das preußische Lehen in der Lausitz (bei Abzug des Wertes dieser Besitzungen von den 12 Millionen), im Falle einer Niederlage wenigstens der Grenzdistrikt der Lausitz samt der Einkünfte einiger böhmischer Kreise. Sachsen verpflichtet sich im Gegenzuge, bei der Kaiserwahl für den Lothringer zu stimmen, den Gemahl Maria Theresias.

Aus sächsischer Sicht ist der in Wien abgeschlossene Vertrag mit Österreich ein geradezu sensationeller Erfolg. Seit die Wettiner im Besitz der polnischen Krone sind, ist die Schaffung einer direkten Verbindung zwischen Sachsen und Polen Dreh- und Angelpunkt der Außenpolitik. Zum ersten Male hat es nun den Anschein, als sei man in die Nähe des ersehnten Zieles gelangt. Ein Korridor wäre zwar erstrebenswerter als der Besitz von Krossen, aber Brühl ist für maßvolle Forderungen. Militärisch möchte er bei den Auseinandersetzungen mit Preußen nicht den Vorreiter spielen, und von Österreich zu verlangen, daß es Schlesien – sei es auch nur zum Teil – für Sachsen erkämpft, wäre unbillig. Ein Zuviel an Forderungen könnte leicht das ganze Vertragswerk ins Wanken bringen.

Entgegen allen Erwartungen, selbst den preußischen, zerbröckelt die antipreußische Koalition im Handumdrehen.

Rußland scheidet infolge innerer Wirren aus. Zwei Staatsstreiche in einem Jahr und zahlreiche Umbesetzungen der Regierung lähmen die Handlungsfreiheit des Zarenreiches. Münnich stürzt Biron, den Regenten an Annas Hof. Biron war Herzog von Kurland und abhängig vom polnischen König. Sein Sturz trifft Sachsen hart. Münnich aber kommt auch zu Fall. Ostermann, der nun für die Außenpolitik verantwortet, ist preußenfreundlich eingestellt. Er folgt bald Biron und Münnich – nach Sibirien. Die neue Zarin Elisabeth, Peters des Großen jüngste Tochter, betraut Bestushew-Rjumin mit der Außenpolitik. Ein Jahr lang weiß in Europa eigentlich niemand so recht, wer gerade Außenminister von Rußland ist. Im September 1741 fällt Schweden in Rußland ein, und bis 1743 wird Petersburg völlig mit sich beschäftigt sein, ohne Ohr für Schlesien und Preußen.

Mit Holland ist ohnehin nur zu rechnen, wenn England sich engagiert, und England hat das Nachsehen in der Seeschlacht bei Cartagena. Auf den Britischen Inseln schlägt die Stimmung um. Mit Spanien solle sich die Krone befassen und mit Frankreich! Wenn Preußen durch Schlesien erstarke, sei das für die britische Politik geradezu ein Segen, wenn man Preußen nur gehörig gegen Frankreich ausspiele. Um Hannover sorgt sich allenfalls noch Georg II. Villiers, der im Februar einen Krieg gegen Preußen als unabwendbar betrachtete, sucht plötzlich nach einer Möglichkeit, Preußen und Österreich zu versöhnen.

Österreich denkt zwar nicht an einen Ausgleich mit Preußen, ist aber nach dem langen Krieg gegen die Türkei (1736/39) empfindlich geschwächt und verzettelt sich zudem auf allen möglichen Kriegsschauplätzen. Die Quittung dafür hat es schon am 10. April 1741 in der Schlacht bei Mollwitz erhalten. Wien bleibt zwar die Genugtuung, daß Friedrich II. flieht, wohl an die zehn Meilen, aber am Ende verlassen die Preußen das Schlachtfeld als Sieger.

Als die Hiobsbotschaft aus Mollwitz eingeht, konzentriert sich das sächsische Heer gerade im Raum Eilenburg–Torgau. Es hätte einer anderen Kunde als dieser bedurft; die Stimmung ist gedrückt. Die Soldaten kampieren hungernd auf freiem Feld. Der Jahrhundertwinter 1740/41 hat seine Spuren in den Magazinen und Kassen hinterlassen. Acht Monate lang lag Schnee! Niemand kann sich erinnern, ähnliches je erlebt zu haben. Monatlich 7 042 Zentner Mehl benötigt das Heer, aber Mehl ist knapp und teuer. Für die Pferde wären pro Monat 10 633 Zentner Hafer vonnöten, die nicht aufgebracht werden können. Spätestens in acht Wochen werde die Kavallerie zu Fuß gehen, klagt Baudissin. Die Rekruten haben sich auf Pferdefleisch umgestellt – da die Rösser ja doch verhungern! Zum Beispiel sind dem Dragonerregiment Sondershausen 49 verblieben. Am 1. Juni weist Brühl Baudissin an, die Konzentration der Truppen aufzuheben und die Regimenter wegen Nachschubsorgen auf die Dörfer zu verteilen. Falls sich nicht die Magazine der Verbündeten öffnen, ist vor Einbringung der Ernte die Armee schwerlich einsetzbar. Sie kann nur hoffen, nicht Opfer eines preußischen Angriffs zu werden.

Somit ist kein Staat der Dresdener Koalition mehr handlungsfähig. Dieser antipreußische Bund, von Friedrich II. vor Monaten ernsthaft gefürchtet, existiert nur noch dem Namen nach. Er ist ohne Preußens Zutun zerfallen.

Friedrich II. hat einen weiteren Grund, sich zu freuen: Bayern und Frankreich sind im Mai 1741 in Nymphenburg ein antiösterreichisches Bündnis eingegangen. Der bayerische Kurfürst, der Kaiser werden will, hat im voraus die österreichischen Niederlande Frankreich versprochen; Frankreich sieht (noch) in Habsburg den Hauptgegner und möchte möglichst viel vom weit verstreuten habsburgischen Besitz an sich bringen. Preußen beeilt sich, am 5. Juni 1741 dem Nymphenburger Vertrag beizutreten. Die Forderung nach einer Garantie für Schlesien stört zwar – man sieht ein Erstarken Preußens ungern –, wird aber akzeptiert. Der Verzicht auf Gebiete, die anderen gehören, fällt nicht sonderlich schwer. Schlösse sich Sachsen auch der Nymphenburger Konvention an, wäre Österreich von drei Seiten her angreifbar. Aber daran wagt keiner zu denken.

Das Unfaßbare geschieht! Sachsen liiert sich mit den Nymphenburgern. Die Nachricht von Dresdens Frontwechsel verbreitet sich in Windeseile. Verständnislos oder schockiert nimmt man an den europäischen Höfen den Umsturz der Koalitionen zur Kenntnis. Generationen von Historikern werden sich einmal den Kopf darüber zerbrechen, was Brühl veranlaßt habe, einen derart ungewöhnlichen Schritt zu riskieren.

In Dresden ist die Stimmung umgeschlagen. Im Frühjahr wurde Brühl überschwenglich gefeiert als Schöpfer der Dresdener Allianz, als Initiator des Wiener Abkommens, jetzt, im Herbst, sind die Hoffnungen zerronnen, wird Sachsens Außenpolitik als verfehlt angesehen. Wie die Verbindung mit Polen sichern? Mit Hilfe Habsburgs, hatte Brühl gesagt. Nach den jüngsten Erfahrungen verspricht dies keinen Erfolg. Die Kabinettsminister, die Gesandten, die Räte – fast alle sehen Schlesien für immer in preußischer Hand. Wer nicht für ihn sei, hat Friedrich II. unmißverständlich erklärt, der sei gegen ihn, und dessen Land werde er besetzen.

Das richtet sich vornehmlich gegen Sachsen, wie jeder begreift, und hinterläßt Eindruck. Völlig isoliert, mit einer Armee, die in Versorgungsnöte verstrickt ist, wäre Sachsen bei einem Einfall Preußens hilflos. Das gibt all jenen Oberwasser, die für eine Anlehnung an Preußen plädieren. Brühl leitet neue Verhandlungen ein, aber nicht mit Preußen, sondern mit dessen Verbündeten.

Ob Paris Einwände habe gegen einen Griff Sachsens nach Oberschlesien? Nein, Paris hat keine. Im Gegenteil: Es ist angetan von einer Teilung Schlesiens, wären doch Preußen und Sachsen dann wieder etwa gleichstark. Brühl ist mit dem Verhandlungsergebnis zufrieden. Preußen würde es nicht wagen, Frankreichs Meinung zu ignorieren. Die Gespräche mit München lassen sich ebenfalls gut an. Bayerns Kurfürst strebt mit aller Macht nach der Kaiserkrone. Seinethalben kann Sachsen ganz Oberschlesien bis hin zur Grenze der Stadt Neiße beanspruchen; es braucht sich am Krieg gegen Habsburg auch nur im böhmisch-mährischschlesischen Raum zu beteiligen. Dafür stellt Brühl dem Bayern Sachsens Stimme bei der Kaiserwahl in Aussicht.

Mit Unterzeichnung des Frankfurter Vertrages am 19. Oktober 1741 wird Sachsen Mitglied der Nymphenburger Koalition, der auch Preußen angehört. Friedrich II. gibt sich gelassen, was an Europas Höfen (noch) niemand begreift. Sollte er tatsächlich auf Oberschlesien verzichten? Daß Sachsen und Preußen plötzlich Verbündete sind, sorgt jedenfalls für Aufsehen. Wie sich bald zeigen wird, ereifern sich die Gemüter umsonst.

Brühl muß sich später von Preußen den Vorwurf gefallen lassen, er sei unzuverlässig; sein Verrat an der Dresdener Koalition beweise dies. Als Sachsen eine Schwenkung vollzieht, sind aber drei der vier Partner bereits abgesprungen. Brühl gibt eine Koalition auf, die de facto nicht mehr existiert.

Neun Tage nach der Unterzeichnung des Frankfurter Vertrages sagt sich Sachsen offiziell von der Pragmatischen Sanktion los, was einem förmlichen Bruch mit Österreich gleichkommt. Der Dresdener Hof begreift dies als unumgänglich. Daß Brühl in einem Vertrag Bayern Sachsens Stimme bei der Kaiserwahl zugesagt hat, führt dagegen zu Differenzen.

Brühl weiß, daß der Kurfürst, dessen Frau eine Kaisertochter ist, ihn umgangen und noch zu Lebzeiten Karls VI. Loß, Zech und Hennicke als Gutachter eingesetzt hat. Alle drei haben ihm geraten, sich um die Krone zu bewerben. Für Gelehrtendispute, man hätte Preußen zügeln können, wäre Sachsen die Kaiserkrone zugefallen, wird gesorgt sein, doch die Nützlichkeit all dieser Erörterungen bleibt zweifelhaft. Brühl war stets der Meinung, Sachsen fehle das Hinterland, um sich die Kaiserkrone aufbürden zu können, und die europäischen Mächte würden sofort eine Frontstellung beziehen, wenn der Kurfürst von Sachsen und König von Polen nach der Kaiserkrone greifen sollte. Mag Bayern bei der Kaiserwahl die Stimme Sachsens haben! Widerstrebend beugt sich der Kurfürst den Argumenten Brühls. Nach dessen Überzeugung hat Sachsen mit dem Frankfurter Vertrag durch Vortäuschung von Interesse an der Kaiserkrone von Bayern und Frankreich gewichtige Zugeständnisse in Schlesien eingehandelt – für ein Nichts sozusagen.

Am 25./26. November 1741 rücken die Alliierten in Prag ein. Beteiligt sind bayerische, französische und sächsische Truppen. Wo aber sind die preußischen? Niemand ahnt, daß Friedrich II. sich am 8. Oktober 1741, elf Tage vor Sachsens Anschluß an die Nymphenburger Koalition, zu Klein-Schnellendorf in aller Heimlichkeit mit Wien verständigt hat; Österreich räumt Schlesien (bis auf einige Basen), und Preußen stellt den Krieg gegen Österreich ein. Wien hat damit die Möglichkeit, sich auf Friedrichs II. bisherige Verbündete zu konzentrieren.

Ein Verrat zieht den anderen nach sich.

Die Nymphenburger sitzen nun im strategisch wichtigen Prag – ohne Preußen. Um ein Gleichgewicht zu schaffen, besetzt Preußen am 27. Dezember 1741 Olmütz. Das ist ein militärischer Spaziergang; Österreich hat sich auf den Vertrag von Klein-Schnellendorf verlassen und keine besonderen Sicherheitsmaßnahmen getroffen.

Zwei Monate später ist der politische Wirrwarr perfekt: Von Frankreich ermutigt, wählen die deutschen Fürsten am 12. Februar 1742 Karl Albrecht von Bayern zum Kaiser. Genau an dem Tag, an dem Bayerns Kurfürst in Frankfurt am Main zum Kaiser gekrönt wird, besetzen österreichische Truppen München. Bayerns

Kurfürst hat die Kaiserkrone, aber nicht mehr sein eigenes Land.

Im Osten sieht es für Österreich ungünstig aus. In Budweis stehen französische Truppen. Was geschieht, wenn sich die sächsische Armee mit der französischen vereint, vielleicht auch mit der preußischen? Das möchte Frankreich, nicht aber Friedrich II. Wo bliebe dann seine Entscheidungsfreiheit? Am 19. Januar 1742 ist er nach Dresden geeilt, um Friedrich August II. auf ein separates Abkommen festzulegen. Er besteht auf einem Gespräch unter vier Augen. Keinesfalls möchte er in Anwesenheit Brühls verhandeln. Friedrich August II. zögert, willigt aber schließlich ein. Daß die Monarchen unter sich bleiben, beunruhigt Brühl. Unter dem Vorwand, die zu Ehren des preußischen Gastes vorbereitete Opernaufführung beginne, platzt er in die Verhandlungen hinein. Zu spät! Friedrich August II. hat Sachsens Truppen dem Oberkommando Friedrichs II. unterstellt! Brühl, entsetzt und ratlos, muß sich dieser Entscheidung beugen. Der Preußenkönig würdigt ihn keines Blickes, läßt sich zur Oper begleiten, zufrieden, erreicht zu haben, was er zu erreichen gedachte. Die Akteure der Galavorstellung haben zwei ganz und gar desinteressierte Besucher – Friedrich II. und Brühl. Beider Gedanken weilen außerhalb des Theaters.

Am 10. Februar 1742 beginnt der gemeinsame Feldzug der sächsisch-preußischen Armee gegen Wien. Für eine große Schlacht sind die Truppen nicht gerüstet, weder die sächsischen noch die preußischen, aber Friedrich II. rechnet mit einem Einlenken Österreichs. Er übermittelt Wien ein Angebot: Österreich solle Schlesien endgültig an Preußen abtreten, Böhmen und Mähren an Sachsen. Maria Theresia aber ruft am 16. Februar Schlesien, Böhmen und Mähren zum

Volkskrieg auf. Das Kommando überträgt sie Ghilány, einem General, der sich auf den Kleinkrieg versteht und bei den Bauern beliebt ist. Ende Februar zählen die Bauernverbände in einigen Regionen schon an die 4 000 Mann. Die sächsisch-preußischen Truppen verzetteln sich in unzähligen Scharmützeln, verlieren eine Versorgungsbasis nach der anderen und ziehen sich schließlich nach Brünn zurück, das sie sieben Tage lang vergeblich belagern. Am Ende bleibt ihnen nichts anderes übrig, als Mähren zu räumen. Sachsens Truppen weichen nach Prag aus, Preußens Verbände nach Chrudin. Das ist eigentlich das Ende der Allianz.

Das mährische Abenteuer bekommt Sachsen schlecht. Die Infanterie zählt 5 000 Kranke, die Kavallerie 600; 3 000 Mann sind gefallen oder verwundet, obwohl es zu keiner regulären Schlacht gekommen ist. Die Gefechtsstärke der Armee liegt nur noch bei 50 Prozent. Ohne Wissen des Kurfürsten hält Brühl die sächsischen Truppen aus dem letzten größeren Gefecht dieses Feldzuges, dem bei Chotusitz nahe Kolin am 17. Mai 1742, heraus. Es ist nicht nur der miserable Zustand der Armee, der ihn dazu veranlaßt. Die Generäle beklagen sich, Friedrich II. setze die sächsischen Truppen immer dort ein, wo die Lage hoffnungslos sei. Die Soldaten formulieren es deutlicher: Preußen »verheize« die Sachsen in diesem Krieg! In dieses Bild paßt Preußens Wirtschaftspolitik. Mähren, das an Sachsen fallen soll, wird von Preußen zur Ader gelassen. Mannhartsberg werden 400 000 Gulden abverlangt, Olmütz 100 000; Sachsen bekommt auch nicht einen Gulden davon zu sehen. Das in Mähren requirierte Getreide und Heu geht fast ausnahmslos an die preußischen Truppen. Preußen plündert das Sachsen zugedachte Mähren aus und läßt die sächsischen Truppen verbluten. Eine verlorene Schlacht hätte Sachsen nicht härter treffen können als diese zwei Monate Waffenpartnerschaft mit Preußen.

Sachsens Enttäuschung erreicht den Tiefpunkt, als Preußen und Österreich am 11. Juni 1742 das Separatabkommen zu Breslau vereinbaren: Preußen erhält Nieder- und Oberschlesien sowie die Grafschaft Glatz und erklärt den förmlichen Austritt aus der Nymphenburger Koalition. Sachsen ist bei diesen Verhandlungen einfach übergangen worden.

Nicht der verlorenen Schlacht bei Chotusitz halber hat Österreich den Ausgleich mit Preußen gesucht; es will die Hände frei haben gegen Bayern, Frankreich und – Sachsen. Noch am Verhandlungstisch in Breslau leisten die Nymphenburger Preußen einen gewaltigen Dienst – als Druckmittel. Preußen benutzt die Verbündeten, solange es auf sie angewiesen ist, und verrät sie auf der Stelle, als es ohne sie auszukommen glaubt. Frankreich braucht zwei Jahre, um den Gedanken zu verdrängen, es sei gehörig geprellt worden. Dresden fällt es schwerer zu vergessen. Die Breslauer Messe, die Zoll- und Transporterschwernisse erinnern es ständig daran, daß Preußen es als geschwächt genug ansieht, um in Manier eines Siegers mit ihm verkehren zu können.

Am Horizont zeichnen sich die Umrisse eines neuen Krieges ab.

Preußens Armee zieht durch Sachsen

Friedrich II. legt Magazine an in Magdeburg und Halle, requiriert Bauernpferde, wirbt 18 000 »Schnurrbärte« für die Armee. Der Herzog von Weißenfels, der zur Auffüllung der Regimenter 4 000 Soldaten ausgehoben hat, drängt auf Verlegung des sächsischen Heeres an die preußische Grenze. Ihm scheint ein Einfall der Preußen in Sachsen sicher. Wenn Preußen es gewagt hat, Schlesien zu besetzen, wird es sich nicht scheuen, das geschwächte und völlig isolierte Sachsen zu annektieren, und sei es auch nur als Aufmarschbasis. Brühls Meinung weicht von der des Herzogs nicht sonderlich ab, aber er schickt keine Truppen an die Grenze. Preußen werde dies als Provokation verstehen oder als willkommenen Anlaß einzufallen. Und Sachsen würde dabei den kürzeren ziehen.

Brühl will einen Druck auf Preußen ausüben, nur keinen militärischen (an dessen Wirksamkeit er nicht recht glaubt), sondern einen diplomatischen. Sachsens Sicherheit liege im Aufbau einer großen antipreußischen Allianz. Verbünde dich mit dem Gegner des Gegners, lautet seine Devise. Die Kurfürstin, die sich um die Kaiserkrone betrogen fühlt, die der Bayer hat und der Habsburger will, interveniert. Brühl ignoriert ihre Einwürfe. Er verhandelt mit Österreich, er verhandelt mit Rußland, er hat nicht gleich Erfolg, erreicht aber am 20. Dezember 1743 einen Vertrag mit Österreich und am 4. Februar 1744 einen Vertrag mit Rußland. Preußen beunruhigt das mehr als des Weißenfelsers Anstrengungen, aus dem sächsischen Heerhaufen wieder eine Armee zu machen.

Preußens Hoffnung, Bayern und Frankreich, die im Stich gelassenen einstigen Verbündeten, würden Österreich schlagen, hat sich nicht erfüllt. Gemeinsam mit einer Armee von 20 000 Niederländern und 16 000 Engländern haben die Österreicher Bayern am 27. Juni 1743 keine andere Wahl gelassen als die, in einen Waffenstillstand einzuwilligen, und am gleichen Tag bei Dettingen das französische Heer in die Flucht geschlagen. Ermutigt durch den Erfolg, der aus dem gemeinsamen Vorgehen resultiert, schließen Österreich, England, die Niederlande und Sardinien am 13. September 1743 das Bündnis von Worms. Es richtet sich gegen Frankreich. Friedrich II. weiß, daß nur einer der »Wormser« sich wirklich für Schlesien interessiert, nämlich Österreich, aber gerade dieses Österreich ist nicht nur militärisch entlastet, es erhält auch noch Subsidien von England, jährlich 300 000 Pfund. Friedrich II. weiß auch, daß Sachsen den Vorgängen am Rhein ziemlich gleichgültig gegenübersteht. Wenn Sachsen jetzt einen Vertrag mit Österreich geschlossen hat, so ist in ihm mit Sicherheit von Preußen die Rede und von Schlesien.

Der sächsisch-österreichische Vertrag besteht aus zehn Artikeln – nur sieben von ihnen sind für die Öffentlichkeit bestimmt. Österreich, das tatsächlich nicht mit den »Wormsern«, sondern nur mit Sachsen Schlesiens wegen ins Gespräch zu kommen vermag und daher bereit ist, das Geschehen von 1742 zu vergessen, stellt Sachsen einen »Teil Schlesiens« in Aussicht, garantiert freien Zugang nach Polen, auch für Soldaten – bis zu 1 200 Mann –, und ist bereit, eine Beistandsverpflichtung einzugehen, die erst am 13. Mai 1744 präzisiert wird: Greift ein drittes Land einen der Partner an, bietet Sachsen 20 000 Mann auf, Österreich 30 000.

Brühl kann zufrieden sein. Sachsen tritt aus der Isolierung heraus, und das Recht, durch Schlesien zu ziehen, ist mit Gold gar nicht aufzuwiegen. Da Sachsen auch mit Rußland ins Einvernehmen kommt, mit dem nach Beendigung der Thronwirren und des Krieges gegen Schweden wieder zu rechnen ist, kann sich die Diplomatie auf England konzentrieren. Der Vertrag mit Rußland verspricht dabei eine indirekte Wirkung. Seit 1742 besteht ein englisch-russisches Handelsabkommen. Die russischen Importe stammen ausschließlich aus England. Und an Hannover muß die britische

Krone schließlich auch denken. Lord Carteret, der Leiter der britischen Außenpolitik, zeigt sich recht entgegenkommend. Brühl erwartet den Abschluß eines sächsisch-britischen Vertrages. Alles ist vorbereitet, die große antipreußische Allianz in greifbarer Nähe.

Brühl hält sich in Warschau auf. Am 6. August 1744 wird ihm ein Besucher gemeldet, nicht der erwartete britische Unterhändler, sondern Preußens Staatsminister Wallenroth. Es ist nicht viel, was dieser zu sagen hat: Friedrich II. ersuche um das Recht, mit einem »Kaiserlichen Hilfskorps« in Stärke von 50 000 bis 60 000 Mann durch Sachsen nach Böhmen zu ziehen.

Preußen ist seit Juni 1744 mit Frankreich, dem Kaiser, der Pfalz und Hessen-Kassel im Bunde. Für Mitte August hat diese Koalition einen Einfall in Böhmen beschlossen und Preußen zum Vorreiter bestimmt. Daß niemand anders als Preußen den Krieg eröffnet, darauf wußte Frankreich zu bestehen, das dem Partner nach den Erfahrungen früherer Jahre zutiefst mißtraut. Nun verlangt das »kaiserliche Hilfskorps« von Sachsen das Durchzugsrecht. Die Bezeichnung ist nichts weiter als ein Trick. Die Preußen hätten kaum Aussicht, passieren zu können, aber den »Kaiserlichen« kann Sachsen den Durchzug nicht verwehren, kalkuliert Friedrich II. Und tatsächlich willigt Friedrich August II. am 7. August ein; er habe den Kaiser selbst gewählt und befände sich nicht im Krieg gegen ihn.

Über das, was sich an diesem 7. August in Warschau abspielt, schweigen die Akten. Ob Brühl den Kurfürsten umstimmt, seine stillschweigende Duldung erwirkt oder einfach auf eigene Faust handelt, ist nicht erkennbar. Er weist jedenfalls Dresden an, »rigoureusen Widerstand gegen einen feindlichen Einfall« zu leisten. Seine Order kommt um zwei Tage zu spät. Die preußischen Truppen haben längst die Grenze überschritten und fahren auf etwa 600 Schiffen elbaufwärts nach Böhmen.

Wie im Beistandsvertrag für einen solchen Fall vorgesehen, schickt Brühl Österreich 20 000 Soldaten zu Hilfe.

Zwischen dem 11. August und dem 16. September erobert Preußen halb Böhmen samt Prag. Nur 50 Mann verliert es dabei. Friedrich II. glaubt wieder einmal Ursache zu haben, mit seinen militärischen Fähigkeiten prahlen zu können. Seine Generäle üben Zurückhaltung. Sie sind mißtrauisch. Dieser Überfall auf Österreich nach dem Durchzug durch das mit ihm verbündete Sachsen ist eine militärische Torheit. Die sächsische Armee haben die preußischen Truppen nun im Rücken, die österreichische vor sich.

Prinz Karl, Kommandeur der österreichischen Truppen, läßt die Preußen in Böhmen umherirren auf der Suche nach dem Gegner, fängt die Versorgungskolonnen ab und sucht sich, in Ruhe auf die Sachsen wartend, ein Gelände aus, auf dem er die entscheidende Schlacht zu riskieren gedenkt. Er findet es nahe Beneschau in einer wasserreichen und sumpfigen, für Ortskundige geradezu idealen Gegend. Friedrich II. aber wittert die Falle. Ihm wird bewußt, daß er hier einer Niederlage nicht zu entgehen vermag. Seine Soldaten sind ausgehungert. Der Gegner hat seine Kräfte vereint und diktiert den Schlachtort (wenn es zu einer Schlacht kommt!).

Aber der preußische König befiehlt seinen Truppen am 25. Oktober den Rückzug.

Österreich wie Sachsen sehen in der nicht geschlagenen Schlacht bei Beneschau einen gewaltigen Sieg, was eigentlich ihr gutes Recht ist. Sie treiben die völlig demoralisierten Preußen wochenlang vor sich her durch ein Land, das den Eindringlingen jedes Brot und jeden Packen Heu verweigert. Am 4. Dezember 1744 erreicht Friedrich II. mit einem der Auflösung nahen Heer Schlesien, ohne ein größeres Gefecht geliefert zu haben. Münchow, Schlesiens Oberpräsident, stellt sarkastisch fest: »Wir haben keine Armee mehr, was wir haben, ist nichts als ein Haufe Menschen, noch beieinandergehalten durch die Gewohnheit und die Autorität der Offiziere ... Es bedarf nur noch der geringsten Schlappe ... um es zur Meuterei unter den Soldaten zu bringen ...«[50] Mit 72 000 Mann ist Friedrich II. im August durch Sachsen gezogen; vier Monate später zählt sein Heer nach einem schlachtenlosen Feldzug nur mehr halb so viel. An die 30 000 Mann sind desertiert, Schlesier zumeist und Mährer, 5 000 an der Ruhr erkrankt und 3 200 in österreichisch-sächsischer Gefangenschaft. Zerschlagen hat sich auch die Hoffnung, das Heer in den österreichischen Landen über den Winter zu bringen.

Friedrich II. bietet Wien den Abschluß eines Friedensvertrages an. Vergeblich!

Die Katastrophe bei Kesselsdorf

Im Winter kann man keinen Krieg führen, meint Prinz Karl. Das Heer müsse sich erst einmal von den Strapazen erholen. Es erholt sich; das preußische Heer ebenfalls.

Aus dem glücklichen Verlauf des Herbstfeldzuges erwachsen Österreich und Sachsen rasche diplomatische Erfolge. Am 8. Januar 1745 kommt in Warschau eine Quadrupelallianz zustande, der außer Österreich und Sachsen noch Großbritannien sowie die Generalstaaten angehören (ratifiziert wird der Vertrag erst im Mai in Leipzig). Mit Waffenhilfe haben es die Partner nicht so eilig, aber Subsidien zahlen sie an Österreich und Sachsen.

Keine zwei Wochen später, am 20. Januar, stirbt völlig überraschend der Kaiser. Bayerns neuer Kurfürst, Maximilian III., ist ein Realpolitiker. Mit Frankreich, das am 16. April bei Pfaffenhofen den kürzeren zieht, kann er nicht rechnen, und so läßt er sich von Österreich Bayern zurückgeben und verzichtet auf die Kaiserkrone. Für Sachsen wiederholt sich alles: Preußen wie Frankreich wollen dem Kurfürsten partout die Krone aufdrängen. Sie wenden sich an Brühl, Reichsminister könne er werden ...! Die französischen und preußischen Unterhändler strengen sich vergebens an. Brühls Einstellung bleibt unverändert: Sachsen kann sich die Kaiserkrone nicht aufladen. Zudem ist ganz augenscheinlich, daß Frankreich wie Preußen in Sachsen nur einen Ersatz für den verlorenen Verbündeten Bayern sehen und die Quadrupelallianz zu sprengen gedenken. So wird am 13. September 1745 mit sieben Stimmen Franz Stephan von Lothringen, Maria Theresias Gemahl, zum Kaiser gewählt.

Sachsens militärische Lage gestaltet sich immer bedenklicher. Obwohl die österreichisch-sächsischen Truppen den preußischen weit überlegen sind, gehen die Schlachten bei Hohenfriedberg (4. Juni) wie Soor (30. September) verloren. Der Kredit des Prinzen Karl vom Vorjahr zehrt sich auf. Hinter vorgehaltener Hand flüstern die Militärs sich die merkwürdigsten Dinge über seine leichtsinnige Kriegführung zu. Ein offenes Wort wagt (noch) niemand.

Preußen ist aus eigener Kraft außerstande, ein Heer von 170 000 Mann zu unterhalten. Trotz französischer Subsidien fehlen im Haushalt 4,5 Millionen Taler. Wo immer sich eine Möglichkeit bietet, leiht Friedrich II. Geld. Es kann als sicher gelten, daß er den Versuch unternehmen wird, sein Heer auf Kosten anderer über den nächsten Winter zu bringen. Nach Hohenfriedberg rückt er in Böhmen vor, kann sich aber hier wie schon im Vorjahr nicht halten. Nun ist man in Dresden restlos von der Gefahr überzeugt, Ziel eines preußischen Angriffs zu werden. Seit Mai steht Leopold von Dessau mit seinem Heer bereits im Raum Halle. Wenn Rußland nicht öffentlich erklärt hätte, es werde Sachsen sofort zu Hilfe eilen, falls ein preußisches Aufgebot die Grenze überschreite, würde der Dessauer schwerlich in seinem Quartier tatenlos verharren.

Brühl ist überzeugt, Preußen halte sich einzig und allein Rußlands halber zurück. Damit liegt für ihn der Schluß nahe, daß der preußische Angriff im Winter erfolgen werde, zu einer Jahreszeit also, in der die russischen Verbände nicht rasch genug herangeführt werden können. Er überlegt: Berlin angreifen? Maria Theresia stimmt ihm zu, nicht einfach abzuwarten und so eine Schlacht, die ohnehin unvermeidbar erscheint, auf sächsisches Gebiet zu ziehen. Am 29. August 1745 kommen Sachsen und Österreich überein, gemeinsam den »Dessauer« aus Halle zu vertreiben, Krossen zu besetzen und das dann abgeschnittene Schlesien in die Zange zu nehmen. Um Sachsen zu entlasten, zieht Österreich vom Rhein das Korps Grünne in die Gegend von Leipzig und das Hauptheer unter Prinz Karl nach Katholisch-Hennersdorf. Der Vertrag wird geheimgehalten – und doch erhält Friedrich II. davon Kunde.

Beide Seiten lassen die nächsten Monate verstreichen. Preußen will auf die Jahreszeit warten, in der ein russischer Entlastungsangriff mit ziemlicher Sicherheit im Schnee steckenbleiben muß, und Außenminister Podewils bremst zudem militärische Aktivitäten, weil ihm ein Ausgleich mit England möglich erscheint.

In Sachsen ist die Entschlußlosigkeit Trumpf. Maria

Theresia hat es Dresden überlassen, den Schlachtplan zu entwerfen. Mit Feuereifer macht sich Herzog Johann Adolph von Weißenfels ans Werk, und der am 10. September 1745 vorgelegte Plan ist kühner kaum denkbar. Die Generäle, von dem Gedanken angetan, selbst die Fäden in der Hand zu halten und nicht einem österreichischen Marschall folgen zu müssen, stimmen zu. Der Hof ebenfalls. Es sind schon Kuriere unterwegs, die Wien in die Einzelheiten einweihen wollen, auch Grünne und den Prinzen Karl. Zwei Wochen nach Ausarbeitung des Schlachtplanes läßt der Weißenfelser Herzog Brühl seine »Reflections über die dem Kgl. Churhause dermahlen bevorstehenden Evenements« zukommen, in denen er sich von seiner eigenen Konzeption distanziert und der dürftigen Hilfsquellen wegen für einen diplomatischen Ausgleich mit Preußen plädiert. Brühl ist fassungslos. Alle Österreich zugegangenen Pläne sind von ihm unterzeichnet. Die Schwenkung droht zu einer Blamage für ihn, nicht für den Oberkommandierenden zu werden. Mangelnde Logik widerstrebt ihm ohnehin zutiefst. Sachsens Hilfsquellen, sagt er dem Weißenfelser denn auch unverblümt, seien im Verlaufe der letzten zwei Wochen weder reichlicher noch dürftiger geworden, also habe entweder der Feldzugsplan jeder Grundlage entbehrt, oder die »Reflections« seien üble Schwarzmalerei. Ein Dritter ist bei dieser Unterredung nicht zugegen. Die Sekretäre wissen nur eines: Es ist Brühl, der spricht, sehr laut, viel lauter, als es sonst seine Art ist. »Mit Rücksicht auf seinen angegriffenen Gesundheitszustand« tritt der Herzog nach diesem Gespräch als Oberbefehlshaber zurück. Der Kurfürst versucht vergeblich zu vermitteln, akzeptiert Ende September schließlich notgedrungen den Rücktritt des Herzogs und ernennt den Grafen Rutowski, den Sohn Augusts des Starken und der Fatima und damit seinen Halbbruder, zum neuen Oberbefehlshaber. Rutowski will den Feldzugsplan überdenken. Darüber vergehen Wochen.

Inzwischen ist es November geworden. Thomas Villiers, der englische Gesandte, wartet seit Tagen auf ein Gespräch mit Brühl. Villiers gilt am Dresdener Hof als fähiger, schwer durchschaubarer Diplomat. In Gesellschaft kann er das große Wort führen – oder stundenlang schweigen. Der Unterschied ist äußerlicher Natur. Selbst wenn er redet, sagt er nichts. Brühl, ganz auf Verhandlungen mit Rutowski, Österreich und Rußland orientiert, fürchtet sehr, er werde nur seine Zeit verschwenden, schiebt die Audienz hinaus, kann ihr jedoch letztlich nicht ausweichen.

Villiers hat seine leutselige Stunde. Er plaudert über das seit Tagen anhaltende Schneetreiben, den harten Frost, der zu erwarten sei, wenn der Schneefall erst nachlasse, und wie unwirtlich der Winter zu werden drohe. Instinktiv spürt Brühl, daß sein Gesprächspartner ein bestimmtes Ziel ansteuert. Er wartet ab. So es zu einer Schlacht käme, meint der Gesandte nachdenklich, seien Verwundete eigentlich ohne Chance. Sie würden erfrieren, bevor noch der Lärm der Geschütze verhallt sei. Und schließlich kommt Villiers mit seinem Anliegen heraus. Er habe mitzuteilen, daß England und Preußen sich in der Konvention von Hannover arrangiert hätten (was Brühl längst bekannt ist), und falls auch Sachsen sich zu dieser Konvention bekennen wolle, werde der König von England alles daransetzen, Preußen zur Einstellung der Feindseligkeiten gegen Sachsen zu bewegen. Und Friedrich II. wisse um diese Unterredung?, wirft Brühl nach einer langen Pause ein. Villiers Miene verfinstert sich. Er sei der Gesandte Englands, nicht Preußens, braust er auf. Begütigend setzt er schließlich hinzu: Die beiden Majestäten seien auf gegenseitiges Wohlwollen bedacht. Damit bleibt offen, ob er im Einverständnis mit Preußen handelt oder nicht. Brühl dringt nicht weiter in ihn. Das Angebot sei des Überlegens wert, sagt er, um zum Schluß zu kommen. Nur Bedenkzeit sei vonnöten. Der Kurfürst müsse gehört werden und Österreich, der Verbündete. Der Gesandte jedenfalls verdiene Dank für seine Mission.

Gut gelaunt verabschiedet sich Villiers. An Sachsen liegt England wenig, aber wenn Preußen Krieg führt, wird dies der Londoner Kasse abträglich sein.

Brühl bleibt nachdenklich zurück. Preußen scheint sich seiner Sache sicher zu sein. Es lockt nicht mit einem freien Zugang nach Polen, bietet keine Zollverhandlungen an, verspricht auch nicht den Abzug der am 22. November über die Grenze getretenen Truppen. Nimmt Sachsen an, ist es – ohne Österreich im Hintergrund – Preußen ausgeliefert, lehnt es ab, beschleunigt dies das Vorrücken der Preußen, was verhängnisvoll werden könnte, da die Österreicher nach dem verlorenen Scharmützel bei Hennersdorf nach Böhmen ausgewichen sind.

So kann die Devise nur lauten: Zeit gewinnen!

Kurfürst und Kabinett bekennen sich zu einer Verzögerungstaktik. So informiert Brühl Villiers, Sachsen erwäge ernsthaft den Beitritt zur Konvention von Hannover, nur müsse erst die Meinung des Wiener Hofes eingeholt werden. Daß Sachsen sich von Österreich lossagen solle, hat Villiers schließlich nicht ausdrücklich verlangt, und so hält sich Brühl an das, was gesagt worden ist, entschlossen, nicht zu verstehen, was gemeint ist.

Friedrich II. durchschaut Brühls Absichten nur allzugut. Am 1. Dezember bekommt Villiers, also Englands (!) Gesandter, von ihm eine sofort zu übermittelnde Kunde: Wenn Sachsen sich nicht unverzüglich zur Konvention von Hannover bekenne, werde man sich in Dresden beim Nachdenken empfindlich durch Kanonendonner gestört sehen. Exakt vier Tage später geht Villiers ein preußischer Blankopaß zu, gedacht für einen sächsischen Minister, der sich in Friedrichs II. Hauptquartier in Bautzen einfinden solle. Das ist ein schlecht bemänteltes Ultimatum. Villiers möchte den Paß schon zustellen, er weiß nur nicht an wen: Der Kurfürst und Brühl sind unerwartet nach Prag umgezogen.

Preußen hat am 30. November Leipzig besetzt, für den Hof das Signal zum Aufbruch. Es ist sinnlos, die Verhandlungen mit Villiers fortzuführen, wenn die preußischen Truppen derweil eine Stadt nach der anderen besetzen. Brühl hält eine Schlacht für unvermeidbar, andernfalls würden die Preußen »das Land im Winter ausfressen«, äußert er Rutowski gegenüber. Friedrich II. wird ihm deshalb einmal vorwerfen, auf eine Schlacht geradezu versessen gewesen zu sein, wobei die Frage bleibt, wie Preußen sich bei einem Vorstoß Sachsens nach Potsdam oder Schwedt verhalten hätte. Die Formierung der Streitkräfte ist nicht Sache Brühls, das können die Militärs besorgen, seine Sorge gilt der Diplomatie, gilt Österreich. Wien ist längst informiert über Villiers Mission – und mißtrauisch. Mit dem Umzug nach Prag, in eine habsburgische Stadt, will Brühl alle Zweifel an einer Bündnistreue ausräumen, demonstrativ alle anderen Brücken abbrechen. Daß Preußen diese Übersiedlung nur als Absage an die Konvention von Hannover begreifen kann, ist unvermeidbar. Doch bedeutet dies wenig: Der Dessauer und Friedrich II. rücken ohnehin von verschiedenen Seiten her nach Dresden vor. Nur eines erscheint Brühl wichtig: Österreich als Bündnispartner zu behalten.

Daß der Kurfürst den Herzog von Weißenfels wieder

zum Oberkommandierenden und Chef der Regierung während seiner Abwesenheit ernennt, mißfällt Brühl. Der Herzog trifft am 1. Dezember abends zur Übernahme seines Amtes in Dresden ein; Brühl hat die Residenz eben in Richtung Prag verlassen. Es gäbe wohl doch einiges zu besprechen, aber jeder hat die Chance gehabt, einer Begegnung auszuweichen, und einer von beiden hat sie genutzt – möglicherweise beide.

Der neuerliche Wechsel im Oberkommando unmittelbar vor einer Schlacht ist riskant. Brühl lehnt einen Kommandierenden General ab, der von vornherein an einem militärischen Erfolg zweifelt, der Kurfürst will Rutowski nicht, der ihm zu umständlich ist, zu lange überlegt, bevor er eine Entscheidung trifft (vielleicht hat er auch nur Vorbehalte gegen den Halbbruder), er schwört auf den Weißenfelser, den »Helden von Polen«. Und es ist schließlich der Kurfürst, dem die Ernennung des Oberkommandierenden obliegt!

Am 2. Dezember konferiert der Weißenfelser Herzog in Dresden mit den Generälen, den Gesandten, mit dem Kriegsrat. Unbekümmert über die psychologische Wirkung seiner Worte, sagt er immer dasselbe: Sachsen habe nicht die geringste Chance, eine Schlacht zu gewinnen. Das ist für einen Oberbefehlshaber schon ein etwas merkwürdiger Standpunkt. Sachsen verfügt immerhin über 25 000 Soldaten, über das Grünnesche Korps, das 8 000 Mann zählt, und hat in Hinterhand das Heer des Prinzen Karl mit 21 000 Mann. Mit 32 000 Mann unter dem Dessauer und 24 000 Mann unter Friedrich II. sind die Preußen etwa gleichstark. Wenn sich die sächsisch-österreichischen Verbände früher vereinigen als die beiden preußischen und den Gegner nacheinander stellen, ist die Gefahr zu bannen. Anders als Brühl mißtraut der Weißenfelser Herzog dem Prinzen Karl. Auch wagt er nicht, eines der preußischen

Korps anzugreifen. Derweil werde das andere Dresden besetzen, gibt er zu bedenken, und belagern lassen könne sich Dresden nicht, da Stadtkommandant Bose Lebensmittel für allenfalls drei Tage habe und die Befestigungsanlagen in einem miserablen Zustand seien.

Am 7. Dezember schreibt der Herzog einen langen Brief an Brühl, in dem es unter anderem heißt: »Ich bitte Ew. Exellenz, um Gottes Liebe willen dafür zu sorgen, daß das arme Sachsen vor seinem völligen Zusammenbruch durch einen Frieden gerettet wird.« Darauf antwortet der Kurfürst, der eigentlich nicht angeschrieben ist, vier Tage später: »Jetzt muß das Heer, das noch in gutem Stande ist, mir Dienste leisten, das Heer, das ich solange in der Absicht ernährt habe, um meine Lande damit zu verteidigen, nach deren Verlust es von selbst verloren ist und wie Schnee zerschmilzt. Prinz Karl kann morgen in Sachsen sein ..., dann kann man mit den gleichen, wenn nicht stärkeren Kräften handeln, der Erfolg der Schlachten hängt nicht immer von einigen Bataillonen mehr oder weniger ab ...« Und dann läßt er einen kalten Regen über den Herzog rieseln: »Mein Herr Vetter! Ich kenne Ihren Eifer, ich kenne auch Ihre schwankende Gesundheit. Sie ist mir so kostbar. Strengen Sie sich nicht über Ihre Kräfte an, übergeben Sie jedenfalls den Befehl an den Grafen Rutowski.«[51] Damit ist deutlich, warum Brühl einen an ihn adressierten Brief nicht selbst beantwortet. Einen so gewichtigen Schritt wie die Absetzung des Oberbefehlshabers vermag ein Minister nicht zu vollziehen, und doch ist es Brühls Handschrift, die die kurfürstliche Order erkennen läßt.

Die Veränderungen im Oberkommando sind keineswegs falsch. Man kann nicht in eine Schlacht gehen mit einem Oberbefehlshaber, der von einer Niederlage überzeugt ist. Falsch war allenfalls der Wechsel am

1. Dezember. Was der Kurfürst im September nicht wahrhaben wollte, die Erkrankung des Herzogs, ist Tatsache: Der Herzog hat nur noch einige Monate zu leben. Der Kurfürst aber bezog die Abdankung auf den Streit mit seinem Minister und holte sich seinen General bei erstbester Gelegenheit zurück. Der wiederum fürchtete, man werde es ihm als Feigheit auslegen, wenn er sich weigere, das Kommando erneut zu übernehmen. So tritt er an die Spitze der Armee, physisch überfordert, ohne Schwung, bereits vom Tode gezeichnet, die Erfolgsaussichten einer Schlacht gegen Preußen skeptisch beurteilend. Nach nur 12 Tagen die Abberufung in der Hand haltend, schreibt er am 12. Dezember gegen 20 Uhr seine Abschiedszeilen, in denen er einräumt, »einige Unordnung in Kleinigkeiten bei der Armee zu hinterlassen«.

Bis zur Schlacht verbleiben nur mehr drei Tage, eigentlich zwei.

Friedrich August Rutowski, der neue Oberbefehlshaber, 43 Jahre alt, gilt seit dem Sieg bei Prag als Sachsens erfolgreichster Feldherr der jüngsten Zeit. Außer dem Weißenfelser ist nur er als General en chef denkbar. Von den Sitzungen des Kriegsrates, die sein Vorgänger durchgeführt hat, versäumte er auch nicht eine. Er kennt des Herzogs Meinung, Sachsen kämpfe auf verlorenem Posten, nimmt den Herzog am 13. Dezember in seinem Haus auf. Teilt er dessen Ansichten über die militärische Lage? Das Debattieren ist Rutowskis Sache nicht. Er kümmert sich um die Armee und die »Kleinigkeiten«, die in Unordnung sind. Bestürzt registriert er, daß niemand an die für die Versorgung der Armee so wichtigen Depots gedacht hat. Das wichtigste, das Torgauer, ist dem Dessauer »mit gutem Vorrath« am 7. Dezember wie eine reife Frucht zugefallen. Sachsen kommt diese Galanterie teuer zu stehen. Während die preußischen Truppen auf dem Vormarsch nur Brot zu backen brauchen – mit Korn sind sie seit der Besetzung Torgaus reichlich versorgt –, requirieren die sächsischen in den Dörfern das Getreide zentner-, ja pfundweise. In den Stäben hat Gevatter Leichtsinn die Oberhand. Getreide besitzen die Preußen zwar, heißt es achselzuckend, aber bei dem Eisgang auf der Elbe sei es nicht transportierbar. In Wirklichkeit begleiten schwerbeladene Kähne die vormarschierenden Preußen; es überzeugt sich nur keine sächsische Patrouille davon.

Als Rutowski den Oberbefehl übernimmt, steht Friedrich II. schon in Königsbrück, schwankend, ob er sich Dresden oder Meißen zuwenden solle, wo eigentlich schon der Dessauer eingetroffen sein müßte. Was Friedrich II. hofft, ahnt Rutowski bestenfalls. General Sybilski, der sich am 13. Dezember etwas umsehen soll, stößt nahe Lommatzsch auf preußische Soldaten, nimmt 70 Mann gefangen. Seit Schkeuditz haben die Preußen auch nicht einen Schuß gehört; vielleicht sind sie deshalb so sorglos. Der Kurier, den Sybilski nach Dresden jagt, kommt mit seinen Neuigkeiten zu spät: Der Kommandant von Meißen, der mit seinem schwachen Verband geflohen ist, trifft vor ihm bei Rutowski ein. Mit Meißen ist Preußen das zweitgrößte sächsische Depot in die Hände gefallen. Niemand hatte versucht, die Vorräte rechtzeitig auszulagern; die wertvollen Lebensmittel sind für Preußen regelrecht »aufgehoben« worden. »Kleinigkeiten« seien nicht in Ordnung, hatte der Weißenfelser gesagt? Die Elbbrücke bei Meißen hatte der Stadtkommandant vor dem Rückzug sprengen wollen, doch war ihm das der hohen Kosten für den Wiederaufbau wegen verwehrt worden. So setzen nun die preußischen Verbände wie auf einem Spaziergang über den Fluß. Der sächsischen Generalität bemächtigt sich eine derartige Nervosität, daß Prinz Karl auf einer rasch einberufenen Sitzung des Kriegsrates, zu der er mit großer Verspätung eintrifft, spöttelt, wenn nur 50 preußische Husaren auftauchten, werde Dresden mit Sicherheit kapitulieren.

Seit der Schlacht bei Soor ist Karls Autorität in Sachsen geschrumpft. Es wagt nur keiner, einen Einwand gegen den Chef des österreichischen Hilfskorps zu erheben. Karl ist der Liebling der Wiener Lebewelt, eigentlich ohne militärische Ambitionen. Als Gatte einer inzwischen verstorbenen Schwester Maria Theresias und Bruder des neuen Kaisers gilt seine Stellung als unanfechtbar. Die Militärs können sich nicht genug darüber wundern, was Karl den Mut gibt, ohne Generalstab und ohne Berater eine ganze Armee zu führen. Allerdings haben die jüngsten Niederlagen auf Prinz Karl einen weit größeren Eindruck gemacht, als er zuzugeben bereit ist. Nach einem Winterquartier für seine Soldaten steht ihm der Sinn, nicht nach einer neuen Schlacht, deren Ausgang von allen Generälen als zweifelhaft angesehen wird.

Feldmarschalleutnant Grünne, der Kommandeur des dritten und kleinsten Heeres, des kaiserlichen, ist ein energischer Befehlshaber, der eher gebremst denn getrieben werden muß. Am 13. Oktober hat er Heidelberg in Richtung Leipzig verlassen. Zu selbständigen Operationen zu schwach, von niemandem recht unterstützt, schließt er sich den Verteidigern Dresdens an. Eine fieberhafte Erkrankung fesselt ihn in Dresden ans Bett, und so übernimmt Elverfeld, ein junger Generalmajor, das Kommando. Elverfeld ist kein genialer Stratege, aber er ist willens, Grünnes Platz auszufüllen. Im Heer genießt er Ansehen – im Kriegsrat muß er erst seinen Namen buchstabieren (wie er Grünne an dessen Krankenbett gesteht).

Der Kriegsrat tagt lange an diesem 13. Dezember. Von Prag und Wien zur Schlacht gedrängt, durch den Vormarsch der Preußen beunruhigt, bildet die Schlachtordnung das Hauptthema. Eines ist von Vorteil: Das Schlachtfeld wählt die sächsische Seite. Um Dresden zu decken und doch genug Operationsraum zu haben, bringt der Kriegsrat die Truppen zwischen Kemnitz und Kesselsdorf in Stellung.

Am Nachmittag des 14. Dezember reiten Rutowski und Prinz Karl das Gelände ab. Es sieht freilich anders aus als jenes, das Adolph von Menzel, der seinen Ruhm als Maler um ein Gemälde vom Schlachtfeld Kesselsdorf mehrt, auf die Leinwand bannt. Wo mag der Künstler die bizarren Felsen gesehen haben? Es sind mittelhohe Hügel und gewundene Täler, die der Landschaft das Gepräge geben. Unter Beschuß genommen, muß es der Gegner schwer haben, die vereisten Hänge zu erklimmen. Die kleinen Niederungen lassen freilich für den Verteidiger tote Winkel entstehen, und im Falle eines Rückzuges gibt es nur eine gedeckte Straße. Trotz allem hat Rutowski Grund, sich zur Wahl dieses Geländes zu gratulieren.

Generationen von Schülern der Militärakademien werden einmal kopfschüttelnd vor dem Modell stehen – und die Schlacht bei Kesselsdorf im Nachhinein gewinnen.

In der Nacht oder in der Frühe sind die Truppen in Stellung gegangen. Elverfeld, der mit dem Korps Grünne auf dem rechten Flügel steht, ist ungehalten. Sein Heer werde nutzlos an der Elbstraße festgehalten, prophezeit er; alle Patrouillen rechnen mit einem preußischen Angriff von Wilsdruff her. Rutowski winkt ab: eine Finte! Der gefährdetste Punkt sei der rechte Flügel, und leutselig klopft er dem jungen Kommandeur auf die Schulter: »Alle Hände werden Sie brauchen,

General! Schlagen Sie sich wacker, ich rechne auf Sie!« Beim Abreiten der Stellungen stößt Rutowski bei Pennrich-Omsewitz auf einen in einer Länge von zwei Kilometern völlig ungedeckten Abschnitt. Er gruppiert die Kräfte rasch neu, muß – um in der sieben Kilometer langen Front diese Lücke von zwei Kilometer zu schließen – sehr viele Regimenter umsetzen, weil jede Verschiebung eine Kettenreaktion auslöst, aber es beruhigt ihn, Vorsorge treffen zu können. Im noch unbesetzten Braunsdorf am linken Flügel liegt die Achillesferse; Prinz Karl ist bereit, mit seinem Heer hier in Stellung zu gehen.

Der Prinz hat sein Quartier in Zehista, er ist nur wegen der Sitzung des Kriegsrates nach Dresden gekommen. Es gibt wichtige Dinge mit Rutowski zu besprechen: Seine Artillerie steht noch in Böhmen, weil der Transport der schweren Geschütze infolge Eisganges auf der Elbe nicht wie vorgesehen auf dem Wasserwege möglich ist. Rutowski stellt kurzerhand das Dresdener Zeughaus zur Verfügung, nur abholen müßten sich die Österreicher das Geschütz schon selbst. Und schließlich geht es um die Absicherung der Lebensmittelvorräte. Eigentlich sind die Österreicher verpflichtet, sich selbst zu versorgen, aber Rutowski sieht einen Ausweg: Zwar könne Dresden die Österreicher nicht verpflegen, aber es gäbe schließlich Dörfer genug in der Umgebung. Wenn sich die Truppen verteilen würden …? Und sie verteilen sich – auf ein Areal von 100 Quadratkilometern!

Bei den Sandkastenspielen der Militärschüler wird einmal von Soldaten, Geschützen und Munition die Rede sein. Rutowskis Stolpersteine heißen zunächst einmal Brot, Hafer und Heu.

Gegen zwei Uhr nachts wird der Prinz vom Ordonnanzoffizier geweckt. Mißgelaunt nimmt er eine eilige

Botschaft Rutowskis entgegen: Die Preußen greifen an! Sybilskis Patrouillenberichte liegen im Original bei. Warum eigentlich? Meint Rutowski, der Befehlshaber der Österreicher schenke nur einem urschriftlichen Bericht der Patrouillen Glauben? Gelassen legt der Prinz die Papiere aus der Hand und begibt sich wieder zur Ruhe. Einen Nachtangriff der Preußen hält er für ausgeschlossen. Tatsächlich haben lediglich einige nervös gewordene Posten aufeinander geschossen. Dafür wird die sächsische Armee, von Rutowski alarmiert, übermüdet, durchfroren und halb erschöpft in die Schlacht gehen.

Sie handeln sehr verschieden, die beiden Befehlshaber: Rutowski, dessen Armee in Stellung ist, schlägt sich mit seinen Soldaten die Nacht um die Ohren, Prinz Karl, der die ihm zugewiesene Stellung noch gar nicht bezogen hat, läßt sich Zeit. Dabei ist es bei der dezentralisierten Lage der Quartiere nahezu unmöglich, im Verlaufe des kommenden Tages Braunsdorf überhaupt noch zu erreichen.

Gegen 7.30 Uhr erhält Prinz Karl eine zweite Botschaft über den unmittelbar bevorstehenden Angriff der Preußen. Er schickt lediglich seinen Generaladjutanten Buttler nach Kesselsdorf, um sich von den Truppenbewegungen persönlich ein Bild zu machen. Buttler soll dann direkt zum Großen Garten reiten, wo sich das österreichische Heer versammeln werde. Der Große Garten als Stellplatz? Um Braunsdorf zu erreichen, benötigt das Heer Stunden!

Als Buttler gegen Mittag im Großen Garten eintrifft, findet er nur einige Bataillone vor. In spätestens zwei Stunden beginne die Schlacht, meldet er dem Prinzen. Der ist anderer Meinung: Die Tage seien kurz, nachmittags ein Angriff nicht mehr zu befürchten. Für alle Fälle schickt er die Bagage nach Pirna, und die Wagenkolonne wird die entgegenkommenden Truppen am Vormarsch behindern. Die Soldaten müssen auf das Feld ausweichen, versinken dabei im knietiefen Schnee und warten schließlich den Durchzug der Bagage ab. Prinz Karl zieht die verfügbaren Bataillone derweil nach der Weißeritz vor, während Rutowski am linken Flügel auf die Österreicher wartet.

Nach 14 Uhr geht das bislang sporadische Artilleriefeuer in eine regelrechte Kanonade über. Die Preußen greifen an! Zwei Angriffe werden abgeschlagen, der dritte führt zu einem Chaos in der sächsischen Armee. Die Kavallerie, die ohnehin schwere Verluste hinnehmen mußte, weil der Gegner seine Geschütze weit vorzuziehen vermochte und Reiter wie Pferde, auf den Höhen postiert, dem Artilleriefeuer wie auf dem Präsentierteller hilflos ausgesetzt waren, kann keinen Ausfall unternehmen, ohne in die zurückflutende Infanterie zu reiten. Elverfeld, unbeschäftigt, will auf den bedrohten linken Flügel ausweichen, aber Rutowski befiehlt ihm zu bleiben, weil er nach wie vor mit einem Angriff an der Elbstraße rechnet.

Fürst Leopold von Dessau wird einmal sehr erstaunt darüber sein, daß er das gesamte Grünnesche Korps kaltgestellt habe, nur weil er die von Rutowski erwartete Falle nicht stellte. Elverfeld, der am Vortag für jeden Soldaten nur vier Schuß Munition besaß und sich mit List und Tücke noch 30 Schuß je Mann zu beschaffen wußte, muß erkennen, daß die Mühe umsonst gewesen ist. Sein Korps gibt kaum einen Schuß ab. Weit schlimmer noch für Sachsen ist es, daß die Österreicher ausfallen. Diese beiden Heere, die nicht zum Einsatz kommen, das Grünnesche und das österreichische, sind zusammen fast so stark wie die angreifenden Preußen.

Zweimal 60 Minuten. Länger dauert die Schlacht bei

Kesselsdorf nicht. Was kann innerhalb von zwei Stunden alles geschehen!

Über das Schlachtfeld senken sich die Schatten der Nacht. Ab und an zerreißt die Wolkendecke, dem Mond den Blick freigebend, nur für einen Augenblick. Jeder dunkle Fleck auf dem Schlachtfeld steht für eine menschliche Tragödie. Die Geschichtsschreibung geht darüber hinweg, zumindest die preußische, die sich ganz auf den Dilettantismus der sächsischen Militärs konzentriert, sich sonnt im Spiegel des Sieges.

Wenn das preußische Heer sich gegen Morgen wieder sammelt, werden 5 036 Mann fehlen. Sie sind gefallen oder verwundet. Die Infanterie hat ein Viertel ihres Bestandes eingebüßt. Die sächsische Armee hat 3 810 Mann verloren – jene 3 000, die in Gefangenschaft geraten sind, nicht gerechnet. Für 11 000 Mann, Preußen und Sachsen, ist Kesselsdorf das Ende – oder der Anfang mannigfachen Leidens.

Das geschah in zweimal 60 Minuten!

Es ist Sache des Siegers, sich der Toten und Verwundeten anzunehmen. Die Chronisten, zumindest die preußischen, übergehen dieses Kapitel geflissentlich. Villiers hat bei seiner Unterredung mit Brühl recht gehabt: Die Überlebenschancen der Verwundeten sind gering, der preußischen wie der sächsischen. Niemand wird am Ende wissen, wer bei rechtzeitiger Hilfe hätte gerettet werden können. Doch diese Hilfe bleibt aus. Wer sich nicht aus eigener Kraft zu einem Obdach retten kann, erfriert in dieser eisigen Winternacht gnadenlos. Die Preußen überlassen es den Dorfbewohnern, die Toten zu bestatten. Aber wo sind die Dorfbewohner? Fast alle haben vor Beginn der Schlacht das Weite gesucht. Nach ihrer Rückkehr sind sie zu Totengräbern bestellt – für täglich drei Groschen. Hacken und Schaufeln fehlen. Sie sind in Ermangelung von

Heizmaterial durch Soldaten ins Lagerfeuer geworfen worden. Es ist schwer, den gefrorenen Boden ohne geeignetes Werkzeug aufzubrechen; die Toten werden nur verscharrt. Noch Wochen nach der Schlacht verfolgen die Jäger streunende Hunde, die sich an den Leichen gütlich tun. Ein besonderer Ukas erscheint: Jeder herrenlose Hund ist zu erschießen. Dem Sproß des Übels wird wieder einmal weit energischer zu Leibe gerückt als der Wurzel.

Am Abend des Unglückstages scharen sich die Generäle noch einmal um Rutowski, erschüttert über das Ausmaß der Katastrophe, verstört und ohne Hoffnung, ratlos, was das Morgen betrifft. Um eben das Morgen geht es Rutowski. Er wünscht keine Erörterung der Versäumnisse, keine Aufrechnung. Die Generäle teilen seine Meinung, ausgenommen Prinz Karl, der ausdrücklich bedauert, sich in der »Ohnmöglichkeit befunden zu haben … eine solche ausgiebige Hilfe zu leisten, wodurch obig-widriger Zufall hätte vermieden werden können«. Er spricht ins Leere! Zornig kündigt er an, er werde in der Frühe, bevor noch das Heer des Preußenkönigs in Kesselsdorf angelangt sein kann, den »Dessauer« angreifen, notfalls mit den Österreichern allein. Davon will Rutowski nichts wissen. Einige Generäle, hellhörig geworden, rechnen auf: Der Prinz vermag als einziger zu sagen, wie viele Soldaten er ins Feld zu führen imstande ist: 20 180. Elverfeld zögert. Sein Korps ist in das Chaos des Rückzugs verstrickt worden, das Schicksal einiger Bataillone unbekannt; an die 5 000 Mann seien ihm geblieben, meint er zögernd, vielleicht einige hundert mehr. Die sächsische Armee, so Rutowski, zähle noch 10 000 Mann (es sind 16 539), doch die Soldaten seien erschöpft, hungrig, deprimiert, allenfalls als Reserve denkbar. Da auch die Soldaten des »Dessauers« abgekämpft sind, haben die frischen Truppen Karls und Elverfelds durchaus eine Chance. Nur: die zweite Schlacht muß eine dritte nach sich ziehen, gegen das Heer des Preußenkönigs, das inzwischen Meißen erreicht hat, und diese drohende Kettenreaktion ist es, die Rutowski fürchtet. Vielleicht mißtraut er auch dem Eifer Prinz Karls.

Rutowski läßt die Truppen sammeln und ins Winterquartier führen – nach Böhmen. So gibt sich eine Armee geschlagen, die noch über beträchtliche Potenzen verfügt. Sie *ist* nicht verloren, sie gibt sich verloren!

Geradezu kläglich verhält sich der Geheime Rat. Unter Leitung des Herzogs von Weißenfels arbeitet er am Vormittag des 15. Dezember die Kapitulationsurkunde aus, und gegen Mittag sind elf Punkte zu Papier gebracht. Als die Soldaten in Erwartung der Schlacht bei Kesselsdorf in Stellung liegen, ist in Dresden schon alles für die Übergabe vorbereitet. Nur die zweite Unterschrift, die des Vertreters Preußens, fehlt zur Besiegelung der Kapitulation. Von der Sitzung des Geheimen Rates weg, die Bedingungen für die vorgesehene Kapitulation frisch im Gedächtnis, reitet der Weißenfelser Herzog nachmittags aufs Schlachtfeld, bald hier, bald da die Kommandeure und Soldaten ermunternd. Abends entschließt er sich, obwohl derzeitiger Leiter der Regierung, mit Rutowski nach Böhmen zu gehen. (Er bekommt auf der Flucht einen Herzanfall, im Mai stirbt er). Es liegt ihm nichts daran, das von ihm ausgearbeitete Kapitulationspapier selbst dem preußischen Befehlshaber anzubieten.

Die Preußen zeigen bei der Besetzung Dresdens keine Milde. Leopold möchte Friedrich II. diesen Triumph nicht nehmen und wartet dessen Ankunft ab. Der König, ohne Verdienst am preußischen Sieg bei Kesselsdorf, läßt Villiers, der Brühl bis Prag nachgereist ist, per Kurier wissen, Verhandlungen mit Sachsen seien gegenstandslos geworden, und besichtigt am 17. Dezember erst einmal das Schlachtfeld. Es scheint, als denke er darüber nach, wie er den Einzug in Dresden gestalten könne, ohne den »Dessauer« zu brüskieren. Die Lösung liegt nahe: Der Übergabe Dresdens wegen darf Leopold die Verhandlungen führen, und beim Einzug in die Residenz des Gegners am 18. Dezember abends läßt sich der König von seinem Marschall begleiten.

Leopold verzichtet auf eine Einsichtnahme in die vom Geheimen Rat vorbereiteten Übergabebedingungen. Er ignoriert den Geheimen Rat und ersucht am 17. Dezember den Stadtkommandanten Bose, die Stadt »auf Capitulation« zu übergeben. Bose eilt zum Geheimen Rat, der ohne Brühl und ohne den Herzog hilflos ist und nichts weiter zu sagen weiß, als daß der Stadtkommandant angesprochen sei, nicht der Geheime Rat. Von einem Aufschub, um den Kurfürsten und Brühl in Prag verständigen zu können, will der preußische Unterhändler nichts wissen, und General Bose bleibt nichts anderes übrig, als zu kapitulieren. Die preußische Armee verteilt sich auf den Raum zwischen Meißen und Bautzen. Dresden muß 12 000 preußische Soldaten aufnehmen, das Vorfeld von Dresden weitere 6 000. Jeder hat Anspruch auf täglich ein Pfund Fleisch, zwei Pfund Brot und zwei Berliner Quart Bier. Es erweist sich als beschaffbar, was für die sächsische Armee und deren Verbündete nicht aufzutreiben war, wie Rutowski von Böhmen her zur Kenntnis nimmt. In seinem Palais residiert nunmehr der preußische König.

Die Kunde von der Niederlage bei Kesselsdorf trägt Oberst Hardenberg nach Prag, noch in der Nacht vom 15. zum 16. Dezember. Brühl wird sofort geweckt, als der Oberst eintrifft. Er war nie frei von bösen Ahnungen, doch die Hoffnung, dieser trügerische Irrwisch, zeigte sich ihm gefällig und verdrängte die Ängste. So ist der Mensch nun einmal! Jedes Unglück, auch das kalkulierbare, trifft ihn letzten Endes überraschend.

»Dresden wird also kapitulieren«, sagt er, gar nicht wie er selbst. Hardenberg versteht es als Frage, nicht als Feststellung. »General Bose verfügt lediglich über Kreistruppen«, äußert er, »und Exzellenz wissen selbst ...« Er zögert. Brühl weiß: Die Kreistruppen taugen allenfalls zur Bewachung eines Depots. Im Angesicht feindlicher Truppen weichen sie rascher, als der Gegner zu folgen vermag. Er erhebt sich, stützt sich schwer auf die Schreibtischplatte, sagt leise, sehr unsicher: »Majestät muß in Kenntnis gesetzt werden. Gedulden Sie sich einen Augenblick, Oberst.« Zögernd verharrt er: »Falls Majestät Sie zu sprechen wünscht ...«

Hardenberg, allein gelassen, verlangt es nach einem heißen Trunk. Und er ist hungrig. Er überlegt, wann er das letzte Mal etwas zu sich genommen hat: am 14., vor anderthalb Tagen. Soll er einen Lakaien rufen? Achselzuckend unterläßt er es. Kuriere mit Erfolgsmeldungen werden stets vortrefflich bewirtet, Kuriere mit Hiobsbotschaften vernachlässigt. Viel zu müde, um über das Leben zu philosophieren, streckt sich Hardenberg erschöpft in seinem Sessel aus. Er hat eine Schlacht hinter sich und einen beschwerlichen Ritt. Da darf er müde sein. Es kommt niemand, um ihn aus dem Schlummer zu wecken. Über seiner Botschaft ist seine Anwesenheit längst in Vergessenheit geraten.

Brühl fällt der kurze Weg von einer Zimmerflucht in die andere schwer. Zaudernd steht er vor den Gemächern Friedrich Augusts II., bevor er den Entschluß faßt, sich Gehör zu verschaffen. Während der diensthabende Kammerherr sich bemüht, den Kurfürsten aus dem Schlaf zu reißen, denkt er erstmals seit seiner Ernennung zum Minister über den Rücktritt nach. Hätte er in Dresden bleiben sollen? Was hat er in Prag ausgerichtet? Nichts, was Sachsens Position erleichtert hätte!

Gute Absichten werden in der Politik nicht honoriert, nur Erfolge. Nun wird es aller Welt scheinen, er habe sich durch Flucht einem Dilemma entzogen. Es bleibt ihm wenig mehr, als den Hut zu nehmen. Aber da ist etwas anderes: Welche Genugtuung für Friedrich II., wenn ein Brühl den Posten verließe! Wem außer Preußen könnte es von Nutzen sein, wenn er um die Entlassung ersuchte? Brühl bemüht sich, jede Eitelkeit zu verdrängen, doch will ihm tatsächlich niemand einfallen, der seinen Platz einnehmen könnte. Allein der Gedanke, Friedrich II. könne darüber triumphieren, daß er ihn zu Fall gebracht habe, nimmt ihm viel von seiner Beklemmung. Der Rest schwindet angesichts der Hilflosigkeit des Kurfürsten, der, verschlafen noch, die Tragweite des Geschehens nicht zu begreifen vermag. Ein Heinrich, der nach Canossa geht, wenn es sich als unabwendbar erweist, ist der Kurfürst nicht. »Es bleibt uns keine Wahl«, meint Brühl, »wir müssen uns mit Preußen vergleichen.«

Unbeherrscht faßt der Kurfürst seinen Minister an der Schulter: »Ihr habt ihn mir ins Ohr geblasen, diesen Ritt nach Kesselsdorf, nun laßt Euch etwas Gescheiteres als einen Vergleich einfallen. Wir haben noch ebenso viele Soldaten wie Friedrich und die mächtigsten Staaten Europas als Verbündete, während Preußen auf sich allein gestellt ist.«

Die Hand des Landesherrn von seiner Achsel zu schütteln, wagt Brühl nicht, zu widersprechen schon: »Es ist zu spät für eine zweite Schlacht, oder zu früh, den Preußen sind nach Kesselsdorf Flügel gewachsen, Ihrer Majestät Armee ist von Panik erfaßt, und es ist nichts so schwer aufzuhalten wie eine Armee auf der Flucht. Und an die Verbündeten«, fügt er ungewollt scharf hinzu, »denken Eure Majestät besser nicht: Die Russen benötigen Monate, bevor sie Sachsen nur erreichen, und die Österreicher haben sich bei Kesselsdorf damit begnügt, dem Kanonendonner zu lauschen, statt aufs Schlachtfeld zu eilen!«

Das will Friedrich August II. nicht gehört haben: »Die Capricen des Geschicks haben dem Prinzen einen Streich gespielt«, fängt er die Kritik an Österreich ab.

»Wenn wir keinen Vergleich suchen«, wirft Brühl ungerührt ein, »wird sich Preußens Armee in Sachsen häuslich einrichten und das letzte Brot verzehren. Uns drückt die Zeit, nicht Preußen!«

Nachdenklich geht Friedrich August II. ans Fenster, Brühl den Rücken zukehrend. Im Salon, der eben noch vom Wortwechsel erfüllt war, tritt eine bedrückende Stille ein. Minuten verstreichen, bevor der Kurfürst sich wieder seinem Minister zuwendet. Sein Gesichtsausdruck hat sich völlig verändert, ist ohne Spannkraft. »Warum gewinnt der Preuße nur jede Schlacht?« sagt er entmutigt.

Schweigend verharrt Brühl.

»Wenn wir Frieden schließen«, läßt sich der Kurfürst nach langer Pause vernehmen, »muß Er nach Dresden vorauseilen und die Bilder Unserer Ahnen zur Wand wenden. Wie sollen Wir Unserem Vater noch in die Augen schauen ...«

»Euer Herr Vater, Majestät«, wirft Brühl ein, »hat den Frieden zu Altranstädt geschlossen. Die Demütigung ist längst vergessen, nicht die Erinnerung an einen langen Frieden.«

»Ihr meint ...« Für einen Augenblick beleben sich des Kurfürsten Gesichtszüge, dann kommen ihm erneut Zweifel. »Wir haben es nicht mit Schweden zu schaffen; Friedrich wird Uns einen harten Frieden diktieren, einen sehr harten. Er wird Uns vernichten ...!«

»Dann eint er seine Gegner! Die Mächte Europas würden eine Vernichtung Sachsens nicht hinnehmen; sie wünschen kein Erstarken Preußens. Der König ist trotz des Sieges seiner Fahnen genötigt, um Sachsen zu – werben.« Entschlossen fügt er hinzu: »Majestät sollten sich anhören, was der König von Preußen zu sagen hat.«

»Meinethalben«, räumt Friedrich August II. schließlich resigniert ein.

Das läßt Brühl aufatmen. »Mit gebotener Eile, doch ohne Hast, werde ich nach Dresden reisen.«

»Brühl!« Der Kurfürst schreit den Namen seines Ministers geradezu heraus. »Er fährt nicht! Friedrich liebt Euch nicht und wird seinen Haß Sachsen entgelten lassen. Schicke Er nach Dresden, wen Er will, aber gehe Er nicht selbst!«

Dieser Ausbruch schockiert Brühl. In Gedanken weilt er bereits am Konferenztisch. Ginge es darum, dem Gegner ausgeliefert, ein Diktat entgegenzunehmen, es zöge ihn wahrlich nicht nach Dresden, doch je länger er sich mit der neuen Lage befaßt, desto mehr festigt sich die Erkenntnis, daß es durchaus etwas zu verhandeln gäbe, der Diplomatie eine andere Aufgabe bleibe, als unterschriftlich eine militärische Niederlage zu sanktionieren. Werden die Interessen der Mächte nur geschickt gegeneinander ausgespielt, dürfte sich von Sachsen das Schlimmste abwenden lassen. Das ist eine Aufgabe, die ihn reizt und die zu lösen er keinem anderen zutraut. Aber er begreift das Endgültige der landesherrlichen Entscheidung. Einige Minister sind in Dresden verblieben: »Mag Hennicke die Verhandlungen führen«, schlägt er vor, »zusammen mit Bülow und Saul.«

Der Kurfürst stimmt sofort zu. Es ist ihm nicht entgangen, wie hart es Brühl getroffen hat, im Hintergrund bleiben zu müssen. »Er kann auch von Prag aus Regie führen«, setzt er begütigend hinzu. »Unsere Hoffnungen ruhen auf Ihm. Den Preußen wieder aus Unserem Lande zu manövrieren wäre eines Premierministers würdig.«

Brühl spürt, wie ihm vor Erregung das Blut zu Kopfe steigt. Ärgerlich denkt er daran, daß ihm in der Eile keine Zeit geblieben ist, sich mit gewohnter Sorgfalt zu pudern. Seit Jahren ist er auf den »Premierminister« aus. Ein Minister könne keine Minister regieren, hat er gemeint. Der Kurfürst faßte dies als Kränkung auf: Sei er nicht auch noch da, er, der Kurfürst, der König! Und wozu die Neuerungen? Rußland habe einen Kanzler. Leiste er etwa Überzeugendes? Es sind nicht innenpolitische Gründe, die Brühl den »Premierminister« als verlockend erscheinen lassen. Ein Zuwachs an Autorität, gewiß, doch alle gewichtigen Ämter sind ohnehin in seiner Hand. In der Außenpolitik dagegen würden sich ihm neue Möglichkeiten eröffnen. Ob ein Minister oder Premierminister Sachsens, sei eben für Frankreich ein Unterschied, oder für Rußland ...

Er weiß nicht recht, was den Kurfürsten nach der militärischen Katastrophe veranlaßt, ihm den »Premier« in Aussicht zu stellen. Vielleicht hat der Landesherr endgültig das Interesse an den Regierungsgeschäften verloren, vielleicht will er seinen Minister nur anspornen, einen Weg aus der scheinbar aussichtslosen Lage zu suchen, vielleicht greift auch nur eines ins andere.

Sicher ist eines: Nach Kesselsdorf ist nicht der General gefragt, sondern der Diplomat.

Energiegeladen betritt Brühl sein Arbeitszimmer, wo Hardenberg noch in seinem Sessel schlummert, von allen vergessen. Brühl drückt sein Bedauern aus, sich so wenig um das leibliche Wohl des Kuriers gesorgt zu haben, befiehlt Speisen, Wein und ein Lager für den Oberst. Er ist wie ausgewechselt. Kesselsdorf ist schon Geschichte für ihn. Mit Sachsens verbliebenen Möglichkeiten rechnet er, und das ist, wie er gern einzuräumen bereit ist, eine Rechnung mit vielen Unbekannten. Eben darin liegt ein besonderer Reiz.

Etwa zur gleichen Stunde hat Friedrich II. in seinem Hauptquartier vor Dresden eine Unterredung mit seinem Außenminister Podewils. Wenn Brühl doch Ohr sein könnte! Des Preußenkönigs Auffassung deckt sich mit der seinen in einem Punkt völlig: Frieden muß geschlossen werden! Während Brühl zu Eile drängt, um Sachsen vor der Wintereinquartierung der preußischen Truppen zu bewahren, möchte Friedrich II. einer Umgruppierung der Bündnisse zuvorkommen. Die Motive sind verschieden, wie so oft in der Politik, die Zielstellung ist die gleiche. Was Brühl nicht ahnt und so bald auch nicht erfahren wird: Friedrich August II. hat gut daran getan, ihn aus den Verhandlungen herauszuhalten. Der Vertragsentwurf, den Preußens König seinem Außenminister diktiert, enthält die Klausel, der König von Polen und Kurfürst von Sachsen habe unverzüglich seinen Minister Brühl zu entlassen. Friedrich II., besessen von dem Gedanken, seinen Kontrahenten zu Fall zu bringen, will die Gunst der Stunde nutzen. »Bei jedem Taler, den die Sachsen zu zahlen haben, werden sie an Brühl denken und seine Entlassung preisen«, versichert er Podewils. »Er hat den Krieg gewollt – und verloren.« In dem Papier, das

Sachsens Unterhändler zugeht, wird nichts von der Entlassung Brühls stehen. Podewils hat seinem König diese Forderung ausgeredet. Es ist so, als ahne er Brühls Überlegungen. Es sei widersinnig, erklärt er, jenen Mann stürzen zu wollen, der sächsischerseits auf einen Friedensvertrag dränge. Friedrich August II., prophezeit Podewils, werde nie einem Vertrag zustimmen, nach dem Preußen bestimme, wer in Sachsen Minister sein darf.

Der ahnungslose Brühl, dessen Ministerstunden im preußischen Hauptquartier schon laut und vernehmlich gezählt werden, schreibt derweil an Loß, den Gesandten in Wien: »Nach diesem Schlage bleibt uns nichts weiter übrig, als uns mit Preußen zu verständigen.« Loß möge das Österreich schicklich, aber bestimmt beizubringen versuchen. Von einem Separatfrieden Sachsens wird Maria Theresia kaum angetan sein. Mag sie sich äußern! Und eigentlich in gleicher Sache schreibt Brühl, kaum daß Hardenberg ihn verlassen hat, einen zweiten Brief, adressiert an Rutowski. Der Marschall möge ihm doch umgehend und ausführlich Bericht erstatten über die bravourösen Taten des Prinzen Karl in der Schlacht bei Kesselsdorf. (Falls Wien sich gar zu ungehalten über seine Absichten auslassen sollte.)

Maria Theresia läßt sich Zeit mit der Antwort, Rutowski dagegen beeilt sich sehr. Mit Freuden hat er den Ball aufgefangen, den Brühl ihm zugeworfen, und klagt wie erwartet in aller Ausführlichkeit über das österreichische Hilfskorps, das die ihm zugewiesenen Stellungen einfach nicht bezogen habe. Diesen Bericht läßt Brühl dem Kurfürsten zugehen, der immer geneigt war, den Prinzen zu schonen.

Doch ist eben in dieser Rechnung Brühls ein Fehler. Ohne seinen Minister zu verständigen, schreibt Friedrich August II. mit eigener Hand an Loß, er solle Wien wissen lassen, es sei an der Zeit, den Prinzen Karl mit einem anderen Posten als dem des Oberkommandierenden zu beehren. Österreich werde doch einen fähigeren und zuverlässigeren General haben als diesen Hallodri, und wenn nicht, seien Sachsen und die Habsburger zum letzten Male Waffenbrüder gewesen.

Das Ultimatum ist längst unterwegs, als Brühl davon Kenntnis erhält. Er setzt alle Hoffnungen auf Loß, der ein erfahrener Diplomat ist und die Forderungen des Kurfürsten sicher abzuschwächen weiß. Maria Theresia dürfte schon deshalb ungehalten sein, weil der Kurfürst nicht ihr direkt geschrieben hat. Daß sie ihren Oberbefehlshaber nach dem Willen des Verbündeten verabschiedet, ist wenig wahrscheinlich; sie wird das als Bevormundung verstehen. Und es ist ihr Schwager, dem sie den Laufpaß geben soll! Brühl wäre nicht überrascht, wenn sie sich die Einmischung in ihre Angelegenheiten verbäte. Solange der Frieden mit Preußen nicht vorliegt, käme ihm ein Streit mit Wien denkbar ungelegen. Günstige Bedingungen sind nur zu erzielen, wenn das sächsisch-österreichische Bündnis als funktionstüchtig gilt.

Zu Brühls Erstaunen reagiert Maria Theresia auffallend gelassen. Er kann nicht wissen, daß an diesem 20. Dezember, als Loß die sächsischen Forderungen übermittelt, ein Schreiben ihres Kanzlers in Böhmen, Harrach, eingeht, in dem es heißt, »daß die Disciplin in Ew. Kön. M.-Truppen merklich abgenommen, ist eine weltkundige Sache ... und daß die Animosität zwischen des Prinzen Karl von Lothringen Kön. Hoheit und dem sächsischen Hof, auch sächsischer Generalität so weit geht, daß ich nicht sehe, wie die Sache länger auf diesem Fuß bleiben könne, ohne Ew. K. und K. M. mit dem König von Polen selbst in Uneinigkeit zu bringen«.

Daß ihre Generäle den Prinzen nicht mögen, weiß sie ohnehin, daß Harrach von weltkundiger Disziplinlosigkeit im Heer spricht und der von ihm vorausgesagte Streit mit Sachsen fast synchron ins Haus schneit, läßt endgültig den Entschluß der Neubesetzung des Oberkommandos in ihr reifen. Davon freilich braucht Friedrich August II. nichts zu wissen. Ist er ihr Vormund? Sie wartet also erst einmal ab und beschwichtigt Loß. Ihr liegt daran, Sachsen am Verlassen der Koalition zu hindern, und Harrach ist dabei ihr rühriger und ideenreicher Anwalt.

In der Nacht vom 15. zum 16. Dezember hat Harrach in Dresden, fast schon angesichts des Gegners, ein langes, von Brühl vorbereitetes Gespräch geführt mit Vaulgrenant, dem französischen Unterhändler. In Pirna, wohin er ausgewichen ist, um der preußischen Gefangenschaft zu entgehen, setzt er die Verhandlungen mit Vaulgrenant fort. Wenn der Ausgleich mit Frankreich gelingen sollte, werden die Sachsen schwerlich aus dem fahrenden Wagen springen und, statt sich auf einen Separatfrieden mit Preußen einzulassen, wieder Mut fassen und der Koalition die Treue wahren.

Brühl erhält täglich einen ausführlichen Bericht über die österreichisch-französischen Verhandlungen. Der Kanzler rechnet fest mit einem Ausgleich. Österreich werde dadurch entlastet und könne noch am Rhein gebundene Truppen nach Sachsen verlegen. Rußland einbezogen, ließen sich an die 180 000 Mann gegen Preußen mobilisieren. Sachsens Entschädigung werde dreimal so hoch ausfallen wie vereinbart, versichert Harrach am 18. und am 20. Dezember. Brühl klingt dies wie Musik in den Ohren – Zukunftsmusik, wie er sich eingestehen muß. Sachsen wird der Atem ausgehen, bevor sich eine günstige Konstellation der Kräfte ergibt. Harrach ist, anders als Brühl, Kanzler eines nicht von Preußen besetzten Landes.

Als am 19. Dezember wieder einmal Villiers vorspricht und ein Verhandlungsangebot unterbreitet, überlegt Brühl nicht lange; er ernennt noch am selben Tag die Unterhändler für die Gespräche mit Preußen. Gleichzeitig teilt er Harrach mit, er habe eben die Vollmachten für Sachsens Vertreter bei den Friedensverhandlungen mit Preußen nach Dresden geschickt. Auch Loß wird entsprechend informiert.

Villiers sucht bei seiner Rückreise nach Dresden Harrach auf und rät ihm, sich den Friedensverhandlungen anzuschließen. Harrach weist das Ansinnen von sich. Doch am 21. Dezember erhält er von Maria Theresia die Weisung, einen Frieden mit Preußen auszuhandeln. Von Loß über die sächsischen Absichten informiert, hat die Kaiserin nur einen Gedanken: einen Alleingang Sachsens zu verhindern – und damit kommt sie Brühls Wünschen entgegen. Sosehr dieser auch den Frieden will – an einem Sonderfrieden, der einem Bruch mit Österreich gleichkäme, ist ihm keineswegs gelegen. Noch am 21. Dezember erkundigt er sich, wie Wien sich zu einer Entschädigung Sachsens stelle. Anders denn auf Kosten Preußens, erwidert Maria Theresia, käme doch wohl eine wie auch immer geartete Entschädigung nicht in Betracht. Das überrascht Brühl nicht weiter. Er beauftragt Saul, sich bei Villiers zu erkundigen, wie England sich dazu stelle, wenn Sachsen einige Forderungen an Österreich adressiere. (Das Knäuel widersprüchlicher Interessen verspricht Verwicklungen weit über den auszuhandelnden Friedensschluß hinaus.)

Podewils, in Dresden Preußens Unterhändler, verlangt die Anerkennung der Konvention von Hannover, was die Vertreter Sachsens und Österreichs erwartet haben; sie sparen sich Einwände für lohnendere Gelegenheiten auf. Damit ist die Generaldebatte auch schon zu Ende; Details des Friedensvertrages berät Podewils mit den Bevollmächtigten auf getrennten Sitzungen.

Von Sachsen fordert Podewils die nachträgliche Anerkennung der vor dem 23. Dezember erfolgten Requisitionen. Bülow nimmt es hin. Die Kurfürstin, die Kaiserstochter, soll auf Erbansprüche in Schlesien verzichten. Auch das akzeptiert Bülow. Schließlich nennt Podewils die entscheidende Bedingung: Sachsen hat eine Kontribution in Höhe von einer Million Talern aufzubringen. Das ist hart für das Land. Abgesehen von 4 000 Verwundeten, die in Torgau und Meißen liegen, will Preußen aber unmittelbar nach Vertragsabschluß die Truppen abziehen.

Hennicke handelt inzwischen mit Friedrich II. Separatartikel aus. Im ersten garantiert Preußen Sachsen »Genugtuung und Entschädigung für Österreich geleistete Dienste« durch den Wiener Hof, im zweiten verspricht Friedrich II. Unterstützung beim Erwerb Erfurts. Es kostet Preußen nichts, auf die sächsischen Wünsche einzugehen. Möglicherweise hat das einen Vorteil: Es entsteht eine gewisse Abhängigkeit Sachsens vom nördlichen Nachbarn.

Podewils Gespräch mit Harrach fällt kurz aus. Österreich muß noch einmal die Bestimmungen des Breslauer Friedens anerkennen, und Preußen garantiert Maria Theresia ihren deutschen Besitz und unterschreibt nachträglich die Wahl Franz Stephans zum Kaiser.

Bereits am 25. Dezember erfolgt in Dresden die Unterzeichnung des preußisch-sächsisch-österreichischen Friedensvertrages.[52]

Eigentlich sind alle ganz zufrieden mit dem Konferenzverlauf, wenn sie das auch während des von Saul umsichtig vorbereiteten Festessens voreinander verbergen und die neue Lage beklagen, namentlich die eigene, ohne Übertreibung freilich, nur als eine zu absolvierende Pflicht. Harrach ist unbekümmert. Er hat die Verhandlungen nicht gewollt, sich gegen sie gesträubt, und als Österreich sich zur Teilnahme entschloß, fiel ausgerechnet ihm die Rolle des Unterhändlers zu, und das eigentlich nur, weil die Zeit drängte und er Dresden am nächsten war. In den letzten Tagen ist ihm nie Zeit geblieben, in Ruhe zu speisen. Jetzt, da die Unterschriften unter dem Vertrag stehen, kann er das Essen genießen. Als ihm ein Kurier aus Wien gemeldet wird, der ihn zu sprechen wünsche, erhebt er sich ungehalten. Er bleibt nicht lange aus, nur einige Minuten, zeigt sich vergnügt wie zuvor und spricht Speisen und Getränken gehörig zu. Dabei philosophiert er mit dem ihm zur Seite sitzenden Bülow ausschweifend über Diplomatie und die Diplomaten. »Wissen Sie, Bülow, wie ein Jesuit die Konsequenz in der Diplomatie interpretiert hat?« fragt er ausgelassen, und ohne eine Pause einzulegen, gibt er selbst die Antwort: »Nicht heute so und morgen so, sondern heute so und morgen so! – ein kluger Mann, dieser Jesuit. Aber er kennt meine Kaiserin nicht. Ihre Geradlinigkeit entzückt mich immer wieder aufs neue. Ich gehöre zu den aufrichtigen Bewunderern der Monarchin!« Mit diesem pathetischen Ausruf verabschiedet er sich von den Tafelgästen. Bülow, der immer und überall Anspielungen wittert und bei »Konsequenz in der Diplomatie« die Pointe nicht verstanden hat (die in der Betonung liegt), bleibt betroffen zurück.

In seinem Salon überfliegt Harrach noch einmal die Depesche aus Wien. Maria Theresia entzieht ihm alle Vollmachten vom 21. Dezember und verbietet ihm kategorisch die Unterzeichnung eines Vertrages mit Preußen. »Zu spät, Verehrteste, zu spät!« schmunzelt Harrach. Er öffnet die Tür, ruft den Kurier herbei und sagt lauter als vonnöten: »Eine Depesche für Wien! Reite wie der Teufel – du wirst empfangen werden wie ein Fürst!« Vor Vergnügen ist sein Gesicht verklärt. Zurück kann er ohnehin nicht mehr, und er will auch nicht. Er war gegen den Frieden, jetzt ist er für ihn! Mit schallendem Lachen schließt er die Tür hinter sich.

Hennicke, Bülow und Saul, die eben den Korridor betreten haben, bleiben erstaunt stehen. »Was nur der Kanzler hat?« flüstert Bülow. »Die Kaiserin wird ihm zum Vertragsabschluß gratulieren, vielleicht gar einen Orden übermittelt haben«, mutmaßt Saul.

Wien ist ungehalten

Auch nach Kesselsdorf dreht sich die Diplomatie weiter um die gleiche Achse – »Entschädigung« heißt sie. Sie ist das Motiv von Brühls außenpolitischen Handlungen. Alle haben sich am österreichischen Erbe gütlich getan, der nördliche Nachbar, der südwestliche. Wenn dem nicht so wäre ...? Aber dies sind müßige Überlegungen. Daß die Wettiner Verzicht leisten auf die Kaiserkrone, nimmt Habsburg schon in die Pflicht. Die Nachbarn sind erstarkt, Preußen vor allem, Sachsen dagegen ist leer ausgegangen, mußte einen Positionsverlust hinnehmen. Nach Brühls Verständnis von Politik ist dies eine einzigartige Herausforderung.

Daß der Warschauer Vertrag von 1745 auch eine Kehrseite hat, wollte bei Unterzeichnung niemand wahrhaben. Alles schien so eindeutig wie nur denkbar zu sein. Das Wiener Kabinett dünkte sich sehr weise, als es Sachsens Ansprüche auf eine Entschädigung akzeptierte, zum ersten Male in all den Jahren unentwegten Streites. In Richtung Norden wurde Sachsen verwiesen, nach Preußen hin, und Sachsen auf diese Weise an Österreich gebunden.

Nach Kesselsdorf sind die Hoffnungen auf einen Gebietszuwachs im Norden oder Osten zerronnen, aber Sachsen wäre nun auch mit der Grafschaft Reuß und ein paar nordböhmischen Kreisen zufrieden. Die Forderungen bekommen einen neuen Adressaten: Laut und vernehmlich pocht Brühl auf den Warschauer Vertrag; Österreich hat die Gebietsansprüche anerkannt! Nach Kesselsdorf müssen sie eben neu lokalisiert werden. Es hätte nicht so zu kommen brauchen, aber wenn die österreichische Armee die Schlacht bei Kesselsdorf schon verschlafen habe, müsse Wien die Konsequenzen auf sich nehmen. Man werde doch Sachsen außer den Blutopfern und den finanziellen Verlusten nicht auch noch Verzicht auf eine Entschädigung zumuten! Garantie sei Garantie!

So aber hat sich Österreich die Realisierung des Warschauer Vertrages nicht vorgestellt. Mit preußischen Gebieten zahlen, ja ..., doch mit eigenen ... Das Wiener Kabinett windet sich gehörig. Wo ist der Mantel, der groß genug wäre, um die Mängel der eigenen Truppen in der Schlacht bei Kesselsdorf zu verdecken? Aber zahlen?

In den Geheimklauseln des Dresdener Friedens ist Brühl ein Rückhalt gegeben. Eine Garantiemacht steht hinter Sachsens Forderungen: Preußen! Wer hat das noch vor vier Wochen für möglich gehalten? Am 27. Dezember 1745 schreibt Brühl einen langen Brief an Loß. Die Kaiserin müsse begreifen: Entweder trete sie Reuß und einen Teil Nordböhmens ab – oder das Bündnis mit Sachsen erhalte einen Riß.

Tatsächlich rechnet Brühl nicht mit Gebietsabtretungen durch Österreich, wie sich zeigen wird. Er denkt auch nicht daran, einen Bruch mit Wien zu riskieren oder sich mit Preußen zu verbünden, wie Maria Theresia befürchtet (und befürchten soll). Ihm geht es um die Sicherung des außenpolitischen Spielraums, der mit Kesselsdorf in Gefahr geraten ist. Das Selbstbewußtsein, das der Verlierer einer großen Schlacht an den Tag legt, verblüfft. Freilich ist das Risiko groß, sich zwischen zwei Stühle zu setzen. Die Außenpolitik droht zu einem Balanceakt zu werden.

Wie vielen sächsischen Diplomaten ist auch Loß »bedenklich«, was Brühl vorhat, er äußert sich schon am 25. Dezember in einem Brief an den Minister so. Die neue Order zwingt den Gesandten zum Handeln; er muß bei der Wiener Regierung vorstellig werden. Er geht mit äußerster Zurückhaltung ans Werk, doch der Widerstand schreckt ihn, obwohl er mit ihm gerechnet hat. Nun ist Loß ein alter, erfahrener Diplomat. Überzeugt, unmöglich erreichen zu können, was er erreichen soll, kommt ihm die Idee, anderen die unerquicklichen Verhandlungen zu überlassen. Am 5. Januar teilt er Brühl mit, Harrach, der Kanzler, werde in den nächsten Tagen nach Dresden kommen, und da sei es sicher das beste, wenn er selbst mit ihm verhandle. Ehe Brühl sich recht versieht, hat er die Karten, die er gemischt, wieder in der Hand. Doch das läßt ihn kalt. Die erste Januarhälfte ist kaum verstrichen, als die Debatte um die Entschädigung durch Österreich im Sande versiegt. Das hätte Brühl schwerlich zugelassen, wären ihm seine Forderungen real erschienen. Allerdings ist er etwas abgelenkt. Loß ließ es ihn bereits wissen: Harrach will nicht mehr und nicht weniger als eine Erneuerung der sächsisch-österreichischen Allianz erreichen. Über Wiens Vorstellungen hat sich der Gesandte sehr ausführlich geäußert; wenn er schon in der Entschädigungsfrage keinen Eifer an den Tag legt, will er sich wenigstens in den Allianzangelegenheiten als rührig und gut informiert zeigen.

Harrach ist guter Dinge, als er am 14. Januar in Dresden eintrifft. Etwas geringschätzig hat er Ulfeld vor seiner Abreise anvertraut, er habe Brühl »in der Tasche«, und niemand brauche sich in Wien der Erneuerung einer Allianz halber zu sorgen. Was bleibt Sachsen schon anderes übrig? Es dürstet nach Rache, es drängt auf Entschädigung – in Gemeinschaft mit Österreich kann es vielleicht beides haben. Vermutlich ist es Esterhazy, der Gesandte, der Harrach die Erfolgschancen vorrechnet. Esterhazy gilt als bester Kenner der Interna sächsischer Politik, er sieht keinerlei Schwierigkeiten für die Bündnispolitik.

Es wird kein vergnüglicher Aufenthalt für Harrach. Drei Wochen lang hat Brühl brieflich oder über Loß Österreich mit Forderungen überschüttet; er ist dabei auf taube Ohren gestoßen. Nun sind die Rollen vertauscht: Österreich äußert Wünsche an Sachsen. Brühl hört sich gelassen an, was Harrach vorzubringen hat, und weiß doch alles schon durch Loß. Er schenkt dem Kanzler nichts: Über jede Einzelheit läßt er sich genau informieren. Und einen Vertragsentwurf will er sehen! (Loß muß über glänzende Beziehungen zum Wiener Kabinett verfügen.)

Harrach windet sich einem Aal gleich. So hat er in den heißesten Julitagen nicht geschwitzt wie in diesem grimmig kalten Januar in Brühls Palais. Er ist am 1. Januar durch Maria Theresia angewiesen worden, nur mündlich und unter vier Augen mit Brühl zu verhandeln. Er tat daraufhin das, was allenfalls ein Kanzler tun kann: die Reise nach Dresden abzulehnen. Nach dem, was er beim Abschluß des Dresdener Vertrages erst eine Woche zuvor erlebt habe, fahre er nur mit einem schriftlichen Auftrag in der Tasche, hat er der Kaiserin unmißverständlich erklärt, bei fehlender Vorlage läge letztlich der Inhalt des gewünschten Abkommens mit Sachsen völlig in seinem Ermessen, und dieses Eisen sei ihm denn doch zu heiß. Maria Theresia blieb gelassen: Es gäbe viele Diplomaten in Wien, die es als Ehre verstehen würden, diese Mission zu übernehmen, hatte sie gemeint und das Gespräch beendet. Nach fast zwei Wochen stellte sie ihm das Geforderte zu: einen Vertragsentwurf und eine Verhandlungsvollmacht. Harrach könnte in die Tasche greifen und Brühl das Papier vorlegen, doch er wagt es nicht. Sollte Sachsen abspringen und Preußen das österreichische Dokument zuspielen, geriete die Wiener Diplomatie in arge Bedrängnis. Wie steht sie da, wenn ruchbar wird, daß sie drei Wochen nach Abschluß des Dresdener Friedens an eine neue antipreußische Allianz denkt? Keiner traut mehr dem anderen. In der folgenden Woche haben Harrach und Brühl Tag für Tag eine Unterredung. Harrach will eine mündliche Vereinbarung, Brühl besteht auf einem Papier. Es ist Harrach, der Nerven zeigt: Mit leeren Händen will er nicht nach Wien zurückkehren, und so riskiert er es: Er legt Brühl den Vertragstext vor,[53] der in drei Abschnitte gegliedert ist. Im ersten wird von gegenseitigem Beistand gesprochen, falls einer der Partner von einer »nachbarlichen Macht … über kurz oder lang feindlich angefallen oder überzogen werden« sollte, im zweiten vom Aufbau einer antipreußischen Partei innerhalb des Reiches mit Österreich und Sachsen als Kern und im dritten von der Bildung einer mächtigen europäischen Koalition unter Einbeziehung Rußlands sowie der Seemächte und Hannovers.

Nun hält Brühl also den Vertragsentwurf in der Hand. Er rät dem Kurfürsten, erst einmal den Geheimen Rat um seine Meinung zu befragen. Jedem Ratsmitglied wird daraufhin ein gesondertes Gutachten abverlangt. Gersdorf, Hennicke, Rex und Zech raten dringend davon ab, das österreichische Angebot zu akzeptieren, einzig Loß, im fernen Wien und vom dortigen Hof beeinflußt, spricht sich dafür aus.

Harrach, der nun schon die dritte Woche tatenlos in Dresden verbringt, mahnt ungeduldig. Endlich, am 30. Januar, sucht Saul ihn auf, um ihn von der Entscheidung des Geheimen Rates zu unterrichten. Harrach ist verwirrt, denkt an ein Mißverständnis, erzwingt tags darauf eine Unterredung mit Brühl und erfährt nur, was er schon weiß: Der Geheime Rat sei dagegen, meint Brühl, und da sei selbst ein Minister ohnmächtig. Eines jedenfalls könne er versichern: Mit Preußen habe Sachsen nichts im Sinne! Aber es braucht jetzt Ruhe. Harrach weiß nach Wien von einem großen Streit im Dresdener Kabinett und der Bildung einer Anti-Brühl-Partei unter Hennicke zu berichten. Will er sich rechtfertigen, warum er Brühl »nicht in die Tasche« bekommen hat? Von den Räten ein Gutachten anzufordern ist eigentlich nicht Brühls Regierungsstil. Harrach mag übertreiben, aus der Luft greift er seine Meinung durchaus nicht. Wäre Kesselsdorf ein Erfolg gewesen, jeder hätte die Allianz mit Österreich in den höchsten Tönen gepriesen, doch jetzt, nach dem verlorenen Krieg, halten es viele für einen schweren Fehler, sich mit Wien liiert zu haben. Sie lassen das Pendel nach der anderen Seite ausschlagen, plädieren für ein Abrücken von Wien. Hennicke ist einer von Brühls Opponenten, doch ihn gleich zum Anführer einer Anti-Brühl-Partei zu ernennen ist unseriös. Der Herzog von Weißenfels liegt krank in Böhmen, außerstande, in irgendeiner Weise einzugreifen. Von Manteuffel als Nachfolger Brühls ist wieder einmal die Rede. Das freilich entspricht des Herzogs alter Vorstellung. Aber Manteuffel scheint mit seiner Zeit als Minister längst abgeschlossen zu haben, und es unternimmt niemand ernsthaft den Versuch, ihn zurückzuholen.

Die Befragung der Räte spricht für Schwierigkeiten, denen sich Brühl im Kabinett ausgesetzt sieht. Er mag den Eindruck verwischen wollen, selbstherrlich zu regieren. Über das Ergebnis der Umfrage dürfte es bei ihm keinen Zweifel gegeben haben – und es mißfällt ihm keineswegs. Er ist nicht für den Abschluß einer Allianz mit Österreich, reicht aber auch keiner antihabsburgischen Politik die Hand. Er plädiert für einen Druck auf Wien, nicht für einen Bruch. Daß die Stimmung in Dresden gereizt ist, läßt er Harrach gegenüber anklingen: Der Kanzler kann und soll es wissen.

Harrach vermag in der Ablehnung seines Angebotes vorerst nichts Endgültiges zu sehen. Er bastelt tagelang an einem neuen Vertragstext, schlägt schließlich eine Verlängerung des Abkommens vom Vorjahr vor. Saul hetzt zwischen Brühl und Harrach hin und her, Brühl sucht auch Harrach persönlich auf. Schließlich begreift dieser, daß seine Mission gescheitert ist, aber ohne eine schriftliche Stellungnahme Dresdens mag er nicht abreisen. Er habe ein Papier eingebracht, er möchte ein anderes Papier in die Hand bekommen. Das kann Brühl nicht gut ablehnen, nachdem er vor Tagen erst selbst auf einem Beleg bestanden hat, und am 4. Februar 1746 geht Harrach eine Denkschrift Sachsens zu:[54]

Ein Allianzvertrag, wie Österreich fordert, beschwöre die Gefahr eines neuen Krieges herauf, heißt es darin. Ein Krieg mit Preußen – das kann Brühl einzuflechten sich nicht versagen – werde angesichts früherer Erfahrungen wahrscheinlich wieder Sachsen »fast allein zur Last« fallen. Es gäbe den alten Vertrag mit Österreich, und der genüge vorab vollauf. Die Bildung einer großen Koalition sei zu begrüßen, nur solle auch Bayern für sie gewonnen werden. Offen läßt die Denkschrift, ob Sachsen einer solchen Koalition beitreten werde. Vorerst, heißt es, müsse man danach trachten, »zu einem billigen Frieden mit Frankreich und Spanien zu gelangen«.

Mehr als ein solcher Frieden interessiert Sachsen freilich, wie die eine Million Taler für Preußen aufgebracht werden kann.

Die Millionen des Herrn von Housseau

Wer in Wien, Amsterdam, London oder wo auch immer Geldgeschäfte mit Sachsen abzuwickeln hat, wird gern an Jakob Deelings Erben in Dresden verwiesen. Daß die Besitzer dieser Bank Holländer sind und Verwandte von ihnen im holländisch-englischen Finanzwesen ein Wort mitreden, mag gerade für Diplomaten von Belang sein. Die Gesandten, die ihr Land in Dresden vertreten, geben jedenfalls dieser Bank den Vorzug, und da sich dem, der auf Jakob Deelings Erben verweisen kann, in Europa so manche Tür öffnet, gehören Sachsens Gesandte ebenfalls zu den Kunden des Finanzinstituts. Auch der ostsächsische Adel steht mit diesem Haus in Verbindung, und sei es nur, um im Ausland studierenden Söhnen einen Wechsel zukommen zu lassen. Das sind Bagatellgeschäfte, gewiß, doch von diesen lebt manche Bank. Große Transaktionen haben jedenfalls bei Jakob Deelings Erben Seltenheitswert, die Umsätze sind überschaubar, die Kunden persönlich bekannt.

In den Wochen nach dem Kriege wird mit Geld allerorts gespart, geht das Geschäft schleppend. Die Diplomaten Sachsens werden sehr knapp gehalten. Sonderaufträge und Sondermittel fallen kaum mehr an. Ein neuer Kunde hat in solchen Zeiten gute Chancen, für seine Anliegen ein offenes Ohr zu finden, vor allem dann, wenn er Geld einbringt und nicht auf einen Kredit aus ist. Herr von Housseau ist ein solcher Kunde. Er hatte früher nie etwas mit dieser Bank zu schaffen. Vier Wechsel auf zusammen 100 000 Dukaten laufen im April 1746 auf seinen Namen ein; zwei Millionen Livres will er im Laufe des Jahres verrechnen lassen, und in jedem der beiden folgenden Jahre sollen zwei weitere Millionen folgen, wenn die Geschäftsführer recht verstanden haben. Da erstarren Bankleute in Ehrfurcht. Es ist nur natürlich, wenn nicht nur die Wechsel ins Blickfeld geraten, sondern auch die Person, auf die sie ausgestellt sind. Nur kennt niemand diesen Herrn von Housseau. Seine Wechsel kommen aus Paris, aber er muß Sachse sein oder in Sachsen leben, denn wie käme er sonst zu einer Dresdener Bank. Im Adelsregister findet sich kein Housseau, auch nicht in den Fremdenlisten. Unter der Hand haben die Mitarbeiter des Hauses Nachforschungen angestellt, obwohl die beiden Bankinhaber Diskretion verlangen. »Diskretion ist das halbe Geschäft«, sagen sie beschwörend. Enttäuscht halten sich Kassierer wie Schreiber fortan zurück. Sie taxieren so unauffällig wie nur möglich jeden Fremden, der den Kassenraum betritt. Allmählich wird der Name Housseau zur Legende. Zwei Millionen ...! Selbst der sächsische Kurfürst hat in diesen Zeiten nicht soviel Geld, denkt der Kassierer.

Wer in die Staatskasse Sachsens schauen könnte, sähe tatsächlich nichts weiter als den nackten Kassenboden. Es blickt nur niemand hinein. Wozu auch? Wer mit Finanzen zu tun hat, weiß um die Misere. Bevor es zur Schlacht bei Kesselsdorf kam, mußte zur Hebung der Moral den Truppen rasch noch der rückständige

Sold ausgezahlt werden. So hatte es Brühl von Prag her angeordnet. Für einen halben Monatssold reichte es, für mehr nicht. Von den zwei Millionen beim Bankhaus Jakob Deelings Erben weiß das Kabinett nichts. Wenn es sie hätte, seien es auch nur Livres, es sähe die Zukunft rosiger. Zur Ostermesse verlangt Preußen – wie im Friedensvertrag festgelegt – eine Million Taler. Nun zerbricht sich das Kabinett den Kopf, wie das Geld bis dahin beschafft werden könnte. Einem Damoklesschwert gleich schwebt der Zahlungstermin über jeder Kabinettssitzung.

Steuererhöhungen? Das ist nicht eben originell. Ein Staat, dessen Finanzen durcheinandergeraten sind, denkt zuallererst an eine Steuererhöhung. Sachsen hatte freiwillig oder unfreiwillig wochenlang sächsische, österreichische und preußische Truppen zu ernähren. Was die Preußen in Dresden verzehrt haben, ist ganz erstaunlich. Die Verpflegung der Besatzer kostete 28 339 Taler. An Kontributionen waren 47 750 Taler aufzubringen. Weitere 13 441 Taler gelangten in die nur allzu offenen Hände der preußischen Offiziere. Dresden wurde also in wenigen Tagen um 89 520 Taler erleichtert. Wer jetzt noch etwas will, kommt zu spät. Immerhin: Dresden ist nicht Sachsen. Bis zum 8. April werden pro Steuerschock 2 Groschen und 3 Quatember von Sachsens Bürgern eingetrieben. Nur ergibt das keine Million Taler. Eine Anleihe? Wer leiht dem geschlagenen Sachsen Geld? Österreich ist nicht flüssig, Rußland auch nicht. Und England? Niemand weiß so recht, woran Sachsen eigentlich mit dem Inselreich ist. Villiers, Londons Gesandter, war auffällig bemüht, zwischen Sachsen und Preußen zu vermitteln. Hennicke ist für den direkten Weg: Er will Preußen Steuerscheine anbieten! Da niemand eine bessere Idee hat, muß sich Bülow, Sachsens Gesandter in Berlin, umsehen. Über

200 000 Taler ließe Preußen mit sich reden, schreibt er. Aus purer Vorsicht werden die Verhandlungen in der Schwebe gehalten. Gibt Sachsen Steuerscheine aus der Hand, ist es durch Preußen erpreßbar. Und der Rest? Saul meint sarkastisch, wer 800 000 Taler besorgen kann, treibt auch eine Million auf. Da Saul das sagt, Brühls Vertrauter, meint das Kabinett, Brühl kenne einen Ausweg. Als es ruchbar geworden ist, er solle Premierminister werden, hat es unzufriedene Gesichter gegeben. Könnte er das Geld für Preußen beschaffen, würden ihm die Minister alles gönnen, selbst den Posten des Premierministers.

Brühl aber schweigt. Die Rolle, in die Saul ihn gedrängt hat, liegt ihm nicht. Nun gilt er als derjenige, der Sachsen aus den finanziellen Nöten führen kann. Er hat Hennickes Manipulationen mit den Steuerscheinen ohne Widerspruch hingenommen, obwohl sie ihm bedenklich erscheinen. Aber wo ist die bessere Lösung?

Es währt nicht lange, und die Ergebenheit der Minister schlägt in Unmut um. Sie begreifen Brühls Schweigen als Affront. Es heißt schon, er lasse die Ratlosigkeit der Minister bewußt auf den Tiefpunkt gleiten, um dann als Retter in der Not um so höher zu steigen. Brühl hat Hennicke in Verdacht, solche Reden zu nähren. Früher galten die beiden Minister als unzertrennlich, doch sie verkehren kaum mehr miteinander. Hennicke schreibt nach Brühls Geschmack viel zu oft an den Preußenkönig. Das Kabinett jedenfalls steigert sich in die Vorstellung, Brühl kenne den Ausweg. Nur einer ist sich dessen keineswegs sicher: Brühl.

Er ist auf die große Lösung aus. Allerdings bestimmen die Zahlungsverpflichtungen keineswegs sein Konzept, sondern nur das Tempo des Handelns. Dringt von seinen Absichten vorzeitig etwas nach außen, ist auch der Traum von der Million ausgeträumt. Und so schreibt er alle Ordern mit eigener Hand. Anders als im Vorjahr sind die Kanzleien diesmal dicht, zumindest die sächsischen.

Brühl schickt sich an, Preußen eine neue Schlacht zu liefern, eine Schlacht ohne Soldaten und Pulverdampf, eine lautlose Schlacht. Er studiert die Interessen der Mächte, ihre Möglichkeiten, ihre Verläßlichkeit. Sachsens Kräfte sind multiplizierbar, wenn sich zu ihnen gesellt, was andere haben – an Soldaten und an Geld. Wenn die Mächte erst von den Vorteilen überzeugt sind, die gute Beziehungen zu Dresden versprechen, läßt sich auch über den Preis reden. Eine umgekehrte Reihenfolge kann es nicht geben. Das Lavieren zwischen den Mächten ist unvermeidbar, doch bedrückt ihn dies wenig: Es bedeutet für ihn das Salz in der Suppe der Diplomatie. Ein Bündnissystem in Europa schwebt ihm vor, das Friedrich II. mehr erschreckt als der Aufmarsch zweier feindlicher Heere aus entgegengesetzten Richtungen, eine Allianz, die ihn einschnürt und handlungsunfähig macht.

Zwischen Depeschen an Sachsens Gesandte, Streit mit Harrach und fruchtlosen Debatten über die Million für Preußen im Kammerkollegium muß Brühl sich am 19. Januar 1746 Zeit nehmen für ein Gespräch mit Kalkoen, der Holland vertritt. Kalkoen stammt aus einer anderen diplomatischen Schule als die Gesandten, mit denen Brühl sonst verkehrt. Er kommt vermutlich aus altem Bauernadel, ist ungeübt in der Rhetorik, verzichtet auf Schmeicheleien jeglicher Art, geht im Stil eines Seefahrers oder Militärs schnurstracks auf sein Ziel los. Brühl ist es gewohnt, noch während der Darlegungen seiner Besucher alles zu überdenken. Kalkoen läßt ihm dazu keine Zeit. Soldaten fordert er namens seiner Regierung von Sachsen, mindestens 10 000 Mann, und zwar sofort. Da sich kein preußischer Soldat mehr auf sächsischem oder böhmischem Boden aufhalte, sei gemäß Warschauer Vertrag für Dresden der Beistandsfall eingetreten. Die 15 000 Pfund, die 1745 von den Seemächten zu zahlen waren, habe Sachsen erhalten und gebrauchen können.[55] Im übrigen kenne Brühl schließlich den Inhalt des Warschauer Vertrages selbst und die Verpflichtungen, die Sachsen eingegangen sei. Wie selbstverständlich schickt Kalkoen voraus, in Dresden sei in den letzten Tagen nur darüber nachgedacht worden, wie nach Abschluß des Friedensvertrages mit Preußen den bedrängten Niederlanden Beistand geleistet werden könne. Begleitet wird er von Villiers, dem englischen Gesandten. An England ist Sachsen mehr gelegen als an den Niederlanden.; die Subsidien von 1745 stammten vorwiegend aus britischen Quellen. Villiers kommt als lebende Mahnung mit. Er sagt nichts und legt keine Order vor. Brühl verlangt auch keine Legitimation, denn er weiß ohnehin, daß die Londoner Regierung den Antrag des Haag unterstützt. Auf strikte Einhaltung der Formalitäten aber kann er allemal bestehen. Ehe der Kurier aus London mit den Vollmachten zu erwarten ist, wird wertvolle Zeit verstreichen. Und auf Zeitgewinn kommt es Brühl erst einmal an.

Eines könnte er Kalkoen schon in dieser Minute sagen: Sächsische Soldaten wird Holland nicht zu sehen bekommen. Sie kämen gegen Frankreich zum Einsatz, und damit wäre all seinen Bemühungen um eine Annäherung an Frankreich und um einen französisch-österreichischen Ausgleich der Boden entzogen. Das freilich verschweigt er Kalkoen. Wenn der Haag einen Minister nach Dresden schickt, muß ihm an sächsischen Truppen sehr gelegen sein. Damit zeichnet sich eine Kraftprobe ab. Er braucht jetzt nur Paris eine Information über Kalkoens Dresdener Mission zuzuspielen. In Versailles dürfte niemandem daran gelegen sein, in den Niederlanden mit sächsischen Truppen konfrontiert zu werden. Mögen sie doch um Sachsen werben – die Niederlande, England, Frankreich!

Der Geheime Rat hat auf Kalkoens Ansinnen am 22. Januar 1746 ein N-ja parat. Das entspricht Brühls Wünschen. Nun ist es an ihm, dies in eine akzeptable diplomatische Sprache umzusetzen. Kalkoen erhält am 31. Januar Sachsens Antwort:[56] Wie Kalkoen beruft sich auch Brühl auf den Warschauer Vertrag, doch nicht auf den Beistands-, sondern auf den Entschädigungsparagraphen. Entgegen den Absprachen habe sich 1745 die Hilfe der Seemächte für Sachsen auf Geldüberweisungen beschränkt. Wenn sich die Vereinigten Niederlande jetzt darauf berufen, daß Sachsen ohne preußische Besatzung und so zum militärischen Beistand verpflichtet sei, möge der Haag auch daran denken, daß Dresden sich den Abzug der Preußen erkauft habe. Für Sachsen sei ein Schadensfall eingetreten, und nach Artikel 7 des Warschauer Vertrages habe es Anspruch auf »vollständigen Ersatz für allen Schaden«. Man sei überrascht, daß der Haag Sachsens Verpflichtungen genauer kenne als die eigenen. Vor dem zweiten Schritt, der sächsischen Hilfe für die Niederlande, müsse doch wohl der erste stehen, die Entschädigung Sachsens durch die Seemächte. Angemessen erscheine die Zahlung von 150 000 Pfund – drei Jahre lang, mag »Krieg sein oder Frieden«. Sobald in diesem Punkt Einmütigkeit erzielt sei, könne man an die Bereitstellung eines sächsischen Hilfskorps für die Niederlande denken, wobei Dresden den Seemächten Mobilmachungskosten in Höhe von 50 000 Pfund und die Verpflegungsgelder in Rechnung stellen werde.

Für den Minister eines Staates, der einen Krieg verloren hat und in Geldschwierigkeiten steckt, schlägt

Brühl einen erstaunlich kühnen Ton an. Aber was kann er verscherzen? Flemming, Sachsens Gesandter in London, fürchtet ohnehin, es könne sich in England eine preußenfreundliche Partei etablieren. »Jeden Augenblick ist der Abfall des hiesigen Hofes zu erwarten«, hat er im November erst geschrieben. Neuerdings verlautet, England wolle 200 000 Pfund gegen 30 000 preußische Soldaten eintauschen. Sollen vielleicht sächsische Soldaten gemeinsam mit preußischen gegen Frankreich ins Feld ziehen? Und Subsidien wird England 1746 auch nicht mehr an Sachsen überweisen! Nun ist Brühl aber nicht darauf aus, London zu verprellen, denn er ginge sonst eines Druckmittels in der europäischen Politik verlustig. Daher sagt er nicht nein zur Entsendung von Truppen nach den Niederlanden, er knüpft nur finanzielle Bedingungen daran.

Eigentlich ist Sachsen durchaus im Recht. Es gibt ihn nun einmal, diesen Entschädigungsparagraphen, wenn bei seiner Abfassung auch jeder an preußische Zahlungen dachte. Nun hat sich aber das Blatt gewendet: Nicht Preußen zahlt an Sachsen, Sachsen zahlt an Preußen. Im Warschauer Vertrag ist nur von »Ersatz« die Rede, nicht von Preußen, das den »Ersatz« leisten soll. Sachsen kann sich an das halten, was im Vertrag steht, und den Mitunterzeichnern die Forderungen übermitteln: Österreich soll Gebiete abtreten, England (mit den Niederlanden ist in dieser Beziehung kaum zu rechnen) Geld schicken. Niemand kann Sachsen mangelnde Konsequenz vorwerfen: Es wendet sich an alle Partner. Jetzt, Ende Januar, rechnet Brühl auch nicht mit einem Quadratmeter österreichischen Bodens und kaum mit einem englischen Pfund Sterling. Die Forderungen aber sind formuliert. Fürs erste müssen die Mitunterzeichner des Warschauer Vertrages sich eine plausible Erklärung einfallen lassen, warum sie vor einem Jahr Sachsen »Ersatz« versprachen, nach Eintritt des Schadensfalles sich aber plötzlich taub stellen. Sie sind Sachsens Schuldner. Für die Diplomatie ist das gewichtig.

Von Frankreich hofft Brühl bald zu hören. Er hat lange Zeit überlegt, wie er d'Argenson, den Versailler Außenminister, über Kalkoens Besuch informieren kann, ohne etwas Schriftliches aus der Hand zu geben. Es scheint sich alles wie von selbst zu fügen: Vaulgrenant, Frankreichs Gesandter in Dresden, beendet seine Mission. Er wird ihm einige Worte ins Ohr flüstern! Nun ist Vaulgrenant sein Freund nicht, was wenig besagt. Vaulgrenant ist niemandem gut, auch nicht sich selbst. Alle sind verwundert, warum Ludwig XV. einen so unzugänglichen Mann in den diplomatischen Dienst genommen hat. Über Brühl beklagte sich Vaulgrenant laufend in Versailles wegen aller möglichen Bagatellen, und Adolf Loß, der sächsische Gesandte in Frankreich, ließ das Brühl stets prompt wissen. Dennoch ist Brühl halb entschlossen, Vaulgrenant ins Vertrauen zu ziehen. Am 25. Januar ersucht er ihn zunächst, die Abreise zu verschieben. Da Spanien mit Frankreich verbündet ist, kann d'Argenson auch über Madrid erfahren, was er wissen soll. Am 25. Januar unterhält sich Brühl lange mit dem spanischen Gesandten Bène, mit dem er sich gut steht. Er sagt ihm offen, was den niederländischen Minister nach Dresden geführt hat, und wie die Beratungen im Geheimen Rat verlaufen sind. Und er setzt hinzu: Sachsen sei für Neutralität gegenüber Spanien und Frankreich, brauche aber Geld, um Preußen auszahlen zu können. Geld von Spanien und Frankreich sei Sachsen lieber als Geld von den Seemächten, aber Geld brauche es. Man möge in Madrid und Versailles darüber nachdenken und eine Entscheidung treffen.

Bène scheint sich keineswegs darüber zu wundern, daß Vaulgrenant bei diesem Gespräch nicht zugegen ist. Er übernimmt es, den französischen Gesandten zu informieren – und natürlich auch Madrid. Ob Brühl nun Vaulgrenant verkannt hat oder Bènes Wort den Ausschlag gibt, der französische Diplomat zeigt sich erfreulich aufgeschlossen. Als Brühl davon Kenntnis erhält, bittet er beide, Bène und Vaulgrenant, am 4. Februar zu sich, um sie offiziell über den Inhalt der Kalkoen überreichten sächsischen Note zu informieren. Er versichert bei dieser Gelegenheit, im Reichstag werde Sachsen Frankreich unterstützen, und da Preußen mit England sympathisiere und Bayern mit sich beschäftigt sei, könne Versailles im Reichstag eigentlich nur mit Sachsen rechnen. Das allein sei schon ein Griff ins Staatssäckel wert. Damit ist Vaulgrenant entlassen. Er möge abreisen, unverzüglich.

Die spanische Diplomatie ist schneller als Vaulgrenant; d'Argenson, der französische Brühl, läßt Loß am 5. Februar 1746 bereits wissen, daß Frankreich an einem Neutralitätsabkommen mit Sachsen interessiert sei und sich finanziell erkenntlich zeigen werde. Loß ist verblüfft und verärgert, weil Brühl es vorzog, sich lieber mündlich mit Bène und Vaulgrenant in Verbindung zu setzen, um notfalls mit einem »Mißverständnis« parieren zu können, als offiziell den sächsischen Gesandten zu bemühen. Der Gesandte und sein Minister harmonieren allerdings nicht. Loß, Konferenzminister, ist seit einem Jahr erst Gesandter und betrachtet sich als von Dresden fortgelobt. Brühl hält tatsächlich wenig von ihm: Er sei zu weich und leicht beeinflußbar. Christian Loß zuliebe übernahm er ihn in den diplomatischen Dienst, setzte ihn aber in Frankreich ein, wo »kein Schaden« anzurichten sei, da die Beziehungen zwischen beiden Ländern eben unterkühlt waren. Nun könnte aber ausgerechnet der Posten in Versailles wichtig werden, was Adolf Loß sofort erfaßt. Am 6. Februar depeschiert er Brühl, es ließe sich alles vortrefflich an – ohne auch nur anzudeuten, woher sein Wissen stammt. Er zahlt es seinem Minister in gleicher Münze heim.

Brühl hat Frankreich richtig eingeschätzt. Tauchen 10 000 sächsische Soldaten in den Niederlanden auf, ist eine Verstärkung der französischen Truppen unumgänglich. Das kostet mehr, als Sachsen je an Subsidien verlangen könnte, und d'Argenson weiß zudem nicht, wo er Truppen abziehen soll. Der Dresdener Friede durchkreuzt seine Absichten völlig. Mit diesem Frieden sind nicht nur sächsische Armeen freigeworden, sondern auch österreichische, die sich ganz auf Italien konzentrieren, wo Versailles seit Jahren einem Sieg nachläuft. Und daß Preußen mit England liebäugelt, betrachtet Frankreich noch viel argwöhnischer als Sachsen. Brühls Angebot kommt d'Argenson wie gerufen. Teuer wird Sachsen nicht sein, wenn es sich selbst anbietet, und mit Sachsen im Bunde läßt sich vielleicht ein Reichskrieg verhindern.

Subsidien in Höhe von 100 000 Livres monatlich auf die Dauer von drei Jahren sei Frankreich einen Vertrag mit Sachsen wert, läßt d'Argenson am 8. Februar Loß wissen. Und er sichert Sachsen noch Unterstützung in Polen zu. Das ist ein völlig neuer Ton. Der polnische Thron im Besitz der Wettiner hat Sachsens Beziehungen zu Frankreich stets belastet. D'Argenson wird dieses Zugeständnisses halber Ärger im Kabinett bekommen, aber eigentlich kostet es Frankreich nichts. Ob es Versailles nun gefällt oder nicht, Sachsens Kurfürst ist nun einmal König von Polen.

Loß ist in keiner Weise darauf vorbereitet, daß d'Argenson sich nach nur drei Tagen schon wieder meldet, und zwar mit sehr konkreten Vorschlägen. Eigentlich wissen beide noch wenig von Brühls Vorstellungen. Vaulgrenant ist noch in Dresden, ein Kurier Brühls bislang nicht eingetroffen. Ohne Instruktion fühlt sich Loß hilflos. Er hält es auf alle Fälle für richtig, d'Argensons Angebot als zu niedrig abzuweisen. An Bayern zahle Frankreich eine halbe Million Livres monatlich, sagt er, da könne wohl nicht vom fünften Teil für Sachsen die Rede sein. D'Argenson hat freilich nicht vermutet, daß Sachsen sich im französisch-bayrischen Vertrag auskennt, aber er bleibt dabei: 100 000 Livres!

Nun müßte Loß eigentlich d'Argensons Vorschlag an Brühl weitergeben, aber das wagt er denn doch nicht. Er fürchtet sehr, daß dieser sich nur in der Meinung bestärkt sähe, Loß eigne sich nicht für die Lösung größerer Aufgaben. Eine vertrauliche Unterredung mit dem spanischen Gesandten, dem Prinzen Campo Florido, hilft ihm weiter. Florido meint, an die 600 000 Livres jährlich werde Spanien sicher auch zuschießen, und wenn Frankreich etwas aufstocke, etwa um 200 000 Livres pro Jahr, käme Sachsen immerhin auf zwei Millionen Livres. Am 9. Februar schickt Loß einen ausführlichen Bericht über seine Gespräche mit d'Argenson und Florido an Brühl.

Vaulgrenant, am 10. Februar in Dresden abgereist, trifft am 24. Februar in Versailles ein. Damit überkreuzen sich die Botschaften. D'Argenson ist begierig zu erfahren, wie Brühl sich die Beziehungen vorstellt. Übereinstimmung herrscht nur in zwei Punkten: der Vertragsdauer von drei Jahren und strikter Geheimhaltung. An Subsidien verlangt Brühl fünfeinhalb Millionen Livres jährlich, viereinhalb mal so viel, wie d'Argenson angeboten hat – und etwa so viel, wie Frankreich an Bayern zahlt. Sachsen sichert strikte Neutralität in den Niederlanden zu, aber Frankreich dürfe im

Interesse der »Wiederherstellung des allgemeinen Friedens den Krieg nicht ... über die Grenzen des Reiches oder die Niederlande« tragen. Für den Vertragsabschluß setzt Brühl einen Termin: 15. März 1746. (Zur Ostermesse muß Sachsen Preußen auszahlen.)

Frankreichs Außenminister legt Vaulgrenants Bericht beiseite, entschlossen, von sich aus in dieser Angelegenheit keine Hand mehr zu rühren. Er meint, Frankreich habe den längeren Atem, und ist zudem verdrossen, weil Sachsen auf eine Neutralität aus sei, die Dresden mehr nutze als Versailles.

Loß, dem keine drei Wochen für die Arbeit am Vertrag bleiben, geht energiegeladen und optimistisch an sein Geschäft. Verblüfft ist er aber denn doch, daß d'Argenson, dem alles nie schnell genug gegangen ist, keine Zeit für ihn hat und gelegentlich einer zufälligen Begegnung rundheraus erklärt, es sei doch alles gesagt: Sachsen akzeptiere die gebotenen 100 000 Livres – oder lasse es sein.

D'Argenson wird etwas zulegen, Brühl seine Forderungen reduzieren, so waren Loß' Erwartungen. Es ist ihm unverständlich, daß ein für beide Seiten bedeutender Vertrag an einigen hunderttausend Livres scheitern solle; er hört sich am Hofe etwas um und erfährt von merkwürdigen Aktivitäten der französischen Diplomatie. Mit den Niederlanden stehe sie in direkten Verbindungen, heißt es. In London ist gerade die Regierung Grandville zu Fall gekommen, und das neue Kabinett drängt wohl den Haag ebenfalls in Richtung Frieden. Wenn aber Waffenruhe in den Niederlanden eintritt und Versailles das Auftauchen sächsischer Truppen an der Küste nicht mehr zu fürchten braucht, kann Dresden lange auf französische Subsidien warten (und Geld von den Seemächten). Brühl winkt dann mit einem Trumpf, der nirgendwo sticht. Am 2. März schreibt Loß einen langen Brief an Brühl, in dem er den Mißerfolg seiner ersten wichtigen Mission in Frankreich eingesteht. D'Argenson hätte seine helle Freude, wenn er diesen Bericht zu sehen bekäme. Er hat Loß völlig geschockt – und das war seine Absicht.

Brühl aber ist nicht Loß! Frankreichs neuer Gesandter in Dresden, d'Aubigny, hat ihm inzwischen d'Argensons offizielles Angebot übermittelt. Brühl macht mit dem französischen Vertragsentwurf das, was d'Argenson mit dem sächsischen getan hat: Er legt ihn ad acta. Hier sind zwei ebenbürtige Minister aneinandergeraten.

So sehr sich die Bilder auch gleichen – zwei Minister in Warteposition –, die Kohlen, auf denen Brühl sitzt, sind die heißeren. Er ist keineswegs ruhig, nur beherrscht. Loß mag eine ängstliche Natur sein, aber Brühl teilt dessen Befürchtungen längst. Wenn alles so verläuft, wie angenommen werden muß, zahlt niemand Sachsen auch nur einen Taler, dann ist Brühl zwischen zwei Stühlen durchgefallen. Er räumt das am 16. März in einer Depesche an Loß sogar ein – als die Gefahr gebannt ist.

Wie Flemming gerade aus London berichtet hat, akzeptiert die englische Regierung die sächsischen Forderungen im großen und ganzen. Sie will 50 000 Pfund für die Mobilmachung zahlen und auch 150 000 Pfund Subsidien pro Jahr – für die Dauer des Krieges, wünscht aber 15 000 Mann statt 10 000. Offenbar ist der britischen Politik einiges mißlungen, da sie sich wieder auf Sachsen besinnt. Wichtig ist jedenfalls, daß mit der englischen Karte wieder gerechnet werden kann. Brühl schreibt postwendend, noch am 16. März, an Flemming. Er solle unbedingt einen Vertragsabschluß verzögern, zunächst auf Subsidien auch in Friedenszeiten bestehen, notfalls noch auf einer Entschädigung, so sächsische Soldaten oder Pferde bei Kampfhandlungen in den Niederlanden zu Schaden kämen.

Wer aber läßt inzwischen d'Argenson gegenüber ein paar Worte über das englische Angebot fallen? Solange er glaubt, er brauche kein Bündnis zwischen Sachsen und den Seemächten zu fürchten, wird d'Argenson auf seinem Entwurf beharren. Den direkten Weg scheut Brühl; er möchte keinesfalls den ersten Schritt tun. Er braucht es auch nicht.

Einen Tag, bevor der Termin abläuft, hat d'Argenson zur Feder gegriffen. Brühl erhält seinen Brief am 20. März. Wenn Sachsen seine Politik der Neutralität aufs Reich ausdehne, den Warschauer Vertrag als erloschen betrachte – 100 000 Livres pro Monat sei dies Frankreich wert.

Sachsen soll also im Reichstag die französische Politik besorgen! An eine Annullierung des Warschauer Vertrages denkt Brühl ohnehin nicht, denn das wäre gleichbedeutend mit dem Verzicht auf alle Entschädigungsansprüche gegenüber Österreich und den Seemächten. Und die zweimal hunderttausend Livres, die bis zur Ostermesse zu erwarten wären, können Sachsen nicht aus der Verlegenheit helfen. Versailles hat zu verstehen gegeben, daß es zwar zu sparen gedenkt, aber den Vertrag anstrebt. Brühl, sehr zufrieden, reagiert nicht, überzeugt, daß d'Argenson bald wieder von sich hören läßt. Er soll recht behalten!

Seit der Frühling naht, geht es auf allen Kriegsschauplätzen wieder lebhaft zu. Österreich bleibt zwar in Italien ohne glänzende Siege, stoppt aber den französischen Vormarsch. Die Verhandlungen mit den Generalstaaten haben sich vielversprechend angelassen, sind aber in eine Sackgasse geraten. So sieht sich Frankreich im Süden wie im Norden hart bedrängt.

Loß glaubt nicht recht zu hören, als ihm am 18. März

d'Argenson gemeldet wird. Der Außenminister sucht einen Gesandten auf! Vielleicht scheut er nur das Gerede in seiner Kanzlei? Wie dem auch sei: Er meldet sich von selbst, obwohl seine Note vom 15. März unmöglich schon in Brühls Händen sein kann, und erhöht ohne Umschweife das Subsidienangebot auf anderthalb Millionen Livres pro Jahr. Loß gedenkt die Gunst der Stunde zu nutzen, gibt sich unzufrieden und hält, worauf er nie zu hoffen gewagt, nach weiteren drei Tagen d'Argensons Kapitulationsurkunde in der Hand: zwei Millionen Livres Subsidien jährlich und Akzeptierung des sächsischen Vertragstextes.

Unter dem Eindruck schlechter Nachrichten aus Italien und den Niederlanden hat d'Argenson seine Meinung von heute auf morgen geändert. Loß vermutet einen Einfluß Moritz' von Sachsens hinter diesem Wandel. Moritz, der Befehlshaber der französischen Truppen in den Niederlanden, hält sich eben in Versailles auf, um Soldaten anzufordern. Loß hat ihn unter dem Siegel der Verschwiegenheit in Brühls Neutralitätsangebot eingeweiht. Vielleicht rät der Marschall d'Argenson tatsächlich, sich mit Brühl zu arrangieren, denn nichts käme ihm ungelegener als das Auftauchen sächsischer Verbände in den Niederlanden.

Brühl kann eigentlich recht zufrieden sein. Alle wollen sie jetzt zahlen – England, die Niederlande, Frankreich. Trotzdem ist seine Lage nicht eben rosig. Daß er die Schaukelpolitik unmöglich länger fortsetzen kann, liegt auf der Hand. Kalkoen meldet sich am 29. März wieder, will auf der Stelle den Vertrag abschließen – Sachsens Wünsche seien doch durch die Seemächte akzeptiert – und bringt damit den Zeitplan gehörig durcheinander. Vertrösten läßt er sich nicht! Er ahnt wohl, daß es zu keinem Vertrag kommen wird, und zieht sich entrüstet zurück, um unverzüglich den Haag und London von der Wende in Kenntnis zu setzen. Die Brücke zwischen Sachsen und den Seemächten wankt. Nun muß Brühl sich beeilen, den Vertrag mit Frankreich unter Dach und Fach zu bekommen, aber jetzt rächt sich, daß er am Dresdner Hof niemanden in seine Pläne eingeweiht hat. Der Geheime Rat ist völlig konsterniert, will erst einmal den Vertragsentwurf sehen, ihn studieren, verlangt eine Bedenkzeit von zwei Tagen, stimmt aber dann am 2. April einem Neutralitätsabkommen zu – falls der Vertrag anders gefaßt wird. Brühl ist der Verzweiflung nahe. Zusammen mit Saul überarbeitet er eiligst den Entwurf.

Es sind schon clevere Leute, die Geheimen Räte. Auch nicht einer hat in seinem Gutachten vergessen, vor den möglichen Folgen eines Vertrages mit Frankreich für Sachsens europäische Stellung zu warnen. Man sagt ja zum Vertrag, sichert sich aber ab. Das Verfahren kennt Brühl nur allzugut, und er ist schon viel zu lange Minister, um sich darüber aufzuregen. Dieses schmückende Beiwerk eines Gutachtens nimmt er in Kauf. Aber der Geheime Rat will eben im Vertrag auch einige Passagen präziser formuliert und Artikel neu aufgenommen haben. So soll klar ausgedrückt werden, daß Frankreich in jedem Fall Subsidien zahlen muß, selbst bei Ausbruch eines Reichskrieges, daß mit dritten Mächten früher abgeschlossene Vereinbarungen ihre Gültigkeit behalten und daß Sachsen als Reichsland in seinem Wirken unbeeinträchtigt ist, das heißt bei Ausbruch eines Reichskrieges seiner Neutralitätspflicht ledig sei. Und der Geheime Rat will in einem besonderen Artikel Frankreichs Zusicherung festgehalten wissen, einen analogen Vertrag zwischen Spanien und Sachsen zu garantieren. Dieser Gedanke – das räumt Brühl gern ein – hat viel für sich.

Mit jährlich 800 000 Livres kann Sachsen nach den

jüngsten Vorabsprachen aus Spanien rechnen. Wird Madrid aber nicht unmittelbar in das Vertragswerk einbezogen, ist kein Geld zu erwarten. Warum sollte Spanien irgendwann und aus freien Stücken einen Subsidienvertrag mit Sachsen abschließen? Nur um zahlen zu dürfen? Zu Neutralität ist Sachsen durch den Vertrag mit Frankreich ohnehin verpflichtet! Weil die Zahlung an Preußen fällig wird, wollte Brühl die Verhandlungen nicht unbedingt durch Hinzuziehung Spaniens verzögern, nun sieht er sich doch dazu veranlaßt. Dem Geheimen Rat wird der nach seinen Wünschen überarbeitete Vertragstext vorgelegt, und er bestätigt ihn am 4. April. Am Abend des gleichen Tages ist schon ein Kurier mit dem Papier nach Paris unterwegs. Brühl, der im dunkeln tappt, was der so enttäuschte Kalkoen inzwischen in Bewegung gesetzt hat, aber sehr genau weiß, daß er bis zur Ostermesse Geld braucht, fürchtet, d'Argenson werde endlos der Korrekturen im Vertragstext halber debattieren und Loß in die Enge treiben. Vorsichtshalber gibt er dem Kurier eine Spezialorder für Loß mit: hart bleiben, aber unterschreiben, selbst wenn Spanien nicht einbezogen wird.

Am 13. April überreicht Loß dem französischen Außenminister den Vertragsentwurf und die Unterzeichnungsvollmacht. D'Argenson besteht auf Annahme des alten Textes; er weist hartnäckig alle neuen Artikel ab. Loß weicht keinen Deut zurück, und d'Argenson, der wieder einmal geblufft hat, bekennt sich schließlich zur überarbeiteten Fassung. Er hat genausowenig Zeit wie Brühl. Nun ist er aber viel zu sehr Diplomat, um ein Papier der anderen Seite zu unterschreiben, ohne auf Änderungen oder Umformulierungen zu drängen. (Es könnte sonst der Eindruck entstehen, Sachsen habe diktiert und Frankreich einfach unterzeichnet.) Zehn Tage lang feilschen d'Argenson und Loß um jeden

Satz. Offen bleiben vorab zwei Punkte: Brühl hat die zwei Millionen Livres in 203 125 Dukaten umgerechnet, offenbar nach einem veralteten Kurs. D'Argenson wird laut, spricht von einer Übervorteilung, von unlauteren Mitteln und so weiter. Nun liegt die Differenz bei genau 3 125 Dukaten. Ein Flemming hätte kein Aufhebens gemacht und eine Korrektur akzeptiert. Loß aber, diese alte Beamtenseele, klammert sich an Brühls Vorgabe und sucht so eine Position zu halten, die unhaltbar ist. Schließlich setzt Moritz von Sachsen dem Streit ein Ende: Loß solle nachgeben. Und Loß gibt nach! Er sieht sich durch das Wort des Marschalls gedeckt, obwohl dieser keinerlei Befugnisse hat.

Umstritten ist zweitens die Anrede des Kurfürsten. In dieser Hinsicht sind die sächsischen Gesandten Kummer gewohnt. Es gibt viele Landesherren, die mehrere Titel führen, und wie selbstverständlich werden sie mit dem höchsten angesprochen. Sachsen besteht daher auf »Majestät«, doch davon will d'Argenson nichts wissen. Daß der Kurfürst nur in Polen König ist, der Vertrag aber mit Sachsen abgeschlossen wird, besagt wenig. Es stört, daß er Wahlkönig ist, Vertreter erblicher Kronen sehen im Wahlkönigtum einen Rückfall ins Mittelalter, etwas, was gegen die bestehende Ordnung verstößt. Und Frankreich hat zudem Geld und Truppen eingesetzt, um des Wettiners Wahl zum polnischen König zu hintertreiben. Gerade deshalb liegt Dresden viel daran, die Anrede »Majestät« durchzusetzen. Loß erklärt denn auch rundheraus, er werde nie unterschreiben, wenn sein Landesherr nicht mit »Majestät« angesprochen werde. Zögernd akzeptiert d'Argenson die »Majestät« – aber nur für diesen Vertrag. Dresden dürfe keinen Präzedenzfall daraus zu machen versuchen (was selbstredend geschehen wird).

Frankreich ratifiziert den Vertrag zwar erst am

23. April 1746, aber da er rückwirkend ab 1. Januar in Kraft tritt, kann Sachsen sofort 100 000 Dukaten (erstes und zweites Quartal) beanspruchen. Das ist mehr Geld, als man per Kutsche durch die Lande zu transportieren pflegt. D'Argensons Vorbehalte sind zu verstehen. Und Brühl möchte auch keinen französischen Geldtransport in Empfang nehmen müssen. Er hätte dann nur eine Menge unbequemer Fragen zu beantworten, woher das Geld stamme und wofür es gedacht sei. So einigt man sich darauf, die guten Dienste des Bankhauses Jakob Deelings Erben in Anspruch zu nehmen und ein Konto für Herrn von Housseau einzurichten, nach dem die Kassierer vergeblich Ausschau halten werden. Herr von Housseau ist eine Erfindung der Minister d'Argenson und Brühl.

Drei Wochen ist der sächsisch-französische Vertrag alt, als seine Existenz trotz der Geheimhaltung ruchbar wird. Nun muß Brühl einige Briefe schreiben. Am 29. Mai teilt er den Seemächten mit, Sachsen sei desinteressiert an einem Abkommen, was sie ohnehin schon wissen. Rußland und Österreich werden ebenfalls in Kenntnis gesetzt. Mit Details will Brühl später aufwarten; er läßt sich damit ein halbes Jahr Zeit.

Die Reaktion der Staaten auf den Pariser Vertrag fällt unterschiedlich aus.

Still ist es in Berlin. Friedrich II. muß sich erst an den Gedanken gewöhnen, daß er das Geld, das er Sachsen abverlangt hat, auf dem Umweg über Dresden von seinem Verbündeten Frankreich erhält. Er hätte viel für einen rechtzeitigen Wink d'Argensons gegeben, aber er begreift, daß dieser ihm seine Geheimverhandlungen mit England heimzahlt. Ungehalten ist er des Vertrages halber keineswegs. Schließlich nähert sich Sachsen so der französisch-preußischen Allianz. Klinggräffen, Preußens neuer Gesandter in Dresden, der Jesuitenpater Guavini, Beichtvater der landesherrlichen Familie, und Hennicke werden von ihm als Werber eingesetzt. Als Rußland und Österreich im Juni 1746 einen Vertrag abschließen, aus dem sich Sachsen ausklammert, hält Friedrich II. seine Stunde für gekommen: Klinggräffen trägt am 19. September 1747 die Unterzeichnung eines Allianzvertrages an; Preußen will das, was Frankreich schon hat. Brühl aber hält ein Abkommen mit Preußen für entbehrlich.

Anders als in Berlin geht es im Haag sehr laut zu. Sachsens Absage trifft die Generalstaaten hart. Sie brechen sofort die diplomatischen Beziehungen zu Sachsen ab. Kalkoen wird abberufen und für das Scheitern der Verhandlungen verantwortlich gemacht.

England kündigt den Abbruch der Beziehungen an. Flemming, auf alles gefaßt, packt seine Koffer. Er weiß nur nicht, ob London ihn ausweisen oder Dresden ihn abberufen wird. Daß seines Bleibens nicht länger ist, selbst wenn sich die Wogen wieder glätten sollten, muß er nach seiner Politik der letzten Monate schon annehmen, denn London hat jedes Vertrauen in ihn verloren; damit ist er für Dresden nutzlos. Aber niemand rührt sich. London genügt es, mit Einstellung der diplomatischen Beziehungen gedroht zu haben. Flemming ist zwar unbequem, ihm aber die Abreise nahezulegen könnte als Kontaktabbruch schlechthin verstanden werden; Dresden wiederum hütet sich, überhaupt aktiv zu werden.

Rußland und Österreich sind verstimmt. Um Sachsen nicht gänzlich ins französische Lager zu treiben, enthalten sie sich jedoch einer Kritik.

Wie aber ergeht es d'Argenson? Ähnlich wie Brühl im Geheimen Rat! Seiner Eigenmächtigkeit wegen muß er erst einmal einige Kritik über sich ergehen lassen. Er würde alles im Alleingang erledigen, heißt es.

Aber im Grunde ist man in Versailles trotz allem mit ihm zufrieden. Schließlich hat er die sächsischen Truppen vom niederländischen Kriegsschauplatz ferngehalten, und das wird denn doch als ein Erfolg verstanden. Im nachhinein bestätigt ihm der Hof bereitwillig seine Handlungen. Er ist pflichtgemäß getadelt worden, nun darf er gelobt werden. Dafür sorgen schon die Militärs. Als sich freilich der österreichische Erbfolgekrieg dem Ende nähert und schließlich zum Abschluß kommt, Frankreich aber weiterhin Subsidien an Sachsen zahlen muß, gewinnen jene Leute die Oberhand, die es überall und zu allen Zeiten gibt, die mit dem Wissen von heute über Entscheidungen von gestern urteilen. Broglie, vormals Gesandter in Dresden, bezeichnet d'Argenson als einen ausgemachten »Narren«, da er Geld ohne sichtliche Gegenleistung zahle. Zu Beginn des Jahres 1747 fällt d'Argenson über einige Stolpersteine und verliert die Verantwortung für das Auswärtige. Nun haben es die Kritiker leicht. Wie auf Verabredung fallen sie über ihn und seine sächsische Politik her. Tribut zahle Frankreich! An das unbedeutende Sachsen! Versailles stehe kopfschüttelnd vor dem Erbe d'Argensons. Selten, sehr selten ist die Meinung zu vernehmen, irgendwann könnte sich das Geld für Sachsen eigentlich als recht nützlich erweisen.

Die Nöte auf den Kriegsschauplätzen sind für d'Argenson das gewesen, was für Brühl die »Ostermesse« war: der Zugzwang. Und beide hatten keinerlei Chance, sich ihm zu entziehen. Momentane Belange waren jedoch weder für den einen noch für den anderen ein Grund, sich von Konzeptionen zu verabschieden. D'Argenson war bekannt, wofür Brühl Geld benötigte. Daß dieses Geld in Preußen, beim Verbündeten, landen werde, beirrte ihn aber in keiner Weise. Er will mit Preußen und Sachsen im Bunde gegen die österreichische Konkurrenz in der Reichspolitik angehen. Außerdem ist der Kurfürst König von Polen! Über Polen aber ergeben sich möglicherweise für Frankreich Chancen auch in der Ostpolitik. D'Argenson ist Frankreichs letzter Außenminister, der sich einer Annäherung an Österreich verschließt, ohne je zu begreifen, daß er sie durch den Vertrag mit Sachsen vorbereiten hilft.

Brühl ahnt zumindest die Konstellation der fünfziger Jahre schon. Mit dem Aachener Frieden von 1748, in dem Österreich von Frankreich gegen Zugeständnisse in Italien Ansprüche auf die Niederlande zuerkannt werden, treten die Konturen künftiger Europapolitik schon deutlicher zutage. Zum Umsturz der Bündnisse soll es allerdings erst 1756 kommen: Preußen liiert sich mit England, Österreich mit Frankreich.

Am 8. Dezember 1746 erfolgt Brühls Ernennung zum Premierminister. Er hat den Höhepunkt seiner Karriere erreicht.

ZWISCHEN DEN FRONTEN ZERRIEBEN

Die Kapitulation zu Struppen

Maltzahn, seit 1750 Gesandter Preußens in Dresden, wünscht am 29. August 1756 den Kurfürsten zu sprechen, persönlich und sofort! Die Dringlichkeit ist begründet. Er sei von Friedrich II. direkt angewiesen, beginnt er selbstbewußt zu erklären, »daß der König von Preußen durch das ungerechte Verfahren und die gefährlichen Absichten des Wiener Hofes genötigt gewesen sei, die Waffen zu ergreifen und durch Sachsen nach Böhmen zu marschieren. Dabei werde er genaue Manneszucht halten lassen und das Land, soviel es die Umstände gestatten, schonen ...«[57] Friedrich August II. braucht eine geraume Weile, bevor ihm überhaupt bewußt wird, daß Maltzahn in der Vergangenheit spricht. Friedrich II. sollte doch nicht etwa ... Ungerührt räumt Maltzahn die Zweifel aus: »Der König von Preußen ist gestern aufgebrochen!« Er setzt hinzu: »Mit 60 000 Mann.« Eins zumindest begreift Friedrich August II. sofort: Sachsen hat allenfalls 17 000 Mann unter Waffen und ist außerstande, dem Überfall zu begegnen. Wie von Maltzahn gefordert, willigt er schriftlich ein, daß die preußische Armee durch Sachsen ziehen darf. In dieser Stunde steht sie längst im Lande.

Exakt haben 66 374 Soldaten, unter ihnen 16 235 Reiter, die Landesgrenze überschritten. Was der Gesandte über »ungerechte Verfahren ... und gefährliche Absichten« Wiens zu sagen weiß, geht an den Tatsachen vorbei. Preußen hat die österreichische Provinz Schlesien annektiert! Daß Sachsen geschont werden soll, ist pure Heuchelei. Preußen sieht in dem mit Österreich liierten Sachsen eine Gefahr für Berlin und für die Wege nach Schlesien, vor allem aber einen Geldlieferanten. Friedrich II. gibt für die Armee monatlich eine Million Taler aus und hat in der Kasse 6,5 Millionen Taler, trotz Schlesiens Steueraufkommen, wenig mehr als die Hälfte des 1740 übernommenen Bestandes. Er kann ohne Sachsen als Hinterland keinen langwierigen Krieg gegen Österreich führen.

Die Minister Sachsens, die am 2. September lange die neue Lage beraten, sind sich in einem Punkt einig: Widerstand ist zwecklos. Wohin aber mit der Armee? Erwogen wird der Abzug nach Franken, aber wie sich herausstellt, sind die Preußen über Leipzig bis nach Freiberg vorgestoßen und ein Durchkommen unmöglich. Die Mehrheit plädiert für ein Ausweichen nach Böhmen, doch Brühl liegt daran, Sachsen die Neutralität zu sichern. Hormont, der englische Gesandte in Dresden, hat sich bereits ins preußische Hauptquartier begeben, um zu erklären, Sachsen »nehme keinen Theil an den Streitigkeiten, welche sich zwischen dem König von Preußen und der Kaiserin erhoben«. Zieht die Armee ins österreichische Lager, ist Preußen der Anlaß gegeben, sich als im Kriegszustand mit Sachsen befindlich zu sehen. So bleibt der Armee eigentlich nur der Rückzug nach Polen, und auf Betreiben Brühls beantragt Sachsen bei Österreich Durchmarschrecht. In Erwartung des Einverständnisses Maria Theresias konzentrieren sich die Truppen im Raum Pirna–Rathen–Langenhennersdorf nahe der böhmischen Grenze auf einem fast dreieckigen Areal. Auch der Kurfürst und Brühl finden sich hier am 3. September ein, auf dem Königstein Quartier nehmend. Der Proviant reicht für etwa 15 Tage, genug, um die Wartezeit zu überbrükken.

Maria Theresia aber mißfällt Brühls Plan. Wenn die Sachsen durch Böhmen nach Polen ziehen, wird ihnen Friedrich II. auf dem Fuße folgen, gibt sie zu bedenken, und Österreich sei nicht für eine Schlacht gerüstet. Das Heer möge bleiben, wo es sei, für Entsatz werde Wien notfalls sorgen. Marschall Browne avisiert denn auch Brühl, er habe das Korps Wied Richtung Bad Schandau in Marsch gesetzt, und es könne als dem sächsischen Oberkommando unterstellt betrachtet werden.

Der Kriegsrat vermag am 10. September nichts anderes, als das Verweilen in Pirna zu beschließen. Wenn die Rationen etwas gestreckt würden, könnte man sich halten bis zum 25. September, und bis dahin müsse schließlich das angestrebte Neutralitätsabkommen mit Preußen unter Dach und Fach sein.

Der preußische Emissär, General Winterfeld, erscheint am 14. September im sächsischen Lager, begleitet von 12 Offizieren. Sachsen bietet Neutralität an und ist bereit, als Sicherheit Geiseln zu stellen und in die zeitweilige Besetzung von Pirna, Wittenberg und Torgau durch Preußen einzuwilligen. Winterfeld besteht auf dem Abschluß eines sächsisch-preußischen Bündnisses. Fünf Tage lang redet man aneinander vorbei, dann werden die Verhandlungen ergebnislos abgebrochen.

Am 21. September fallen die ersten Schüsse. Ein sächsischer Vorposten und eine preußische Patrouille sind aneinandergeraten. Bei diesem unbedeutenden Scharmützel kommt ein preußischer Husar ums Leben.

Er ist der erste Tote dieses Krieges, der sieben Jahre währen soll – der erste von 140 000 Gefallenen.

Friedrich II. hat am 16. September noch einmal die Lage erkundet, das Korps des Markgrafen Karl zurückgelassen und sich mit seinem Heer gegen Böhmen gewandt. Seine Rechnung ist denkbar einfach: Ein Sturm wäre mit riesigen Verlusten verbunden, da vom Königstein aus jede Bewegung der Preußen genau verfolgt werden kann und die Verteidiger in diesem unwegsamen Gelände im Vorteil sind. Eine Schlacht erscheint ihm zudem überflüssig, da die eingeschlossene sächsische Armee von ihren Vorräten leben muß. Die Preußen, die auf dem Elbweg Nachschub erhalten und sich in den umliegenden Dörfern verproviantieren können, brauchen nur zu warten, bis auf dem Königstein oder in Rutowskis Lager die weiße Flagge weht. »Spätestens in zehn Tagen sind die Sachsen reif«, prophezeit Friedrich II. beim Abschied dem Markgrafen. Er täuscht sich, wie sich zeigen wird.

Am 2. Oktober setzt im preußischen Lager eine wilde Schießerei ein. Sächsischerseits wird mit einem Angriff gerechnet, doch es geschieht nichts. Am 5. Oktober löst sich schließlich das Rätsel, als Browne mitteilt, er sei am ersten des Monats bei Lobositz, der ersten Schlacht dieses Krieges, von Friedrich II. geschlagen worden. Die Preußen haben also nur ihren Sieg gefeiert. Browne sagt trotz seiner Schlappe zu, daß er Brühls Ausbruchsplan akzeptieren und mit 8 000 Mann unterstützen werde. Brühl hatte den Marschall am 25. September wissen lassen: »Die Ausmündung unserer Brücke ist zwischen dem Lilienstein und der Niederelbe, den Lilienstein rechts lassend. Wir werden den dort befindlichen Verhau der Preußen angreifen und die Tête unserer Grenadiere gegen Walthersdorf vordringen lassen, um das Hervorbrechen der 6 Bataillone

Preußen von Pirna her zu verhindern. Mit Einbruch der Nacht vom 11. zum 12. Oktober werden wir uns in Marsch setzen ... Da unser Entschluß unveränderlich und die Stunde bestimmt ist, so werden wir Ew. Exzellenz keine anderen Zeichen geben, als das Gewehrfeuer des Angriffs. Alle anderen Zeichen könnten dem Feind unsere Unternehmung verrathen.«[58] Weil die Pontons nicht rechtzeitig zur Stelle sind, bittet Brühl um 24 Stunden Aufschub; Browne quittiert.

Die Nacht zum 12. Oktober verläuft ruhig. Vom Königstein aus sind bei Mittelndorf die Lagerfeuer der Österreicher auszumachen, und es stimmt zuversichtlich, die Verbündeten ganz in der Nähe zu wissen. Im Verlauf des Tages erscheint der Armeebefehl, der letzte für lange Zeit. Die Soldaten erhalten noch eine Kruste Brot und 60 Patronen. Gegen 23.30 Uhr geht die Vorhut unter Benningsen, einem fähigen jungen Oberstleutnant, bei Thürmsdorf über die Pontonbrücke; der Ausbruch beginnt. Ein aufkommendes Gewitter beurteilen die Befehlshaber verschieden: Es könnte den Gegner ablenken, aber auch die Pontonbrücke gefährden. Doch der Überraschungseffekt verpufft. Bis zum Morgengrauen schaffen lediglich sieben Bataillone mit zwölf Geschützen den Übergang; der preußische Verhau ist bereits um 12 Bataillone verstärkt. Erst gegen Mittag stehen die sächsischen Verbände auf der Ebenheit, ohne die Bagage, da das Hochwasser tatsächlich die Brücke fortgerissen hat. Die Armee besitzt noch acht Geschütze; Soldaten haben sie auf die Ebenheit gezogen. Die Pferde, seit Wochen nicht mehr gefüttert, nur auf die herbstlich karge Weide getrieben, sind ausgefallen. Aber auch die Soldaten sind völlig ausgehungert. Für einen Ausbruch hat sich alles viel zu schleppend vollzogen. Das erschöpfte Heer scheitert nicht am Gegner, sondern an dem durch Regen aufgeweichten steilen Ufer. Von den Österreichern ist nichts zu sehen und nichts zu hören; das Signal, die vom Königstein abgegebenen Artilleriesalven, hat Browne im Gewitter nicht ausmachen können. Gegen 22 Uhr schreibt er Brühl, er warte bis zum 14. Oktober 9 Uhr; tatsächlich verzögert er den Rückzug bis 14 Uhr, was den Sachsen wenig nützt.

Auf einer rasch einberufenen Versammlung der Generäle plädiert Rutowski für eine Kapitulation, da die Armee ohne Verpflegung und Geschütz sei. General Gersdorf muß sich zum Königstein durchschlagen, um die Entscheidung des Landesherrn einzuholen.

Brühl hat auf dem Festungshof mit Gersdorf eine lange Unterredung unter vier Augen. Der Bericht des Generals mündet in die Feststellung, die Armee müsse sich ergeben, wenn sie nicht umkommen wolle; doch wolle die Generalität nicht die Verantwortung übernehmen. Lange kämpft Brühl mit einem Entschluß. Schließlich sagt er kaum vernehmbar, mit Mühe seine innere Erregung verbergend: »In aussichtsloser Lage ist es ruhmvoller zu kapitulieren, als die Armee zu opfern!« Am 14. Oktober hält Rutowski die Antwort Friedrich Augusts II. in der Hand: »... Wir eröffnen Euch hiermit, daß Wir uns nur zur einzigen Bedingung machen, die Waffen nicht wider Uns und Unsere Freunde zu führen.«[59] Am gleichen Tag noch nimmt Rutowski Verbindung zum preußischen Hauptquartier in Struppen auf und vereinbart mit Winterfeld eine vorläufige Waffenruhe. Die sächsische Armee hat einer 34 Tage währenden Belagerung standgehalten, und trotz der katastrophalen Versorgungslage sind lediglich 200 Soldaten desertiert. Nutznießer dieser Opfer ist Österreich, dem seit der Belagerung durch die Türken nie wieder ein solcher Dienst durch eine fremde Macht erwiesen wurde wie 1756 durch Sachsen, das die Preußen bis zum Einbruch des Winters hingehalten und einen Feldzug gegen Habsburg verhindert hat.

Offiziell kapituliert die sächsische Armee am 16. Oktober zu Struppen. Die Bedingungen sind hart: Die Offiziere können wählen zwischen Gefangenschaft und Dienst in der preußischen Armee. 651 entscheiden sich für die Gefangenschaft, 53 für Übertritt (von diesen desertieren 39, so daß nur 14 tatsächlich im Siebenjährigen Krieg in den Reihen Friedrichs II. stehen). Den Soldaten bleibt keine Entscheidungsfreiheit. Sie werden – 14 000 Mann – dem preußischen Heer angegliedert. Das ist ein in der Kriegsgeschichte noch nie dagewesener Vorgang. Der preußische König, aus Böhmen zurückgekehrt, muß Proteste abwehren, doch er versichert, außerhalb Sachsens würden sächsische Soldaten nicht zum Einsatz kommen. Zehn Regimenter werden komplett übernommen, die restlichen auf preußische Einheiten verteilt, und in der Praxis ist damit das Versprechen nicht zu halten, so daß es nur als Versuch angesehen werden kann, die Gemüter zu beruhigen. Preußen braucht Soldaten.

Der Königstein, wo sich der Kurfürst und Brühl aufhalten, gilt nach den Kapitulationsbedingungen als neutralisiert. Aber was soll aus dem Hof werden? Die Antwort gibt Polen.

Malachowski, Polens Großkanzler, sucht Friedrich II. in Struppen auf und erklärt: »Die Großen Polens warten seit dem 4. Oktober in Warschau auf den König und die Eröffnung des Reichstages. Sollte Preußen den König an der Ausreise hindern«, müsse »Polen dies als eine Verletzung der Ehre des Landes verstehen. Es werde sich in diesem Fall veranlaßt sehen, ein Reiteraufgebot zu entsenden, das den König nach Warschau begleitet.« Scheinbar widerstrebend räumt Friedrich II. nach langem Zögern ein: »Der König von Polen kann gehen, wohin es ihm beliebt und als Begleiter wählen, wen immer er will, Militärs ausgenommen. Unser Geleitbrief wird Sicherheit genug sein!« Bereits am 18. Oktober, zwei Tage nach der Kapitulation, treffen die Geleitbriefe auf dem Königstein ein. Am 20. Oktober, kurz vor Mitternacht, verläßt der kurfürstliche Troß, aus 33 Wagen bestehend, die Feste. Die Preußen lassen die Kolonne ungehindert passieren, ungeachtet dessen, daß sich die Prinzen Xaver und Karl sowie Brühl und der halbe Hofstaat Friedrich Augusts II. anschließen.

Der polnische Reichstag erlebt eine stürmische Sitzung. Der König und Brühl werden überschwenglich begrüßt, Malachowski, der erfolgreiche Emissär, ist der Held des Tages. Eigentlich hat er Friedrich II. nur aus der Verlegenheit geholfen. Da Sachsens Kurfürst kein Bündnis mit Preußen will, kann es Preußen nur lieb sein, wenn er nach Warschau geht – und dort bleibt.

Brühl, der sich schon für ungewisse Zeit auf dem Königstein isoliert gesehen hat, ist angetan von der Übersiedlung nach Polen. Hier hat der Hof eine finanzielle Basis und einen Rest politischer Handlungsfreiheit. Wie eh und je verhandelt er mit den Gesandten, nur eben nicht in Dresden, sondern in Warschau, aber er ist mehr Bittsteller denn Partner, ein Premierminister ohne Hinterland.

In Sachsen regiert Friedrich II. Den 72jährigen Wakkerbarth-Salmour läßt er verhaften und nach Küstrin bringen, wo er bis 1758 festgehalten wird. Das ist eigentlich zur Abschreckung gedacht. Die Minister entläßt Friedrich II. sofort, aber auf die niederen Chargen ist er angewiesen. Sie sollen in der Furcht leben, es könnte ihnen ergehen wie Wackerbarth-Salmour.

Vom Hofstaat wird die Gräfin Ogilvi das Opfer. Die

Verhaftung der Hofdame ist von einem gewaltigen Theaterdonner begleitet. Genau zehn Mann, sechs Soldaten, zwei Unteroffiziere und zwei Offiziere müssen sie Tag und Nacht bewachen. Dann wird sie verbannt. In einer Wurst versteckt soll ihr aus Böhmen ein Brief zugeschickt worden sein; nie hat jemand den Brief zu sehen bekommen. Friedrich II. hofft wohl, er könne sich auf diese Weise der noch in Dresden weilenden Kurfürstin samt ihres Gefolges entledigen, sie zur Flucht nach Warschau bewegen. Aber die Kurfürstin bleibt. Sie stirbt 1757 in Dresden. Der Fall Ogilvi ist für Preußen Vorwand, im März 1757 den Briefwechsel zwischen Dresden und Warschau auf den kontrollierbaren Postweg zu beschränken.

Einige Höflinge werden in der Folgezeit »Tauschobjekte«. Als die Österreicher den preußischen Legationsrat Plesmann festsetzen, läßt Friedrich II. in Dresden den Legationsrat Just verhaften. Brühl vermittelt den Austausch, ohne zu ahnen, welche Rolle Plesmann in den letzten Jahren in der sächsischen Politik gespielt hat. Wien scheint mehr zu wissen. Selbst Sulkowski, der längst ohne Amt ist, wird im Februar 1759 als Geisel genommen und gegen den in russische Gefangenschaft geratenen preußischen Fürsten Hatzfeld ausgetauscht.

Von den Künstlern erwartet Friedrich II., daß sie von sich aus Sachsen verlassen. Er hilft auf die denkbar einfachste Weise nach: Er legt einen Maximalsold von 2000 Talern fest. Operndirektor Hasse, der bislang 15000 Taler bezogen hat, verläßt Dresden auf der Stelle. Mit ihm gehen die Sänger, die Tänzer, die Maler. Das künstlerische Leben kommt völlig zum Erliegen.

Um die Städte kümmert sich Friedrich II. wenig, wenn die Räte nur den preußischen Weisungen folgen.

Als der Dresdener Rat am 13. Februar 1758 den Treueid auf Preußen verweigert, wird er festgesetzt, bis er sich willfährig zeigt. Schlimmer ergeht es dem Wurzener Rat, dessen Mitglieder allesamt in der Festung Torgau landen. In Leipzig werden wegen Nichtbefolgung preußischer Order 1757 dreizehn Geiseln genommen und nach Magdeburg gebracht. Unter den Festgesetzten befinden sich der regierende Bürgermeister Mirisch und der 83jährige Kriegsrat Stieglitz. Preußen will von Sachsen Geld und Soldaten!

Noch 1756 werden Kontributionen in Höhe von 1 004 912 Talern eingetrieben. Von den sechs oder auch sieben Millionen Talern Steueraufkommen rechnet sich Preußen fünf Millionen aus; alle Zahlungen sind an die Feldkriegskasse in Torgau zu leisten.

Bereits zwei Wochen nach Struppen muß allein der Meißner Kreis 2 120 Rekruten stellen. Anfang Januar 1757 werden die Deputierten der Stände ins Brühlsche Palais befohlen, wo jetzt Friedrich II. wohnt. Sie ahnen Schlimmes, doch kommt es noch ärger, als sie befürchtet haben: Weitere 9 275 Sachsen will der König in etwa zwei Wochen in seinen Uniformen sehen. Vergeblich wenden die Deputierten ein, das sei unmöglich; Sachsen habe jährlich allenfalls 4 000 Mann ausgehoben. Es bleibt bei dem Verlangen!

Nachdenklich müßte es Friedrich II. eigentlich stimmen, daß die schlecht ausgerüstete sächsische Armee imstande war, ihn fast zwei Monate lang aufzuhalten. Er aber meint wohl, wer erst einmal unter seinem Kommando stehe, der »marschiere« schon. Die sächsischen Soldaten belehren ihn eines anderen. Sie fliehen, wann immer sich eine Möglichkeit bietet: Keines der bei Struppen übernommenen Regimenter zählt beim Eintreffen am neuen Standort mehr als 200 Mann. Im März 1757 meutern gleich zwei Bataillone, im Monat darauf schießen sich in Leipzig und Chemnitz Deserteure den Weg durchs Stadttor frei, in Wittenberg flüchten 700 Mann, in Torgau 300 …

Wer einen Deserteur nicht anzeigt, muß 300 Taler Strafe zahlen oder kommt für ein Jahr ins Gefängnis, wenn es sich um keine Amtsperson handelt. Der Chemnitzer Bürgermeister Grullmeyer und Inspektor Dittel werden zu vier Jahren und drei Monaten beziehungsweise sechs Jahren und vier Monaten Aufenthalt auf der Festung Magdeburg verurteilt, weil sie die Auslieferung von Deserteuren verweigerten.

Mit Struppen hat Friedrich II. sein Nahziel erreicht: Sachsen ist in seiner Gewalt. Aber was erwächst daraus für ihn in Europa?

Im Schloß, direkt neben den Gemächern der Kurfürstin, ist in drei großen Räumen die Registratur untergebracht. General Wylich, der Kommandant, verschafft sich Zugang, gewaltsam, als die Kurfürstin die Herausgabe der Schlüssel verweigert. Wylich auf dem Fuße folgt Herzberg, später Preußens Staatsminister, und es fällt auf, mit welcher Sicherheit er sich in dem ihm völlig fremden Archiv bewegt; er weiß offenbar sehr genau, wo er das Gesuchte findet. Es ist bereits verpackt und sollte eilends nach Warschau gebracht werden, doch dafür blieb am Ende keine Zeit. Zielbewußt sichtet Herzberg das Material. Er arbeitet an einem »Manifest«, das Preußens Angriff auf Sachsen rechtfertigen soll: Ums Überleben kämpfe Preußen, denn auf die Liquidierung Preußens sei Sachsen aus gewesen!

Im preußischen Archiv hätte Herzberg über die Hintergründe des Einfalls in Sachsen mehr gefunden als in Dresden. In Friedrichs II. Testament aus dem Jahre 1752 heißt es: »Sachsen, Polnisch-Preußen und Schwedisch-Pommern runden den Staat ab. Sachsen wäre am nützlichsten; sein Besitz würde die Grenzen am meisten erweitern und Berlin decken ... Ließe sich nicht ganz Sachsen unserem Staat angliedern, so könnte man sich mit der Lausitz begnügen und die Elbe zur Grenze nehmen, einen Fluß, der schwer zu überschreiten ist und der die Hauptstadt gegen feindliche Einfälle deckt.«[60]

Von der Existenz dieses Testaments weiß Herzberg schwerlich. Preußens Schlesienpolitik aber kennt er genau; er übergeht sie und ihre Konsequenzen. Er weiß nur von sächsischen Intrigen zu berichten und geheimen Absprachen mit Österreich. Am 30. Oktober erscheint das Papier als »Manifest« Friedrichs II. Es geht allen deutschen Staaten zu, den Gesandten der Mächte und dem Reichstag, der Sachsen zum Friedensstörer erklären und bestrafen soll.

Das »Manifest« verfehlt keineswegs seine Wirkung. Goethe erinnert sich: »Die Welt, die sich nicht nur als Zuschauer, sondern auch als Richter aufgefordert fand, spaltete sich sogleich in zwei Parteien, und unsere Familie war ein Bild des großen Ganzen. – Und so war ich denn auch preußisch oder, um es richtiger zu reden, fritzisch gesinnt ... Ich freute mich mit dem Vater unserer Siege, schrieb gern die Siegeslieder ab und fast noch lieber die Spottlieder auf die Gegenseite, so platt die Reime auch sein mochten.«[61] Goethe schreibt auch Gleims »Kriegslied« ab, das Platteste vom Platten, gar nicht heiter-harmlos wie anderes aus der Feder des so beliebten Halberstädter Dichters. Es irren andere, Erfahrenere, mit besseren Einsichten Ausgerüstete als der siebenjährige Goethe.

Der Reichstag läßt sich Zeit. Zweieinhalb Monate gehen ins Land, bevor er sich des preußischen Antrags annimmt. Inzwischen ist manches bekannt, was den Eindruck vom August, beim Einfall in Sachsen, abrundet: die zwangsweise Übernahme des sächsischen Heeres in die preußische Armee, die Jagd auf Männer zwischen 18 und 32 Jahren, die Erhebung von Kontributionen. Am 17. Januar 1757 behandelt der Reichstag Preußens Antrag, aber ganz und gar nicht im Sinne Preußens: Mit nur vier Gegenstimmen erklärt er Preußen wegen des Überfalls auf Sachsen zum Landfriedensbrecher und beschließt die Reichsexekution. In den folgenden Wochen wird Preußen »aufgeteilt«. Auch Sachsen wird bedacht, wenn nicht mit Schlesien, das Österreich vorbehalten bleibt, so doch mit Magdeburg und Halle. Polen soll ebenfalls nicht leer ausgehen; es erhält Ostpreußen zugesprochen, muß aber Kurland an Rußland abtreten. So ist Preußen im Handumdrehen verschwunden, wenn auch nur auf der Karte. Diese Liquidierung Preußens wird 1757 beschlossen, nicht früher, wie die preußische Geschichtsschreibung später behaupten wird. Mit Ratifizierung des Reichstagsentscheids am 31. Januar 1757 ist der Reichskrieg gegen Preußen eröffnet; nur Hessen, Braunschweig, Hannover und Gotha schließen sich aus. Rußland tritt drei Tage später ebenfalls in den Krieg gegen Preußen ein, Frankreich am 1. Mai.

Sachsen, ohne Armee und Regierung, ist politisch handlungsunfähig. Es wird Blut- und Geldspender in diesem Krieg, Tummelplatz beider Parteien.

Ein Spion geht in die Falle

»Welches Datum schreiben wir heute?« erkundigt sich Brühl beim Ankleiden beiläufig.

Der Kammerdiener überlegt: »Den 24. September anno 1757, Exzellenz!«

Plötzlich hat Brühl es sehr eilig. Er reicht dem Diener eine dünne Akte. »Lauf schnell in die Kanzlei! Menzel soll davon eine Kopie besorgen, Menzel versteht sich aufs Kopieren, schwatzt nicht ...«

»... und ist versoffen wie ein preußischer Leutnant«, ergänzt der Kammerdiener ungerührt.

Brühl lacht: »Aber nicht so verschuldet!«

»Schulden hat der Herr Sekretär wohl nicht«, räumt der Diener widerstrebend ein. »Woher er nur das Geld nimmt, das er durch die Kehle rinnen läßt?«

»Du magst ihn eben nicht«, wehrt Brühl ab. »Vielleicht hat er eine Erbschaft zu vertrinken? Oder er besorgt sich Selbstgebrannten! Was schert's mich! Und nun lauf schon! Sage dem Menzel, es eilt, und er soll die Kopie nur mir aushändigen, mir, sonst niemandem!«

Allein geblieben, überlegt er: »Die Spatzen pfeifen es also schon von den Dächern, daß Menzel über seine Verhältnisse lebt.«

Als er die Abschrift in Händen hält, geizt er nicht mit Lob.

»Akkurat, Menzel, akkurat!« Dabei mustert er den Schreiber nachdenklich, so als sähe er ihn zum ersten Mal.

Seit 17 Jahren steht der erst 33jährige Menzel am Pult von Brühls Kanzlei. Sein Vater, der alte Hofrat, ebnete ihm den Weg. Mit seiner auffallend feingliedrigen Hand hat er seither in schön geschwungener Schrift so manches Blatt beschrieben und sich Pult um Pult nach vorn gearbeitet. Er ist klug, nur etwas eigenbrötlerisch, schwer zugänglich. Frölich, der Hofnarr, wußte einmal zu vermelden, im »Menzelschen Ehehafen ankere ein gut bestücktes Kriegsschiff ...!« Brühl riet ihm, sich nach einer anderen Zielscheibe für seinen Spott umzusehen; es war publik geworden, Menzel trage sich mit Selbstmordabsichten. Er hat sich und seinen Kummer nicht ertränkt, aber nun trinkt er. Die Kanzlisten sehen es ihm nach. Wer mit einer Xanthippe verheiratet sei, könne schon mal »in die Flasche schauen«.

Wie immer ist Menzel proper gekleidet. Er ist mittelgroß, schlank und sehr blaß. Ein bißchen frische Luft, meint Brühl, könnte dem Sekretär kaum schaden. »Übergib dies dem Gesandten Rußlands«, sagt er, und reicht Menzel einen versiegelten Umschlag. »Es eilt!«

Wieder allein, wirft Brühl nachlässig die von Menzel gefertigte Kopie in ein Schreibfach. Niemand wird etwas von ihrer Existenz erfahren – wenn Menzel nicht dafür Sorge trägt. Eigens für ihn ist die Akte von Ferber frisiert worden, sein Ausflug in die Stadt ist Teil eines sorgfältig ausgeklügelten Planes. Brühl schaut auf die Uhr; dem Sekretär blieb Zeit genug, eine zweite Abschrift anzufertigen. Mögen die Dinge nun ihren Lauf nehmen.

Bereits in Dresden ist es betrübliche Gewißheit geworden: Preußen wird aus der sächsischen Kanzlei mit vertraulichen Nachrichten versorgt. Die Art und Weise, wie Herzberg sich nach Struppen im Archiv des Hofes bewegte, hat den letzten Zweifel ausgeräumt. Mit Übersiedlung Brühls nach Warschau sind die geheimen Fäden zwischen Sachsen und Preußen nicht abgerissen. Der Agent Preußens hat also den Umzug mitgemacht. Kriegsrat Götze, der ein Gespür für dunkle Machenschaften hat, sieht in Menzel den Informanten, stellt mehrere Fallen, doch keine schnappt zu. Schließlich zieht Brühl noch Ferber ins Vertrauen, der Götzes Verdacht teilt. Man müsse Menzel nur etwas gewichtig Erscheinendes zuspielen, von Brühl persönlich in Auftrag Gegebenes. Götze läßt seit Wochen jeden Schritt Menzels überwachen, ohne einen Anhaltspunkt gefunden zu haben. Wenn Menzel der Gesuchte ist, gibt er sich mit alltäglichen Angelegenheiten nicht ab.

Ungehindert passiert Menzel die Wache. Seit einem

Jahr geht er hier ein und aus, und die Soldaten nehmen keine Notiz mehr von ihm. Es ist ihnen nur allzugut bekannt: Dieser junge Mann, der beim Gehen den Oberkörper leicht nach vorn neigt, ist Brühls Schreiber.

Er begibt sich zur russischen Gesandtschaft, wie Brühl es ihm aufgetragen, und kehrt unverzüglich in die Kanzlei zurück. Kriegsrat Götze gesteht Brühl ein: Die Mühe hat sich nicht gelohnt.

Gegen Mittag führt der wachhabende Unteroffizier Götze einen Mann vor, einen Goldschmied namens Erfurth, der ein kleines Päckchen aus dem Sächsischen Palais schmuggeln wollte. Ahnungslos schnürt Götze das Beschlagnahmte auf: Es enthält eine Abschrift der von Ferber im Auftrage Brühls präparierten Akte. Ein Wort der Anerkennung weist der Unteroffizier zurück. Es habe einen kleinen Tumult am Tor gegeben, dabei sei dem eben das Palais verlassenden Delinquenten der Umschlag aus dem Mantel gefallen; er habe ihn dem Posten gewissermaßen vor die Füße gelegt.

Über den Inhalt des Päckchens weiß Erfurth nichts zu sagen. Er lebe als Goldschmied hier, sei von der Familie getrennt und habe alle Zeit der Welt; sein Schwager dagegen, der Menzel, sei übel dran, kopiere bis in die Nacht hinein, und so übernähme er eben die eine oder andere Besorgung für ihn.

Götze vermag sich kein rechtes Bild zu machen. Gar so harmlos, wie er sich gibt, ist Erfurth schwerlich, doch wenn er genau wüßte, was er da »besorgt«, hätte er sich an der Wache weniger tölpelhaft benommen. Vielleicht hatte Menzel die Botengänge als simple Routineangelegenheit getarnt.

Am späten Nachmittag des 24. September 1757 läßt Brühl seinen Schreiber durch Kriegsrat Götze vom Schreibpult weg verhaften.

Götze und Ferber, die Menzel am nächsten Tag verhören, sind auf einen hartgesottenen Delinquenten gefaßt, der leugnet, was nicht beweisbar ist, die Worte wendet, nach Ausflüchten sucht. Doch nichts von alledem! Menzel gibt ohne Umschweife zu, seit fünf Jahren gegen Geld Preußen mit Abschriften von Brühls Korrespondenz versorgt zu haben.

Mit 100 Talern Schulden bei dem Dresdener Bürger Rhenitz habe 1752 alles begonnen. Sosehr er sich auch bemüht habe, hier und da einen Taler einzusparen oder zusätzlich etwas zu verdienen, es sei ihm einfach nicht gelungen, die Rechnung zu begleichen. Rhenitz habe ihn vorerst nicht weiter bedrängt, dann aber plötzlich sein Geld verlangt, gedroht, Brühl einen Wink zu geben, und ihm schließlich geraten, einen Hilfsfonds des Herrn Hecht in Anspruch zu nehmen. Aus Angst um seinen Posten griff Menzel nach diesem Rettungsanker. Hecht, Legationssekretär der preußischen Gesandtschaft, habe lange mit ihm geplaudert und ihn mit dem Gesandten, dem Freiherrn von Maltzahn, bekannt gemacht, der sich sehr entgegenkommend zeigte. Für Notfälle stünde ein Fonds zur Verfügung, und 100 Taler seien leicht abzuarbeiten – ein paar Informationen aus der Kabinettskanzlei, und beiden sei geholfen, dem Sekretär und dem Gesandten. Menzel, nur an seine Schulden denkend, habe das Angebot akzeptiert und die Gesandtschaft mit 100 Talern in der Tasche verlassen. Von den für Maltzahn gefertigten Kopien sei nicht eine von Belang gewesen (sie sind auch nie nach Berlin gelangt, Maltzahn hat sie wohl sofort ins Feuer geworfen). Als der »Vorschuß« längst verrechnet war, zahlte die preußische Gesandtschaft weiter für jede Nachricht, und Menzel sei verblüfft gewesen, wieviel Geld sich aus wertlosen Notizen schlagen lasse. So habe er sich entschlossen, aus der Quelle, die er da angezapft, noch ein Weilchen zu schöpfen.

Im Dezember 1752 sei für ihn die Ernüchterung gekommen, erzählt Menzel weiter, Maltzahn habe ihm unverblümt zu verstehen gegeben, für sein Geld wolle er etwas anderes sehen als wertlose Nachrichten – Abschriften der Noten und diplomatischen Korrespondenz Brühls! Seinen Einwand, er bekäme solche Papiere nie in die Hand und Brühl trage den einzigen Schlüssel zum Schrank mit den geheimen Akten stets bei sich, habe Maltzahn mit einer Handbewegung abgetan: Den Schlüssel besorge er. Durch Vergleich der Arbeiten von Brühls Pförtener Schlosserei sei Geheimrat Eichel, Friedrichs II. Kabinettsrat, tatsächlich imstande gewesen, ein entsprechendes Sortiment Schlüssel zusammenzustellen. Plesmann, der preußische Gesandtschaftssekretär in Dresden, habe Menzel das Bund überreicht, und, Arbeitsüberlastung vortäuschend, sei er während einer Mittagspause in der Kanzlei geblieben, die Schlüssel zu probieren. Es paßte zwar keiner, doch mit einem konnte die Sperre etwas angehoben werden. Eichel lieferte dann ohne Schwierigkeiten einen Schlüssel, dem das Schloß nicht zu widerstehen vermochte.

Was Menzel nunmehr enthüllt, läßt Götze wie Ferber und später auch Brühl erblassen.

Menzel war zur rastlos tätigen Kopiermaschine geworden. Die Übernahme zusätzlicher Arbeiten gab ihm den willkommenen Anlaß, nach Dienstschluß und an Sonntagen in der Kanzlei zu verweilen. Den Spott der Schreiber, die Kanzlei sei ihm wohl lieber als das traute Heim, habe er hingenommen, ihn sogar durch Bemerkungen über eheliche Zwistigkeiten genährt. Allein in der Kanzlei geblieben, habe er die auswärtigen Depeschen aus dem Schrank genommen und abgeschrieben. In Verlegenheit sei er geraten, als Ferber das Arbeitsergebnis so vieler Überstunden als etwas dürftig kritisierte. Ernsthaft bemüht, nun tatsächlich mehr zu liefern als andere Schreiber, blieb ihm nunmehr keine Zeit für Nachrichtenübermittlungen. Plesmann wußte Rat.

Nur einige Straßen von der Kanzlei entfernt habe die preußische Gesandtschaft unter einem Decknamen ein kleines unansehnliches Haus gemietet und dort Kopisten untergebracht. Statt die Depesche abzuschreiben, trug sie Menzel nun zu Beginn der Mittagspause in besagtes Haus, wo eine ganze Schar preußischer Kanzlisten in Windeseile das Kopieren besorgte; nach der Tischzeit lagen die Dokumente schon wieder wohlgeordnet in Brühls Aktenschrank. Jede Woche seien drei bis vier derartige Aktionen durchgeführt worden. Wenn Menzel aus irgendwelchen Gründen verhindert war, habe sein Schwager Erfurth die Dokumente zu Plesmann, in Warschau dann zu Benoit getragen.

Das Vernehmungsprotokoll diktiert Götze dem Kanzlisten in die Feder:[62]

»Extractus Protocollorum in Inquisitions-Sachen kontra Friedrich Wilhelm Menzeln und Johann Benjamin Erfurthen. Warschau, den 25. September 1757.

Acto wurde auf hohen Befehl in Gegenwart Geheimen Legations-Rathes von Saul, Her Hofrath Ferbers und Endes-Unterschriebenen, der gestern arretierte geheime Kabinetts-Kanzellist Menzel, nachdem er aus dem Arrest auf hiesigen königlichen Schlosse vorgelassen worden, vernommen, welcher folgendes auf Befragen aussagt:

Auf Vorzeigen deren angeführten Zettel erkennet er solche für seine eigene Schrift und gestehet, daß sie von ihm geschrieben worden, um die in solchen enthaltenen Nachrichten dem hiesigen Königl. Preußischen Sekretär Benoit zu communicieren.

Gestehet, daß er seinen Schwager, der gestern auch arretiert worden, sowohl in Dresden, als auch hier dazu gebrauchet, um diejenigen Depeschen, welche er aus der Geheimen Cabinetts-Expedition, besonders dem Etranger-Departement, denen preußischen Secretärs Pleßmann und Benoit communicieret, an solche zu überbringen. Gestehet, daß er von 1752 an für solche Communication nach und nach zusammen an die 3000 Rthlr. bares Geld erhalten. Gestehet, daß Er binnen der Zeit, als der Hof hier ist, nach und nach etliche 100 Rthlr. von Benoit erhalten habe.

Es wurde hierauf der zweite Arrestant vorgelassen, welcher folgendes aussaget: Er heiße Johann Benjamin Erfurth, 32 Jahre alt, Arrestant Menzels Schwager. Gestehet, daß er auch hier in Warschau an Benoit Depeschen überbringen und solche ihm einhändigen müssen. Gestehet, daß er gestern gegen Mittag ein versiegeltes Paketgen zur Überbringung von Menzeln erhalten, als er aber solches überbringen wollen, und er außerhalbt des hiesigen Palais-Hofes gekommen, habe ihn ein Unteroffizier angepackt und arretiert. Gestehet, daß er sogleich das bey sich gehabte Paketgen in die Hosentasche verstecket, auch geleugnet, etwas bey sich zu haben.

Johann Christian Götze. Königl. Poln. und Churfürstl. Sächsischer Kriegsrath und General-Auditor-Leutnant.«

Brühl muß sich eingestehen, daß er am Hofe völlig zu Unrecht als Meister der Spionage gegolten hat. Seine systematische Überwachung der Post hat ihm wenig genützt: Preußen war in letzter Zeit über die Vorgänge in der sächsischen Kabinettskanzlei weitaus besser informiert als er über die Korrespondenz Friedrichs II. Er hat es aufs sorgfältigste vermieden, geheime Dokumente aus der Hand zu geben. Und doch liegt nun die Vermutung nahe, daß manche Schriftstücke Friedrich II. eher zur Kenntnis gelangt sind als dem sächsischen Kurfürsten.

Menzel, der nur allzugut weiß, daß es nie zu einem Prozeß kommen wird und daß irgendwo eine verschwiegene Zelle auf ihn wartet, flieht. Er wird in Prag aufgegriffen und auf dem Spielberg bei Brünn festgesetzt. Das Ende des Siebenjährigen Krieges stimmt ihn optimistisch: Friedrich II. wird ihn befreien! Er täuscht sich. Preußens Unterhändler interessiert sich bei den Verhandlungen in der Hubertusburg für nichts so wenig wie für Menzel. Dieser wird am 2. August 1763 nach dem Königstein überführt. Rund 20 Jahre verbringt er hier vergessen mit einem Eisenstab zwischen den Füßen in seiner Zelle. Dann wird der Eisenstab entfernt. Menzel stirbt am 22. Mai 1796 nach 33 Jahren Haft, 18 Jahre später als der ebenfalls auf dem Königstein festgesetzte Erfurth.

Brühls Schlagabtausch mit Schmettau

Am 18. Dezember 1758 wird gegen Mittag Graf Wolfersdorff gemeldet. Brühl, der eben einen Brief diktiert, ist überrascht. Was führt den Oberjägermeister nach Polen und ausgerechnet zu ihm? Er heißt den Gast in Warschau willkommen, ungezwungen und herzlich. »Gute Nachrichten sofort«, meint er beschwingt, »betrübliche – nach dem Essen!« Der schon zu einer Mitteilung Ansetzende stockt irritiert. Er überlegt, in welche Kategorie seine Botschaft eigentlich gehöre. Verständnisvoll und amüsiert setzt Brühl der Audienz ein Ende: »Also bis zum Mittagsmahl!«

Wolfersdorff gilt als ein Hofjäger, der zwar die Jagd

liebt, nicht aber den Hof. Brühl ist sicher, daß Stammer, der in Dresden die Regierungsgeschäfte besorgt, als Kurier nie einen Wolfersdorff entsenden würde. Also kommt dieser aus eigenem Antrieb. »Die Preußen werden ihm die Hirsche und Sauen wegschießen«, denkt Brühl, und es beunruhigt ihn keinesfalls, sich in der nächsten Stunde mit der traurigen Bilanz des sächsischen Jagdwesens beschäftigen zu müssen.

Kriegsrat Götze führt das große Wort an der Tafel. Auf seine charmante Art läßt er Interna des Dresdener Hoflebens Wiederauferstehung feiern. Wolfersdorff schweigt. Dieses Schwelgen in Erinnerungen mißfällt ihm, obwohl seine Ankunft möglicherweise vergangene Zeiten heraufbeschwört. Er aber mag nicht als Bote des Gestern verstanden werden.

Schließlich greift er doch in die Unterhaltung ein und gibt ihr unvermittelt eine andere Wendung. Stokkend zunächst, dann freier, schildert er nicht seine oder des Hofes, sondern des Landes Nöte in diesem Krieg, der alle möglichen Heerscharen nach Sachsen führt. Ein unbezähmbarer Haß auf Preußen spricht aus ihm. Die Lakaien rücken in Erwartung eines wilden Ausbruchs die mit kulinarischen Genüssen beladenen Platten zur Seite.

Obwohl er nie daran glauben mochte, sieht Brühl sie nun auch, die tiefe Kluft zwischen dem Teil des Hofes, der in Dresden verblieben, und dem, der nach Warschau ausgewichen ist. Er läßt Wolfersdorff gewähren. Der rauhe Wind, der da aus Dresden herüberweht, kommt ihm gelegen. Der meisten Exilanten hat sich längst ein unerträgliches Selbstmitleid bemächtigt. Voll mit sich beschäftigt, leben sie mehr und mehr in der Vergangenheit. Die Konfrontation mit der harten Wirklichkeit kann niemandem schaden.

Wolfersdorff, scheint Brühl, ist merklich verändert,

aggressiver, weniger egozentrisch. In Dresden hat er sich bemüht, ihn enger an den Hof zu binden, doch Wolfersdorff gab der Nähe des Waldes und des Wildes stets den Vorzug vor der Nähe des Hofes. »Der Regimentshirsch hat immer zwischen uns gestanden«, überlegt Brühl, einen verstohlenen Blick auf General Gößnitz werfend, der, wie ihm jetzt erst bewußt wird, noch kein Wort gesagt hat.

Brühl erinnert sich nur ungern an die Affäre, bei der ein »Geweihter« eine so gewichtige Rolle gespielt. Mitten aus einem Empfang für die Generäle, gegeben im Anschluß an ein Manöver, hatte Wolfersdorff ihn herausgerissen, erbost die Offiziere des Regiments Brühl beschuldigend, einen Hirsch erlegt und verspeist zu haben. Eine »strenge Bestrafung der Wildfrevler« verlangte er. Brühl, dem die Jagd immer gleichgültig war und der reichlich dem Wein zugesprochen hatte, trieb die Spottlust: »Königstein vielleicht oder Stolpen?« Sollte aber der Oberjägermeister dem Kurfürsten etwas stecken, würde es Mühe kosten, die Wogen wieder zu glätten. So gab er Saul einen Wink, der rasch den Regimentskommandeur Gößnitz, damals noch Oberst, zu diesem peinlich werdenden Gespräch aus dem Festsaal beordert.

»Exzellenz«, meinte Gößnitz gelassen, »während des Manövers ist uns ein Hirsch ins Kartätschenfeuer der Batterie gelaufen.« Nur um Wolfersdorff zu besänftigen, erkundigte sich Brühl, ob das Wildbret auch ordnungsgemäß in der Hofküche abgegeben worden sei, worauf der Oberst verschlagen erwiderte: »Ein Hirsch, der im Kartätschenfeuer liegt, liefert kein Wildbret mehr für die Hofküche.«

Brühl wäre mit sich und der Welt ganz zufrieden gewesen, hätte Saul nicht den Verdacht geäußert, daß der köstliche Braten, dem der Herr Premierminister während des Manöverbesuchs bei seinem Regiment so herzhaft zugesprochen habe, durchaus einst mit einem Geweih auf dem Haupt durch den Wald gesprungen sein könnte. Einer ersten Regung folgend, hatte Brühl den Oberjägermeister zurückbeordern wollen, doch Saul warnte: Es werde ein gewaltiges Gelächter am Hofe geben – der Premierminister als Spießgeselle wildernder Offiziere!

Aus eigenem Antrieb hatte Wolfersdorff fortan den Weg ins Palais Brühl nicht mehr gefunden.

Während Brühl seinen Gedanken nachhängt, ist zwischen Gößnitz und Wolfersdorff eine Meinungsverschiedenheit aufgekommen. Der General hat von Truppen gesprochen, die Österreich neu formiert, und fürs Frühjahr die entscheidende Schlacht prophezeit. Brühl nimmt nur des Generals letzte Worte auf: »Warten Sie nur ab, Exzellenz ...!«

»Warten!« entgegnet Wolfersdorff ungewöhnlich scharf. »Natürlich, es warten ja alle – die Preußen, das Reichsheer, die Österreicher, die Franzosen, aber wo?« Und ohne mit einer Antwort zu rechnen, setzt er hinzu: »In Sachsen! Der beliebteste Rastplatz in diesem Kriege ist Sachsen! Und jeder will das gleiche: Geld, Pferde, Heu, Proviant ... Niemand vermag Freund und Feind mehr zu unterscheiden. Nur eines ist anders: Über die Abgaben an Preußen darf gesprochen werden, nicht aber über jene an die Verbündeten. Mögen alle warten können, Sachsen kann es nicht!«

Über Wolfersdorffs haßerfüllten Ton mehr als über dessen Worte beunruhigt, greift Brühl ein: »Unsere Hoffnungen ruhen auf den Verbündeten. Selbst zur Ohnmacht verdammt, sollten wir nicht hadern wegen der Leistungen für die Armeen. Es ist dies der einzige Beitrag, den wir in diesem Krieg für einen glücklichen Ausgang aufzubringen vermögen.«

Wolfersdorff lehnt sich bedächtig in seinem Stuhl zurück, richtet wie geistesabwesend den Blick gegen die Decke und sagt leise: »In den Loschwitzer Weinbergen ist geschossen worden, an fünf aufeinanderfolgenden Tagen, stets nur zweimal, und stets auf einen 2000 Schritt entfernten Baum am anderen Elbufer. Ich habe die Einschüsse gezählt – es sind ihrer zehn.«

Verblüfft schweigt die Tafelrunde. Es muß etwas Bedeutungsvolles ausgesprochen worden sein, so unverständlich der Dresdener Gast sich auch ausdrückt. Nur Gößnitz scheint nichts begriffen zu haben: »Kein Schütze trifft auf 2000 Schritt einen Baum«, meint er geringschätzig. Unwillig entgegnet Wolfersdorff: »Der Schütze heißt Hiller, ein Major, der gern in der sächsischen Armee dienen würde, aber nicht kann, und der in der preußischen Armee dienen soll, aber nicht will. Er schießt mit einer üblichen Hakenbüchse, einer von ihm oder einem anderen wesentlich verbesserten.« Damit ist der Einwand des Generals für ihn abgetan. Versonnen nimmt er nach kurzer Pause seine Rede wieder auf. »Der preußische König verläßt fast täglich sein Lager, begleitet von seinem Adjutanten. Wenn in aller Heimlichkeit Schützen mit der neuen Hakenbüchse um das Lager des Preußen postiert würden ...«

Leicht über den Tisch gebeugt, wartet er gespannt die Reaktion auf seine Worte ab. Deutlicher möchte er denn doch nicht werden. Das braucht er auch nicht. Jeder ist sich der Tragweite dieser unerhörten Kunde bewußt. Wie auf Verabredung richten sich alle Blicke auf Brühl, der sich gelassen zeigt, auch wenn ihn der Disput mittlerweile recht verdrießlich stimmt.

Brühl ahnt, daß der Oberjägermeister ihm keine Aktivitäten zutraut und Verbündete sucht, ihm in Warschau ein Kuckucksei zurücklassen möchte. Um dieser Überrumpelung die Schärfe zu nehmen, gibt er sich wissend und erkundigt sich beiläufig: »Der Major hat Sie eingeweiht, Graf?«

»Der Major!« sagt Wolfersdorff verblüfft. »Ich kenne ihn nicht!« Dann setzt er erklärend hinzu: »Zur Bedienung einer Hakenbüchse gehören zwei Mann, und ich habe dem Gehilfen Hillers versprochen, ihn wegen Wilddieberei in den Weinbergen auf eine lange Reise zu schicken; er hat gesungen wie eine Lerche im Mai!« Die Freude über seine kleine List steht ihm im Gesicht geschrieben.

»Königsmord!« ruft Gößnitz empört aus.

Wolfersdorff winkt ab. »Wer spricht von Königsmord! Zwei feindliche Reiter werden ausgemacht – Patrouillenreiter, und auf Patrouillen wird im Krieg geschossen, und den Launen eines Krieges kann auch ein König zum Opfer fallen! Es will nur alles bedacht sein. Ist Hiller falsch postiert, kann alles verloren sein. Man nähert sich einem feindlichen Lager unbemerkt vielleicht einmal, aber zweimal oder dreimal ...? Es müssen mehrere Schützen bereit sein. Man muß dem Major helfen, notfalls inkognito!«

Götze hängt wie gebannt an Wolfersdorffs Lippen. »Eure Worte sind Balsam für meine Ohren, Graf. Die Preußen ohne Friedrich! Wer hält sie dann noch in Trab? Wenn die Verbündeten die Verwirrung des Feindes ausnutzen und zum entscheidenden Schlag ausholen, ist der Sieg unser. Ihre Generäle haben viel zu viel Respekt vor Friedrich. Wenn er nicht mehr ist, finden sie auch ihr Selbstvertrauen wieder. Schützen und Büchsen – er soll sie haben, der Major Hiller!«

Abrupt erhebt sich Brühl, und damit ist die Tafel aufgehoben. Über die enttäuschten Gesichter seiner Gäste sieht er hinweg; er wünscht keine Erörterung dieses Themas. Daß Wolfersdorff auf eigene Faust vorgegangen ist, sieht er als gewiß an. Vor genau drei Tagen hat

Brühl, durchaus eingeweiht, in Geheimschrift Flemming über die Absichten des Majors Hiller unterrichtet und sie als »eine erlaubte kriegsrechtliche Weise« hingestellt. Flemming soll erkunden, wie sich die Alliierten dazu verhalten. Die Monarchen werden zwar kaum zu gewinnen sein, aber vielleicht die Heerführer. Ein diabolisches Lächeln verklärt sein Gesicht bei dem Gedanken an die feinen Fäden, die er gezogen. Nein, er hat durchaus nichts gegen Hillers Plan, aber er ist entschlossen, im Hintergrund zu bleiben.

Ergeben wartet Brühl nun darauf, sich ein Klagelied über die Wilddiebereien der Preußen anhören zu müssen. In zehn Minuten wird Saul ihn unter einem Vorwand abrufen und so von dieser lästigen Pflicht erlösen. Wolfersdorff, sichtlich nervös, zückt eine Pfeife, stopft sie bedächtig, hält sie unangezündet in der Hand. Brühl macht keine Anstalten, ihm das Rauchen zu gestatten. Früher rauchte er selbst leidenschaftlich gern, aber seit ihn das Asthma plagt, hält er sich zurück. Mit den Rauchern verbindet ihn nur noch das Interesse für Tabakdosen, von denen er eine große Sammlung besitzt. Wolfersdorff entledigt sich stockend seines Auftrages. Schon nach den ersten Sätzen ist Brühl wie gebannt; er bittet um eine exakte und ausführliche Darlegung.

Am 3. Dezember, erzählt Wolfersdorff, sei er zum preußischen Gouverneur bestellt worden, General von Schmettau. Dieser habe ihm mitgeteilt, auf Weisung des preußischen Königs sei sofort Sachsens Waldbestand zu erfassen, damit die Unternehmer »soviel Holz als nur möglich, ins Geld setzen könnten«. Ohne Übergang habe ihm dann der General eröffnet, »wie ein jeder Diener schuldig wäre, alle Kräfte anzuwenden, damit ein größeres Übel und Unglück abgewendet werden möge, und ob es also nicht zu dessen Vorkommung besser wäre, wenn der Kurfürst den Hof von Petersburg dahin zu disponieren suche, das Königreich Preußen zu evacuieren (sich von dort zurückzuziehen, W. F.) auf welchen Fall die chursächsischen Lande sogleich geräumt würden«[63], und er, Wolfersdorff, solle sich unverzüglich mit diesem Vorschlag nach Warschau begeben. Der Einwand, Sachsen werde sich ohne Sicherheit niemals engagieren, habe der General genauso brüsk zurückgewiesen wie den Hinweis, ein Oberjägermeister sei wohl schwerlich der geeignete Unterhändler. Schmettau habe ihm das Versprechen abgenommen, nur mit Brühl und sonst niemandem darüber zu reden, und ihm einen Geleitbrief für eine Reise nach Polen in die Hand gedrückt.

Brühl überlegt lange. Sollte Schmettau eigenmächtig handeln? Dazu ist der General zu gescheit, und er sitzt auch in Dresden viel zu bequem, um sich selbst um den Gouverneur zu bringen. Mißglückt nämlich das Manöver, hat er den Schwarzen Peter in der Hand, glückt es, tauscht er ein geruhsames Kommando gegen einen Feldzug ein, dessen Ausgang ungewiß ist. Was sollte einen Schmettau veranlassen, auf eine Räumung Sachsens zu drängen? Nicht Schmettau, nur Friedrich II. selbst kann hier Regie führen.

Mit dem sicheren Instinkt des erfahrenen Ministers vermutet Brühl im preußischen Vorschlag eine Falle. Es hält ihn nicht länger in seinem Sessel. Er geht im Zimmer auf und ab, herrscht Saul an, der seit Minuten schon in der Tür steht, er sei jetzt für niemanden zu sprechen, und übersieht sogar, völlig mit sich selbst beschäftigt, daß Wolfersdorff die Gunst des Augenblicks nutzt und ungeniert eine Pfeife raucht.

»Von einem Friedensvertrag hat Schmettau nicht gesprochen?« vergewissert sich Brühl nach geraumer Zeit. Wolfersdorff verneint. Also sieht sich Preußen noch nicht am Ende, denkt Brühl. Es will eine Frist gewinnen und Unfrieden zwischen den Verbündeten stiften. Für Sachsen ist der Gegenzug mit mancherlei Schwierigkeiten verbunden, gleichgültig, ob das Angebot akzeptiert wird oder nicht. Räumen die russischen Truppen das preußische Territorium (warum sollten sie eigentlich?), wird Preußen tausend Ausflüchte suchen, um den Rückzug aus Sachsen zu verzögern oder ganz zu unterlassen. Wer könnte Friedrich II. zwingen, sich an eine Abmachung zu halten? Sachsen jedenfalls nicht. Und käme es zum Abzug der Preußen, wäre Sachsen trotzdem geprellt: Es bekäme keinen Taler Entschädigung! Preußen hätte das Land überfallen und jahrelang ausgeplündert, ohne dafür bestraft zu werden. Schmettau abblitzen lassen? Rußland könnte es! Aber die Botschaft ist an Sachsen adressiert. Brühl fürchtet wirtschaftliche Vergeltungsschläge. Schmettau hat doch wohl nicht auf den reichen Waldbestand Sachsens verwiesen, nur um mit dem Oberjägermeister ins Gespräch zu kommen.

Die Verbündeten werden das Ansinnen Preußens zurückweisen, dessen ist Brühl sich sicher, doch wie soll er ihnen entgegentreten? Schriftliches hat er nicht in der Hand. Wenn sie fürchten, nur die halbe Wahrheit zu erfahren, wäre Friedrich II. seinem mutmaßlichen Ziel, Mißtrauen zwischen seine Kontrahenten zu säen, bedenklich nahe.

Schmettau muß etwas Schriftliches entlockt werden!

Das ist auch die Meinung der Minister. Für die Aussprache mit den Gesandten der Alliierten mag fürs erste ein schriftlicher Bericht Wolfersdorffs über seine Unterredung mit Schmettau genügen, aber letzterem selbst muß ein Schreiben zugehen, das Antwort erheischt und von Wolfersdorff unterzeichnet, aber am besten von Brühl entworfen wird.

So setzen sie sich denn an den Schreibtisch, der Oberjägermeister und der Premierminister. Wolfersdorff, im Umgang mit der Feder ungeübt, benötigt für seine Niederschrift einen ganzen Tag. Brühl enthält sich jeglicher Kritik; er hat selbst seine liebe Not mit dem Entwurf. Der Brief, den Wolfersdorff abschreiben und an Schmettau schicken soll, hat schließlich folgenden Wortlaut: »Ich bin spät und ermüdet am Abend des 18. angekommen und habe am nächsten Morgen meinen Auftrag getreulich ausgerichtet, sogut mein Gedächtnis dazu ausreichte. Da mir Ew. Exzellenz befahl, mit erster Post Mitteilung über meine Ankunft zu machen, beehre ich mich, zu erklären, daß man mir geantwortet hat, man wünsche sich keinesfalls der Beendung sovielen Unheils, zu dem man niemals Veranlassung gegeben hätte, zu widersetzen, und zur Bekräftigung dieser guten Absicht würde man den Vorschlag, den ich zu überbringen hätte, den Verbündeten mitteilen. Ew. Exzellenz ersieht hieraus, wie gut man denkt.«[64]

Dies ist der vierte Entwurf; drei Fassungen schluckte der Kamin. Wieder einmal registriert Brühl erstaunt, wieviel Schweiß doch in der Diplomatie ein paar nichtssagende Zeilen kosten können. Gerade sie. Eine Zu- oder Absage vermag ein guter Sekretär zu formulieren. Im Offenhalten eines späteren Ja oder Nein liegt die Kunst. Man schreibt inzwischen den 20. Dezember. Brühl kann sich nicht entsinnen, je für simple zehn Zeilen zwei Tage benötigt zu haben. Aber er ist mit seiner Arbeit zufrieden. Eines Zeitgewinns wegen hat er es mit Daten nicht sonderlich genau genommen. Um Schmettau aus der Reserve zu locken, hätte er gern »mein schlechtes Gedächtnis« geschrieben, aber er muß Rücksicht auf Wolfersdorff nehmen, für den es ohnehin eine Zumutung bedeutet, den Brief in dieser

Fassung zu unterzeichnen. Von einer »Beendung sovielen Unheils« hatte Schmettau gar nicht gesprochen; es wird sich zeigen, wie er diese Unterstellung auffaßt.

Am 21. Dezember hat Brühl eine Unterredung mit den Gesandten der Verbündeten. Rußland ist in Warschau durch Groß vertreten, Österreich durch Sternberg, Frankreich durch Monteil. Alle drei betrachten Schmettaus Angebot als nichtig, »einzig deswegen gemacht, um Sand in die Augen zu streuen«. Das an Schmettau gerichtete Schreiben akzeptieren die Gesandten; und der Brief wird noch am gleichen Tag per Kurier nach Dresden geschickt.

Alles ist so verlaufen, wie Brühl kalkuliert hat. Aber er frohlockt zu früh.

Am späten Nachmittag des 22. Dezember sprechen die drei Gesandten vor und verlangen demonstrativ in dem Brief an Schmettau die Streichung der Passage, in der von einer Mitteilung an die Verbündeten die Rede ist. Es fällt Brühl schwer, den Sinn dieser Forderung zu begreifen, schließlich hat Schmettau doch Sachsen ersucht, die Verbündeten, Rußland zumindest, anzusprechen. Und warum haben die Gesandten ihre Bedenken nicht am Vortag angemeldet? Sie können derweil unmöglich ihre Höfe konsultiert haben. Und jeder von ihnen weiß, daß der Kurier nach Dresden längst unterwegs ist und von keinem Reiter mehr eingeholt werden kann.

Sachsens schwache Position verbietet es Brühl, ein deutliches Wort zu sprechen. So meint er lediglich, der Brief sei bereits abgegangen, aber er könne versichern, Sachsen werde nichts unternehmen, was den Wünschen der Alliierten widerspräche.

Die Gesandten lassen einen sehr nachdenklichen Brühl zurück.

Am 10. Januar erhält Wolfersdorff von Schmettau

die Antwort auf seinen oder besser Brühls Brief: »Ich muß Ihnen meine Überraschung ausdrücken über die Worte, daß Ew. Exzellenz meinen Auftrag getreulich ausgerichtet hätten, sogut das Gedächtnis dazu ausreichte. Ich verstehe nicht, was Sie da Auftrag nennen, und wer Sie da beauftragt haben soll. Wir haben zusammen uns unterhalten als zwei Freunde, ganz und gar undienstlich. Sie wissen doch wohl, daß der König Sie nicht beauftragt hat, noch jemals beauftragen wird mit irgendeinem Geschäft oder Vorschlag, wie er auch hieße.

Sie haben von mir einen Geleitbrief, um den Sie gebeten haben, erhalten, ohne daß der König damit irgend etwas, was es auch wäre, zu tun gehabt hätte. Sie können in Warschau tun, was Ihnen gut erscheint, aber Sie wissen, daß Sie niemals einen Auftrag von meinem königlichen Herrn hatten. Also, wenn Ew. Exzellenz sich ganz anders benommen und sich im Namen Seiner Majestät auf etwas eingelassen hätten – was ich mir nicht denken könnte – so wäre es sicher, daß Sie dabei völlig ohne Wissen des Königs gehandelt hätten, und er würde Sie laut und mit Recht Lügen strafen und Sie zweifellos der Fälschung bezichtigen. Aber ich bin sicher, wie wir es ja auch besprochen haben, daß, wenn Ihr Hof dem König Vorschläge machen wollte, es bei ihm stände, und man sie auch anhören würde. Aber Ihr Hof, mein Herr, darf nicht Vorschläge von seiten meines königlichen Herrn erwarten. Ich sehe mit Ungeduld der Ehre Ihrer Antwort entgegen und kann mir nicht denken, daß Ew. Exzellenz aus einem vertraulichen Gespräch eine Bloßstellung von Herrschern hätte machen wollen.«[65]

Brühl begreift sofort: Der Schlagabtausch mit Schmettau ist zu Ende, bevor er recht begann. Der preußische General hat einen Ausfall gewagt und bläst nun zum Rückzug, hoffend, daß der Gegner beunruhigt sei. Der Eifer, den Schmettau an den Tag legt, um Friedrich II. herauszuhalten, wirkt lächerlich. Sechsmal ist der König erwähnt; in Wolfersdorffs Brief war eigentlich nur von einem »Auftrag«, nicht vom Preußenkönig die Rede. Schmettaus diplomatisches Meisterstück ist die Versicherung, sein Hof würde sächsische Vorschläge anhören – woher will er das wissen, wo er doch ohne Instruktionen ist? Das anfangs als »undienstlich« bezeichnete Gespräch mit Wolfersdorff wird zum »vertraulichen Gespräch«, bei dem aber Vorschläge debattiert worden sind, undienstlich, aber vertraulich!

Ganz ungeschoren soll Schmettau nicht davonkommen. Am 20. Januar schickt Wolfersdorff die Entgegnung ab, wieder von Brühl entworfen. »Eine Ableugnung fürchte« er nicht, heißt es. Mag Schmettau etwas darüber nachdenken. »Ich hätte mich ... nie zu dieser mühevollen Reise hergegeben, wenn Ew. Exzellenz mich nicht dazu aufgemuntert, und ich nicht geglaubt hätte, dadurch dem Wohle meines Vaterlandes einen wesentlichen Dienst zu leisten.«[66] Ein Schluß, der keineswegs der Logik entbehrt.

Brühl stellt Abschriften des Schriftwechsels Wolfersdorff–Schmettau den Höfen der Verbündeten zu.

Obwohl alles ganz im stillen geschieht, kommt die Mission Wolfersdorff ins Gespräch. Brühl erfährt von Monteils Bericht nach Versailles, Sachsen habe ein Geheimnis aus dem Auftrag des Oberjägermeisters gemacht. Am 31. Januar schreibt er Flemming: »Wenn Monteil so etwas geschrieben hätte, wäre er der verlogenste Mensch der Welt.« Schuld an der ganzen Affäre aber sei Wolfersdorff, der sich zu dem »lächerlichen, verächtlichen, abscheulichen Vorschlag« hätte benutzen lassen.[67]

Es finden sich im Herbst 1759 mehr Dresdener als sonst in Warschau ein – Hofbeamte, die Verwandten einen vorzeitigen Weihnachtsbesuch abstatten, Händler, die vor dem Winter unbedingt noch ein Geschäft abschließen wollen, Geldleiher, die säumigen Kunden einen Wechsel zu präsentieren gedenken ... Die Kriegsjahre haben Brühl hellhörig werden lassen. Kein Besucher, dessen ist er gewiß, sagt auch nur die halbe Wahrheit. Wer in diesen Zeiten eine so lange und beschwerliche Reise auf sich nimmt, ist auf der Flucht vor noch größeren Unannehmlichkeiten. Dresden sei seit dem 5. Oktober in österreichischen Händen, wissen die Gäste zu berichten, doch es scheint sie gar nicht zu freuen, daß die Verbündeten in ihrer Stadt sind.

Die Österreicher in Dresden? Immerhin liegt der Gedanke nahe, daß Sachsen Winterquartier für Feind und Freund werden könnte. Das wäre schlimm für das Land. Möglicherweise aber übt ein Dresden im Besitz der Österreicher auf das preußische Heer eine ungeheure Anziehungskraft aus. Das könnte auf eine Schlacht schließen lassen, in Dresden oder anderswo in Sachsen.

Unter den Ankömmlingen sind keine Offiziere. Das freut und verdrießt Brühl gleichermaßen. Mögen sie sich den Truppen der Verbündeten anschließen, in Polen langweilen sich ihrer ohnehin genug. Groß, der russische Gesandte, witzelt bereits: Auf fünf Soldaten käme ein Oberst, auf zehn ein General. Brühl wünschte aber doch, es fände sich jemand ein, der die militärische Lage zu beurteilen vermag. Dresden läßt schon seit Wochen nichts von sich hören, und auch die Gesandten der Verbündeten sind ohne Kontakt zu ihren Höfen. Warschau ist wieder einmal abgeschnitten.

Loß wartet möglicherweise auf eine sich anbahnende Entscheidung, bevor er Nachricht gibt, denn mit Makowiak steht ihm ein verläßlicher und findiger Kurier zur Verfügung.

Früher hat sich Brühl nie mit Kurieren und Ordonnanzen befaßt. Das änderte sich, als Friedrich II. ihn wissen ließ: Briefe werden mit der Post befördert! Brühl war willens, das einfach nicht zur Kenntnis zu nehmen, aber seine Boten mochten wann und wie auch immer reisen, irgendwo stand eine preußische Patrouille, die auf sie zu warten schien. Eigentlich blieb nur noch der sehr weite Weg über Österreich. Loß aber meinte, es ginge auch anders: einen Kurier einsetzen, von dessen Existenz möglichst wenige wissen, in Warschau vielleicht Brühl und Saul, in Dresden Stammer und er. Es werde sich zeigen, ob das preußische Sperrsystem tatsächlich so dicht sei, wie es scheine, oder ob es nur deshalb funktioniere, weil man sich im sächsischen Kurierwesen auskenne. Er habe einen Leutnant bei der Hand, der sich Makowiak* nenne, nach seiner Mutter, partout eine persönliche Rechnung mit den Preußen begleichen wolle und dem man auch Geld anvertrauen könne, ein Nachsatz, über den Brühl sich sehr gewundert.

Von den fünf prall gefüllten Geldbeuteln, die Makowiak bei seinem ersten Ritt durch die Fronten nach Dresden bringen soll, behält Brühl vorsorglich vier zurück, als Saul ihm den Schützling von Loß heimlich in seinen Privaträumen vorstellt.

Makowiaks Gang ist der eines regelmäßig Betrunkenen, der weiß, daß er auf sich aufpassen muß. Seine Zi-

* Für Brühls Kurier werden die Namen Makowiak, Kowalski und auch Schmidt angegeben. Offenbar handelt es sich immer um ein und dieselbe Person. Vermutlich sind aber aus Sicherheitsgründen alle drei Namen fingiert, denn in den Besoldungslisten der Kartographen ist keiner davon zu finden.

vilkleidung fällt Brühl nicht weiter auf. Saul weiß mehr. Beim Rückzug nach Struppen ist Makowiaks Kompanie in einen preußischen Hinterhalt und in Gefangenschaft geraten, derweil er volltrunken in einer Schenke gelegen. Dies habe er sich zu Herzen genommen und beschlossen, als Buße entweder auf den Alkohol oder auf die Uniform zu verzichten, solange auch nur einer seiner Soldaten preußischer Gefangener sei; die Entscheidung fiel zugunsten der Uniformabstinenz aus.

Makowiak ist Ende Dreißig, mindestens 1,90 Meter groß, spindeldürr, die linke Wange ist durch eine gräßliche Narbe entstellt, die wohl von einem Säbelhieb herrührt. Die dürftigste Personenbeschreibung müßte ausreichen, um ihn der erstbesten Patrouille des Gegners in die Hände zu treiben.

Mißfällt Brühl schon das Äußere des Mannes, so ist er geradezu schockiert durch dessen Art, das Zeitgeschehen zu kommentieren. »Sie sind Pole?« erkundigt er sich auf polnisch. Wenn er sich der Landessprache bedient, wählt er kurze Sätze. Sein Polnisch ist unzulänglich.

»Ich stehe für die Union«, sagt Makowiak, »meine Mutter stammt vom Njemen, mein Vater aus Sachsen.«

»Vom Njemen?« wirft Brühl gleich ein, auf weiteres nicht begierig, »da habe ich gute Nachrichten für Sie: Die russischen Truppen sind weit vorgestoßen und haben Nordpolen befreit!«

Da Makowiak gelangweilt nur leicht die Schultern anzieht, setzt er höchst erstaunt hinzu: »Freut Sie das nicht?«

»Sollen sich die Russen freuen«, entgegnet Makowiak, ins Deutsche überwechselnd, »uns haben schon die Sachsen von den Schweden befreit, die Schweden von den Sachsen, die Russen von den Schweden, die

Sachsen von den Russen, die Preußen von den Sachsen, die Russen von den Preußen … oder so ähnlich.«

»Vom Humor hat Sie jedenfalls noch keiner befreit«, versucht Brühl zu scherzen. »Sind Sie deshalb nur Leutnant? In Ihrem Alter sind andere Rittmeister!«

»Das sächsische Offizierskorps«, meint Makowiak ungerührt, »hat an einem Leutnant Makowiak schon schwer zu tragen. Ein Rittmeister, der nur Landvermesser und Kartograph ist und ein halber Pole, wäre eine gar zu arge Bürde.«

»Ach, Sie gehören zum Ingenieurkorps«, sagt Brühl, den Hieb des bürgerlichen Offiziers ohne Perspektive ignorierend.

Makowiak schüttelt den Kopf: »Der Marschall (Rutowski) hat aus mir und zwei anderen Leutnants Militärkartographen machen wollen. Er meinte, in Kesselsdorf seien seine Offiziere so ortsunkundig wie aufgeschreckte Hühner gewesen, und sie würden es bleiben, wenn sie nicht eine genaue Karte in die Hand bekämen. So haben wir eben zehn Jahre lang Militärkarten entworfen, aber als die Preußen eingefallen sind, hat uns der Oberst rasch zu Kompanieführern ernannt. Wir sollten endlich mal etwas Nützliches tun; Hannibal habe seine Schlachten auch ohne Karten gewonnen.«

Brühl scheint sichtlich betroffen. Rutowskis Plan, eine militärkartographische Anstalt zu gründen, ist ihm erinnerlich, aber da die Generäle das als pure Geldverschwendung hinstellten, hat er alles im Sande verlaufen lassen. »Mir ist nie eine derartige Militärkarte unter die Finger gekommen«, murmelt er.

»Dem kann abgeholfen werden«, trumpft Makowiak auf. »Der Herr Hoftypograph Petri gibt eine ›Accurate Situations-Carte von einem Theile des Churfürstentums Sachsen‹ heraus.« Und, gar nicht mehr frohlokkend: »In Preußen! In Sachsen hat niemand etwas von einer solchen Karte wissen wollen. Nun wird sie den preußischen Generälen auf ihren Feldzügen in Sachsen treffliche Dienste erweisen.«

Nachdenklich wendet sich Brühl dem eigentlichen Anliegen dieses Treffens zu. Da er noch nie einen Kurier engagiert hat, überläßt er es Makowiak, die Forderungen zu stellen, eines stattlichen Preises gewärtig, doch diese »Verkörperung der Union« ist erstaunlicherweise ganz und gar nicht geldgierig. Er habe seinen Sold als Leutnant, meint er, und etwas müsse er schließlich dafür leisten. Da er so häßlich wie die Nacht sei – so drückt er sich tatsächlich aus –, müsse er als Kurier auf die Auffälligkeit setzen wie ein anderer auf die Unauffälligkeit. Von einem Leipziger Optiker habe er eine Kollektion Brillen erstanden, mit denen er einen fingierten Handel zu treiben gedenke; ihn werde unterwegs nichts weiter aufhalten, da die Bauern keine Sehhilfe benötigen oder sich keine leisten können. Für die Auslagen müsse die Kammer 40 Taler zahlen. Und ein Pferd nach eigener Wahl erbitte er.

Vom Fenster aus beobachtet Brühl einige Stunden später den Ausritt seines neuen Kuriers. Makowiak sitzt nach Bauernart auf einem ungesattelten Falben, die Füße in den Schlaufen eines über den Pferderücken geworfenen Strickes. Der Falbe ist Brühl noch nie aufgefallen; jetzt ist er überzeugt, daß es in seinem ganzen Stall kein besseres Pferd gibt als dieses.

Seither ist Makowiak schon so manches Mal zwischen Warschau und Dresden unterwegs gewesen. Er reitet nie nachts und nie auf Seitenpfaden, weicht keinem preußischen Posten in den weiten Landen Schlesiens aus. Und er hat noch nie ein Pferd zuschanden geritten. Eile ist ein Fremdwort für ihn. Wenn er in Warschau eintrifft, versorgt er gemächlich sein Pferd, wechselt ein paar Worte mit dem Stallmeister und entledigt sich wie beiläufig seines Auftrages. Niemand soll auf den Gedanken kommen, er reise in besonderer Mission. Was Brühl aber verwundert: Kein Kurier ist je schneller gewesen als Makowiak. Weil er ihm persönlich die Aufträge gibt und auch selbst die Post entgegennimmt, sieht er ihn fast monatlich, und da ein isolierter Premierminister wißbegierig und ein Kurier bestens informiert ist, bleiben kurze Gespräche nicht aus. Sie bringen Brühl immer aufs neue in einen Zwiespalt; steht dieser respektlose Leutnant vor ihm, verwünscht er ihn, ist er unterwegs und die Lage kritisch, sehnt er ihn herbei. So ist es auch in diesen Herbsttagen.

Am 18. November spätabends findet sich Makowiak bei Brühl ein, wie immer in dessen Privaträumen. Obwohl Menzel längst auf dem Spielberg sitzt, sind die von Loß vorgeschlagenen konspirativen Regelungen beibehalten worden. »Es sieht trübe aus«, schreibt Loß, »was mir ganz sicher scheint, ist, daß Daun, besonders seit die Preußen ihm den gebirgischen Kreis genommen und sich der Dippoldiswalder Gegend bemächtigt haben, kein Heu und Stroh mehr hat. Dadurch droht uns, selbst wenn er noch Brot für die Soldaten und Hafer für die Pferde hat, ein Rückmarsch nach Böhmen, es müßte denn sein, daß ein glückliches Ereignis einträfe, das die Preußen zurücktreibt ...« Daun, setzt Loß hinzu, habe den sächsischen Ministern zugesichert, sie zu verständigen, wenn es an der Zeit sei, Dresden zu verlassen und nach Warschau auszuweichen. Das Schreiben datiert vom 26. November.[68]

Brühl, der sich kein rechtes Bild machen kann, holt eine Karte hervor und winkt Makowiak heran. »Weißt du, wie es steht?« Er ist längst zum Du übergegangen, obwohl er niederen Offizieren gegenüber ansonsten das förmliche »Sie« wahrt, um den Abstand zu unterstreichen. Makowiak betrachtet die alte »Karte vom

Kurfürstentum Sachsen« und erwidert, mit dem Finger auf den Torgauer Raum zeigend: »Am 29. Oktober ist Ahremberg mit 17 000 Mann den Preußen bei Dommitzsch in die Falle gelaufen. Er wollte die Preußen umgehen und ist selbst umgangen worden.« Brühl, der davon schon Kunde von Händlern erhielt, winkt ab. »Was ist seit Schildau geschehen?«

»Ach, Schildau!« Makowiaks Gesicht verklärt sich zu einem diabolischen Grinsen. »Am 2. November veranstaltet Daun ein großes Palaver mit seinen Generälen in Schildau. Weil es schneit und weil Prinz Heinrich von Preußen aus Torgau nicht herauszubringen ist, und weil von Glogau her Friedrich II. naht, in einer Sänfte getragen, da ihn die Gicht plagt, hat sich der Kriegsrat auf einen Rückzug geeinigt. Die Preußen sind darüber derart erschrocken, daß sie tagelang wie gelähmt wirken. Dann riskieren sie es und setzen nach: Ganz Nordsachsen fällt ihnen binnen einer reichlichen Woche regelrecht in den Schoß. Erst am 13. November sehen sie bei Nossen Dauns Rücken, und da können sie der Versuchung nicht widerstehen: Sie treten ihn anständig in den Hintern, damit er wieder richtig in Trab kommt, und er trabt durch Meißen bis hin nach Blankenstein, derweil das preußische Korps Kleist über Freiberg nach Nordböhmen zieht, um ihn von der Flanke her munter zu halten.«

»Und das Reichsheer?« erkundigt sich Brühl schokkiert.

»… ist von Großenhain nach Friedrichstadt zurückgegangen, um nicht im Wege zu stehen. Da Zweibrükken mit Fieber in Dresden liegt, hat Serbelloni jetzt das Kommando. General Holnstein von den Bayern erzählt, Daun und Serbelloni seien derart verfeindet, daß nicht mal mehr ihre Hunde zusammen auf die Jagd gehen.«

Brühl lenkt ab: »Graf Loß schreibt, die Preußen stehen schon in Dippoldiswalde?«

Den Blick wieder auf die Karte richtend, meint Makowiak: »Am 15. November hat der preußische Generalleutnant Finck Maxen besetzt.« Es bereitet selbst ihm, dem Kartographen, einige Mühe, auf der höchst unzulänglichen Karte den Ort auszumachen.

Brühl überlegt: Finck kann allenfalls den Rückzug der Österreicher stören, aber keine Schlacht riskieren. Alles deutet auf eine ruhmlose Flucht der Verbündeten in die böhmischen Winterquartiere und eine neuerliche Besetzung Sachsens durch Preußen hin.

So sehen es alle!

Friedrich II. schreibt dem Prinzen Ferdinand von Braunschweig am 17. November: »In acht Tagen ist Sachsen vom Feinde gesäubert und gereinigt.« Und Catt gegenüber prahlt er: »Dresden in meinen Händen sichert die Winterquartiere und setzt mich in den Stand, die Österreicher immer in Angst für Böhmen zu halten.« Rußland, an der Küste in Anspruch genommen, setzt auf den Frühling. Maria Theresia jagt einen Kurier nach dem anderen ins Hauptquartier Daun: Er möge wenigstens »festen Fuß in Sachsen behaupten«. Aber wo soll dieser Fuß eigentlich stehen? Der sächsische Hof ist fassungslos. Die in Dresden verbliebenen Minister sitzen bereits auf ihrem Reisegepäck, die in Warschau weilenden rechnen jeden Tag mit einer neuen Hiobsbotschaft. Verantwortlich für die militärisch verfahrene Situation ist nach einhelliger Meinung nur einer: Daun.

Einen Tag nach Makowiaks Ankunft diktiert Brühl seinem Sekretär in die Feder: »Man kann gar nicht genug die unglückliche Lage der Dinge in Sachsen beklagen, worein uns die Fehler eines Generals gebracht haben. All unsere Befürchtungen treffen fast buchstäblich ein, und wir können nur noch die traurigsten Ereignisse erwarten ... Ich habe nur noch eine ganz schwache Hoffnung, daß wir Sachsen halten können, und die ist unfehlbar verloren, wenn der König von Preußen sich nicht den Zufällen einer Schlacht aussetzt!«[69]

Einige Tage später hat er seine Hoffnungen auf eine Entscheidungsschlacht begraben. Der Feldzug ist »wenig ruhmreich wahrhaftig, aber in Sicherheit für die Österreicher und ihr Land« beendet, schreibt er den Gesandten in der diplomatischen Korrespondenz. Nur noch Bitterkeit spricht aus ihm.

Brühl täuscht sich wie andere auch: Der Feldzug ist noch nicht beendet!

Die »dicke Exzellenz«, wie Daun genannt wird, ist unbeliebt. Erfolge werden dem Monarchen gutgeschrieben, Mißerfolge dem Oberbefehlshaber. Daun hat wenig Erfolge aufzuweisen. Sein Heer ist bunt zusammengewürfelt, es ist unzulänglich ausgebildet und schlecht versorgt. Sonderinteressen der verbündeten Staaten und ihrer Generäle zehren an der Schlagkraft der Armee. Diesem brisanten Thema aber weichen die Höfe aus. Daun gilt als Zauderer, dem mehr daran liegt, von Preußen nicht geschlagen zu werden, als Preußen zu besiegen. Er nimmt die Schelte hin. Kein noch so nachhaltiger Druck kann ihn bewegen, sich leichtsinnig auf eine Schlacht einzulassen. Er ist ein kühler Rechner, was er in Hochkirch beweist. Die kommenden Generationen werden ihm mehr Gerechtigkeit widerfahren lassen als die Zeitgenossen und ihn sogar zu den bedeutendsten Feldherren des Jahrhunderts zählen.

Wenige Wochen vor der Schlacht bei Hochkirch schreibt Daun an Maria Theresia: »Es kommt darauf an, mit diesem Feinde jedes entscheidende Zusammentreffen zu vermeiden, was man bei einer Schlacht nicht kann. Alle Welt ist sich darin einig, daß aller Vorteil und alle Stärke dieses Feindes in der von so vielen Jahren her, schon durch den vorigen König eingeführten, großen Ordnung bei diesen Truppen liegt, wodurch sie in den Bewegungen allen anderen zuvorkommen. Das ist umso leichter, als der König Herrscher und Oberbefehlshaber zugleich ist und niemand daran denken darf, ihm Vorhaltungen zu machen oder gar über das zu viele oder zu wenige Exerzieren und ähnliches sich aufzuhalten. Man muß daher diesen Feind vielmehr zu überwinden suchen in einem Feldzug, in dem ihm keine Gelegenheit geboten wird, seine Vorteile auszunützen, und in dem er sich mehr als in einer Schlacht durch viele Bewegungen und Märsche schwächt. Trotz der Schlacht von Leuthen und anderen Niederlagen hält man es in Wien immer noch für nützlich, Schlachten zu schlagen mit einem Heere, das der Zahl nach wohl hinreichend groß, an Güte aber viel geringer ist, als das preußische jemals war. Dabei will ich aber nicht sagen, daß man die gute Gelegenheit zu einer Schlacht verpassen soll; auch ohne Befehl würde ich das nicht tun.«

Die Gelegenheit ergibt sich!

Daun ist noch dabei, die Marschroute nach Böhmen festzulegen, als ihm die Besetzung von Maxen durch das preußische Korps Finck gemeldet wird. Maxen liegt etwa in der Mitte von Nollendorfer und Dippoldiswalder Straße. Finck hat sich also in eine solche Position gebracht, daß es gleichgültig ist, welche Straße die Österreicher benutzen: Er kann rasch zur Stelle sein, um zu stören. Daun sieht die Dinge radikal anders: Finck ist nur dann im Vorteil, wenn ihm das Handeln überlassen bleibt; bei einem Angriff wird seine Position unhaltbar.

Am 18. November hat Daun eine lange Unterhaltung

mit dem erkrankten Zweibrücken in Dresden. Die Befehlshaber kommen überein, Maxen von drei Seiten her anzugreifen. Bevor Daun Dresden wieder verläßt, rät er den sächsischen Ministern abzuwarten.

Am 20. November 1759 gegen 13.30 Uhr greifen die verbündeten Armeen das Finckschc Korps an, statt sich so unauffällig und rasch wie möglich an ihm vorbeizudrücken, wie die Preußen wohl angenommen haben. Das »Loch« bei Maxen, das Finck ideal erschien für kühne Ausfälle, wird für ihn im Handumdrehen zur Falle. Auf der einen Seite verbieten Felsen eine Flucht (General Wunsch probiert sein Glück hier vergeblich), auf den drei übrigen sind die Kaiserlichen und die Österreicher aufmarschiert. In einem kleinen Bauernhof hält Finck bis spät in die Nacht hinein Kriegsrat; am anderen Morgen strecken 14922 Preußen, unter ihnen neun Generäle, die Waffen. Auf seiten der Verbündeten fallen 309 Soldaten; Preußen hüllt sich über die Verluste in Schweigen. Unter den gefangenen Preußen sind 745 Verwundete.

Als die Geschütze bei Maxen verstummen, schreibt Friedrich II. seiner Schwester Amalie, Finck habe »gesiegt, Daun muß sich über die Elbe nach Zittau retten. Der Friede ist nahe!«[70] Der Kurier ist bereits unterwegs, als ihm die Kapitulation seines Korps mitgeteilt wird. Amalie ist nicht die einzige, die er voreilig von einem Erfolg in Kenntnis gesetzt hat. Nun gibt er grollend Graf Finckenstein Order, »der Öffentlichkeit so gut es ginge das Unglück zu beschönigen«.

Finck fällt von einer Gefangenschaft in die andere. Ein preußisches Militärgericht verurteilt ihn 1763 zu einer Festungshaft von einem Jahr. Er verbüßt die Strafe in Spandau und geht dann nach Dänemark, wo er, achtundvierzigjährig, in Kopenhagen stirbt. Zwei seiner Generäle erhalten ebenfalls Festungshaft. Wunsch ausgenommen, der wenigstens einen Ausbruchsversuch unternommen hat, werden alle Generäle, die bei Maxen kapituliert haben, von Friedrich II. aus der Armee gestoßen. Es hat ihn schwer getroffen, daß ein ganzes Korps in Gefangenschaft gerät in einer Schlacht, die keinen Anspruch auf diese Bezeichnung haben kann.

Dresden erwacht an diesem 21. November 1759 aus der Lethargie. Gegen 16 Uhr blasen 21 Postillione in die Siegesfanfaren, und auf dem Altmarkt sind 30 erbeutete Geschütze zu bewundern. Doch was ist dies alles, verglichen mit dem Anblick von 2 000 Gefangenen, die extra auf dem Umweg über Dresden nach Böhmen gebracht werden! Sie sind also schlagbar, die Truppen Friedrichs!

Daun genießt den Sieg in vollen Zügen. Kuriere müssen sich sofort auf den Weg machen, um die befreundeten Höfe vom Geschehen bei Maxen zu informieren. Nach Warschau darf Oberst Poniatowski reiten. Da er unterwegs sein Pferd einbüßt, kommt er erst am 28. November spätabends dort an. Der Kurfürst und Brühl sind gerade in der Oper. Die Nachricht, die Poniatowski bringt, ist beiden wichtiger: Bis in die Nacht hinein muß er ausführlich über die Schlacht bei Maxen berichten.

Noch in der Nacht diktiert Brühl Briefe an die sächsischen Gesandten, obwohl er annehmen darf, daß ihnen die frohe Kunde inzwischen durch andere übermittelt worden ist. »Niemals kam ein Ereignis so gelegen!« schreibt er. »Alle steuerten auf eine sehr trübe Zukunft zu, und man durfte nichts erwarten als den Abmarsch der Österreicher aus Sachsen, die Preußen als neue Herren des unglücklichen Landes und ein Ende des Feldzuges, ebenso bedrückend für uns wie beschämend für die kaiserlichen Waffen. Plötzlich wandte sich das

Blatt! Herr Daun ist vom tiefen Schlaf, in den er bisher versunken schien, erwacht! ... Meine Freude über diese glücklichen und außergewöhnlichen Ereignisse ist gar nicht auszudrücken. Wir brauchen nicht mehr zu fürchten, daß Daun seinen Vorteil nicht benutzt. Jetzt zeigt er auf einmal, daß er siegen und den Sieg ausnützen kann.«[71] Und in einem anderen Brief Brühls heißt es: »Das Ereignis muß das ganze Kriegstheater verändern, das uns bisher trübe Aussichten bot. Wir dürfen uns schmeicheln, daß Sachsen noch vor den Winterquartieren von seinen Bedrückern befreit wird.«[72]

Brühl täuscht sich. Als er seine optimistischen Schreiben verschickt, hat sich das Blatt längst wieder gewendet.

Am 23. November rückt Daun gegen die preußische Restmacht vor. Ob er sie in Auflösung vermutet hat? Es überrascht ihn völlig, auf ein preußisches Heer in Schlachtordnung zu stoßen. Einige Stunden lang läßt er seine Artillerie sprechen – dann zieht er sich zurück. Eine offene Feldschlacht ist ihm zu riskant.

Tags darauf verfaßt Daun ein langes Schreiben an Maria Theresia, in dem er ausführlich den Mangel an Lebensmitteln, Hafer und Heu schildert – und um seine Ablösung als Oberbefehlshaber ersucht, denn »jetzt wird man wieder verlangen, den König anzugreifen, so anermahlen ohnmöglich finde ... Die Behauptung Dresdens ist nunmero anzuhoffen, alle übrigen umbstände aber seindt sehr mislich, maßen vom Erzgebürge ser wennich erhalten werden dörffte, mithin die Last der Verpflegung dermahlen auf Böhmen und übrige Erblande fallen mus ...« Bei diesem preußischen Angriff auf Dresden könne er »die Wälle, aber nicht die Techer deffendiren«.[73]

Die Rache des preußischen Königs an Brühl

In seinen Beziehungen zu politischen Gegnern kann Friedrich II. sehr persönlich, sehr rüde, sehr rachsüchtig sein, eher »klein« denn »groß«. Das bekommt keineswegs nur Brühl zu spüren.

Elisabeth, Peters des Großen Tochter, die Pompadour, eine ehrgeizige Fleischerstochter, und Maria Theresia, seine älteste Kontrahentin, sind für Friedrich II. »die drei ersten Huren Europas«. Das denkt er nicht nur, er spricht es auch aus, an einer Tafel, und es sind keine Sonderkuriere vonnöten, um solche Reden in den entferntesten Winkel Europas zu tragen. Die Wirkung ist prompt. Zarin Elisabeth, in Staatsgeschäften eigentlich träge, reagiert allergisch. Sie kanzelt den englischen Gesandten regelrecht ab, weil London »einen Mann unterstützt, der sie harmloser Liebhabereien wegen vor ganz Europa verhöhnt«. An Paris und Wien ergehen Appelle zu mehr Solidarität. Die Pompadour bedarf keiner Aufmunterung. Aber sie zieht den indirekten Weg vor, über Ludwig XV., der ihr hörig ist. Am »Umsturz der Allianz« 1756 hat sie bei näherem Hinsehen einen größeren Anteil als dieser, indem sie aus dem Hintergrund schürt, und sie genießt ihren heimlichen Triumph. Maria Theresia, die am ehesten Grund hätte, sich zu entrüsten, äußert sich nicht. Aber für sie ist Friedrich II. fortan nur der »böse Mann«, sie hat keinen Namen mehr für ihn, und ihre Berater haben ihre liebe Not, sie wenigstens bei offiziellen Anlässen zur Wahrung der Form zu bewegen.

Friedrich II. verachtet die Frauen, namentlich die einflußreichen. Doch schaden seine giftigen Bemerkungen ihnen weniger als ihm selbst. Brühl haßt er. Das war früher anders. Der erste, der Brühl in Zeithain überschwenglich zum »Adlerorden« gratuliert hatte, war Preußens Kronprinz. Beide verstanden sich während des Lustlagers prächtig, nur stellte eben noch keiner von ihnen etwas dar. Der eine war noch längst nicht König, der andere ahnte nicht, daß er dereinst Minister sein könnte. Einmal allerdings kreuzten sie doch die Klinge, wenn auch eine sehr feine, nur das Florett – der Säbel blieb aufgespart. Ob es nun das freiere Klima in Sachsen war oder das Gefühl, endlich einmal ausbrechen zu können, jetzt, da alle Erzieher im fernen Berlin weilten – der Kronprinz jedenfalls verliebte sich ausgerechnet in die Orcselska, Augusts des Starken Lieblingstochter, der große Lust verspürte, für den Gast die Pferde satteln zu lassen, sich aber schließlich dazu überreden ließ, aus der Liebesaffäre eines Halbwüchsigen nicht gleich eine Staatsaffäre zu machen, zumal sich der Jüngling anscheinend eines anderen besann. Das aber arrangierte Brühl, der ihm die Gräfin Formera zuführte, und Friedrich – erschreckt durch Augusts des Starken Ausbruch – akzeptierte. Die Orcselska hieß bald Wreech. Ihr Kind aber kam dem Herrn von Wreech »friederizianisch« vor; er verweigerte die Anerkennung der Vaterschaft, obwohl der Schwiegervater selbst ihn umzustimmen suchte.

Als Friedrich und Brühl zur Macht gekommen sind, finden sie bald keinen Gefallen mehr aneinander; die Interessen, die sie wahrnehmen, sind gar zu gegensätzlich. Friedrich II. bietet Brühl an, nach Preußen überzuwechseln, Brühl aber bleibt, wo er ist – und was er ist. Frölich, der Hofnarr des Kurfürsten, hat für seinen neuesten Scherz eine schlechte Stunde gewählt, als er unbekümmert die rhetorische Frage stellt: »Worin liegt der Unterschied zwischen Friedrich II. von Preußen und Minister Brühl? – Friedrich II. ist sein eigener Minister, Minister Brühl sein eigener König!« Brühl erinnert sich, daß der Narr einst Müller war, und verbannt ihn eilends fernab von Dresden in eine Mühle.

In Friedrichs II. Tabaksrunde wird Frölich fleißig zitiert, und der Preußenkönig amüsiert sich köstlich. Er bedauert, daß der Narr mundtot gemacht worden ist, und sorgt persönlich für Ersatz. Seit er mit Brühl nicht mehr rechnen kann, bereitet es ihm Vergnügen, ihn der Lächerlichkeit preiszugeben. So spottet er, Brühl habe »1 500 Perücken und keinen Kopf«. Also hat er, Friedrich, um Perücken geworben? Es weiß zum Glück niemand um die versuchte Abwerbung, und Brühl schweigt, da er fürchtet, ins Zwielicht zu geraten.

Vier Jahre vor dem Krieg, der sieben Jahre währen soll, schreibt Friedrich II. »Au comte de Brühl« (die Ode auf Brühl):

Armsel'ger Sklave Brühl, im hohen Amt,
Zu leiten trägen König stets verdammt,
Du unterliegst der Sorgenarbeit fast!
Wirf ab der Hoheit hemmenden Ballast:
Denn Teufel Langeweil peinigt Deine Pracht
Und sanfter Schlaf flieht längst schon Deine Nacht.

Die Literatur wäre ohne diese Ode nicht ärmer. Als Teil politischer Auseinandersetzungen spricht sie weit eher gegen den Verfasser als gegen den Adressaten.

Die propreußische Geschichtsschreibung wird Friedrich II. einmal sehr »verfeinerte Sitten, Empfindsamkeit und Höflichkeit ... selbst im Kriege« und gar »liebreiches Betragen« bescheinigen ...

Mit Sachsens Kapitulation bei Struppen könnte der Preußenkönig eigentlich zufrieden sein, er hat Sachsen – und ist Brühl los. Aber »empfindsam« wie er ist, stört ihn alles, was an Brühl erinnert.

Brühls Familie verbleibt in Sachsen. Die beiden

jüngsten Söhne besuchen in Leipzig die Schule; Professor Gellert läßt sie nach Straßburg bringen, damit sie nicht in preußische Uniformen gesteckt werden. Heinrich von Preußen, der seinen Bruder Friedrich wenig schätzt, hat dem Gelehrten einen Wink gegeben. Gellert ist darauf gefaßt, mit diesem Akt der Menschlichkeit Lehrstuhl und Freiheit riskiert zu haben; möglicherweise aber hat er dem preußischen König sogar einen Gefallen getan.

Mit der Gräfin Brühl hat Friedrich II. eine härtere Nuß zu knacken. Sie muß zunächst aus dem Palais ausziehen, weil er dort Quartier nimmt. Das ist wohl als Demonstration gedacht: Von diesem Palais, nicht vom Schloß aus, wurde Sachsen regiert!

Als ihre Möbel, die von Nischwitz nach Gangloffsömmern in Sicherheit gebracht werden sollen, von preußischen Husaren beschlagnahmt werden, beschwert sich die Gräfin Brühl bei Friedrich II. Dieser ist empört, zunächst einmal über seine Soldaten: »Ich bin durchaus nicht gewillt zu gestatten, daß man sich an Ihrem Privateigentum vergreife«, versichert er am 28. November 1756.[74] Zwei Tage später empört er sich aufs neue, diesmal über die Gräfin: Alles wäre nicht gekommen, »wenn Sie nicht gerade so wie Ihr Gatte der Meinung gewesen wären, daß meine Armee zur Plünderung in Sachsen eingezogen sei. Wenn man die Möbel ruhig an ihrem Orte gelassen und sie nicht heimlich hätte entfernen wollen, so würde kein Mensch daran gedacht haben, sie in Beschlag zu nehmen. ... Bitte verscheuchen Sie, Frau Gräfin, aus Ihrem Sinn allen ungerechten Argwohn gegen mich, und seien Sie überzeugt, daß ich niemals Unternehmungen zustimmen würde, die ... unverträglich mit meinem Ruhme sind, und daß ich lieber das, was man mir feindlich sinnt, übersehe, als es auf solche Weise zu vergelten«.[75]

Das dürfte die Quelle sein, aus der seine Chronisten schöpfen, aus der sie sein »liebreiches Betragen« ableiten.

Im März 1757 räumt Friedrich II. das Palais Brühl. Zwei Statuen im Garten und sechs metallene Vasen vermißt die Gräfin Brühl bei ihrer Rückkehr, außerdem etwa 8 000 Bücher. Sie erbittet eine Wache, mehr wagt sie nicht zu sagen, da außer Friedrich II. niemand hier gewohnt hat. »Seien Sie fest versichert, daß nichts berührt wird und daß das Haus vor allem Unheil verschont bleiben wird.«, schreibt ihr dieser am 23. März 1757.[76] Und eine Wache stellt er ihr auch: Am 5. April gegen 7 Uhr stehen ein Leutnant und zwei Husaren vor dem Tor – die sie in die Kutsche nach Warschau setzen und bis Liegnitz eskortieren. Sie ist ausgewiesen, per Order vom 31. 3., da sie »in Verschwörungen verflochten« sei, womit gemeint ist, sie veranlasse die sächsischen Soldaten zur Flucht aus der preußischen Armee. Am 3. April schreibt ihr Friedrich II. noch einen langen Brief, er halte es nun einmal »für das Beste, daß Sie von nun an Ihren Aufenthalt in Polen nehmen, wohin Sie Ihre Enkelkinder mitnehmen können; von der Königin und der königlichen Familie wollen Sie sich schriftlich verabschieden. Den nötigen Vorspann für Ihre Reise über Bautzen, Görlitz, Liegnitz, Breslau werde ich Ihnen stellen lassen«.[77]

Von der Familie Brühl ist in Sachsen nur noch eines geblieben: der Besitz.

Als der preußische König am 20. Oktober 1757 in die Nähe von Herzberg kommt, nimmt er in Groschwitz Quartier. Vier Tage später rückt er wieder aus. Allem Streit darum, ob Groschwitz nun eigentlich ein repräsentativer Feudalsitz sei oder nicht, ist jäh ein Ende gesetzt. »Sämtliches Getreide und Vieh« haben »die Soldaten fortgeschleppt«, schreibt Pannier, der Verwalter, an Brühl, »die Türenschlösser ... abgebrochen, die Fenster eingeschlagen und die Dielen aufgerissen.« Der herrliche Park mit seinen zahlreichen Statuen »bietet ein Bild der Verwüstung ... Es ist das ganze Palais ledig, sodaß auch nicht eine Stecke Nadel Wert mehr darinne vorhanden ... Sechs große Wagen mit Meublen sind weggefahren worden. Wie dann die Soldaten Spiegel, Kommoden und Tische, weil sie zu Herzberg keine Käufer dazu finden konnten, zerschlagen und die letzten ins Feuer geworfen haben.«[78] Der Schaden beläuft sich auf 34503 Taler.

Preußen braucht Geld, Getreide, Pferde, Heu. All das findet sich am ehesten bei Sachsens reichstem Grundbesitzer. Brühls Schüssel in Warschau bleibt gefüllt, und nicht für ihn, für das Gutsgesinde und die Bauern tritt mit der Wegnahme der Ernte, des Saatgutes und des Viehs die wirtschaftliche Katastrophe ein. Die Requirierung von Viktualien kann man unter den Bedingungen des Krieges mit einer gewissen Nachsicht beurteilen. Aber wie sind die angerichteten Verwüstungen zu verstehen? Da der König zugegen ist, kann es sich schwerlich um eine unerwünschte Ausschreitung von vielleicht angetrunkenen Soldaten handeln. Die Zukunft läßt bald erkennen, daß in dieser sinnlosen Zerstörung System liegt.

Am 12. Dezember 1757, sieben Wochen nach der Plünderung von Groschwitz, schreibt Friedrich II. an Marschall Keith, er solle »Oberstleutnant von Mayr für Unruhe« auf den Schlössern Brühls bei Leipzig sorgen lassen.[79]

Mayr ist dafür der geeignete Mann. Eigentlich sächsischer Offizier, hat er in allen möglichen Armeen Dienst getan. Er war zeitweilig Adjutant von Marschall Batthyani, und als dessen Protegé beförderte man ihn, obwohl beurlaubt, turnusmäßig zum Rittmeister, zum

Major und schließlich zum Oberstleutnant. Wieder in Dresden, bringt er sich durch Spielschulden ins Gerede, und als er im Duell Vitzthum von Eckstädt tötet, den Generaladjutanten des Kurprinzen, muß er Sachsen auf direkte Weisung Brühls verlassen. Als Freikorpsführer Friedrichs II. kehrt er zurück. Er brennt darauf, sich an Brühl zu rächen.

Mit 150 Soldaten trifft Mayr am Abend des 20. Januar 1758 in Nischwitz ein. Tags darauf müssen 100 Dorfbewohner beim »Packen« helfen. 18 Wagen, beladen mit Möbeln aller Art, nehmen den Weg Richtung Halle. Das Porzellan, die Figuren und die Vasen folgen Tage später auf dieser Route. Was auf dem Brühlschen Gut an Vieh und Getreide vorhanden ist, fällt der Beschlagnahme anheim. Dann wird im Schloß zerstört, was zerstörbar ist. Das Obergeschoß gleicht einem Trümmerhaufen. Im Saal wird das Parkett herausgerissen, jede Tür des Schlosses eingetreten, jedes Fenster zerschlagen. Die Gemeinde Nischwitz kauft sich für 1 700 Taler von einer Plünderung frei. Als sich die Gräfin Brühl beschwert, schreibt ihr Friedrich II. am 28. Februar 1758 von Breslau aus: »Über den ... erwähnten Vorfall habe ich, wie ich gestehen muß, vorläufig nur folgendes gehört: Truppen, die die Umgebung von Nischwitz passierten, wollen Nachricht erhalten haben, daß im dortigen Schlosse Waffen versteckt seien. Man ging hin, um die Tatsache festzustellen und nach Waffen zu suchen, und bei dieser Gelegenheit sollen die Dorfleute selbst die Verheerung angerichtet haben und nicht zurückzuhalten gewesen sein, ihre ganze Wut gegen diejenigen zu sättigen, die sie als Urheber ihres und ganz Sachsens Unglück ansehen. Dies ist, was ich gehört habe.« Und weiter heißt es in dem Brief zum Schluß: »Die Zeiten haben sich geändert, gnädige Frau, die Verbündeten des Königs von Polen haben in meinen Ländern geplündert und gebrannt, ich habe Vergeltung üben müssen.«[80]

Gar so zufällig, wie Friedrich II. es darstellt, gelangte das Freikorps Mayr nun nicht in die Gegend von Nischwitz. Es ist immerhin drei Tage unterwegs, um von Zschopau aus nach Wurzen zu kommen – und das auf Befehl des Königs, der sich nun ahnungslos gibt.

Das gerade zwei Jahre alte Schloß Nischwitz ist also dem »Volkszorn« zum Opfer gefallen! Damit haben sich die Bauern Zeit gelassen bis zum Einzug preußischer Truppen, diensteifrig deren Wagen beladen und als »Draufgeld« noch 1 700 Taler aus der eigenen Kasse gezahlt. 150 bewaffnete Soldaten konnten sie, die 100 unbewaffneten Männer, Frauen und Kinder des Dorfes, nicht zurückhalten.

Aber da ist noch der Schlußsatz des Briefes Friedrichs II.: »Ich habe Vergeltung üben müssen!« Wozu also erst die Betrachtungen über die »randalierenden Bauern«? Das königliche Schreiben enthält außer Unwahrheiten auch augenfällige Widersprüche.

Am 1. September 1758 gibt Friedrich II. dem Markgrafen Karl von Brandenburg-Schwedt den Befehl: »... werden Euer Liebden nun gerade nach Forst zu marschieren und das Schloß vom Grafen Brühl verbrennen zu lassen belieben.«[81] Der Markgraf überläßt das General Detachent. Dieser trifft mit 200 Mann am 5. September gegen 16 Uhr in Pförten ein; drei Stunden später rückt er bereits wieder ab, ein brennendes Schloß hinter sich lassend. Fiebiger, der Verwalter, berichtet an Brühl: »Der Commandeur ... ließ ... alle Keller aufreißen und allen großen Weinfässern die Boden ausschlagen, was aber an Flaschen und kleinen Gefäßen vorhanden war, ließ er auf zwei Wagen laden ... Mittlerweile hatte ein Commando Husaren einen Wagen mit Stroh und einen Wagen mit Holz auf den

Schloßplatz gebracht ... Unter dem Dache wurden an 12 verschiedenen Orten Haufen von Holz und Stroh hingelegt, desgleichen auch im untersten Tafelzimmer ... Also wurden die Haufen alle im Schloß angezündet, und der Commandeur verbot zugleich, daß kein Mensch sich unterstehen solle, zum Löschen an das Schloß zu gehen, wenn er nicht die Kugel in den Kopf geschossen haben will ... Das Schloß allein ist gänzlich bis auf den Grund nebst allen Meubles und alles was darin gewesen, verbrannt und zusammengefallen.«[82]

Brühls Besitz in Oberlichtenau wird durch die Preußen am 4. Juli 1760 geplündert, das Innere des Schlosses dabei zerstört.

Ein Jahr zuvor, 1759, ließ Friedrich II. bereits Brühls Belvedere abtragen, vom Elbufer aus durch das Fernrohr aufmerksam das Werk der Zerstörung verfolgend. Er hat es längst aufgegeben, sich im Hintergrund zu halten, und spricht bei solchen Aktionen auch nicht mehr von militärischen Notwendigkeiten, versteckten Waffen oder Bilderstürmerei der Bauern.

Brühl im fernen Warschau ist keineswegs tatenlos. Einige europäische Zeitungen, französische vor allem, sind erstaunlich gut über das Geschehen auf seinen Gütern unterrichtet. Der Informant ist General Fonteway, Sachsens Gesandter in Paris. Als Quelle benutzt die Presse außerdem die Flugschrift »Lettre d'un voyageur a Milord H ...«, die den gesamten Schriftwechsel zwischen Friedrich II. und der Gräfin Brühl enthält. Sie erscheint anonym, doch der Stil verrät Brühls Handschrift. Das »H« im Titel steht für Herostratos, der 356 v. Chr. den Artemistempel in Ephesos anzünden ließ, um »in die Geschichte einzugehen«. Die Flugschrift schließt ab mit der Frage, ob der Preußenkönig als zweiter Herostratos zum Ruhm gelangen wolle.

Auf die Zerstörung des Belvedere antwortet Brühl 1761 mit einem Kupferstichwerk. Der Stecher ist Michael Keysel, der Autor des knappen Textes Emer de Vettel. Das Titelblatt zeigt den Trümmerhaufen, den die Preußen hinterlassen haben. Der Text dazu: Détruit de fond en comble par ordre des S. M. le Roi de Prusse.

Der Hubertusburger Friede

Am 15. Februar 1763 unterzeichnen in der Hubertusburg Geheimrat Fritsch für Sachsen, Legationsrat Herzberg für Preußen und Hofrat Collenbach für Österreich den Vertrag, der den Siebenjährigen Krieg beendet. Alle Unterhändler stehen auf der Beamtenleiter ziemlich weit unten. Den Monarchen liegt nichts daran, sich zu treffen. Friedrich II. wird sich die Zeit nehmen, die Vereinbarungen reichlich mit »Randglossen« zu versehen.

Es wird kein Aufhebens gemacht: Es gibt weder einen Ball noch eine Feier. Das Friedensdankfest läßt bis zum 21. März auf sich warten. Mit Verspätung lädt Sachsen die Verhandlungsteilnehmer zu einer gemeinsamen Jagd in die Dahlener Heide ein. In eine bei Schmannewitz errichteten Säule werden die Namen der Jagdgäste eingeritzt; die »Jägereiche« soll kommende Generationen an den Frieden zu Hubertusburg erinnern.

Der Konferenzort, das abgelegene, geplünderte Schloß, ist gut gewählt. Nach 16 Schlachten und zahlreichen Gefechten sind die Mächte erschöpft. Einen Sieger in des Wortes eigenster Bedeutung gibt es nicht, aber Preußen behauptet Schlesien. Der Text des Vertrages ist knapp: Binnen eines Monats sind alle besetzten Gebiete zu räumen, und kein Staat hat Anspruch auf eine Entschädigung.

Ein Teil der Administration ist während des Krieges in Dresden verblieben, ein anderer nach Warschau ausgewichen. Ausgaben hatten beide, Einnahmen nur der in Polen weilende, hauptsächlich in Gestalt von Subsidien. Einige Wochen vergehen, bis es traurige Gewißheit wird, daß sich die Verpflichtungen des Staates auf 45 Millionen Taler belaufen. Die 4 137 847 Taler Schulden beim Tode Augusts des Starken erregten damals die Gemüter; doch hätte das Steueraufkommen eines knappen Jahres zur Begleichung der Verpflichtungen ausgereicht. Jetzt müßten die Einnahmen von sieben bis acht Jahren herhalten, doch das ist sehr theoretisch. Was ist noch an Steuern zu erwarten, was ist alles zu bezahlen an laufenden Ausgaben? Wenn alles gutgehe, meinen die Experten, könnten die Schulden in 40 Jahren der Vergangenheit angehören.

Das Land ist wie ausgebrannt.

Mit dem 10. Februar 1763 haben die Kontributionszahlungen aufgehört. Die Unterhändler greifen in der Hubertusburg schon zur Feder, als preußische Soldaten rasch noch Geld eintreiben. Der Berliner Bankier Gotzkowsky, dem Leipzig zwei wichtige Bürgschaften zu danken hat, schildert eine der letzten Aktionen wie folgt: »Dörfer wurden regelrecht ausgeräumt, daß den Bauern auch nicht das mindeste blieb, von dem sie hätten leben können. Diese Exekution verursachte ein gewaltsames Lermen ..., es war erbärmlich anzusehen, wie alles mit Lamentieren und Geschrey vom Lande in die Stadt geflohen kam.«[83]

Was ist aus Sachsen gepreßt worden? Preußen will in diesem Kriege 139 Millionen Taler ausgegeben haben. Davon brachte Schlesien 18 Millionen Taler auf, das verbündete England 27 Millionen Taler und das besetzte Sachsen – 48 Millionen Taler oder mehr als ein Drittel. Leipzig hätte nach dieser Rechnung 3,7 Millionen Taler abführen müssen. Das aber deckt sich nicht mit Leipziger Angaben, denen zufolge allein die Gebrüder Richter mit 114 460 Talern zur Ader gelassen wurden und die Stadt insgesamt an die zehn Millionen Taler gezahlt hat.[84] Schon die erste Prüfung ergibt also eine Diskrepanz. Aber verweilen wir bei besagten 48 Millionen: Das wären jährlich knapp sieben Millionen Taler oder das Steueraufkommen der Vorkriegszeit. Aber es ist nicht nur dies: Steuern werden gezahlt wie ehedem, doch das Wirtschaftsleben ist halb erloschen. Leipzig hat beispielsweise pro Jahr mit einem Messeumsatz von 18 Millionen Talern rechnen können, doch während des Krieges ist die Messe nur ein Schatten ihrer selbst.

Umgekommen oder verwundet sind ungefähr 40 000 Sachsen. Darunter befinden sich viele Zivilisten, allein 400 Zittauer, die bei einem Bombardement den Tod finden.[85] Die gefallenen Soldaten werden in landesfremden Statistiken erfaßt. Preußen könnte an die 30 000 Rekruten ausgehoben haben, und die nicht wiederkehren, liegen als »Preußen« auf den Schlachtfeldern begraben. Zehntausende Sachsen schlossen sich den Armeen der Verbündeten an. Allein im französischen Heer stehen 1758 9 300 Sachsen; wer fällt, der fällt als »Franzose«. Da in den Kriegsjahren 120 000 Personen mehr sterben und 20 000 weniger geboren werden als in einer vergleichbaren Friedenszeit, liegt der Bevölkerungsverlust bei 140 000, das sind bei 1,7 Millionen Einwohnern rund 8 Prozent.[86]

Einen unübersehbaren Schaden fügt Preußen dem Land durch Münzverschlechterungen zu. Vor dem Krieg wurde hauptsächlich in Leipzig geprägt, wo die Preußen noch früher einfallen als in Dresden. Der

Leipziger Bankier Frege bringt geistesgegenwärtig den Münzvorrat und die Prägestöcke in Sicherheit, was seine Verbannung durch die erbosten Preußen zur Folge hat; er muß sein Unternehmen einem Geschäftsfreund anvertrauen. Die Münze wird am 21. November 1756 an den Berliner Bankier Ephraim verpachtet, der bis zum letzten Kriegstag prägt, sehr eifrig und auf eine Weise, daß die Kipper und Wipper des Mittelalters vor Neid erblaßt wären.

Statt 12,5 Taler wurden aus der Mark Silber im Handumdrehen 19 Taler, dann 33⅓ Taler, schließlich 45 Taler und zuletzt gar 48 Taler. Ephraim wird als Münzpächter ein vermögender Mann, doch was besagt das im Vergleich zu dem lukrativen Geschäft, das Friedrich II. macht? Über die Kontributionen zieht er Sachsen die alten Münzen ab, und dafür setzt er »Ephraimiter« in Umlauf, in Sachsen und anderswo. Heereslieferungen werden damit bezahlt, der Sold usw. usf. Da die Münzen die Jahreszahl 1753 tragen, erwecken sie Vertrauen, und der Betrug bleibt lange unentdeckt. Sachsen hat bei Kriegsschluß keine Wahl: Es muß die »Ephraimiter« einziehen! Gleichzeitig wird der Wiener Konventionsfuß – eine Mark Silber = 13 Taler 8 Groschen – eingeführt, schon wegen des notwendigen Abstandes vom alten Taler, der ansonsten nur zögernd abgeliefert würde. Was da letztlich in Freiberg an schlechten Münzen eingeschmolzen wird, wiegt 4 888 Zentner.[87] Erstattet wird den Besitzern nur der Metallwert; und im ungünstigsten Fall liegt das Verhältnis bei 4:1. Damit wird die Bevölkerung des Landes gehörig geprellt.

Schwer einzuschätzen sind auch die Folgen der Inflation. Vor dem Krieg kostete ein Scheffel Korn stets an die zwei Taler, Mehl ein paar Groschen mehr. Bereits Ende 1756 ist der Scheffel Mehl nicht unter fünf

Talern acht Groschen zu haben, und der Preis steigt unentwegt weiter, im Sommer 1762 bis auf 16 Taler.

Wie kaum anders zu erwarten, haben die Preußen auch das in Meißen und im Dresdener Lagerhaus vorrätige Porzellan beschlagnahmt. Es dürfte einen Wert von einer Million Taler repräsentieren. Ob Friedrich II. das nicht abzuschätzen wußte oder nur rasch zu Geld kommen wollte, bleibt offen: Er verschleuderte das Porzellan für ganze 120 000 Taler an den Spekulanten Schimmelmann, der einige Stücke in Hamburg verkauft, um die Auslagen zu decken, ansonsten aber darauf bedacht ist, seine Sammlung, die einmal berühmt werden wird, zusammenzuhalten und möglichst zu bereichern. Mit der Meißener Manufaktur weiß Friedrich II. nichts anderes anzufangen, als sie zu verpachten – für jährlich 24 000 Taler! (Allerdings läßt er etliche Stücke für seinen Hofstaat anfertigen.) Mit den Meißener Manufakturarbeitern geht es ihm wie mit den sächsischen Soldaten: Er möchte sie auf preußische Seite haben, aber sie wollen nicht. Höroldt, der berühmteste Porzellanmaler seiner Zeit, zerstört die von ihm verbesserten Muffelöfen und geht zusammen mit einigen Meistern ins neutrale Hessen, um nicht für Preußen arbeiten zu müssen. Nahezu 300 Arbeiter bleiben, aber das Produktionsgeheimnis erfährt Friedrich II. nicht von ihnen; die meisten kennen es selbst nicht, und die mit ihm vertraut sind, erweisen sich als unbestechlich. Die Manufaktur produziert weiter, doch bleibt sie unter ihrem Leistungsvermögen.

Vielleicht sind es die in Meißen gesammelten Erfahrungen, die Friedrich II. veranlassen, mit den Großschönauer Damastwebern anders zu verfahren: Er zwingt sie einfach zur Umsiedlung nach Preußen! 270 Weber müssen ihre 43 Webstühle einpacken und Sachsen verlassen. So sichert sich Preußen einen Stamm von Fachkräften und schwächt gleichzeitig die sächsische Konkurrenz.

Die Wunden, die Preußen dem sächsischen Wald zufügt, heilen nicht mehr. Je Kriegswinter und Soldat sind zwei Klafter Holz zu stellen, und allein in Dresden stehen 1756/57 rund 12 000 Mann. Aber Preußen versilbert auch ganze Wälder, um Geld in die Kasse zu bekommen. So wird der Torgauer Wald geschlagen, einer der schönsten Mitteleuropas, und das Holz auf dem Elbweg nach Hamburg zum Verkauf gebracht.

Zum Glück gibt es in Sachsen Kohle, worunter Steinkohle verstanden wird. Solange genug Holz zur Verfügung stand, ist sie etwas stiefmütterlich behandelt worden. Das Kohlemandat von 1743 prallte ab an einer Wand von Vorbehalten, aber kalte Küchenherde und halb erloschene Feuer in den Eisenhämmern garantieren jetzt allem Brennbaren dankbare Aufnahme. Nur braucht der Bergbau viel Zeit, mit einem akzeptablen Kohleangebot aufzuwarten, und derweil geht der Holzeinschlag weiter, obwohl längst zum Raubbau geworden. Nach dem Krieg ist zudem Bauholz mehr denn je gefragt. In allen Städten und Dörfern sind durch Brand, Beschießungen oder Plünderungen entstandene Gebäudeschäden zu beheben.

Zittau gleicht einem Trümmerfeld. Nur 60 Häuser blieben am 14. Juli 1757 bei einem Bombardement der Österreicher unversehrt, und auf schätzungsweise zehn Millionen Taler beläuft sich allein in dieser Stadt der Verlust an materiellen Werten.[88] In den Reihen des österreichischen Oberkommandos steht Prinz Xaver von Sachsen; von einer Anhöhe aus verfolgt er, wie Zittau in Brand geschossen wird.

Nach Zittau ist das dreimal (von Freund und Feind) belagerte Dresden am ärgsten in Mitleidenschaft gezogen. Als die Österreicher unter Daun vor der Stadt stehen, läßt der preußische Freikorpsführer Mayr am 10. November 1758 die Pirnaische und die Wilsdruffer Vorstadt abbrennen, da er »Schußfreiheit« brauche. Dabei werden 285 Häuser zerstört, und 1 500 Bürger kommen um ihre Habe, deren Wert nach einer ersten Erhebung auf 1 030 000 Taler geschätzt wird.[89] Daun zieht sich zurück, um die Residenzstadt nicht der Vernichtung preiszugeben. Als die Österreicher am 9. August 1759 Dresden wiederum einschließen, will der preußische Stadtkommandant Schmettau die Neustadt vernichten, wenn der Gegner nicht zu Konzessionen bereit sein sollte, und damit niemand glaube, er drohe nur, läßt er Häuser der Vorstadt in Flammen aufgehen. Schließlich wird die Stadt vor dem Schlimmsten bewahrt: Schmettau darf mit seinen 5 000 Mann abziehen – samt der Kasse, in der sich fünf Millionen Taler befunden haben sollen, was die Österreicher zu ihrem Verdruß erst später erfahren. Schmettau findet bei Friedrich II. schlechten Lohn: Er landet auf der Festung! Und der Krieg geht weiter. Im Juli 1760 stehen die preußischen Truppen wieder vor den Toren Dresdens, entschlossen, die Österreicher zu vertreiben, aber der Kommandant General Maquire weiß, daß die Belagerer unter Zeitdruck stehen, und will sich behaupten. Aus Furcht, die Preußen könnten den Holzvorrat der Stadt in die Gräben werfen und übersetzen, läßt er das Brennmaterial anzünden, doch das Feuer gerät außer Kontrolle und greift auf die Häuser über. Vom 14. Juli an schießt die preußische Artillerie in die Stadt, mehr in die Häuser denn in die Befestigungen. Den Höhepunkt erlebt das Bombardement am 19. Juli. Allein an diesem Tag erreichen die Stadt 1 400 Bomben, darunter viele 100-Pfund-Bomben, die 18 Mörser Stunde um Stunde verschießen. Am 21. Juli geben die Preußen auf. Im Zentrum sind 226 Gebäude vernichtet, darunter die

Palais von Fritsch, Vitzthum und Hoym, und 62 schwer beschädigt. In Schutt und Asche liegen auch viele öffentliche Gebäude, darunter fünf Kirchen. In den Vororten sind 190 Häuser abgebrannt und 53 arg in Mitleidenschaft gezogen.[90] Der Große Garten, zuletzt Hauptquartier der Preußen, gleicht einer Wüste. Daß auf diesem Gelände ein wertvoller Teil der Antikensammlung vergraben ist, bleibt den Belagerern glücklicherweise unbekannt. Bis zum 10. Oktober müssen die Bürger ihre materiellen Verluste melden: 1 176 405 Taler werden angegeben.[91] Für die vollständige Schadensermittlung ist die Erhebung eigentlich wertlos, da die Vororte nicht einbezogen sind, auch fehlen die Mobilien und die öffentlichen Gebäude.

Insgesamt büßt Dresden bei den drei Belagerungen und kleinen militärischen Aktionen annähernd 800 Häuser ein. Damit ist die Stadt fast zur Hälfte zerstört. Als die Napoleonischen Kriege beginnen, sind die Wunden des Siebenjährigen Krieges noch nicht geheilt. Niemand ahnt, daß von allen deutschen Staaten wiederum Sachsen unter dem neuen militärischen Konflikt am meisten leiden wird.

Zu den Kriegslasten zählen auch die Leistungen für die Armeen, die preußischen wie die österreichischen, die französischen, die bayrischen. Einquartierungen werden für den Bürger und Bauern zur Plage. Er muß nicht nur das Bett stellen, sei es das einzige, das vorhanden ist, er muß auch für Holz sorgen, für Licht, Fleisch, Brot, Eier etc., und zwar kostenlos. Schanzarbeiten sind durchzuführen und Transporte – falls noch Pferde zur Verfügung stehen. Im Frühjahr 1757 requirieren die Preußen einige Tausend Gespanne. Als die Österreicher 1759 von Dresden 50 Pferde fordern, lassen sich nur 21 auftreiben. Unter den auf den Schlachtfeldern zusammengeschossenen Pferden sind nicht wenige, deren Stall einmal in Sachsen stand. Für die Bevölkerung ist kein Unterschied zwischen dem Aufenthalt feindlicher und verbündeter Truppen erkennbar. Sie nehmen alle, »unsere Alliierten mehr als der Feind«, wie der sächsische Leutnant Hartung meint. Dies wollen die Offiziere der Verbündeten zwar nicht wahrhaben, aber daß sie allerorts viel Leid hinterlassen, räumen sie ein. »Ich kann fürwahr denen sächsischen Unterthanen nicht verdenken, daß sie uns nicht sonderlich mögen«, schreibt Freiherr von Gutenberg seinem Bischof nach Würzburg, »denn wir machen es darnach ... Der Unterthan leidet entsetzlich ...«[92]

Sachsen gibt die Kriegsschäden mit 300 Millionen Talern an.[93] Vielen scheint das zu hoch, nicht nur Preußen. Man spricht von 100 Millionen[94], was stimmen könnte, wenn damit die Geld- und Naturallieferungen gemeint sind. Rechnet man Produktionsausfälle, Gebäudeschäden, Zerstörungen bei Plünderungen und Diebstähle hinzu, dürften die sächsischen Angaben der Wahrheit näher kommen.

So kann Sachsens Niedergang eigentlich kaum verwundern. Nur wäre es eine doch zu flüchtige Deutung, die Katastrophe auf den Einfall Preußens und die Folgeerscheinungen zu reduzieren. Der Krieg trifft ein in überholten gesellschaftlichen Verhältnissen erstarrtes Land, ein Neuaufbau ist eher geboten denn ein Wiederaufbau. Die »Commission zur Beförderung des allgemeinen Landesbesten«, die am 22. Oktober 1760 durch ein Reskript des Kurfürsten unter Leitung des Kanzlers Stammer gebildet wird, setzt noch auf eine Kriegsentschädigung. Andernfalls scheide Sachsen aus dem Kreis der Mittelmächte aus, da es 20 bis 30 Jahre zur Überwindung der Kriegsschäden benötigen werde. Die Restaurationskommission, die am 12. April 1762 unter Fritsch die Arbeit aufnimmt, verläßt sich lieber nicht auf irgendwelche Entschädigungen und baut nüchtern auf die eigene Kraft. Wörter mit »Wieder ...« tauchen in ihren Gutachten häufig auf – »Wiederherstellung der so sehr verfallenen Landwirtschaft«, »Wiederherbeiziehung so vieler unumgänglich nöthiger ... Fabrikanten, Handwerks- und Bauerleute«, »Wiederbefestigung ... des allgemeinen Landes-Credits«, usw. usf. – doch ihr eigentliches Anliegen ist, wie sie selbst sagt, die »Verbesserung aller Zustände«.[95] Die Schwachstelle liegt bei der Volksbildung. Über die Schulen fällt kein Wort, auch nicht über die Ausbildung der Lehrer oder über die Lehrmittel. Es werden neue Ansätze in der Politik wie in der Wirtschaft gesucht. Dafür ist – begünstigt durch die Auswirkungen des Krieges – eine Basis vorhanden. Gewünscht ist nicht die aktive Außenpolitik, sondern die aktive Innenpolitik. Die Restaurationskommission – das darf nicht unbeachtet bleiben – ist von Brühl eingesetzt worden und verfaßt das Gutachten für Brühl. Da sie aber die Wirtschaft in den Vordergrund stellt, was Brühl in 30 Regierungsjahren nie getan hat, neue Methoden fordert, denen Brühl sich stets verschloß, läßt sie immerhin erkennen, daß bei der Neuordnung Sachsens für Brühl kein Platz sei. Neue Methoden – neue Leute! ist die unausgesprochene Devise.

Am 30. April 1763 kehren der Kurfürst und Brühl nach Dresden zurück. Prinz Xaver schreibt am 8. Mai 1763 seiner Schwester nach Paris: »Se. Exzellenz Graf Brühl hat bei seiner Ankunft hier aller Welt durch den Zustand seiner Gesundheit eine allgemeine Freude verursacht ... Die Ärzte prophezeien nichts Gutes von seiner Gesundheit; ich hoffe, daß Gott Mitleid mit ihm haben und ihn bald von seinem Leiden und uns von seiner schlechten Verwaltung befreien wird.«[96]

DER PROZESS GEGEN BRÜHL

Die Polizei als Totenwache

Als habe er alle Zeit der Welt, schlendert Hofrat Ferber am 27. Oktober 1763 gemächlichen Schrittes durch Dresden. In der weisen Voraussicht, es werde ihm so bald keine Gelegenheit mehr gegeben sein, frische Herbstluft zu genießen und Gedanken zu sammeln, trägt er selbst die neueste Kabinettsorder zu Oberamtmann Dr. Reinhold.

Vor knapp einer Stunde erst ist der Hofrat in die Kommission zur Voruntersuchung der Finanzmisere berufen worden. Nach der Landtagsakte belaufen sich Sachsens Schulden auf 29 435 000 Taler. Mitglieder der Kommission sind außer Ferber Vizekanzler Gutschmid, ein ideenreicher Mann, der in allen möglichen Gremien sitzt und nie Zeit hat, Kriegsrat Clauder, der als Polenkenner gilt, doch nicht mit den Zuständen in Sachsen vertraut ist, und der Bürgermeister von Leipzig, den aber kommunale Angelegenheiten von Dresden fernhalten dürften.

Der Hofrat ist zufrieden! Seit langem strebt er nach einem großen Amt und einem kleinen »von«; wenn er sich ins rechte Licht zu rücken vermag, wird beides zu haben sein.

Ferber zählt zu jenen, die stets der machthabenden

Partei angehören. In der Kanzlei heißt es, er habe sich mit dem sicheren Instinkt des Karrieristen rechtzeitig von Brühl abgesetzt, ein Vorwurf, auf den er allergisch reagiert. Er behauptet, seit langem ein Gegner Brühls zu sein. Für Sachsens neuen Kurfürsten ist er ein durchaus geeigneter Mann.

Friedrich Christian regiert seit reichlich drei Wochen. Friedrich August II. hat ihm seinen Platz völlig überraschend überlassen. Den 30. Jahrestag der Erlangung der polnischen Krone wollte er am 5. Oktober unbedingt pompös feiern. Inmitten der Festlichkeit verstarb er, ohne lange gekränkelt zu haben. Friedrich Christian, der ein Opfer der Blattern werden wird, bevor die Glocken das Jahr 1764 einläuten, ist wie seine Gemahlin ein erklärter Gegner Brühls. Er soll 1749, wie Eingeweihte wissen wollen, hinter jenem Memorial gestanden haben, in dem Brühls Rücktritt verlangt wurde. Am Ende ist Liscow, dem Sekretär Brühls, das Papier angelastet worden. Liscow zog sich nach kurzer Haft auf sein Eilenburger Gut zurück, ohne wieder etwas von sich hören zu lassen. Immerhin: Drei Jahre später, 1752, versichert Friedrich Christian in aller Öffentlichkeit, so ihm die Kurfürstenwürde zufalle, werde er mit Brühl abrechnen. Er versteht sich als aufgeklärter Landesherr und mißbilligt die Politik der letzten Jahrzehnte. Brühl kann sich nach dem Herrscherwechsel leicht ausrechnen, was er zu erwarten hat. Als die neue Kurfürstin am 8. Oktober offiziell das Finanzwesen übernimmt, gilt dies für ihn als Signal, den Abschied einzureichen, bevor er ihn erhält. Der Kurfürst entbindet ihn am 13. Oktober seiner Ämter. Nominell bleibt er Konferenzminister und Mitglied des Geheimen Consiliums, womit ein Gehalt von 8 000 Talern verbunden ist. Ansonsten ist er »Pensionär« – mit 36 000 Talern Ruhegeld. Für ein Staatswesen, das sich

Sparsamkeit auferlegt hat, das die Künstler entläßt, weil sich kein Geld in der Kasse befindet, sind 44 000 Taler für einen verabschiedeten Premierminister eine ansehnliche Ausgabe.

Für Friedrich Christian ist das Kapitel »Brühl« nach dem Abschied des Premiers keineswegs abgeschlossen.

Überlegungen, wie sich Sachsen entwickelt haben würde, wäre seiner Regierungszeit nicht nach 71 Tagen schon ein Ende gesetzt, sind müßig. Es bleibt ihm aber Zeit genug, eine Kommission zur Voruntersuchung der Finanzmisere ins Leben zu rufen mit der Absicht, Brühls Politik in Frage zu stellen.

Ferber weiß vom Inhalt des Briefes in seiner Tasche, und er weiß auch, daß zur Stunde Kuriere mit gleichlautenden Schreiben nach Wurzen und Forst unterwegs sind. Verschwiegenheit legte Fritsch den wenigen Eingeweihten dringend ans Herz, wenigstens einen Tag und eine Nacht lang. »Morgen«, fügt er lächelnd hinzu, »spricht ohnehin ein jeder über diese Order, empört oder erleichtert, aber morgen, haben die Ärzte wissen lassen, lebt Brühl nicht mehr.«

Im Juni wurde Fritsch Polizeiminister, Leiter des Departements Polizei, wie es in Sachsen eigentlich heißt. Er gehört derselben Generation an wie Brühl, ist aber bürgerlicher Herkunft, Sohn eines Leipziger Buchhändlers und anderer Geisteshaltung. Für ihn sind die Untertanen nicht für den Landesherrn da, sondern der Landesherr für die Untertanen, ein Leitsatz, der ihm viele Freunde und noch mehr Gegner eingebracht hat. Von seinen Titeln verdankt er die meisten dem Kaiser, die wenigsten dem Kurfürsten. Wie Gellert und Rabener ist Fritsch während des Krieges im Lande geblieben, jede Emigration strikt ablehnend. Er hat die Verhältnisse studiert und Bücher publiziert, die ihm den Ruf einbrachten, der beste Kenner der Zustände in

Sachsen zu sein. Als Leiter der Restaurationskommission erschien keiner so geeignet wie er. Die Umsicht, die er in diesem Amt an den Tag gelegt – und ein Wink des Verbündeten Wien – brachten ihm die Berufung zum Vertreter Sachsens bei den Friedensverhandlungen auf der Hubertusburg ein und Ansehen als Staatsmann.

Friedrich August II. hat ihn am 5. Juni 1763 zum Geheimen Rat ernannt und zum Konferenzminister. Man will schließlich nicht undankbar sein. Bei Verteilung der Ämter fallen Fritsch die Departements Handel und Polizei zu. Der Adel ist zufrieden: Aus dem Finanzwesen wurde Fritsch herausgehalten. Die Nachricht, daß er in der Restaurationskommission für die Einführung einer Kopf- und Vermögenssteuer plädierte und die Privilegien des Adels einfach ignorierte, machte rasch die Runde. Allerdings ist ihm in der Kommission niemand gefolgt, auch nicht Wurmb. Jedenfalls will der Adel keinen Finanzminister, der Fritsch heißt, aber eben das wollen die Vertreter des Retablissements.* Fritsch habe das als gut befundene Programm der Restaurationskommission entworfen, und es sei nur recht und billig, wenn er es realisiere. Doch dazu bedürfe er eines anderen Amtes als das des Polizeiministers. Premierminister? Dieses Amt streicht Friedrich Christian sofort. Finanzminister? Die Staatskasse vertraut der Kurfürst seiner Frau und nicht einem Minister an.

Als Polizeiminister hat Fritsch der Kommission zur Voruntersuchung der Finanzmisere den Schutz zu geben. Das bringt ihn wenigstens auf Umwegen mit der

* Das Retablissement verkörpert bereits eine neue Periode sächsischer Geschichte. Auf die Männer um Fritsch, die Staat und Wirtschaft nach bürgerlichen Vorstellungen zu planen gedenken, kann an dieser Stelle nicht ausführlich eingegangen werden. Es sei verwiesen auf: Horst Schlechte, Die Staatsreform in Kursachsen 1762/63, Berlin 1958.

erstrebten Neuordnung der Finanzen in Berührung. Vor einer neuen Finanzpolitik muß erst einmal die Abrechnung mit der alten erfolgen. Fest steht, daß die Kasse leer ist. Was liegt also näher, als sich der Unterlagen zu bemächtigen, und eben das ist die Aufgabe, die der Kurfürst ihm übertragen hat. Vom Brühlschen Nachlaß verspricht sich Fritsch nicht allzuviel, wohl aber von dem, was in den Schreibtischen der Sekretäre schlummert; der Rest wird sich erfragen lassen. Brühls Sekretäre sind reich geworden, und um sich selbst zu schützen, werden sie plaudern.

Ferber hat gut daran getan, sich einen erholsamen Spaziergang zu gönnen. Von seinem Ausflug kaum zurück, muß er als Kommissionsmitglied in Aktion treten: Heinecken hat er zu verhaften, Hausius und Gartenberg. Fritsch fürchtet, sie könnten wichtiges Beweismaterial verschwinden lassen, sobald ihnen bekannt wird, daß Brühl im Sterben liegt.

Heinecken, Privatsekretär und Intendant Brühls, besitzt am Taschenberg ein vierflügeliges, um einen Hof gruppiertes Haus mit direktem Zugang zu dem von ihm geleiteten Kupferstichkabinett. Am 27. Oktober begehrt gegen 22 Uhr eine Militärpatrouille Einlaß. Heinecken gibt die Tür so rasch nicht frei. Gäste habe er, und er verstehe nicht, was die Soldaten zu ihm führe ... Der kommandierende Offizier drängt ihn ins nächstbeste Zimmer ab und verschließt es. Daß der Patrouille Generaladjutant Biebra, Hofrat Ferber und Registrator Lucius folgen, wird Heinecken nicht gleich bewußt. Alle drei sind ohnehin beschäftigt. Sie haben keine Zeit für ihn.

Oberst Biebra nimmt sich der Tischgesellschaft an. Daß Fremde zugegen sein könnten, hat er nicht erwartet, und er weiß nicht recht, was er mit ihnen anfangen soll. Eigentlich hat er nichts mit ihnen zu schaffen, aber läßt er sie aus dem Haus, werden sie nichts Eiligeres zu tun haben, als noch in der Nacht alle Welt mit den Neuigkeiten vom Taschenberg zu versorgen. Das aber könnte den weiteren Aufgaben der Patrouille abträglich sein. Derweil Biebra den Gästen des Hauses plausibel zu machen versucht, daß sie keineswegs unter Arrest stünden, aber dennoch vorab den Speisesaal nicht verlassen dürften, sehen Ferber und Lucius sich nach Akten um. Eigentlich ist Ferber in der Erwartung gekommen, Heinecken werde ihm leere Schränke präsentieren, aber es herrscht keineswegs Mangel an Dokumenten. Briefe an und von Brühl, Schreiben Dritter, Kaufkontrakte, Gutsunterlagen, diplomatische Korrespondenz, Berichte von Kunsteinkäufen – eine unübersehbare Fülle von Material, genug, um ein Dutzend Beamte wochenlang mit dem Sichten zu beschäftigen. Gemeinsam mit Lucius und zwei Soldaten trägt Ferber alles Papierene zusammen und richtet in zwei großen Räumen ein Behelfsdepot ein. Die Türen versiegelt er, ebenso die zum Kupferstichkabinett führende Pforte.

Heinecken bekommt Hausarrest. Er darf das Zimmer, in das ihn die Streife gestoßen hat, nicht mehr verlassen, ein Posten unterbindet den Kontakt mit der Außenwelt. Ein weiterer Posten sichert den Hof, ein dritter den Hauseingang. Das Gebäude am Taschenberg ist militärisch besetzt; niemand darf es mehr betreten.

Nun eilt die Patrouille zu Kammerrat Hausius, der seine Wohnung in der Rähnitzgasse hat. Aber Hausius ist trotz der späten Stunde abwesend. Ferber läßt eine Wache zurück, die den Kammerrat bei seiner Rückkehr festnehmen soll. Die Mühe ist vergeblich. Hausius ist gerade beim Umzug und hält sich schon in seiner neuen Wohnung in der Frauengasse auf.

Auch Gartenberg trifft man nicht an. Wie man von Nachbarn erfährt, hält er sich im Palais Brühl auf, was

Ferber ganz und gar nicht behagt. Stunde um Stunde vergeht, doch Gartenberg läßt sich nicht blicken. Er verbringt die Nacht offenbar bei Brühl, und dessen Palais zu betreten, wagt Ferber noch nicht. Erst im Verlauf des 28. Oktober betritt er, von einer Wache begleitet, das Haus des einst so mächtigen Premierministers. Die Ärzte rechnen jede Stunde mit dessen Ableben. Ferber tritt nervös von einem Fuß auf den anderen. Längst hat er Gartenberg entdeckt, aber soll er ihn verhaften, hier in Brühls Sterbezimmer? Er wartet ab. Als es mit Brühl zu Ende geht und alle abgelenkt sind, erfolgt Gartenbergs Festnahme. Hausius wurde inzwischen auch arretiert.

Heinrich von Brühl stirbt gegen 17 Uhr. Im Sterbezimmer, dem Grünen Salon, befinden sich Friedrich Aloys von Brühl, Kriegsrat Vieth von Golßenau, Kurator des abwesenden Hans Moritz von Brühl, und General von Unruh, der die Interessen der in Polen lebenden Tochter Brühls wahrnimmt. Marianne von Brühl ist bereits 1762 in Warschau verstorben.

Ferber zögert nicht lange und legt die Kabinettsorder vor, derzufolge der Nachlaß des Verstorbenen zu versiegeln ist. Aloys von Brühl nimmt dies gelassen auf. Er sorgt sich wegen der öffentlichen Aufbahrung der Leiche, aber Ferber beruhigt ihn: Von den Trauergästen werde niemand von der Versiegelung der Papiere erfahren; und in den Arbeits- und Bibliotheksräumen des Verstorbenen habe zudem keiner etwas zu suchen. Die Beerdigung könne ausgerichtet werden, wie die Familie es für richtig halte. Nur das Aktenmaterial sei vorerst tabu, auch für die Angehörigen Brühls und deren juristische Beistände.

Golßenau und Unruh protestieren gegen die Versiegelungsaktion. Sie verweisen auf die Zusicherung Friedrich Augusts II., daß das Schriftgut Brühls von einer solchen Maßnahme verschont bleibe. Der Einwand ist durchaus berechtigt. Am 25. August 1763 erst hat Friedrich August II. schriftlich erklärt, »daß die bei dem Tode anderer Minister übliche Versiegelung des Nachlasses bei seinem (Brühls, W. F.) Nachlass zum Zeichen des in ihn gesetzten Vertrauens gänzlich unterbleiben und daß er und seine Erben deshalb zu keiner Zeit in Anspruch oder Rechtfertigung gezogen werden sollen«.[97] Ferber begnügt sich damit, auf die erst am Vortag ausgestellte Order zu verweisen. Er könnte viel wirksamer einwenden, daß der verstorbene Kurfürst noch im September selbst das Brühl gewährte Privileg aufgehoben und ausdrücklich die Überführung des Nachlasses ins kurfürstliche Archiv verfügt habe, wenn auch sicher nicht ganz freiwillig. Der Kurprinz dürfte ihn deswegen gehörig gedrängt haben, um sein Amt nicht mit Aufhebung eines Zugeständnisses seines Vorgängers beginnen zu müssen. So erfüllt nun der neue Kurfürst formal nur das väterliche Vermächtnis. Aber das sind Probleme, die Ferber nicht berühren. Er führt nur seinen Auftrag aus. Während man im Grünen Salon noch um den Leichnam bemüht ist, versiegelt er alle Räume, in denen Akten aufbewahrt sind.

Am 2. November wird Heinrich von Brühl in seinem Palais öffentlich aufgebahrt, und es nimmt Abschied von ihm, wer im Hof- und Beamtenstaat Sachsens Rang und Namen hat. Alle Glocken der Stadt werden geläutet. Gegen 24 Uhr setzt sich der Trauerzug in Bewegung. Die Beisetzung erfolgt in der Stadtkirche von Forst.

Der Nachlaß ist sichergestellt, Heinecken, Gartenberg und Hausius, die engsten Mitarbeiter, stehen unter Arrest. Die Untersuchung kann ihren Anfang nehmen, und Kurfürst wie Kabinett sind gewiß, auf skandalöse Verfehlungen des eben Verstorbenen zu stoßen.

Das Verfahren gegen Brühls Vertraute

Weil »der Graf von Brühl in der letzten Zeit die völlige uneingeschränkte Disposition über die königlichen Kassen gehabt, das Geld zu Spekulationen verwandt und sich hierbei der drei Angeklagten bedient« habe, erhebt die Kommission, die mit den Voruntersuchungen betraut ist, am 3. Februar 1764 erst einmal Anklage gegen Heinecken, Gartenberg und Hausius.[98]

Während seiner Amtszeit waren Brühl mehrere tausend Staatsbeamte und einige hundert Hofbeamte unterstellt, und daß er sich bei seinen »Spekulationen« nur »der drei Angeklagten bedient« haben soll, ist wenig wahrscheinlich. Über sie aber führt der Weg am sichersten zu ihm selbst, und er allein ist wichtig.

Da Friedrich Christian verstorben und sein Sohn, der Kurprinz Friedrich August III., erst 13 Jahre alt ist, hat dessen Onkel, Prinz Xaver, als Administrator die Geschäfte übernommen. Auch er war immer ein entschiedener Gegner Brühls und ohne Verständnis für die Entscheidung seines Vaters, die Regierungsgewalt so völlig aus der Hand zu geben. Am 8. Februar 1764 ernennt er eine Untersuchungskommission unter Leitung von Konferenzminister Stammer, hält sich aber selbst weitgehend heraus und unterstellt Stammer dem Geheimen Konsilium, das die Aufsicht einem Viererkollegium mit Fritsch an der Spitze überläßt.

Stammer ist zunächst auf einen Prozeß »gegen Brühl und Genossen« aus, kommt aber davon rasch wieder ab, als er die Verfahren gegen die drei Sistierten vorantreibt.

Hausius hatte lange Zeit eine unbedeutende Stellung inne, wurde aber 1756 von Brühl zum Leiter der Akzise-Überschuß-Kasse ernannt. Er muß ein sehr einträgliches Geschäft daraus gemacht haben, denn aus dem Nichts bringt er es zu einem Vermögen von 69 000 Talern. Der Verdacht liegt nahe, daß er als einflußreicher Leiter der Steuerbehörde – gegen entsprechende Honorierung – »Rabatte« zu Lasten der Staatskasse gewährt hat. Beweise finden sich nicht. Man wäre nur allzugern bereit, Nachsicht gegen jene zu üben, die ihn bestochen haben, wenn sie sich nur meldeten; aber keine Aufforderung fruchtet. Dafür gehen einige Dutzend Beschwerden wegen Hausius' Zusammenarbeit mit den Preußen ein. Als General Finck am 5. Februar 1758 von Dresden 500 000 Taler verlangte, sei Hausius es gewesen, der eine Liste mit Namen vermögender Bürger zusammengestellt und sich so selbst freigekauft habe. Hausius bestreitet nicht, Finck auf dessen Verlangen hin die Adressen der wichtigsten Steuerzahler ausgehändigt zu haben. Bei Eintreibung der Kontributionen hätten sich die Preußen stets an ihn gehalten, und er sei einem Zwang ausgesetzt gewesen, dem er sich nicht entziehen konnte. Zudem hätte Finck die reichen Bürger der Stadt auch ohne ihn zu ermitteln vermocht. Es ist immerhin denkbar, daß er die 6 000 Taler, die Finck von ihm persönlich gefordert hat, auch bezahlte. Er behauptet es jedenfalls, und das Gegenteil bleibt unbeweisbar. Brühl hatte 1758 an Preußen 30 000 Taler zu zahlen; diesen Betrag hat er auch entrichtet. Stammers Vermutung, Hausius könnte seinem Gönner Brühl zu Vorteilen verholfen haben, bestätigt sich nicht.

In einem Indizienprozeß wird Hausius im November 1764 zu zehn Jahren Haft oder einer Geldstrafe von 30 000 Talern verurteilt, weil er die Herkunft seines Vermögens nicht eindeutig zu erklären vermag. Hausius geht in die Berufung und wird vom Schöppenstuhl zu Leipzig 1766 im Revisionsverfahren zu sechs

Jahren Haft oder 30 000 Taler Geldbuße verurteilt.[99] Am 3. August 1768 einigt man sich auf einen Vergleich: Hausius zahlt 15 000 Taler und darf bei Transfer seines Vermögens vom Königstein ins Ausland übersiedeln.[100]

Dem einstigen Premier kann lediglich vorgeworfen werden, einem durch und durch korrupten Mann zu einer Schlüsselstellung verholfen zu haben. Wenige Monate nach Hausius' Berufung siedelte Brühl nach Warschau über, und damit war er außerstande, seiner Aufsichtspflicht zu genügen. Sie oblag der Kurprinzessin, der von 1758 an das Kammerkollegium unterstand.

Geheimrat Gartenberg, Direktor des Bergkollegiums und seit 1758 Verwalter von Brühls Gütern in Polen, gelangte wie Hausius auf geheimnisvolle Weise zu ansehnlichem Reichtum. Da sich seine Besitzungen auf Sachsen und Polen erstrecken, Erhebungen in Polen seit Verlust der Krone aber unmöglich sind, ist der Gesamtwert seines Vermögens nicht feststellbar. Auf Grund mangelnden Nachweises über die Quellen seines Besitzes wird ihm nahegelegt, 20 000 Taler zu zahlen und zugunsten des Fiskus auf sein Alaunwerk bei Reichenbach zu verzichten. Er akzeptiert und wird im Mai 1764 aus dem Hausarrest entlassen.[101] Formell nie verurteilt, geht er nach Polen. Mit Sachsen bleibt er über seine Tochter verbunden; deren Schwiegervater ist Polizeiminister Fritsch.

Das Interesse konzentriert sich nun auf den Geheimen Kammerrat Heinecken, seit 1739 Privatsekretär Brühls, seit 1741 Verwalter seiner Güter in Sachsen und zudem Direktor des Kupferstichkabinetts, dieses Amtes aber am 14. Dezember 1763 durch Friedrich Christian enthoben, obwohl im Sinne der Aufklärer nur eine Suspension in Betracht käme, da ein Schuldbeweis noch nicht vorliegt.

Wie bei Hausius und Gartenberg befaßt sich die Anklagevertretung erst einmal mit Heineckens Privatbesitz. Dazu zählen die Rittergüter Altdöbern, Bollendorf, Kleinjauer und Muckwar sowie das Dresdner Palais am Taschenberg. Das ist ein bißchen viel für einen Mann, der 1739 unvermögend in Brühls Dienste trat. Anders als seine Mitangeklagten bleibt Heinecken auf keine Frage eine Antwort schuldig. Das Gut Bollendorf, seine jüngste Erwerbung, ist ihm von Brühl testamentarisch vermacht worden als Äquivalent für langjährige Dienste, als Ersatz für einen Sold. Heinecken hat in all den Jahren keinen Lohn erhalten, behauptet er, nur eine Auslagenerstattung bei Reisen im Lande. Tatsächlich wird Heinecken in Brühls Besoldungslisten nicht geführt. Mag nun die Untersuchungskommission ein Gut für eine angemessene Entschädigung von 24 Dienstjahren ansehen oder nicht, sie muß Bollendorf als rechtmäßigen Besitz akzeptieren. Was seine anderen Güter und sein Wohnhaus angeht, gibt Heinecken eine glaubwürdige Erklärung: Er hat 1742 eine Tochter Möllers geheiratet, die das Gut Dürrenberg samt Salzbergwerk in die Ehe einbrachte, und da Salz zum Regal erklärt und das Salzbergwerk gegen Entschädigung eingezogen wurde, bekam er Mittel für Ankäufe frei. Als 1747 der Schwiegervater starb, habe seine Frau 66 000 Taler geerbt, mitgerechnet die 45 100 Taler, die Möller für die Güter Altdöbern, Muckwar und Kleinjauer, gekauft für das Ehepaar Heinecken, zahlte. Allerdings hatte Möller rechtzeitig von Brühl einen Wink bekommen, daß diese Güter versteigert würden. Heinecken verfügte jedenfalls über die Mittel, seine Güter und sein Haus zu bestreiten.

Er selbst gibt bei der Vernehmung einen völlig neuen Ansatzpunkt: Seinen Lebensunterhalt habe er von den Bezügen als Direktor des Kupferstichkabinetts und dem Handel mit Kupferstichen bestritten. Sofort vermuten die Ankläger, er habe auf private Rechnung kurfürstlichen Besitz verkauft und Minderwertiges der Sammlung zugeordnet. Der Verdacht spricht sich herum, und prompt gehen die billigsten Denunziationen ein. Da erinnert sich doch tatsächlich jemand, daß Heinecken »im vorigen Kriege mit einem ganzen Coffer voll ... außerhalb des Landes ... in Frankfurth am Mayn ... kostbares Bild-Cabinet verhandeln wollen«.[102] Wie sich bald herausstellt, ist dies alles bedeutungsloses Geschwätz mißgünstiger Nachbarn.

Eine Bestandsaufnahme des Kupferstichkabinetts könnte Klarheit verschaffen. Dazu ist nur Hagedorn imstande, der neue Direktor. Es ist eine mühevolle Arbeit, für die er runde sechs Monate benötigt, muß er doch jedes Blatt in die Hand nehmen, begutachten, vergleichen.

Doch hat sich die Justiz vom Wert dieser aufwendigen Bestandsaufnahme für das Verfahren zuviel versprochen. Beim Einfall der Preußen mußte Heinecken für den Kurfürsten durch Verkäufe rasch 7 900 Taler beschaffen. Schon dahinter hätte sich leicht eine »Nebeneinnahme« verbergen lassen. Auf den Königstein und damit in Sicherheit wurde bei Kriegsausbruch nur ein Teil der Sammlung verbracht, das meiste blieb im Kabinett, im Japanischen Palais und auf der Hubertusburg – in den Depots, die den Preußen zugänglich waren. Und Heinecken selbst befand sich zeitweilig in preußischem Arrest. Er wäre juristisch selbst dann nicht zu belangen, wenn die halbe Sammlung fehlen sollte.

Doch stellt sich zu aller Überraschung heraus, daß von den wertvollen Stücken nur jene fehlen, die in der Hubertusburg den Flammen zum Opfer fielen. Was 1756 verkauft wurde, waren »Copien und Pastici«, die das Kabinett verschmerzen kann. Hagedorn entdeckt sogar viele kostbare Stücke im Bestand, die niemand vermutete. Heinecken hatte einst 80 917 Kupferstiche und 396 Bücher übernommen; jetzt sind 130 028 Kupferstiche und 764 Bücher vorhanden. Hagedorn ist nicht nur ein ausgezeichneter Kenner der Materie, sondern auch ein grundehrlicher Mann. In seinem Gutachten vom 8. Juni 1764 schreibt er, Heinecken habe den Bestand »sehr vermehrt«, und es sei ihm vieles »zu danken«. Von nun an wird er nicht mehr aufhören, Heinecken als den eigentlichen Schöpfer des Kupferstichkabinetts zu preisen.

Im Sinne der Anklage aber ist Hagedorns Aussage unbrauchbar. Sie wird stillschweigend zu den Akten gelegt.

Um das Gesicht zu wahren, bietet die Untersuchungskommission Heinecken eine Freilassung auf Kaution an. Das ist nach dem Zeitverständnis eine Form des Gnadenaktes – und die Kaution ist für den, der sie gestellt hat, in der Regel verloren. Heinecken aber lehnt einen Gnadenakt ab, und so gerät die Anklage erneut in Zugzwang. Da ihr für einen Prozeß das Beweismaterial fehlt, muß sie Heinecken auf freien Fuß setzen. Das geschieht schließlich, wird aber mit einer Ausweisung aus Dresden verbunden. Heinecken verkauft sein Haus am Taschenberg, für 5 000 Taler, also unter dem tatsächlichen Wert, und zieht sich nach Altdöbern zurück, wo er zwei Jahre später eine Tabakfabrik gründet. Sie wird einmal Bedeutung haben. Des gegen ihn angestrengten Verfahrens wegen gibt er keine Ruhe. Am 22. März 1769 leistet er schließlich den Reinigungseid, und die Staatskasse übernimmt alle Kosten der Untersuchung.[103] Damit müßte eigentlich alles in Ordnung sein. Aber als er 1791 mit 85 Jahren stirbt, gilt er immer noch als verfehmt, als gewissenloser Günstling Brühls (oft verwechselt mit Hennicke, der in der Finanzpolitik tatsächlich eine fragwürdige Rolle gespielt hat). Außer Hagedorn ist niemand auf seiner Seite. Die Untersuchungskommission läßt sich nicht davon abbringen, daß Heinecken über Brühls Finanzgebaren mehr weiß, als er zu sagen bereit ist. Doch als Kronzeuge scheidet er aus.

Keines der drei Verfahren hat sich als Brücke erwiesen, die zu Brühl führt. Wenn schon den von Ferber Verhafteten nicht zu beweisen ist, daß Brühl sich bei seinen Spekulationen ihrer bedient hat, muß den Spekulationen selbst nachgegangen werden.

Vorerst gedenkt sich Stammer einen Überblick über die Vermögenslage des einstigen Premierministers zu verschaffen. Dann wird man weitersehen.

Die Aktiva und die Passiva

Behrisch ist ein versierter Auktionator. Wann und wo auch immer in Sachsen ein Gut unter den Hammer kommen soll, zieht der Adel Behrisch zu Rate. Seine Schätzungen gelten als seriös, beim Verkäufer wie beim Käufer, und diese Übereinstimmung ist selten genug. Weil Behrisch sich wie kein anderer auf den Gütern auskennt und zudem Hofbeamter ist, erscheint er Stammer als der geeignete Revisor in Sachen Brühl. »Stellen Sie die Aktiva des Grafen Brühl fest!« befiehlt er kurz angebunden. »... und die Passiva«, ergänzt Behrisch, der auch ohne ausführliche Einweisung begreift, was von ihm erwartet wird. »Und die Passiva!« bestätigt Stammer, »aber damit hat es keine Eile, die Schulden melden sich von alleine, die Aktiva nicht.« Verständnisinnig schmunzelt Behrisch. Er kann sich ausrechnen, daß Stammer seit Ankündigung des Prozesses hart bedrängt wird von den Händlern, Handwerkern und Bankiers, die an Brühl noch Forderungen haben und dem Fiskus zuvorkommen wollen.

Drei Monate gedenkt Stammer Behrisch für eine Bestandsaufnahme einzuräumen. Der Auktionator, dem bei mancher Zwangsversteigerung nur Tage geblieben sind, nickt zustimmend – und wird zwölf Monate schwer zu arbeiten haben.

Brühls Güter in Polen sind für Behrisch der erste Stolperstein. Gartenberg, Brühls Intendant, kennt sich zwar aus, aber er steht unter Arrest, ist ganz mit sich beschäftigt und zu keiner Auskunft bereit. Man möge sich doch an die Akten halten – aber die liegen in Warschau, was Gartenberg weiß. Im übrigen, meint er spöttisch, stecke polnisches Geld in Brühls polnischen Gütern, und deshalb habe Polen alles konfisziert (ausgenommen das Palais in Warschau und den Sommersitz); Sachsen werde sich gehörig in die Nesseln setzen, wenn es sich um Besitzungen außerhalb des Landes kümmere. Das befürchtet auch Stammer, als Behrisch vorsichtig auf den Busch klopft. Selbst die Bitte um Auskunft nach dem Wert der konfiszierten Güter könnte Warschau schon als Einmischung in polnische Angelegenheiten verstehen. Das polnische Eisen ist heiß – und Stammer läßt es fallen.

Bei Feststellung des Wertes von Brühls sächsischem Besitz fällt Behrisch die Entscheidung über das Stichjahr schwer. Da die Anklage wissen möchte, was der Graf in seinen Ministerjahren erworben hat, bietet sich eine Veranlagung nach dem Vorkriegsstand an. Anhand von Brühls Testament nimmt Behrisch bei Immobilien das Jahr 1756 als Ausgangsbasis, klammert Kriegsverluste also aus. Bei Mobilien aber geht er vom augenblicklichen Stand aus, weil Kriegsverluste nicht mehr zu ermitteln sind. Die Inkonsequenz liegt auf der Hand.

Nach dem Verbleib des Testamentes, am 9. August 1762 in Warschau aufgesetzt, wird lange geforscht. Anklage wie Erben suchen es im Dresdener Palais – vergeblich. Kenntnis vom tatsächlichen Ort hat der arretierte Heinecken, wie sich schließlich herausstellt. Er hatte den Auftrag, es sicher zu verwahren. Pförten erschien ihm sicherer als Dresden, und diese Überlegung sollte sich als richtig erweisen.

Nach Brühls Testament beläuft sich der Wert aller Güter zusammen auf 1 050 700 Taler:[104]

Forst und Pförten	350 000 Taler
Gangloffsömmern	80 000 Taler
Nischwitz	75 000 Taler
Zschepplin	120 000 Taler
Lindenau und Tettau	40 000 Taler
Ober- und Niederlichtenau	36 000 Taler
Seifersdorf	72 000 Taler
Bollendorf	18 000 Taler
Dresdener Palais	180 000 Taler
Terrasse	2 450 Taler
Fürstenbergsches Palais	7 000 Taler
Seetore	250 Taler
Friedrichstädter Sommersitz	50 000 Taler
Weinberg bei Kötzschenbroda	20 000 Taler

Über die Mobilien hat sich Brühl nur in einigen wenigen Fällen ausgelassen, und auch das in völliger Unkenntnis der Kriegsschäden. So meinte er, er habe Weine im Wert von 55 644 Talern in seinem Keller, was sich als Trugschluß erweist; der Respekt der durchziehenden Truppen vor den Weinen des Premierministers scheint nicht allzugroß gewesen zu sein. Behrisch übernimmt die Angabe trotzdem. Schließlich ist es recht aufschlußreich, daß die Weinvorräte mehr gekostet haben als der weithin bekannte Brühlsche Sommersitz in Friedrichstadt.

Behrisch macht es sich nicht leicht: Er taxiert alles, was den Krieg überstanden hat, und es gibt nichts, was ihm unwesentlich erscheint. Er zählt sogar Brühls Hüte, es sind 36, und Brühls Schlafröcke – 47. Es ist eine Fleißarbeit, die viel über Brühls Lebensstil zutage fördert.

Brühl hinterläßt mehr als ein halbes Dutzend Sammlungen. Daß die Gemäldegalerie nach seinem letzten Willen dem Kurfürsten gehören sollte, kann hier unbeachtet bleiben; sie gehört zu den Aktiva wie das Heinecken geschenkte Gut.

Vasensammlung	8 205 Taler
Naturalienkabinett	10 722 Taler
Gewehrsammlung	13 936 Taler
Medaillensammlung	18 962 Taler
Kupferstichkabinett	16 800 Taler
Bibliothek	60 004 Taler
Bildergalerie	105 329 Taler
Pretiosen	376 843 Taler

Das läßt doch wohl die eigentlichen Neigungen des Premierministers deutlich zutage treten. Man bedenke: Die Pretiosen repräsentieren einen höheren Wert als die riesige Herrschaft Pförten. Behrisch zählt allein an die 800 Tabatieren, 40 goldene und mit Brillanten verzierte Uhren sowie 120 Ringe, ebenfalls fast ausschließlich mit Brillanten geschmückt.

Auch der Brühlsche Haushalt ist aufschlußreich. In die Ausstattung der Küche sind bescheidene 346 Taler investiert worden; mehr sah man wohl nicht für notwendig an. Außerhalb der Küche aber ist von Sparsamkeit nichts zu spüren.

Kronleuchter und Spiegel	13 405 Taler
Marmorkamine	7 670 Taler
»Gardemeuble«	28 102 Taler
Leib-, Tafel- und Bettwäsche	21 445 Taler
Porzellan (150 komplette Services)	27 214 Taler
Garderobe	53 905 Taler
Silberwerk	62 007 Taler

Das ist ein Aufwand, wie ihn noch nie ein sächsischer Minister zu betreiben imstande war. Die Bestandsaufnahme bestätigt alle Vermutungen: Brühl ist zeit seines Lebens immer ein Verschwender gewesen.

Einiges auf der Habenseite ist dem Hof freilich nicht sehr angenehm. Dazu gehört der rückständige Sold in Höhe von 45 684 Talern und 15 702 Taler, die Brühl im Kriege aus eigener Tasche für die Entlohnung von Hof- und Staatsbeamten vorgestreckt hat. Außerdem schulden ihm die verschiedenen kurfürstlichen Kassen weitere 360 945 Taler. Es stehen auch verschiedene hohe Beamte mit zusammen 62 910 Talern bei Brühl in der Kreide; der nicht zum Hof gehörende Graf Wessel hat sich weitere 66 000 Taler geliehen. Damit nähern sich Brühls Außenstände einer halben Million. Das wird registriert und nie kommentiert.

Brühls Schulden dagegen werden mit Nachdruck herausgestellt. Mit zwei Posten weiß Behrisch allerdings wenig anzufangen. Da gibt es zunächst einmal Zahlungsverpflichtungen in Polen in Höhe von 442 403 Talern, zur Bestreitung des Hofes während des Zwangsaufenthaltes in Warschau aufgenommene Darlehen. Infolge Beschlagnahme der Brühlschen Güter durch Polen sind die finanziellen Regelungen völlig unklar, aber Stammer läßt diese Darlehen unter Passiva erfassen. Für alle Fälle! Schließlich sind noch 66 868 Taler Forderungen in Sachsen angemeldet, ohne daß sich ein Beleg findet. Auch diese Schulden werden vorsichtshalber registriert. Es verbleiben:

Arzt- und Begräbniskosten	8 681 Taler
Löhne	2 266 Taler
Belastung der Güter	350 510 Taler
Bauschulden	30 715 Taler
Bürgschaft für einen Bruder	42 966 Taler
Letztwillige Legate	71 000 Taler

Die rückständigen Löhne beziehungsweise die Besoldung des noch vorhandenen Personals lassen bedingt einen Schluß auf die soziale Lage des Brühlschen Personals zu. Heinecken hat, wenn seine Angaben stimmen, durch Übereignung des Gutes Bollendorf jährlich umgerechnet 750 Taler bezogen. Das läßt sich jedoch nicht verallgemeinern. Nach den Ermittlungen der Revision zahlte Brühl im Durchschnitt 100 Taler. Allerdings ist die Differenzierung erheblich. So lag der Sold des Friedrichstädter Gärtners bei 300, der des Bibliothekars Cantzler bei 250 Talern. Ein Winzer aber mußte sich mit 48 Taler 16 Groschen pro Jahr begnügen.[105]

Als Behrisch die Bestandsaufnahme abschließt, schreibt man bereits das Jahr 1765. Zu welchem Schluß aber ist der Auktionär gelangt?[106]

Aktiva:	2 830 644 Taler	4 Groschen	1 Pfennig
Passiva:	1 291 297 Taler	18 Groschen	5 Pfennig
Überschuß:	1 539 346 Taler	9 Groschen	8 Pfennig

Kaum jemand ahnt, welcher Aufwand vonnöten war, die Zahlen zu ermitteln. Ein Überschuß jedenfalls existiert, falls der Fiskus sich schadlos halten will. Er will!

Am 25. März 1765 tritt das Geheime Kabinett zusammen, um sich von Dr. Gutschmid über den am 26. des Vormonats von der Stammer-Kommission fixierten Abschlußbericht informieren zu lassen. Das Protokoll führt Hofrat Ferber:[107]

»Das Cabinetts-Ministerium hält es für rathsam«, heißt es, »zwar den sämtlichen Gräflich Brühlschen mobiler- und immobiler-Nachlaß durch die ordentlichen Instanzen in Sequestration nehmen zu lassen, dahingegen die Administration desselben einer besonderen Commission (Geh. Cammer-Rath Wagner, Hofrat Schumann u. a.) ... anzuvertrauen.« Brühl wird »des Vergreifens an landesherrlichen Cassen« sowie der »Anmaßung« und der »Majestätsbeleidigung« für schuldig angesehen und ein – auf Sachsen beschränkter – Prozeß angestrebt. »Die Erhebung einer Klage in Pohlen« verstehe man »für ganz unthunlich, weil solches nicht geschehen könne ohne dortigen Tribunalen die gesamten hiesigen Finanz-Umstände zu entdekken.«

Die Anklage basiert auf den Materialien der Untersuchungskommission. Brühl habe in der letzten Zeit die »uneingeschränkte Verfügung über die Finanzen« gehabt, aber keine geschlossene Einnahmen- und Ausgabenrechnung hinterlassen.[108] Heinecken zufolge habe er ab und an seine Rechnungsbücher ins Feuer geworfen, damit keiner seine »Einnahmen und Ausgaben ihm nachrechnen« könne.[109]

Die Anklage taxiert seine Ausgaben in den letzten zwei Jahrzehnten auf jährlich eine Million Taler. Sie macht keinen Hehl daraus, daß sie nichts anderes als eine Schätzung zugrunde legen kann.

Von 1733 bis 1763 bezog Brühl als Sold 2 697 225 Taler oder pro Jahr 89 907 Taler.[110] Die Differenz zwischen legalen Einnahmen und vermuteten Ausgaben sei derart groß, daß ein unerlaubter Rückgriff auf landesherrliche Gelder angenommen werden müsse, worauf auch die Vernichtung der Rechnungsbücher schließen lasse.

Wie Heinecken bei seiner Vernehmung anführte, sei »zu vermuten, daß der höchstseelig verstorbene König ihm vieles geschenkt haben müsse.«[111] Einiges ist belegbar. So bezog Brühl nach den Kammerrechnungen zwischen 1733 und 1763 an »außerordentlichen Begnadigungen« 817 227 Taler oder jährlich 27 240 Taler.[112] Durch kurfürstliche Order belegt sind als Geschenke das Gut Gangloffsömmern, ein Teil des Baugrundes für das Dresdener Palais, ein Areal zur Erweiterung der Brühlschen Terrasse und größere Mengen Baumaterial, Holz vor allem und Steine. Auf eine detaillierte Aufrechnung der Begnadigungen verzichtet die Anklage, weil sie »das hierunter begangene Verbrechen (Brühls) nicht aufheben können, da dergleichen Schenkungen ... zum offenbaren und größten Verderben des Landes nothwendig ausschlagen mußten, von einem Diener niemahlen, wenn sie ihm auch ohne Verlangen angetragen werden sollten, mit unverletztem Gewissen und ohne Verantwortung angenommen werden mögen, sondern es bleiben dergleichen dem Staat höchst abträgliche Anmaßungen zu aller Zeit strafbar und ungültig.«[113]

Von den Kassenscheinen, die keinen Zahlungsgrund ausweisen, sondern lediglich den Vermerk enthalten »zu einem besonderen Behuf«, leitet die Anklage den Tatbestand der Majestätsbeleidigung ab. Der Landesherr hätte diese Kassenscheine niemals unterschrieben, wäre ihm bewußt gewesen, in welch dunkle Kanäle Brühl das Geld fließen lasse.

Die Sequestration des Brühlschen Nachlasses erscheint dem Geheimen Kabinett jedenfalls gerechtfertigt. Die offizielle Berufung der Sequestrationskommission erfolgt am 17. Mai 1765. Erwartungsgemäß erheben die Erben Brühls Einspruch, allerdings erst am 5. Oktober 1765.

Die Reformer verstehen die Sequestration als Vorboten der öffentlichen Auseinandersetzung mit dem Brühlschen Finanzsystem, die mit dem Prozeß den Höhepunkt erfahren soll. Brühl schuldet dem Fiskus der Anklage zufolge 4 631 456 Taler 4 Groschen und 3 Pfennig. Der Prozeß bedarf lediglich noch der Zustimmung des Administrators, aber was sollte Xaver gegen einen Prozeß haben, der dem Fiskus einen Geldzufluß verspricht?

Xaver sagt ab

Fritsch spricht es aus: Zu Beginn des Jahres 1766 kann der Prozeß eröffnet werden. Seine Sekretäre, alle länger im Amt als er, sind anderer Meinung. Sie wollen dafür einstehen, daß es frühestens im nächsten Jahrhundert zu einer Verhandlung komme. »Unsere Gerichte könnten die berühmteste Verschleppungsanstalt sein«, behaupten sie sarkastisch, »aber das Wiener Hofgericht ist an Schlamperei einfach nicht zu übertreffen.« Man ist im Polizei-Departement, das wie üblich untersucht und anklagt, auf die Justiz nicht gut zu sprechen. Das Gericht, das von dem Gerede Kenntnis erhält, beklagt sich bei Fritsch empört und ganz offiziell wegen »übler Nachrede untergeordneter Chargen«. Man werde die »Verschleppungsanstalt« nicht auf sich sitzen lassen; und was die Brühlsche Sache angehe, so läge, wie Fritsch doch bekannt sein dürfte, ein landesherrlicher Eröffnungsbeschluß noch gar nicht vor. Fritsch, der keinen Streit zwischen den Ressorts wünscht, bringt seine Sekretäre zur Räson. – Zwei Tage später, man schreibt den 8. August 1765, liegt ohne Kommentar die verstaubte Akte vom Prozeß des Grafen Dohna gegen den Grafen Schulenburg auf seinem Schreibtisch; das Urteil in diesem Verfahren steht seit 128 Jahren aus! Wortlos läßt Fritsch die Akte zurückgehen. Er ist nachdenklich gestimmt.

Am 12. August 1765 ersuchen die Minister schriftlich den Administrator, endlich die Eröffnung des Prozesses gegen Brühl anzuordnen. Unterschrieben haben Loß, Stubenberg, Stammer und Fritsch, die einflußreichsten Minister.[114] In Sachsens Regierungspraxis ist ein derart ultimatives Verlangen einmalig.

Xaver beschwert sich weder wegen des herausfordernden Tones der Minister, noch eröffnet er das Verfahren. Er läßt einfach nichts von sich hören.

In der Sequestrationskommission verbreitet sich Unruhe. Sie sieht sich von allen Seiten bedrängt, von Brühls Schuldnern, die zu ihrem Geld kommen wollen, von den Anwälten der Erben Brühls, die eine Antwort auf ihren Einspruch verlangen, und von der Kammer, die den Schwebezustand beendet wissen will. Fritsch aber zögert. Er kann sich zu einer Wiederholung des Schrittes vom 12. August 1765 nicht entschließen.

Im März 1767 (!) verlangt Xaver vom Geheimen Konsilium – nicht von Stammer oder Fritsch – überraschend ein Gutachten zum Einspruch der Erben Brühls. Diesem Ansinnen kann sich das Geheime Konsilium nicht gut verschließen; im Mai 1767 geht Xaver die gewünschte Stellungnahme zu, die erwartungsgemäß keine neuen Gedanken enthält. Nun ist es wiederum an Xaver, sich zu äußern, doch damit läßt er sich Zeit.

Ohne Wissen der Minister hat er in aller Stille seinen Freund Martange, einen französischen General, um eine Stellungnahme in Sachen Brühl gebeten. Wüßte Fritsch davon, er würde Unheil wittern. Martange erfreut sich in Dresden keiner sonderlichen Beliebtheit. Er gilt als skrupelloser Glücksritter, und niemand vermag zu begreifen, was Xaver und diesen Abenteurer verbindet. Der General ist ein entschiedener Gegner Brühls – und ein fanatischer Anhänger des Absolutismus. Bereits am 24. August 1766 hat er Xaver sein als »Aufsatz« deklariertes Gutachten übermittelt[115] und den Wettinern eine Blamage prophezeit, falls es zu einem Prozeß gegen Brühl kommen sollte.

Xaver hat den Aufsatz erst einmal sorgfältig weggeschlossen. Erst anderthalb Jahre später erscheint er ihm wichtig; er will die Affäre Brühl abschließen. Er arbeitet alle Gutachten, Kommissionsberichte und Einsprüche persönlich durch und bringt eigenhändig am 13. Februar 1768 – im fünften Jahr nach Brühls Tod – seine Entscheidung zu Papier[116]:

»Ich laß mich in keinen gerichtlichen Vergleich ein«, erklärt er kategorisch. »Das gehöret für Particuliers, wozu ist es nötig, daß jedermann wisse, wie die Brühlsche Sache abgetan worden, das kann unter der Hand geschehen, notwendig aber muß der Sache ein Ende gemacht und die Punkte festgestellt werden, worüber mit denen Brühlen das Abkommen zu treffen, und alsdann muß der Prozeß und die Sequestration aufhören. Aus der Langwierigkeit kommt nichts heraus. Sich mit anderen Höfen zu brouillieren, den König, meinen Herrn Vater, öffentlich zu exponieren, über seine Handlungen Kritiken und Urteil zu veranlassen, auch die ganze Beschaffenheit der kurfürstl. Revenuen zu entdecken, sind Dinge, die gar nicht angehen, wenn auch Vorteile daraus zu erlangen wären … Es ist aber noch nicht ausg., ob nicht mein Herr Vater dem Brühl viel geschenkt, da er als Herr mit dem Seinigen tun können, was er gewollt.«

Unter der Hand hat sich Xaver mit Brühls Erben bereits ins Einvernehmen gesetzt. Das Geheime Konsilium läßt unter Einbehaltung von 210 625 Talern am 19. Februar 1768 die fiskalischen Ansprüche fallen; die Sequestration wird aufgehoben. Obwohl es den Weisungen des Administrators Folge leistet, sorgt das Geheime Konsilium für ein Nachspiel: Es lehnt in einer Erklärung jede Verantwortung ab. Das ist in den Augen Xavers ein derart unerhörter Vorgang, daß er eigenhändig ein Spezialreskript aufsetzt, in dem er das Geheime Konsilium beschuldigt, »anmaßend und respektlos« zu sein.[117]

Brühls Palais, das mit 180 000 Talern zu Buche steht, fällt bei Anrechnung von 75 000 Talern dem Fiskus zu, die Bibliothek dem Landesherrn; Cantzler arbeitet sie in den Bestand der kurfürstlichen Bibliothek ein. Geld kommt in die Kasse durch den Verkauf der Gemäldesammlung 1768 an die russische Zarin. So geht ein wertvoller Kunstbesitz außer Landes, weil die finanziellen Interessen die kulturellen besiegen. Die Rechtsauffassung ist nicht recht einsichtig: 4,6 Millionen Taler (soviel ist ohnehin nicht vorhanden) können nur auf der Basis eines richterlichen Spruchs eingezogen werden, 210 625 Taler aber ohne jegliches Urteil. Nach außen hin gilt Brühl jedenfalls mit Konfiszierung eines Teils der Erbmasse als der Schuld überführt, und das soll erreicht werden. Eine gewisse Beschränkung bei der administrativ durchgesetzten Einbehaltung des Brühlschen Vermögens ist vonnöten, um keinen neuerlichen Einspruch der Erben zu provozieren.

Brühls Erben, erfreut über die Aufhebung der Sequestration, verstrickt zudem in die bisherige Argumentation – durch Gnade erhalten, durch Gnade behalten –, erheben des konfiszierten Besitzes wegen keinen Einspruch. Das Majorat Pförten–Forst–Gangloffsömmern fällt an Aloys, den ältesten Sohn, und die übrigen Söhne (die Tochter wurde bei der Eheschließung ausgezahlt und lebt in Polen) losen die anderen Güter aus, vermögen sie aber nur durch Umschuldung (Seifersdorf) oder gar nicht (Zschepplin, Nischwitz, Lindenau-Tettau) zu behaupten, da das Majorat als unantastbar gilt und die Gläubiger sich an das Resterbe halten. Karl Adolph und Hans Moritz gehen schließlich nach Preußen, ersterer als General und Prinzenerzieher, letzterer als General-Chaussee-Intendant. Daß sie einmal in preußischen Diensten stehen würden, hat sicher nicht zu ihren Zukunftsträumen gehört.

Die Logik der Politik

Im Archiv fristen die Akten der Untersuchungskommission ein Einsiedlerdasein. Eine Gegendarstellung, wie bei Prozessen üblich, fehlt. Nie hat sich ein juristischer Beistand der Papiere angenommen. Wozu auch? Keine Anklage – keine Verteidigung!

Die Punkte der Anklage gelten als erwiesen. Versierte Juristen haben den Brühlschen Nachlaß und die Kammerrechnungen gesichtet und den Bericht – der ohnehin nur eine Bestätigung bekannter Verfehlungen Brühls liefert – formuliert; weil der Administrator den Prozeß untersagte, brauchte die Anklage vor Gericht nicht vertreten zu werden, blieb die Verurteilung Brühls aus.

Boroviczény, den Biographen Brühls, überzeugen die Materialien der Anklage nicht so recht. Er meint, es sei viel von Brühls Geld die Rede, von seinen Bezügen, seinen Ausgaben, seinen Schulden, aber das gewaltige Zahlengerüst sei instabil, weil es auf einer Summe von Vermutungen basiere. Wie die Anklage ihre Beweisführung aufgebaut habe, sei ihre Sache gewesen, aber wenn sie Berechnungen anbiete, setze das eine Belegbarkeit voraus. – Doch die meisten seiner Rechnungsbücher hat Brühl der Nachwelt vorenthalten.

So wird der Auffassung neuer Nährstoff zugeführt, Brühl, der alte Fuchs, habe sich durch rechtzeitige Vernichtung belastender Papiere aus der Schlinge gezogen, und aus Mangel an Beweisen sei ein Prozeß undurchführbar geworden.

Das aber ist ein Trugschluß.

Denn im Falle Brühls ist das Fehlen von Akten von keinem großen Belang. Das mag merkwürdig klingen bei einem Gerichtsverfahren, bei dem es noch dazu um Geldangelegenheiten geht. Tatsache ist aber, daß der Prozeß nicht scheitert, weil an der Verläßlichkeit der Unterlagen Zweifel aufkommen. Komplett vorhandene Rechnungsbücher hätten an diesem Verlauf vermutlich nichts geändert.

Das Zahlenwerk der Anklage ist freilich viel zu oft zitiert und als unwiderlegbar hingestellt worden, um es hier einfach ignorieren zu können. Manches verdeutlicht zudem die Problematik dieses Prozesses.

Was Brühl dem Fiskus schuldet, ist exakt ausgewiesen worden: 4 631 456 Taler 4 Groschen 3 Pfennig. Die Brühlschen Erben sollen durch Richterspruch dazu verurteilt werden, diesen aus Unterschlagungen resultierenden Betrag zurückzuzahlen. Um wieder zu diesem Geld zu kommen, wird der Prozeß überhaupt nur angestrengt – so wenigstens verlautet offiziell.

Bei Millionenbeträgen wäre eine Auf- oder Abrundung sicher vertretbar, aber der Fiskus hat nichts zu verschenken, auch keine 3 Pfennige! Und wenn es sich beim Addieren der einzelnen Posten nun einmal so ergibt ... Es steht nirgendwo geschrieben, es sei ungebührlich, auf der Rückzahlung auch nur eines unterschlagenen Pfennigs zu bestehen. *Aber die Forderungen basieren auf Schätzungen!* Brühls Ausgaben sind ebenfalls geschätzt: jährlich eine Million Taler. Die Pfennige sind also dazu da, die Seriosität der Aufrechnung zu unterstreichen. Moralisch verurteilt ist Brühl bereits, und man würde jeden Schuldenbetrag glauben, wieviel mehr dann einen so exakt »errechneten«!

Etwas anderes tritt bei der Berechnung von Brühls Sold zutage. Über fehlende Unterlagen kann die Untersuchungskommission hier keine Klage führen, Brühl selbst nennt im Testament seine Ämter: »... Sr. Königl. Majestät Premier-Minister, Geheimer Cabinett- und Conferenzminister, Ober-Steuer- und General-Accis-, auf Stift Naumburg- und Merseburgischer Kammer-Director, General-Commissarius der baltischen Meer-Pforten, Commandant der sächsischen Truppen in Polen, Obrister über ein Regiment Chevaux Legers und ein Regiment zu Fuß, des Hochstifts zu Meißen Capitularis und Propst zu Budissin ec.«[118] Über das »ec.« kann die Kammer Auskunft geben: Brühl war auch Obersteuereinnehmer von Zeitz und Leiter der Porzellanmanufaktur. Jedes Amt ist feststellbar!

Mit dem Amt ist auch der Sold bekannt. Der »Kammerpräsident« brachte Brühl jährlich 9 700 Taler, der »Geheime Rat« 8 000 Taler, der »Obersteuereinnehmer von Zeitz« 2 350 Taler usw. usf. Insgesamt kam er auf 38 897 Taler pro Jahr. Das war ein phantastisch hohes Gehalt. Man bedenke: monatlich 3 241 Taler! Gellert, der populärste der Leipziger Professoren, mußte sich mit 450 Talern jährlich begnügen. Die Anklage aber schlägt zu Brühls Gehalt auch die Tagegelder, die Spesen, die Messeauslösung, das Deputat für die Pferde und sogar den Sold für den mitreisenden Schreiber (540 Taler) und kommt so auf jährliche Bezüge von 89 907 Talern. Selbst nach bürgerlicher Rechtsauffassung ist aber die Aufwandsentschädigung kein Bestandteil des Gehalts, erst recht nicht der Sold für Sekretäre und sonstige Mitarbeiter.

Es könnte scheinen, als verberge sich hinter dieser Aufrechnung eine Kritik an Brühls aufwendiger Amtsführung, seinen kostspieligen Reisen nach Polen oder zur Leipziger Messe. Aber die Vertreter der Anklage sind nur in einen Zwiespalt geraten. Sie provozieren den Zorn aller höheren Hof- und Staatsbeamten, wollen sie Brühl Einkünfte von 38 897 Talern jährlich vorwerfen. Mehrere Ämter und entsprechend hohe Einnahmen haben sie nämlich fast alle. Vor allem der Hof läßt sich ungern in die Karten schauen. Friesen bezog schon als Oberkammerherr jährlich 18 285 Taler, der kurfürstliche Beichtvater 12 000 Taler. Bei den Staatsbeamten liegen die Verhältnisse kaum anders. Von den Räten, die das Anklagematerial aufbereiten, verdient keiner weniger als 12 000 Taler im Jahr, und die Minister, welche die Untersuchung leiten, erhalten je nach der Anzahl ihrer Ämter zwischen 15 000 und 20 000 Taler jährlich. Wackerbarth bezog sogar einen Sold von 25 564 Talern. Es sind der Kabinetts-, Konferenz- und Etatminister, der Geheim-, Hof-, Kriegs-, Kammer- und Justizräte, der Generäle und der Geistlichen zu viele, als daß man das Einkommen eines einzelnen für die Auszehrung der Staatskasse verantwortlich machen könnte. Um nicht solch unerwünschte Schlußfolgerungen aufkommen zu lassen, wird deshalb Brühls Einnahmen zugeschlagen, was die Minister und Räte nicht oder nicht annähernd in dieser Höhe haben: das Reisegeld. So entsteht ein gehöriger Abstand zwischen den eigenen Bezügen und denen des Premierministers, und man muß nicht befürchten, daß jemand auf den Gedanken kommt, an der Besoldungsordnung des Hofes und der Staatsbeamten müsse sich generell etwas ändern. Sie alle werden weiter etwa bei Messebesuchen die Kosten für die Pferde und die Spesen der Kammer anlasten. Xaver ist nur fünf Jahre Administrator. Er wird danach ein jährliches »Ruhegeld« von 76 000 Talern erhalten, und das 28 Jahre lang, also insgesamt 2 128 000 Taler. Das liegt zwar unter dem, was die Anklage für Brühl errechnet hat, ist aber fast doppelt soviel, wie Brühl in dreißig Jahren für die Wahrnehmung der Regierungsgeschäfte bezogen hat (eine Pension nimmt er nicht mehr in Anspruch).

Die Anklage organisiert sich mit dieser Art der Beweisführung noch weitere Schwierigkeiten. Sie will schließlich belegen, daß Brühl über seine Verhältnisse gelebt habe. Dann entbehrt es jedoch der Logik, wenn sie seine nachprüfbaren jährlichen Einnahmen durch Einbeziehung der Spesen und sonstigen Zulagen noch um rund 50 000 Taler aufstockt. Allein für diesen Betrag hätte er schon zwei Güter geringer Größe völlig legal erwerben können.

Der Aufwand des Brühlschen Haushaltes im engeren Sinne ist feststellbar. Die Gräfin Brühl verfügte jährlich über 24 000 Taler zur Begleichung der Lieferantenrechnungen und der Entlohnung des Personals sowie über ein »Handgeld« von 12 000 Talern, gedacht vor allem für die Garderobe, insgesamt also über 36 000 Taler. Ebenfalls 36 000 Taler jährlich gab Brühl für seine Garderobe aus, für die Sammlungen und den Wein. Damit verschlang der Haushalt 72 000 Taler pro Jahr. Das charakterisiert eigentlich den Lebensstil der Brühls hinlänglich. Nur: Bei einem Sold von knapp 90 000 Talern waren die Ausgaben ohne Manipulationen zu dekken. Die Einkünfte aus den sächsischen Besitzungen beliefen sich auf jährlich 50 000 Taler, die aus den polnischen Besitzungen (in den besten Jahren) sogar auf etwa 100 000 Taler, also war noch genügend Überschuß vorhanden, um etwa einen Bau zu finanzieren oder ein Gut zu erwerben.

Die Anklage beziffert Brühls jährliche Ausgaben auf eine Million Taler. Das bedeutet eine erhebliche Differenz zwischen den nachprüfbaren Einnahmen und den Ausgaben. Nun wird nicht behauptet, Brühl habe als Privatperson dreißig Jahre lang täglich 3 000 Taler für persönliche Belange ausgegeben oder wöchentlich Beträge im Werte eines Gutes an den Mann gebracht. Vielmehr lastet man ihm an, daß die Bälle, Spiele, Empfänge und sonstigen Feiern, die er für den Hof ausrichtete, Unsummen verschlungen hätten. Doch verhält es sich hier wie mit den Spesen: Die Verurteilung des Aufwandes ist nur allzu berechtigt. Die juristische Seite aber ist kompliziert. August der Starke sorgte selbst für die Repräsentation seiner Macht, und das ausgiebig. Sein Sohn Friedrich August II. fand es bequemer, das seinem Minister zu überlassen, und ließ ihm darin auch finanziell völlig freie Hand. Die Kritik muß also auf halbem Wege steckenbleiben, und es wird schwierig, Maßstäbe zu finden, wo der Aufwand privat und wo er öffentlich war. Man kann die Art und Weise der Amtsführung mit Recht anfechten. Aber ist es deshalb schon legitim, den dabei getriebenen Aufwand als »privat« zu führen und einzuklagen?

Der Prozeß gegen Heinrich von Brühl ist zum Scheitern verurteilt – nicht aus Mangel an Beweisen, wegen fehlender Unterlagen oder wegen dieser oder jener Inkonsequenz im Material der Anklage, sondern weil nach der gegebenen Rechtslage keine Verurteilung ausgesprochen werden kann.

Der Erhebung der Anklage liegen bürgerliche

Rechtsauffassungen zugrunde. Verständnislos und empört stehen ihre Vertreter vor der Tatsache der Vermischung privater und staatlicher Gelder. Sie sind auf Trennung der Kassen aus – eine neue Kategorie –, auf eine Kontrolle der Staatskasse – ebenfalls eine neue Kategorie. Xaver setzt die herkömmliche Rechtsauffassung dagegen: Der Kurfürst habe »als Herr mit dem Seinigen tun können, was er gewollt«. Friedrich August II. verfügte über die Ämter und das Geld; beides hat er Brühl überlassen. Der Vorwurf der »Anmaßung« – alle anderen Punkte sind davon abgeleitet – trifft Brühl unmotiviert. Heißt das etwa ...? Durchaus: Brühl wurde zu Unrecht angeklagt – nach der Rechtsauffassung seiner Zeit.

Boroviczény meint, daß die Anklage »um jeden Preis die Schuld des Mannes nachweisen sollte, der zum Sündenbock für die Verbrechen anderer ausersehen war«.[119] Das ist keineswegs von der Hand zu weisen. Brühl hat jahrzehntelang den absolutistischen Staat repräsentiert. Wenn ein Prozeß gegen ihn angestrengt wird, ohne das System anzuklagen, das er vertrat, gerät er zwangsläufig in die Rolle des Sündenbocks.

Nach Anlage des Prozesses wäre im Sinne der Aufklärer selbst bei Verurteilung Brühls wegen »Verschwendung«, »Anmaßung« und »Majestätsbeleidigung« und damit verbundenem Vermögenseinzug wenig erreicht. Die Unzufriedenheit mit den Verhältnissen würde möglicherweise nur kanalisiert, das System samt dem Landesherrn entlastet: Bei der Wahl seines Ministers fehlte dem Kurfürsten die glückliche Hand. Geprellt wurde er, einfach geprellt! Es bliebe als naheliegende Schlußfolgerung: mehr Sorgfalt bei der Berufung von Ministern!

Persönliche Motive liegen den Initiatoren des Prozesses fern. Es geht ihnen weder um die Befriedigung von Rachegelüsten noch um einen Schaueffekt oder ein Ablenkungsmanöver. Dafür spricht bereits die Lauterkeit von Fritsch. Die Abrechnung mit der bisherigen Politik, und sie ist nun einmal mit dem Namen Brühl verbunden, soll überleiten zur Erneuerung des Staatswesens. Nach dem verhängnisvollen Siebenjährigen Krieg wird mehr denn je nachgedacht über gesellschaftliche Prozesse, über die Ursachen der Katastrophe, über die Perspektive des Landes. Daß unterschiedliche Meinungen aufeinanderprallen – wen kann es verwundern!

Der Krieg sei schuld an den Nöten des Volkes, behaupten die einen, nicht ohne Grund, während andere in der »Zerrüttung Kursachsens nicht so sehr eine Folge des Krieges« sehen, sondern eine Auswirkung der »inneren Widersprüche in Gesellschaft und Wirtschaft des bestehenden Staates«.[120] Als Konsequenz bleibt die Neuordnung des Staates.

Daß fortan kein Platz für Brühl sein kann, zeigt sich, lange bevor ein Prozeß gegen ihn ins Gespräch kommt. Keiner will den einst so mächtigen Mann haben, nicht der neue Kurfürst, nicht das Häuflein Reformer. Bliebe er im Amt, er würde beginnen, wo er vor seiner Übersiedlung nach Polen 1756 aufgehört hat. Sein Rücktritt ist erwünscht, wird provoziert, doch eigentlich nicht direkt erzwungen. Seine politischen Gegner lassen ihm Zeit, weil der Tod ihn ohnehin gezeichnet hat. Wissend um sein Ende als Politiker, quittiert er – zu aller Erleichterung – den Dienst; nur Tage später stirbt er.

Für die Reformer fügt sich 1763 alles denkbar günstig. Die Lebensuhr beider Repräsentanten des alten Regimes, Friedrich Augusts II. und Brühls, läuft fast gleichzeitig ab. Ganz von selbst ergeben sich als unerläßlich verstandene personelle Veränderungen. Die

Chancen sind freilich mit Illusionen liiert, und Illusionen haben sich in der Politik immer als entbehrlich erwiesen, oft genug als verhängnisvoll.

Die Initiatoren des Prozesses sind weder Revolutionäre noch Republikaner, sondern Reformer und Anhänger eines aufgeklärten Absolutismus. Im Geiste Voltaires suchen sie im Landesherrn den Verbündeten. Im Falle Brühl heißt das: Die Anklage muß für das Haus Wettin so unverfänglich wie möglich sein, Friedrich August II. muß aus der Kritik herausgehalten werden. Andernfalls würde dessen Sohn den Prozeß niemals tolerieren.

»Anmaßung« wird Brühl vorgeworfen, verbunden mit dem Tatbestand der »Majestätsbeleidigung«. Nur: Ämter und Macht waren ihm vom verstorbenen Kurfürsten ausdrücklich übertragen worden. Damit ist die Anklage eigentlich schon gegenstandslos.

Der Begriff »Anmaßung« läßt sich sehr verschieden deuten. So könnte er ausgelegt werden im Sinne des Hochverrats, juristisch eine Besonderheit, weil strafbar nur bei einem Mißerfolg. Brühl Hochverrat unterstellen zu wollen wäre angesichts seiner vorbehaltlosen Anerkennung des Absolutismus und seiner Position am Hofe Friedrich Augusts II. absurd.

Brühls Anmaßung habe darin bestanden, sich die Ausübung eines Amtes zuzutrauen, das »in Widerspruch zu den Verhältnissen stand, weil es einem einzelnen und dazu einem Höfling die alleinige Verantwortung über die gesamte innere und äußere Politik übertrug«, schreibt Walter May völlig zu Recht.[121]

Ironisch wird Brühl »Vizekönig« genannt. Er selbst versteht sich als Vertreter eines Landesherrn, der sich nur ungern mit Regierungsgeschäften befaßt, und nimmt diese Aufgabe sehr ernst. Die Aufklärer werfen ihm viel Negatives vor, niemals aber Müßiggang. Er organisiert sich eine Sieben-Tage-Arbeitswoche und einen 16-Stunden-Arbeitstag. Seinem Nachlaß zufolge schreibt er täglich 25 bis 28 Briefe. In den Kanzleien, wo die Gemächlichkeit triumphiert, erregt sein Eifer Aufsehen, aber keine Nachahmung. Man wundert sich, warum ein Mann, der alles erreicht hat, was er erreichen kann, aus purem Ehrgeiz so viel arbeitet. – Seine Betriebsamkeit wird als störend empfunden.

Unzulänglichkeit der Administration begreift Brühl als Ausdruck mangelnder Qualitäten seiner Vorgänger. Er wird einer der eifrigsten Minister, die Sachsen hervorgebracht hat, aber er dient einem von der Krise erfaßten System. Im absolutistischen Sinne, durch Konzentration der Macht in den Händen eines einzelnen, zudem noch eines »Vize«, bei völliger Vernachlässigung der Wirtschaft, die nur als Finanzquelle des Hofes verstanden wird, ist das Land tatsächlich nicht mehr regierbar. Der Auftrag, den Brühl übernommen hat, ist unausführbar. Er hätte sich dem Neuen öffnen, sich von seiner Klasse lösen müssen. Doch dazu ist er unfähig. Und die aufstrebende Bourgeoisie ist noch schwach. In der schwierigen Situation nach dem langen Krieg drängt sie auf Veränderungen, meldet Ansprüche auf Mitverantwortung zumindest in finanziellen Belangen des Staates an. Daß sie die Politik des Mannes attackiert, der bislang die Geschäfte besorgt hat, liegt nahe. Daß sie nicht darüber hinauskommt, spricht für ihre Unreife.

Unter »Anmaßung« versteht die Anklage die willkürliche Verfügung über die Staatsfinanzen bis hin zur persönlichen Bereicherung. Eine Schlüsselstellung nehmen dabei die landesherrlichen Gnadenerweise ein, für die in der Politik der auf Kontrolle der Finanzen bedachten Reformer verständlicherweise kein Raum ist. Ein Verbrechen sei die Annahme von Geschenken, eben eine Anmaßung, strafbar und ungültig. In keinem anderen Punkt geht die Vertretung der Anklage derart weit.

Mit dem geltenden Recht kollidiert jedoch die Annahme von Geschenken nicht. Der Landesherr macht mit Geschenken Politik! Er verspricht einem Minister oder General oder wem auch immer ein Gut, um ihn daran zu hindern, Dienst an einem anderen Hof zu nehmen, verleiht einem Orden Attraktivität durch ein Geschenk. Es erhebt sich doch viel eher die Frage, woher der Kurfürst das Recht nimmt, über Güter und Kassen frei zu verfügen. Ihm soll es gestattet sein, Gnadenerweise auszusprechen – nur annehmen darf sie keiner? Das kann schwerlich der Weg sein, der zu einer grundlegenden Neuordnung der Finanzen im Kurfürstentum Sachsen führt.

Die landesherrlichen Geldanweisungen »zu einem besonderen Behuf« bringen die Anklage ebenfalls in einen Zwiespalt. Daß sie die Kassenscheine anficht, ist verständlich, aber die Schlußfolgerung, Friedrich August II. hätte diese Scheine nie unterschrieben, wäre ihm bewußt gewesen, in welch dunkle Kanäle Brühl das Geld leite, erweist sich als unhaltbar. Es wird nur die Absicht erkennbar, den Kurfürsten zu *ent*lasten und seinen Premierminister zu *be*lasten. Da hätte Sachsens Landesherr also 30 Jahre lang alles blindlings unterschrieben! Selbst ein so merkwürdiger Zahlungsgrund wie »zu einem besonderen Behuf« hätte ihn nicht stutzig werden lassen? In Wirklichkeit gingen diese Anweisungen von ihm selbst aus. Es ist die Herauskehrung des Herr-im-Hause-Standpunktes: Er ist niemandem Rechenschaft darüber schuldig, was mit dem Geld geschieht. Brühl wegen dieser Kassenscheine »Majestätsbeleidigung« vorzuwerfen ist ebenfalls ungerechtfertigt.

Xaver hatte nie mit seinem Amt gerechnet. Es gibt ihm die Macht eines Landesherrn in die Hand, befristet, bis der Kurprinz herangewachsen ist.

Ihm widerstrebt das Verfahren gegen Brühl, so sagt er. Das trifft mit Sicherheit zu, heißt aber deshalb noch nicht, daß es ihm ungelegen käme. Wie allen Söhnen Friedrich Augusts II. hat es ihm stets mißfallen, daß sein Vater die Regierungsgeschäfte aus der Hand gegeben hat. Nach 1763 sieht er die Sache aber unter einem anderen Blickwinkel: Die aufkommende Kritik an den Zuständen in Sachsen läßt sich auf Brühl lenken. Während die Reformpolitiker mit den Untersuchungen und der Abfassung der Anklageschrift gegen Brühl vollauf beschäftigt sind, reorganisiert er die Armee. Die Eröffnung des Prozesses wird ihm angetragen. Er kann ihn hinauszögern, kann durch diese Taktik immer neue Zugeständnisse der Opposition hinsichtlich seiner eigenen Pläne erlangen. So leistet ihm das Verfahren samt der Verurteilung Brühls durch die öffentliche Meinung treffliche Dienste.

Erst in seinem letzten Amtsjahr schlägt Xaver das Verfahren gegen Brühl nieder. Er hat erreicht, was er erreichen wollte: Das System hat sich um einiges stabilisiert, und die Opposition läßt Ermüdungserscheinungen erkennen. Die Entscheidung über den Prozeß dem künftigen Kurfürsten überlassen will er nicht. Sein Neffe ist jung und unerfahren, er könnte Einflüssen erliegen. Doch kommt es auch jetzt zu keiner offenen Auseinandersetzung; die Minister erklären lediglich, daß sie jede Verantwortung ablehnen. Schon das ist ein unerhörter Vorgang. So wirft Xaver ihnen im September 1768 im Kabinett den »ganzen Krempel vor die Füße«, wie er sich ganz unaristokratisch auszudrücken beliebt, und legt sein Amt als Administrator um einige Wochen vorzeitig nieder.

Fortan verkehrt er als Graf von der Lausitz in den Pariser Salons, aus denen ihn erst die Französische Revolution vertreiben wird.

Für die Reformer ist Xavers vorzeitiger Abschied ein Pyrrhussieg. Während sie mit dem Verfahren gegen Brühl beschäftigt sind, haben sich die Chancen für eine Neuordnung des Staates verflüchtigt.

Gewonnen hat Xaver und mit ihm das Ancien régime.

ANMERKUNGEN

Von mehrfach zitierten Titeln sind die vollständigen Angaben dem Literaturverzeichnis zu entnehmen.

1 Gerhardt, F., a. a. O., S. 290
2 Boroviczény, A. v., a. a. O., S. 16
3 ebd., S. 99f.
4 Gerhardt, F., a. a. O., S. 243
5 vgl. Ebner, a. a. O.
6 ebd.
7 Beschorner, H., Beschreibungen ..., S. 103ff.
8 Czok, Karl, August der Starke ..., Kapitel »Preußen und Sachsen«
9 vgl. Beschorner, H., Augusts des Starken Leiden
10 Philipp, A., a. a. O., S. 15, Anm. 1
11 Böttiger, C. W., u. Th. Flathe, a. a. O., 2. Bd., S. 205
12 Philipp, A., a. a. O., S. 30f.
13 ebd., S. 45
14 Seydewitz, Th. v., a. a. O., S. 85
15 Boroviczény, A. v., a. a. O., S. 116
16 Philipp, A., a. a. O., S. 29
17 Konopczyński, Władyslaw: Historia polityczna Polski. Kraków 1923, 2. Bd., S. 424
18 Droysen, J. G. v., Geschichte der preußischen Politik, Leipzig 1872
19 Sobieski, Wacław: Polska, jej dzieji i kultura, Warszawa 1927, 2. Bd., S. 167
20 Askenazy, Szymon: Czasy sakie 1693–1763, in: Pamiet-

nik III., Powszechnego Zjazdu Historykow Polskieh, Kraków 1900
21 Staszewski, J., Die sächsisch-polnische Union ..., S. 154
22 ebd.
23 Bogucka, M., a. a. O., S. 209
24 Engels, F., Die auswärtige Politik des russischen Zarentums, in: Neue Zeit, Jg. 1890, S. 15
25 Staszewski, J., Polen und Sachsen ..., S. 181
26 vgl. Ebeling, Th., a. a. O.
27 Reinhold, J., a. a. O., S. 30
28 Hasse, E., a. a. O., S. 313
29 Staszewski, J., Polen und Sachsen ..., S. 178
30 ebd., S. 179
31 Hentschel, W., Die sächsische Baukunst ..., a. a. O., S. 5
32 Schumann, P., Dresden, S. 110
33 Schumann, P. Th., Der Dresdner Baumeister Fr. Aug. Krubsacius, Leipzig 1885, S. 6
34 Löffler, F., a. a. O., S. 42
35 vgl. W. Hentschel/W. May: Johann Christoph Knöffel, Berlin 1973
36 May, W., Schloß Nischwitz ..., S. 118
37 Gröger, H., J. J. Kaendler ..., S. 53
38 Gurlitt, C., a. a. O., S. 80
39 Heyn, K., a. a. O., S. 295
40 ebd., S. 297
41 Seydewitz, R., a. a. O., S. 227
42 vgl. Marx, H., a. a. O., S. 24ff.
43 Marx, H., Barocke Malerei ..., S. 198
44 ebd., S. 30
45 Groehler, O., a. a. O., S. 24
46 ebd., S. 26
47 ebd., S. 28
48 Mann, Th., a. a. O., S. 10
49 Köhler, J. A. E., a. a. O., S. 213
50 Groehler, O., a. a. O., S. 53
51 Krell, A., a. a. O., S. 113
52 St. A. Dresden, Loc. 2973, Den preußischen Einfall in Sachsen ..., 1745, Fol. 94

53 St. A. Dresden, Loc. 3298, Die von dem Wiener Hofe angetragene neue Allianz betr. 1746
54 St. A. Dresden, Loc. 2884, Des Grafen von Harrach Abschickung nach Dresden ... 1745/46. Vollst. Wortlaut Loc. 2885, Ordres du Roi au C. de Loß à Vienne etc., Vol. I
55 St. A. Dresden, Loc. 2682, Den mit der Krone von England und den Vereinigten Niederlanden im Jahre 1745 geschlossenen Subsidientraktat betr.
56 ebd.
57 Die Kriege Friedrichs des Großen, 3. Theil, S. 211
58 ebd., S. 290f.
59 ebd., S. 306
60 Friedrich der Große. Die politischen Testamente, in: Klassiker der Politik, hrsg. v. F. Meinecke u. H. Oncken, 5. Bd., Berlin 1922, S. 64f.
61 zit. nach: Das war Preußen, hrsg. v. H. J. Schoeps, Berlin (W) 1964, S. 46
62 Jürgas, Gottfried: Gefangene auf dem Königstein, Berlin 1980, S. 68ff.
63 Brabant, A., Der Kampf um Kursachsen ..., S. 33
64 ebd., S. 34
65 ebd., S. 36
66 ebd., S. 37
67 ebd., S. 38
68 ebd., S. 458
69 ebd., S. 465
70 ebd., S. 498
71 ebd., S. 501f.
72 ebd., S. 502
73 ebd., S. 505f.
74 Krosigk, H. v., a. a. O., S. 18
75 ebd., S. 19
76 ebd.,
77 ebd., S. 22
78 Böttiger C. W./Th. Flathe, a. a. O., S. 353, Anm. 13
79 ebd., S. 277
80 Krosigk, H. v., S. 24

81 Lippert, W., Friedrichs des Großen Verhalten ..., S. 102
82 Schmidt, O. E., Kursächsische Streifzüge, S. 286f.
83 Gotzkowsky, Ernst: Geschichte eines patriotischen Kaufmanns, Augsburg 1758/60, S. 179
84 Kroker, E., Handelsgeschichte ..., S. 169
85 Hasche, J. Ch., a. a. O., S. 304
86 Blaschke, K., a. a. O., S. 126
87 Böttiger/Flathe, a. a. O., S. 506
88 Lindau, M. B., a. a. O., S. 638
89 ebd., S. 645
90 Archenholtz, J. W. v., a. a. O., S. 47
91 Lindau, M. B., a. a. O., S. 672
92 Brabant, A., Kesselsdorf ..., S. 119
93 Werlhof, E. v., a. a. O., S. 150
94 Lindau, M. B., a. a. O., S. 687
95 Görler, C., a. a. O., S. 126f.
96 Schmidt, O. E., Minister Graf Brühl ..., S. 301
97 Neidhardt, A., a. a. O., S. 17
98 Lehmann, G., a. a. O., S. 275
99 St. A. Dresden, Loc. 1407 Acta. Die nach Ableben des Cabinets-Ministers Grafen von Brühl wider den Camer-Rath Hausius angeordneten und verführten Untersuchungen betr., Fol. 260ff.
100 ebd., Fol. 309
101 St. A. Dresden, Loc. 4525. Acta Commissionis, Vol. IIb
102 ebd., Vol. IV, Fol. 1
103 ebd., Fol. 945ff.
104 Neidhardt, A., a. a. O., S. 8
105 St. A. Dresden, Loc. 951, Acta. Die Sequestration des Gräflich Brühlschen Nachlasses und deren Aufhebung ..., Vol. I., Fol. 175ff.
106 Neidhardt, A., a. a. O., S. 13ff.
107 St. A. Dresden, Loc. 951, Acta. Die Sequestration ..., Vol. I., Fol. 12–16, Protokoll aus dem Geh. Cabinet, Dresden, den 25. III. 1765
108 vgl.: St. A. Dresden, Loc. 1402, Gräflich Brühlsche Rechnungsbücher
109 St. A. Dresden, Loc. 4525, Acta Commissionis. Des Ge-

heimen Camer Raths von Heinecken Untersuchung betr., Fol. 211

110 Boroviczény, A. v., a. a. O., S. 75

111 St. A. Dresden, Loc. 4525, Acta Commissionis. Vol., IV, A., Fol. 88

112 Neidhardt, A., a. a. O., S. 21

113 May, W., Der Prozeß ..., S. 216

114 St. A. Dresden, Loc. 951, Acta. Die Sequestration ..., Vol. I., Fol. 197

115 St. A. Dresden, Loc. 30 289, Aufsatz des Generals de Martange ...

116 May, W., Der Prozeß ..., S. 216

117 ebd., S. 217

118 Neidhardt, A., a. a. O., S. 5

119 Boroviczény, A. v., a. a. O., S. 514

120 Schlechte, H., a. a. O., S. 25

121 May, W., Der Prozeß ..., S. 217

ZEITTAFEL

	Heinrich von Brühls Werdegang und Schicksal	*Architektur, Literatur, Kunst, Kulturpolitk*
1694		
1696		
1697		
1700	(13. Aug.) in Gangloffsömmern geboren	1,4 Millionen Einwohner in Kursachsen; – Einführung des Gregorianischen Kalenders
1702	Tod der Mutter Erdmuthe Sophie von Brühl	
1705	Vater als Hofmarschall an den Weißenfelser Hof berufen	
1706		
1707		
1709		Erfindung des europäischen Hartporzellans durch Johann Friedrich Böttger
1710		Gründung der Porzellanmanufaktur in Meißen

	Innenpolitik Kursachsens	*Außenpolitik*
1694	August der Starke Kurfürst von Sachsen	
1696	(7. Okt.) Kurprinz Friedrich August geboren	
1697		(5. Sept.) August der Starke König von Polen
1700		(bis 1721) Nordischer Krieg; Bündnis Sachsens mit Dänemark und Rußland gegen Schweden
1702	Einführung der Generalkonsumtionsakzise	
1705		
1706	Schaffung des Geheimen Kabinetts (Dep. Inneres, Äußeres und Militärwesen)	Frieden zu Altranstädt (bis 1716) Verlust der polnischen Krone
1707	(31. Aug.) Akzise auf „sämtliche Städte und Flecken" ausgedehnt	
1709		
1710		

	Heinrich von Brühls Werdegang und Schicksal	*Architektur, Literatur, Kunst, Kulturpolitk*
1711		Erstes weißes Porzellan aus Meißen; – (bis 1732) Bau des Dresdener Zwingers durch M. D. Pöppelmann
1713	Page am Hof zu Weißenfels	(bis 1748) Zacharias Longuelune in Dresden
1716		
1718		(bis 1719) Bau des Dresdener Opernhauses durch Matthäus Daniel Pöppelmann
1719	(16. April) Silberpage am Dresdener Hof	
1723		(bis 1750) Johann Sebastian Bach Thomaskantor in Leipzig
1724		(bis 1766) Johann Christoph Gottsched in Leipzig
1726		(bis 1743) Bau der Frauenkirche in Dresden durch George Bähr
1727	Kammerjunker Augusts des Starken; – Tod des Vaters Hans Moritz von Brühl	
1728		Jan de Bodt Generalintendant

	Innenpolitik Kursachsens	*Außenpolitik*
1711	Radikale Beschneidung der Rechte der Stände; Mitspracherecht auf Erhebung direkter Steuern beschränkt	
1713		Erlaß der Pragmatischen Sanktion durch Karl VI.; Friedrich Wilhelm I. König von Preußen (bis 1740)
1716	(bis 1765) Gräfin Cosel auf Burg Stolpen	
1718		Preußen belegt sächsische Erzeugnisse mit Sonderzöllen
1719	(Sept.) Vermählung des Kurprinzen mit Maria Josepha, Tochter Kaiser Josephs II.	(Febr.) Wiener Allianz zw. Sachsen, Polen, England, Hannover gegen Rußland und Brandenburg-Preußen
1723		
1724	Neue Zivilprozeßordnung für Sachsen	
1726		
1727	(12. Mai) Brüderunität Herrnhut gegründet	
1728	(Febr.) Besuch Friedrich Wilhelms I. und des Kronprinzen Friedrich in Dresden; – (30. Apr.) Tod des Ministers Jakob Heinrich von Flemming; – (Mai) Gegenbesuch Augusts des Starken in Berlin; – neue Landtagsordnung	Sächsisch-preußisches Handelsabkommen

	Heinrich von Brühls Werdegang und Schicksal	*Architektur, Literatur, Kunst, Kulturpolitk*
1730	(30. März) Kämmerer der königlichen Garderobe; – Leiter der Lustbarkeiten im Zeithainer Lager	
1731	(7. Apr.) Obersteuereinnehmer, (Aug.) Geheimrat, Mitglied des Geh. Kabinetts, Direktor des Dep. Inneres; – Ankauf des Gutes Groschwitz	Tod des Hofgoldschmiedes Johann Melchior Dinglinger; – Johann Joachim Kaendler in Meißen
1732	(Jan.) Kammerpräsident	
1733	(24. Febr.) Aufsicht „über sämtliche Kassen", (23. Juni) Kabinettsminister	
1734	(17. Apr.) Vermählung mit Maria Anna Franziska Gräfin von Kolowrat-Krakowski	(bis 1763) Joh. Adolph Hasse Hofkapellmeister in Dresden; seine Frau Faustina berühmte Sängerin; – (bis 1769) Christian Fürchtegott Gellert Professor in Leipzig
1735		
1736	Geburt der Tochter Maria Amalia; – (bis 1753) Umbau des Sommersitzes in Dresden-Friedrichstadt	(17. Jan.) Tod Pöppelmanns; Joh. Christoph Knöffel Nachfolger; – neue Bauordnung in Dresden
1737	Erhebung in den Reichsgrafenstand	
1738	(Febr.) Beginn der „Ära Brühl"; – Geburt des ältesten Sohnes Aloys; – Zwangsverkauf des väterlichen Besitzes in Weißenfels	(bis 1755) Bau der kathol. Hofkirche in Dresden durch Gaetano Chiaveri
1739		(bis 1756) Adam Friedrich Oeser in Dresden

	Innenpolitik Kursachsens	*Außenpolitik*
1730	(30. Mai–29. Juni) Zeithainer Lager als krönender Abschluß der Heeresreform	
1731		
1732		Zustimmung der Mehrheit des Reichstages zur Pragmatischen Sanktion
1733	(1. Febr.) Tod Augusts des Starken; sein Sohn als Friedrich August II. neuer Kurfürst	Doppel-Königswahl in Polen: (12. Sept.) Stanislaw Leszczynski und (5. Okt.) Friedrich August II.
1734	Tod August Christoph Wackerbarths	(5. Jan.) Friedrich August II. in Krakau als August III. zum poln. König gekrönt; Leszczynski verläßt Polen
1735	Schaffung einer Commerziendeputation durch Brühl	(3. Okt.) Wiener Friedenspräliminarien beenden den poln. Thronfolgekrieg
1736	Kollegienhaus wird Sitz der Landesregierung	
1737	(bis 1739) Unruhen in Freiberg	
1738	(5. Febr.) Sturz des Kabinettsministers Fürst Alexander Sulkowski; – Sachsen-Merseburg fällt an Kursachsen zurück	
1739		(5. Apr.) Geheimvertrag Preußen–Frankreich

	Heinrich von Brühls Werdegang und Schicksal	*Architektur, Literatur, Kunst, Kulturpolitik*
1740	Erwerb des Lehngutes Pförten; Einzug in das Palais in der Augustusstraße in Dresden (1751 vollendet)	(bis 1745) Bau des Altstädter Rathauses durch Knöffel
1741	(bis 1748) Umbau von Schloß Pförten durch Knöffel	
1742	Geburt des Sohnes Karl Adolph	(bis 1747) Algarotti in Dresden; – Tod Adam Friedrich Zürners
1743	Geburt des Sohnes Albert Christian Heinrich	(bis 1751) Bau der Hubertusburg bei Wermsdorf durch Knöffel
1744	Ankauf von Gut Nischwitz	Galerie royale errichtet
1745		
1746	Geburt des Sohnes Hans Moritz; – Gangloffsömmern und die Mediatstadt Forst fallen an Brühl; – (8. Dez.) Ernennung zum Premierminister: Höhepunkt der Macht	(bis 1748) Lessing Student in Leipzig

	Innenpolitik Kursachsens	*Außenpolitik*
1740	(bis 1742) Wahrnehmung des Reichsvikariats durch Friedrich August II.	(20. Okt.) Tod Kaiser Karls VI.; (bis 1748) Österreichischer Erbfolgekrieg; – Friedrich II. König von Preußen; – Tod der Zarin Anna, Thronwirren in Rußland; – (bis 1742) Erster Schlesischer Krieg
1741		(16. Febr.) Dresdner Allianz gegen Preußen; – (10. Apr.) Sieg Preußens über Österreich bei Mollwitz; – (9. Okt.) Geheimabkommen Preußen–Österreich
1742	Gründung einer Ingenieurakademie	(19. Jan.) Friedrich II. zu Verhandlungen in Dresden; – (17. Mai) Sieg Preußens über Österreich bei Chotusitz; – (11. Juni) Friede zu Breslau. Schlesien kommt an Preußen
1743		
1744	Gründung des Militärbauamtes	
1745	(18. Dez.) Besetzung Dresdens durch preuß. Truppen; – (25. Dez.) Friede zu Dresden; Sachsen muß 1 Million Taler Kontribution zahlen	(8. Jan.) Warschauer Quadrupel-Allianz gegen Preußen; – (15. Dez.) Sieg der preuß. Truppen bei Kesselsdorf
1746	(bis 1749) Erhöhung der Schock- und Quatembersteuern um ein Drittel; – verstärkte Ausgabe von Freipässen vor allem an poln. Juden durch Brühl	

	Heinrich von Brühls Werdegang und Schicksal	*Architektur, Literatur, Kunst, Kulturpolitik*
1747		(bis 1766) Canaletto Hofmaler in Dresden
1748	Bestätigung des polnischen Adels (Oswiecino) durch das Tribunal von Petrikau; – Geburt der Tochter Maria Anna	Joh. Joachim Winckelmann Bibliothekar beim Grafen von Bünau in Nöthnitz
1749	(bis 1755) Bau des Belvedere	
1750	Kauf des Sanguszko-Palais in Warschau	Bau des Neustädter Rathauses
1753		Tod Gottfried Silbermanns
1754		„Sixtinische Madonna" Raffaels für die Gemäldesammlung erworben; – Bau des Morettischen Theaters im Italienischen Dörfchen
1756	(20. Okt.) Flucht nach Warschau mit dem Kurfürsten	
1757		
1758		Johann Georg Palitzsch entdeckt den Halleyschen Kometen

	Innenpolitik Kursachsens	*Außenpolitik*
1747		
1748	Entfernung des Literaten Ludwig Liscow, Sekretär Brühls, wegen kritischer Äußerungen vom sächs. Hof	
1749		
1750		
1753		
1754	Verpachtung der Steuern an Bolza und Schimmelmann	
1756	(bis 1763) Ständiger Aufenthalt des Hofes in Warschau; Angliederung der sächs. Armee an die preußische, Abführung der sächs. Steuern an die preuß. Kriegskasse	(16. Jan.) Konvention von Westminster zwischen Preußen und England („Umsturz der Bündnisse“); – (bis 1763) Siebenjähriger Krieg: (29. Aug.) Überfall Preußens auf Kursachsen (16. Okt.) Kapitulation der sächs. Armee bei Struppen
1757	(24. Sept.) Verhaftung von Brühls Kanzlisten Menzel wegen Spionage für Preußen; (17. Nov.) Tod der Kurfürstin Maria Josepha in Dresden Flucht des Kurprinzen Friedrich Christian über Prag nach München	(5. Dez.) Sieg der Preußen über Österreich bei Leuthen
1758		

	Heinrich von Brühls Werdegang und Schicksal	*Architektur, Literatur, Kunst, Kulturpolitk*
1759		
1760		
1762	Tod der Gräfin Brühl in Warschau; – (9. Aug.) Abfassung des Testaments durch Brühl	
1763	(30. Apr.) Rückkehr nach Dresden; – (13. Okt.) Verlust aller maßgeblichen Ämter; – (18. Okt.) Letztes öffentliches Auftreten in Merseburg (28. Okt.) Tod in Dresden, Beisetzung in der Stadtkirche zu Forst	
1765		(bis 1768) Joh. Wolfgang Goethe Student in Leipzig
1768		

	Innenpolitik Kursachsens	*Außenpolitik*
1759	(21. Nov.) Sieg der sächs. Truppen über das preuß. Korp Finck bei Maxen	
1760		(3. Nov.) Sieg der preuß. Truppen über die Österreicher unter Daun bei Torgau
1762	(12. Apr.) Einsetzung einer Restaurationskommission auf Betreiben Brühls unter Leitung von Thomas Fritsch	
1763	(21. März) Friedensdankfest; – Rückkehr des Kurfürsten nach Dresden; – (5. Okt.) Tod Friedrich Augusts II., Friedrich Christian neuer Kurfürst; – (23. Dez.) Tod Friedrich Christians; – (bis 1768) Regentschaft Xavers	(15. Febr.) Friede von Hubertusburg. Schlesien bleibt preußisch; Ende der sächsisch-poln. Union
1765	(25. März) Anklageerhebung des Geheimen Kabinetts gegen Brühl	
1768	Niederschlagung des Prozesses durch Xaver	

Brühls Kinder und Enkel

Heinrich Graf von Brühl
(1700–1763)

Maria Anna Franziska Gräfin von Brühl
geb. Kolowrat-Krakowski (1717–1762)

Maria Amalia verehel.
Mniszek (1736–1772)

Aloys Friedrich (1738–1793)
Majoratsherr auf Pförten
verehel.
1. 1760 mit Maria Anna Gräfin Potocka (1743–1778)
2. 1780 mit Maria Theresia Gräfin Potocka (1754–1782)
3. 1783 mit Josefine Gräfin Schaffgotsch (1765–1846)
Kinder: Friedrich, Amalie, Therese (verehel. Gräfin Thun)

Albert Christian Heinrich
(1743–1792)
preußischer General; verehel.
1780 mit Laura Gräfin Minucci
(1759–1811); drei Söhne

Karl (Charles)
Adolph (1742–1802)
preußischer General
verehel. 1778
mit Sophie Gomm
(1761–1837)
Kinder: Friedrich,
Fanny (verehel.
von der Marwitz)
Marie (verehel. von
Clausewitz)

Hans Moritz (1746–1811)
preußischer Generalintendant der
Chausseen; verehel. 1771 mit Christine von Schleyerweber (1756–1816)
Sohn Karl (1772–1837),
preußischer Generalintendant
der Schauspiele und Museen
verehel. 1814 mit Jenny von Pourtalês

Maria Anna
(1748–1756)

Nach: Hans von Krosigk,
Karl Graf von Brühl, Berlin 1910

QUELLEN- UND LITERATUR-VERZEICHNIS

Staatsarchiv Dresden (St. A. Dresden)

Loc 431 Gesammelte und zusammengetragene historische Comissariatische Nachrichten von dem Chursächsischen Kriegsstaate, 1682–1782

Loc 951 Acta. Die Sequestration des Gräflich Brühlschen Nachlasses und deren Aufhebung betr. Anno 1765

Loc 1402 Gräflich Brühlsche Rechnungsbücher

Loc 1407 Acta. Die nach Ableben des Cabinets-Ministers Grafen von Brühl wider den Camer-Rath Hausius angeordneten und verführten Untersuchungen betr. Anno 1763

Loc 1423 Begnadigungen

Loc 2682 Den mit der Krone von England und den Vereinigten Niederlanden im Jahre 1745 geschlossenen Subsidientraktat betr.

Loc 2884 Des Grafen von Harrach Abschickung nach Dresden ... 1745/46

Loc 2885 Ordres du Roi au C. de Loß à Vienne etc., Vol. I

Loc 2973 Den preußischen Einfall in Sachsen ... betr. Vol. I, 5. 9.–9. 12. 1745

Loc 3298 Die von dem Wiener Hofe angetragene neue Allianz betr. 1746

Loc 4525 Acta Commissionis ... Des Geheimen Cammer Raths von Heinecken Untersuchung betr.

Loc 4630 Inventaria Brühl

Loc 4634 Passiva Brühl

Loc 4635 Passiva Brühl

Loc 30 289 Aufsatz des General de Martange über den gegen

die Erben des Ministers von Brühl angestrengten Prozeß und dessen Motive für Prinzen Xaver, 24. 8. 1766
Archenholtz, Joh. Wilh. von: Geschichte des Siebenjährigen Krieges in Deutschland. Leipzig, Reclams Universal-Bibliothek, H. 134–137, Reprint, Osnabrück 1983
Barock in Dresden. Ausstellungskatalog. Leipzig 1986
Baum, L.: Heinrich Graf von Brühl. Frankfurt/M. 1967
Beaulieu-Marconnay, Carl von: Ein sächsischer Staatsmann des 18. Jahrhunderts: Thomas Freiherr von Fritsch. In: Archiv für Sächsische Geschichte, Bd. 9. Leipzig 1871
Becker, Reinhold: Der Dresdener Friede und die Politik Brühls. Leipzig 1902
Beschorner, Hans: Augusts des Starken Leiden und Sterben. In: Neues Archiv für Sächsische Geschichte, Bd. 58. Leipzig (1937), S. 48ff.
ders.: Beschreibungen und bildliche Darstellungen des Zeithainer Lagers von 1730. In: Neues Archiv für Sächsische Geschichte, Bd. 27. Leipzig (1906), S. 103ff.
Beyrich, Rudolph: Kursachsen und die polnische Thronfolge 1733–1736. Leipzig 1913
ders.: Der geheime Plan der kursächsischen Räte zur Österreichischen Erbfolge 1738. In: Neues Archiv für Sächsische Geschichte, Bd. 37. Leipzig (1916)
Blaschke, Karlheinz: Bevölkerungsgeschichte von Sachsen bis zur Industriellen Revolution. Weimar 1961
Bleckwenn, Hans: Brandenburg–Preußens Heer 1640–1807. Osnabrück 1978
Bogucka, Maria: Das alte Polen. Leipzig/Jena/Berlin 1983
Boroviczény, Aladar von: Graf von Brühl. Zürich/Leipzig/Wien 1929
Böttiger, Carl Wilhelm, u. Theodor Flathe: Geschichte des Kurstaates und Königreiches Sachsen. 2. Aufl. Gotha 1867/73
Brabant, Artur: Der Kampf um Kursachsen 1759. In: Das Heilige Römische Reich teutscher Nation im Kampfe mit Friedrich dem Großen, Bd. 3. 1931
ders.: Kesselsdorf und Maxen. Dresden 1912
ders.: Septembertage 1759 in Kursachsen. In: Neues Archiv für Sächsische Geschichte, Bd. 49. Leipzig

Bülau, Friedrich: Geheime Geschichten und rätselhafte Menschen. 6 Bde. Leipzig 1850
Burg, P.: Die Brühlsche Terrasse. Braunschweig 1928
Czok, Karl: August der Starke und Kursachsen. Leipzig 1987
ders.: Zu Charakter und Entwicklung des feudalen deutschen Territorialstaates. In: Zeitschrift für Geschichtswissenschaft, Jg. 1973, H. 8
ders.: Die Entwicklung des kursächsischen Territorialstaates im Spätfeudalismus von der Mitte des 16. Jahrhunderts bis um 1790. In: Sächsische Heimatblätter, Jg. 1982, H. 5/6
ders.: Die Regionalgeschichte in ihren Wechselbeziehungen zur deutschen Geschichte und zur Weltgeschichte. In: Beiträge zur Archivwissenschaft und Geschichtsforschung, hrsg. von R. Groß u. a. Weimar 1977
ders.: Über Traditionen sächsischer Landesgeschichte. Berlin 1983
Dominicus: Tagebuch aus dem Siebenjährigen Krieg. München 1891, Repr. Osnabrück 1972
Donnert, Erich: Rußland im Zeitalter der Aufklärung. Leipzig 1983
Ebeling, Theodor: Die Landes-Ökonomie-Manufaktur- und Commerziendeputation. Diss. Leipzig 1926
Ebner: Das Lustlager zu Zeithain. Neustadt i. S. 1913
Exner, Moritz: Kriegführung, Heerwesen und vaterländische Kriegsgeschichte. Dresden 1903
Flemming, Hans Friedrich von: Der vollkommene Teutsche Soldat. Leipzig 1726
Forberger, Rudolf: Die Manufaktur in Sachsen. Berlin 1958
Förster, R. (u. a.): Dresden. Geschichte der Stadt in Wort und Bild. Berlin 1984
Freudenthal, Max: Die jüdischen Besucher der Leipziger Messe in den Jahren 1675–1764. Frankfurt/M. 1928
Fritsch, Thomas Frhr. von: Zufällige Betrachtungen in der Einsamkeit. 3. Aufl. Leipzig 1763
Gebauer, Heinrich: Die Volkswirtschaft im Königreich Sachsen, Bd. 1. Dresden 1893
Die *Geheimnisse* des Sächsischen Cabinets Ende 1745 bis Ende 1756, Bd. 2. Stuttgart 1866

Gemäldegalerie Alte Meister, Katalog der ausgestellten Werke. 3. Aufl. Dresden 1983

Gerhardt, Friedrich: Geschichte der Stadt Weißenfels a. S. Weißenfels 1907

Deutsche *Geschichte*, Bd. 1–3. Berlin 1974–1983

Aus *Geschichte* und Leben der Juden in Leipzig. Festschrift zum 75jährigen Bestehen der Leipziger Gemeinde-Synagoge. Leipzig 1930

Geyer, B.: Das Stadtbild Alt-Dresdens. Baurecht und Baugestaltung. Berlin 1964

Göbel, Johann Samuel: Ursprung, Geschichte und Verfassung der Consistorien in den chursächsischen Landen. Freyberg 1794

Görler, Carl: Studien zur Bedeutung des siebenjährigen Krieges für Sachsen. In: Neues Archiv für Sächsische Geschichte, Bd. 29. Leipzig 1908

Gotzkowsky, Johann Ernst: Geschichte eines patriotischen Kaufmanns. Augsburg 1758/60

Gretschel, Carl, und Friedrich Bülau: Geschichte des sächsischen Volkes und Staates. Bd. 3. Leipzig 1843–53

Gröger, Helmut: Arbeits- und Sozialverhältnisse in der Porzellanmanufaktur in Meißen. In: Forschungen aus mitteldeutschen Archiven. Berlin 1953

ders.: Johann Joachim Kaendler. Dresden 1956

Groehler, Olaf: Die Kriege Friedrichs II. Berlin 1966

Gurlitt, Cornelius: Warschauer Bauten aus der Zeit der sächsischen Könige. Berlin 1927

Haake, Paul: Jacob Heinrich Graf von Flemming. In: Sächsische Lebensbilder, Bd. 2. Leipzig 1938

ders.: Kursachsen und Brandenburg-Preußen. Berlin 1939

Haase, G.: Dresdner Möbel des 18. Jahrhunderts. Leipzig 1983

Hammern, Peter: Beyträge zu des Herrn Grafen von Brühl Leben. o. O. und o. J.

Hasche, Joh. Christian: Diplomatische Geschichte Dresdens. 5 Bde. o. O. 1816ff.

Hasse, Ernst: Geschichte der Leipziger Messen. Leipzig 1963 (Nachdruck von 1885)

Hausmann, Friedrich Karl: Beiträge zur Kenntniß der kursächsischen Landesversammlungen. 3 Bde. Leipzig 1798/1800
Heinecken, Karl Heinrich von: Nachrichten von Künstlern und Kunstwerken. Wien 1768
Heinze, Alfred: Dresden im siebenjährigen Kriege. In: Mitteilungen des Vereins für Geschichte und Topographie Dresdens und seiner Umgebung, H. 5/6. Dresden 1885
Heitz, Gerhard: Probleme des bäuerlichen Klassenkampfes im Spätfeudalismus. In: Der Bauer im Klassenkampf. Berlin 1975
Helbig, H.: Der Adel in Kursachsen. In: Deutscher Adel 1555–1740, Bd. 1. Darmstadt 1965
Hentschel, Walter: Die sächsische Baukunst des 18. Jahrhunderts in Polen. Berlin 1967
ders.: Das Brühlsche Belvedere. In: Wissenschaftliche Zeitschrift der Technischen Hochschule Dresden, Jg. 6 (1956/57), H. 1
ders.: Villa Cara. In: Bd. 3 der Schriften der Medizinischen Akademie Dresden. Dresden 1963
ders., und Walter May: Johann Christoph Knöffel. Berlin 1973
Heyn, Konrad: Graf Francesco Algarotti und seine Beziehungen zur Dresdener Gemäldegalerie. In: Neues Archiv für Sächsische Geschichte, Bd. 34. Leipzig 1913
Hoffmann, Gabriele: Constantia von Cosel und August der Starke. Bergisch-Gladbach 1984
Hübner, Carl: Zur Geschichte der kursächsischen Politik beim Ausbruche des österreichischen Erbfolgestreits. Leipzig 1892
Hunger, Johann Gottfried: Denkwürdigkeiten zur Finanzgeschichte von Sachsen. Leipzig 1790
Hüttig, Oskar: Die Segnungen des Siebenjährigen Krieges für Kursachsen. In: Neues Archiv für Sächsische Geschichte, Bd. 25. Leipzig 1904
Kapp, Arno: Leipziger Meßjuden kämpfen um die Gleichberechtigung. In: Zeitschrift für die Geschichte der Juden in Deutschland, Jg. 1935, Nr. 1

Kästner, Gotthard: Generalmajor von Mayr und sein Freikorps. Meißen 1904
Klein, Hans H.: Karl Friedrich von Wolfersdorff, Osnabrück 1984
Kluge, Rainer: Zur Entwicklung der Zentralbehörden Kursachsens im 17. und 18. Jahrhundert. In: Sächsische Heimatblätter, Jg. 1983, H. 5
Köhler, Joh. August Ernst: Das Königreich Sachsen und seine Fürsten. Leipzig 1886
Költzsch, Fritz: Kursachsen und die Juden in der Zeit Brühls. Leipzig 1928
Kötzschke, Rudolf, und Hellmut Kretzschmar: Sächsische Geschichte, 2. Bd. Dresden 1935
Kozakiewicz, S.: Bernardo Bellotto gen. Canaletto, 2 Bde. Recklinghausen 1972
Kraszewski, Jozef Ignazy: Brühl. Historischer Roman. Rudolstadt 1964
Krell, Alfred: Herzog Johann Adolph II. von Sachsen-Weißenfels als sächsischer Feldmarschall. Leipzig 1911
Die *Kriege* Friedrichs des Großen. Der Siebenjährige Krieg 1756–1763, Bd. 1. Berlin 1901
Kroker, Ernst: Leipzig im Siebenjährigen Krieg. In: G. Wustmann: Quellen zur Geschichte Leipzigs, Bd. 2. Leipzig 1895
ders.: Handelsgeschichte der Stadt Leipzig. Leipzig 1925
Um die polnische *Krone.* Bearb. von J. Kalisch und J. Gierow. Berlin 1962
Krosigk, Hans von: Karl Graf von Brühl. Berlin 1910
Lauterbach, A.: Warschau. Leipzig 1918
Leben und Charakter der jüngst verstorbenen Frau Gräfin von Brühl. o. O. 1763
Leben und Charakter des Königlich Polnischen und Churfürstlich Sächsischen Premierminister Grafen von Brühl. o. O. 1760/61
Zuverlässige *Lebensbeschreibung* des verstorbenen königlich-polnischen und churfürstlich-sächsischen Ersten Ministers Heinrich, des Heiligen Römischen Reiches Grafen von Brühl ... zu finden bei Gottfried Mayer. Frankfurt und Leipzig 1766

Lehmann, Georg: Der Prozeß gegen Karl Heinrich von Heineken und Genossen. In: Neues Archiv für Sächsische Geschichte, Bd. 25. Leipzig 1904
Die *Leiden* des Churfürstenthums Sachsen im siebenjährigen Kriege. Darmstadt 1869
Leipzig in acht Jahrhunderten. Leipzig 1965
Lemke, Heinz: Die Brüder Załuski und ihre Beziehungen zu Gelehrten in Deutschland und Danzig. Berlin 1958
Leonhardi, F. G.: Erdbeschreibung der Churfürstlich und Herzoglich sächsischen Lande. Leipzig 1791
Lindau, M. B.: Geschichte der königlichen Haupt- und Residenzstadt Dresden. 2. Aufl. Dresden 1885
Lippert, Woldemar: Friedrichs des Großen Verhalten gegen den Grafen Brühl während des Siebenjährigen Krieges. In: Niederlausitzer Mitteilungen, Bd. VII. 1902
ders.: Kaiserin Maria Theresia und Kurfürstin Maria Antonia von Sachsen. Briefwechsel 1747–1772. Leipzig 1908
Löffler, Fritz: Das Alte Dresden. 8. Aufl. Dresden 1985.
Mann, Thomas: Friedrich und die große Koalition. 43. Aufl. Berlin 1931
Markgraf, Richard: Zur Geschichte der Juden auf den Messen in Leipzig 1664–1839. Bischofswerda 1894
Marx, H.: Barocke Malerei in Dresden. In: Kunst der Barockzeit. Leipzig 1985, S. 24ff.
May, Walter: Der Prozeß gegen den Grafen Brühl. In: Sächsische Heimatblätter, Jg. 1971, H. 5
ders.: Schloß Nischwitz und die Architektur des sächsischen Rokoko. Diss. Dresden 1969
Menzhausen, J.: Dresdner Kunstkammer und Grünes Gewölbe, Leipzig 1977
Mittenzwei, Ingrid: Friedrich II. von Preußen. Berlin 1979
Müller, R.: Die Armee Augusts des Starken. Berlin 1984
Neidhardt, A.: Der Nachlaß des kursächsischen Premierministers Reichsgrafen Heinrich von Brühl. In: Mitteilungen des Vereins für Geschichte Dresdens, H. 8. Dresden 1888
Niggli: Faustina Bordoni-Hasse. Leipzig 1880
Nostiz, Helene von: Festliches Dresden. 2. Aufl. Frankfurt/M. 1962

Petermann, L.: Bilder aus der Kulturgeschichte unseres sächsischen Vaterlandes. Leipzig 1913

Petroff, Bobi: Die Politik Friedrich Augusts II. von Sachsen, König von Polen, während des Türkenkrieges 1736–39. Diss. Leipzig 1902

Philipp, Albrecht: August der Starke und die pragmatische Sanktion. Diss. Leipzig 1908

ders.: Sulkowski und Brühl. Dresden 1920

Pöllnitz, Karl Ludwig Wilhelm von: Das galante Sachsen. Amsterdam 1735. Nachdruck: Dortmund 1979

Posse, H.: Die staatliche Gemäldegalerie zu Dresden. Vollst. beschr. Verzeichnis. Dresden 1929

Ranke, Leopold von: Der Ursprung des Siebenjährigen Krieges. Leipzig 1871

Reinhold, Josef: Polen/Litauen auf den Leipziger Messen des 18. Jahrhunderts. Weimar 1971

Reuschel, Artur: Die Einführung der Generalkonsumtionsakzise in Kursachsen. Diss. Leipzig 1930

Sachsen, Handbuch der historischen Stätten Deutschlands, 8. Bd., hrsg. v. W. Schlesinger, Stuttgart 1965

Saft, F.: Der Neubau der katholischen Kirche in Sachsen im 18. Jahrhundert. Leipzig 1961

Schlechte, Horst: Die Staatsreform in Kursachsen 1762–1763. Berlin 1958

Schmidt, Otto Eduard: Minister Graf Brühl und Karl Heinrich von Heinecken, 1733 bis 1763. Leipzig 1920

ders. Minister Graf Brühl nach vertrauten Briefen an seinen Intendanten Carl Heinrich von Heinecken. In: Neues Archiv für Sächsische Geschichte, Bd. 37. Leipzig 1916

ders.: Kursächsische Streifzüge. Leipzig 1902

ders., und J. L. Sponsel: Bilder-Atlas zur Sächsischen Geschichte. Dresden 1909

Schmieder, J.: Quellen zur sächsischen Geschichte. Leipzig 1915

Schmoller, Gustav: Studien über die wirtschaftliche Politik Friedrichs des Großen und Preußens überhaupt von 1680–1786. In: Schmollers Jahrbuch, Bd. 8, 10, 11

Schumann, Paul: Dresden. 2. Aufl. Leipzig 1922

ders.: Führer durch die Architektur Dresdens. Dresden o. J. (1900)
Schuster, Oskar, und F. A. Francke: Geschichte der sächsischen Armee. Leipzig 1885
Seifert, Siegfried: Niedergang und Wiederaufstieg der katholischen Kirche in Sachsen 1517–1773. Leipzig 1964
Seydewitz, Ruth: Wenn die Madonna reden könnte. Leipzig/Jena/Berlin 1964
Seydewitz, Ruth und Max: Der verschenkte Herkules. Berlin 1969
dies.: Die Dresdener Kunstschätze. Dresden 1960
Seydewitz, Thea von: Ernst Christoph Graf Manteuffel. Dresden 1926
Seydlitz, Woldemar von: Die Kunst in Dresden vom Mittelalter bis zur Neuzeit. Dresden 1921
Sonneck, Rita: Graf von Brühl. Der Roman eines Mächtigen. Berlin 1920
Sonnemann, R., und E. Wächtler (Hrsg.): Johann Friedrich Böttger. Leipzig 1982
Sponsel, Jean Louis: Kabinettstücke der Meißner Porzellan-Manufaktur von Johann Joachim Kaendler. Leipzig 1900
Staszewski, Jacek: Polen und Sachsen im 18. Jahrhundert. In: Jahrbuch für Geschichte. Berlin 1981
ders.: Die sächsisch-polnische Union und die Umwandlungsprozesse in beiden Ländern. In: Sächsische Heimatblätter, Jg. 1983, H. 4
Tempelhof, Georg Friedrich von (Hrsg.): Geschichte des 7jährigen Krieges von H. Lloyd, 6 Bde., Berlin 1794–1801. Reprint Osnabrück 1986
Unger, Manfred: Das Leipziger Bank- und Handelshaus Frege am Beginn seines Aufstieges (1739–1754). In: Sächsische Heimatblätter, Jg. 1983, H. 4
Vischer, Melchior: Münnich. Frankfurt/M. 1938
Vitzthum, Karl Friedrich Graf (von Eckstädt): Letztwillige Verfügung Peters des Großen, Sachsen und Polen betreffend. In: Archiv für Sächs. Geschichte, Bd. 4. Leipzig 1866
Weber, Karl von: Eine sächsische Expedition nach Afrika. In: Archiv für Sächsische Geschichte, Bd. 3. Leipzig 1865

ders.: Johann Christian Graf von Hennicke und Johann Christian Garbe, zwei Günstlinge des Premierministers Grafen von Brühl. In: Archiv für Sächsische Geschichte, Bd. 4. Leipzig 1866

Werlhof, Ernst von: Friedrich der Große und Sachsen. In: Neues Archiv für Sächsische Geschichte, Bd. 34. Leipzig 1913

Winkler: Ein Beitrag zur Geschichte der Schlacht bei Kesselsdorf am 15. Dezember 1745. In: Archiv für Sächsische Geschichte, Bd. 9. Leipzig 1871

ders.: Die Mobilmachung im Jahre 1740 und 1741. In: Archiv für Sächsische Geschichte, Bd. 7. Leipzig 1869

Woermann, K.: Katalog der Königlichen Gemäldegalerie zu Dresden. Dresden 1887ff.

Wuttke, Robert: Die Einführung der Landakzise und Generalkonsumtionsakzise. Diss. Leipzig 1890

Zastrow, Alexander von: Geschichte der beständigen Befestigung. Leipzig 1983, Repr. Osnabrück 1983

Ziekursch, Johannes: Sachsen und Preußen um die Mitte des 18. Jahrhunderts. Diss. Breslau 1904

VERZEICHNIS DER ABBILDUNGEN

9 Aloys Friedrich Graf von Brühl (1738–1793). Gemälde eines unbekannten Meisters
Ehemals Schloß Pförten

10 Hans-Moritz Graf von Brühl (1746–1811). Gemälde von Anton Graff, 1796
Staatliche Kunstsammlungen Dresden, Gemäldegalerie Alte Meister

11 Marcolinipalais in Dresden-Friedrichstadt, der Sommersitz Brühls. Tuschzeichnung, um 1800

12 Neptunbrunnen im Garten des Marcolinipalais, entworfen von Zacharias Longuelune (1664–1748), ausgeführt 1741–1744 von Lorenzo Mattielli. Aquarell von Christian Gottlob (Gottlieb) Hammer (1779–1864)

13 Dresden vom rechten Elbufer oberhalb der Augustusbrücke. Detail: Gartensaal, Bibliothek und Palais Brühl. Gemälde von Bernardo Bellotto gen. Canaletto, 1747
Staatliche Kunstsammlungen Dresden, Gemäldegalerie Alte Meister

14 Illumination des Brühlschen Palais in Dresden zu Ehren des sizilianischen Königspaares, 1738. Stich von Christian Philipp Lindemann (1700–1754)

15 Festsaal des Brühlschen Palais in der Augustusstraße in Dresden (zerstört)
Aufnahme: Deutsche Fotothek Dresden, um 1936 (Kunstgewerbemuseum)

16 Dresden vom rechten Elbufer unterhalb der Augustusbrücke. Detail: Brühlsches Belvedere. Gemälde von Bernardo Bellotto gen. Canaletto, kleinere Replik, zwischen 1751 und 1753
Staatliche Kunstsammlungen Dresden, Gemäldegalerie Alte Meister

17 Das Rathaus am Altmarkt in Dresden, erbaut 1741–1745 von J. G. Fehre nach dem Entwurf von Johann Christoph Knöffel. 1905/10 Neubau, nach Kriegsverlust Wiederaufbau ab 1950
Aufnahme: Deutsche Fotothek Dresden, vor 1945

18 Schloß Nischwitz, erbaut 1745–1756 nach Plänen von Johann Christoph Knöffel (1686–1752)

19 Schreibtisch des Grafen Brühl in Pförten, um 1750; darauf Teile des Schwanenservices
Ehemals Schloß Pförten

20 Terrine aus dem Schwanenservice von J. J. Kaendler, Meißen 1737–1741
Staatliche Kunstsammlungen Dresden, Porzellansammlung

21 Maria Theresia (1717–1780). Gemälde von Martin van Meytens (?)
Potsdam, Schloß Sanssouci

22 Friedrich II. von Preußen (1712–1786). Gemälde von Johann Georg Ziesenis (1716–1776)
Potsdam, Schloß Sanssouci

23 Christoph August Graf von Wackerbarth (1662–1734). Kupferstich
Staatliche Kunstsammlungen Dresden, Kupferstichkabinett

24 Joseph Anton Gabelon von Wackerbarth-Salmour (1685–1761). Kupferstich
Armeemuseum der DDR, Dresden

25 Karl Heinrich von Heine(k)en. Kupferstich von Gabriel de Saint-Aubin, 1770
Staatliche Kunstsammlungen Dresden, Kupferstichkabinett

26 Johann Christian von Hennicke (1681–1752). Kupferstich von Johann Christian Sysang (1703–1757)
Staatliche Kunstsammlungen Dresden, Kupferstichkabinett

27 Thomas Freiherr von Fritsch (1700–1775). Kupferstich von Carl Heinrich Hartmann, 1870, nach einem Gemälde von Anton Graff (1736–1813)
Staatliche Kunstsammlungen Dresden, Kupferstichkabinett

28 »Prospect des Churfürstl. Sächs. Jagd und Lust Schlosses Hubertusburg«. Stich von Friedrich Gottlob Schlitterlan (um 1700–1782)
Staatliche Kunstsammlungen Dresden, Kupferstichkabinett

29 Kurfürst Friedrich Christian von Sachsen (1722–1763). Gemälde von Anton Raphael Mengs, 1750
Staatliche Kunstsammlungen Dresden, Gemäldegalerie Alte Meister

30 Prinz Franz Xaver von Sachsen (1730–1806). Kupferstich eines unbekannten Künstlers
Staatliche Kunstsammlungen Dresden, Kupferstichkabinett

31, 32 Sarg und Sargschild Heinrich von Brühls in der Gruft der Hauptkirche St. Nicolai in Forst

33 Die Hauptkirche St. Nicolai in Forst
Foto vor 1945

34 Eigenhändiger Brief Heinrich von Brühls an seine zukünftige Schwiegermutter, Gräfin Kolowrat-Krakowski, von seiner ersten Reise mit August III. nach Polen
Ehemals Schloßarchiv Pförten
Nach: A. v. Boroviczény, Graf von Brühl. Zürich/Leipzig/Wien 1930

Vorsatz vorn: Dresden vom rechten Elbufer unterhalb der Augustusbrücke
Radierung von Bernardo Bellotto, gen. Canaletto, (1721–1780), 1748
Staatliche Kunstsammlungen Dresden, Kupferstichkabinett

Vorsatz hinten: Der Neumarkt in Dresden vom Jüdenhof aus.
Radierung von Bernardo Bellotto, gen. Canaletto, 1749/51
Staatliche Kunstsammlungen Dresden, Kupferstichkabinett

Fotonachweis

Ingrid Hänse: 34; G. Kubisch, Forst: 31, 32; Volkmar Herre: 5
Armeemuseum der DDR: 24
Sächsische Landesbibliothek, Dresden, Abt. Deutsche Fotothek: 1–4, 6, 7, 9–20, 22, 23, 25–30, 33; Vorsatz
Staatliche Kunstsammlungen Dresden, Fotoabteilung: 8
Staatliche Schlösser und Gärten Potsdam-Sanssouci: 21

PERSONEN-VERZEICHNIS

ISBN 3-7338-0091-5

2. Auflage 1990

Lizenznummer 295 · LSV 0268
Printed in the German Democratic Republic
Lichtsatz und Reproduktion:
Druckerei Neues Deutschland Berlin
Druck: Eichsfelddruck Heiligenstadt
Buchbinderische Verarbeitung:
Buchbinderei Südwest, Leipzig
Gestaltung: Dietmar Kunz
698 371 9
01980